# 中国共产党党内法规选编

（1996—2000）

中共中央办公厅法规室
中共中央纪委法规室　编
中共中央组织部办公厅

法律出版社

**图书在版编目(CIP)数据**

中国共产党党内法规选编:1996~2000 / 中共中央办公厅法规室,中共中央纪委法规室,中共中央组织部办公厅编. —2 版. —北京:法律出版社,2009.9(2024.5 重印)
ISBN 978-7-5036-9841-5

Ⅰ.中…　Ⅱ.①中…②中…③中…　Ⅲ.中国共产党—党的纪律—汇编—1996~2000　Ⅳ.D262.13

中国版本图书馆 CIP 数据核字(2009)第 148725 号

**中国共产党党内法规选编(1996~2000)**
**ZHONGGUO GONGCHANDANG DANGNEI FAGUI XUANBIAN(1996~2000)**

中共中央办公厅法规室
中共中央纪委法规室　编
中共中央组织部办公厅

**责任编辑** 冯高琼　董　昱
**装帧设计** 李　瞻

**出版发行** 法律出版社
**编辑统筹** 法规出版分社
**责任校对** 张红蕊
**责任印制** 耿润瑜
**经　　销** 新华书店

**开本** 720 毫米×960 毫米　1/16
**印张** 30.75　**字数** 450 千
**版本** 2001 年 6 月第 1 版　2009 年 9 月第 2 版
**印次** 2024 年 5 月第 28 次印刷
**印刷** 天津嘉恒印务有限公司

地址:北京市丰台区莲花池西里 7 号(100073)
网址:www.lawpress.com.cn
投稿邮箱:info@lawpress.com.cn
举报盗版邮箱:jbwq@lawpress.com.cn

销售电话:010-83938349
客服电话:010-83938350
咨询电话:010-63939796


**书号**:ISBN 978-7-5036-9841-5　**定价**:80.00 元

# 编辑说明

一、《中国共产党党内法规选编(1996—2000)》(以下简称《选编》)是经中央领导同志批准,由中央办公厅法规室、中央纪委法规室、中央组织部办公厅共同编辑的。该《选编》是《中国共产党党内法规选编(1978—1996)》的续编。《选编》收录了1996年以来中共中央、中央纪委、中央办公厅、中央组织部发布的部分现行有效的党内法规。

二、《选编》按照《中国共产党章程》的体例编排。各部分党内法规的排列以发布时间先后为序。

三、对收入《选编》的标有密级的党内法规,均按照国家有关法律规定履行了解密手续。

四、《选编》收入的党内法规,截止日期为2000年12月31日。

中共中央办公厅法规室
中共中央纪委法规室
中共中央组织部办公厅
2001年6月8日

# 目 录

## 党的中央组织



## 党的基层组织

## 党的干部

## 党的纪律

## 党的纪律检查机关

## 其　　他

# 中国共产党章程

（中国共产党第十五次全国代表大会部分修改，
1997年9月18日通过）

## 总　纲

中国共产党是中国工人阶级的先锋队，是中国各族人民利益的忠实代表，是中国社会主义事业的领导核心。党的最终目标，是实现共产主义的社会制度。

中国共产党以马克思列宁主义、毛泽东思想、邓小平理论作为自己的行动指南。

马克思列宁主义揭示了人类社会历史发展的普遍规律，分析了资本主义制度本身无法克服的固有矛盾，指出社会主义社会必然代替资本主义社会、最后必然发展为共产主义社会。《共产党宣言》发表一百多年来的历史证明，科学社会主义理论是正确的，社会主义具有强大的生命力。社会主义的本质，是解放生产力，发展生产力，消灭剥削，消除两极分化，最终达到共同富裕。社会主义制度的发展和完善是一个长期的历史过程。社会主义在发展过程中会有曲折和反复，但是社会主义必然代替资本主义是社会历史发展不可逆转的总趋势。社会主义必将通过各国人民自愿选择的、适合本国特点的道路，逐步取得胜利。

以毛泽东同志为主要代表的中国共产党人，把马克思列宁主义的基本原理同中国革命的具体实践结合起来，创立了毛泽东思想。毛泽东思想是马克思列宁主义在中国的运用和发展，是被实践证明了的关于中国革命和建设的正确的理论原则和经验总结，是中国共产党集体智慧的结晶。

中国共产党领导全国各族人民，在毛泽东思想指引下，经过长期的反对帝国主义、封建主义、官僚资本主义的革命斗争，取得了新民主主义革命的胜利，建立了人民民主专政的中华人民共和国；建国以后，顺利地进行了社会主义改造，完成了从新民主主义到社会主义的过渡，确立了社会主义制度，发展了社会主义的经济、政治和文化。

十一届三中全会以来，以邓小平同志为主要代表的中国共产党人，总结建国以来正反两方面的经验,解放思想,实事求是,实现全党工作中心向经济建设的转移,实行改革开放,开辟了社会主义事业发展的新时期,逐步形成了建设有中国特色社会主义的路线、方针、政策,阐明了在中国建设社会主义、巩固和发展社会主义的基本问题,创立了邓小平理论。邓小平理论是马克思列宁主义的基本原理同当代中国实践和时代特征相结合的产物,是毛泽东思想在新的历史条件下的继承和发展,是马克思主义在中国发展的新阶段,是当代中国的马克思主义,是中国共产党集体智慧的结晶,引导着我国社会主义现代化事业不断前进。

我国正处于社会主义初级阶段。这是在经济文化落后的中国建设社会主义现代化不可逾越的历史阶段,需要上百年的时间。我国的社会主义建设,必须从我国的国情出发,走有中国特色的社会主义道路。在现阶段,我国社会的主要矛盾是人民日益增长的物质文化需要同落后的社会生产之间的矛盾。由于国内的因素和国际的影响,阶级斗争还在一定范围内长期存在,在某种条件下还有可能激化,但已经不是主要矛盾。我国社会主义建设的根本任务,是进一步解放生产力,发展生产力,逐步实现社会主义现代化,并且为此而改革生产关系和上层建筑中不适应生产力发展的方面和环节。必须坚持以生产资料公有制为主体、多种经济成分并存的所有制结构,实行以按劳分配为主体、其他分配方式为补充的分配制度,鼓励一部分地区和一部分人先富起来,逐步消灭贫穷,达到共同富裕,在生产发展和社会财富增长的基础上不断满足人民日益增长的物质文化需要。各项工作都要把有利于发展社会主义社会的生产力,有利于增强社会主义国家的综合国力,有利于提高人民的生活水平,作为总的出发点和检验标准。我国经济发展的战略目标,是实现本世纪末国民生产总值比一九八〇年翻两番,下世纪中叶人均国民生产总值达到中等发达国家水平。

中国共产党在社会主义初级阶段的基本路线是:领导和团结全国各族人民,以经济建设为中心,坚持四项基本原则,坚持改革开放,自力更生,艰苦创业,为把我国建设成为富强、民主、文明的社会主义现代化国家而奋斗。

中国共产党在领导社会主义事业中,必须坚持以经济建设为中心,其他各项工作都服从和服务于这个中心。要抓紧时机,加快发展,充分发挥科学技术作为第一生产力的作用,依靠科技进步,提高劳动者素质,做到效益好、质量高、速度快,努力把经济建设搞上去。

坚持社会主义道路、坚持人民民主专政、坚持中国共产党的领导、坚持马克思列宁主义毛泽东思想这四项基本原则,是我们的立国之本。在社会主义现代化建设的整个过程中,必须坚持四项基本原则,反对资产阶级自由化。

改革开放是解放和发展生产力的必由之路。要从根本上改革束缚生产力发展的经济体制，建立社会主义市场经济体制；与此相适应，要进行政治体制改革和其他领域的改革。开放包括对外对内的全面开放。要发展对外经济技术交流与合作，更多更好地利用外来资金、资源和技术，吸收和借鉴人类社会创造的一切文明成果，包括西方发达国家的一切反映现代社会化生产规律的先进经营方式、管理方法。改革开放应当大胆探索，勇于开拓，在实践中开创新路。

中国共产党领导人民在建设物质文明的同时，努力建设社会主义精神文明。社会主义精神文明建设为经济建设和改革开放提供强大的精神动力和智力支持，创造良好的社会环境。应当大力发展教育、科学、文化事业，尊重知识，尊重人才，提高全民族的思想道德和科学文化素质，弘扬民族优秀传统文化，繁荣和发展社会主义文化。应当用党的基本路线和爱国主义、集体主义、社会主义思想教育党员和人民群众，增强民族自尊、自信和自强精神，对党员还要进行共产主义远大理想教育，抵御资本主义和封建主义腐朽思想的侵蚀，扫除各种社会丑恶现象，努力使我国人民成为有理想、有道德、有文化、有纪律的人民。

中国共产党领导人民发展社会主义民主，健全社会主义法制，巩固人民民主专政。坚持人民代表大会制度，坚持共产党领导的多党合作和政治协商制度。积极支持人民当家作主，切实保障人民管理国家事务和社会事务、管理经济和文化事业的权利。广开言路，建立健全民主决策、民主监督的制度和程序。加强国家立法和法律实施工作，使国家各项工作逐步走上法制化轨道。加强社会治安综合治理，保持社会长期稳定。坚决打击各种危害国家安全和利益、危害社会稳定和经济发展的犯罪活动和犯罪分子。严格区分和正确处理敌我矛盾和人民内部矛盾这两类不同性质的矛盾。

中国共产党坚持对人民解放军和其他人民武装力量的领导，加强人民解放军的建设，充分发挥人民解放军在巩固国防、保卫祖国和参加社会主义现代化建设中的作用。

中国共产党维护和发展国内各民族的平等、团结、互助关系，坚持实行和不断完善民族区域自治制度，积极培养、选拔少数民族干部，帮助各少数民族地区发展经济、文化，实现各民族的共同繁荣和全面进步。

中国共产党同全国各民族工人、农民、知识分子团结在一起，同各民主党派、无党派民主人士、各民族的爱国力量团结在一起，进一步发展和壮大由全体社会主义劳动者、拥护社会主义的爱国者、拥护祖国统一的爱国者组成的最广泛的爱国统一战线。不断加强全国人民包括台湾同胞、港澳同胞和海外侨胞的团结。按照“一个国家、两种制度”的方针，完成祖国统一的大业。

中国共产党主张积极发展对外关系,努力为我国的改革开放和现代化建设争取有利的国际环境。在国际事务中,坚持独立自主的和平外交政策,维护我国的独立和主权,反对霸权主义和强权政治,维护世界和平,促进人类进步。在互相尊重主权和领土完整、互不侵犯、互不干涉内政、平等互利、和平共处五项原则的基础上,发展我国同世界各国的关系。不断发展我国同周边国家的睦邻友好关系,加强同发展中国家的团结与合作。按照独立自主、完全平等、互相尊重、互不干涉内部事务的原则,发展我党同各国共产党和其他政党的关系。

中国共产党要领导全国各族人民实现社会主义现代化的宏伟目标,必须紧密围绕党的基本路线加强党的建设,坚持从严治党,发扬党的优良传统和作风,提高党的战斗力,把党建设成为领导全国人民沿着有中国特色的社会主义道路不断前进的坚强核心。党的建设必须坚决实现以下四项基本要求:

第一,坚持党的基本路线。全党要用建设有中国特色社会主义的理论和党的基本路线统一思想,统一行动,并且毫不动摇地长期坚持下去。必须把改革开放同四项基本原则统一起来,全面落实党的基本路线,反对一切“左”的和右的错误倾向,要警惕右,但主要是防止“左”。加强各级领导班子建设,选拔使用在改革开放和社会主义现代化建设中政绩突出、群众信任的干部,培养和造就千百万社会主义事业接班人,从组织上保证党的基本路线的贯彻落实。

第二,坚持解放思想,实事求是。党的思想路线是一切从实际出发,理论联系实际,实事求是,在实践中检验真理和发展真理。全党必须依据这条思想路线,积极探索,大胆试验,创造性地开展工作,不断研究新情况,总结新经验,解决新问题,在实践中丰富和发展马克思主义。

第三,坚持全心全意为人民服务。党除了工人阶级和最广大人民群众的利益,没有自己特殊的利益。党在任何时候都把群众利益放在第一位,同群众同甘共苦,保持最密切的联系,不允许任何党员脱离群众,凌驾于群众之上。党在自己的工作中实行群众路线,一切为了群众,一切依靠群众,从群众中来,到群众中去,把党的正确主张变为群众的自觉行动。党风问题、党同人民群众联系问题是关系党生死存亡的问题,党坚持不懈地反对腐败,加强党风建设和廉政建设。

第四,坚持民主集中制。民主集中制是民主基础上的集中和集中指导下的民主相结合。它既是党的根本组织原则,也是群众路线在党的生活中的运用。必须充分发扬党内民主,发挥各级党组织和广大党员的积极性创造性。必须实行正确的集中,保证全党行动的一致,保证党的决定得到迅速有效的贯彻执行。加强组织性纪律性,在党的纪律面前人人平等。党在自己的政治生活中正确地开展批评和自我批评，在原则问题上进行思想斗争，坚持真理，修正错误。努力造成又有集中又有民主，又有纪律又有自由，又有统一意志又有个人心情舒畅的生动活泼的政治局面。

党的领导主要是政治、思想和组织的领导。党要适应改革开放和社会主义现代化建设的要求，加强和改善党的领导。党必须集中精力领导经济建设，组织、协调各方面的力量，同心协力，围绕经济建设开展工作。党必须实行民主的科学的决策，制定和执行正确的路线、方针、政策，做好党的组织工作和宣传教育工作，发挥全体党员的先锋模范作用。党必须在宪法和法律的范围内活动。党必须保证国家的立法、司法、行政机关，经济、文化组织和人民团体积极主动地、独立负责地、协调一致地工作。党必须加强对工会、共产主义青年团、妇女联合会等群众组织的领导，充分发挥它们的作用。党必须适应形势的发展和情况的变化，不断改进领导方式和方法，提高领导水平。共产党员必须同党外群众亲密合作，共同为建设有中国特色的社会主义而奋斗。

## 第一章　党　　员

**第一条**　年满十八岁的中国工人、农民、军人、知识分子和其他革命分子，承认党的纲领和章程，愿意参加党的一个组织并在其中积极工作、执行党的决议和按期交纳党费的，可以申请加入中国共产党。

**第二条**　中国共产党党员是中国工人阶级的有共产主义觉悟的先锋战士。

中国共产党党员必须全心全意为人民服务，不惜牺牲个人的一切，为实现共产主义奋斗终身。

中国共产党党员永远是劳动人民的普通一员。除了法律和政策规定范围内的个人利益和工作职权以外，所有共产党员都不得谋求任何私利和特权。

**第三条**　党员必须履行下列义务：

（一）认真学习马克思列宁主义、毛泽东思想、邓小平理论，学习党的路线、方针、政策及决议，学习党的基本知识，学习科学、文化和业务知识，努力提高为人民服务的本领。

（二）贯彻执行党的基本路线和各项方针、政策，带头参加改革开放和社会主义现代化建设，带动群众为经济发展和社会进步艰苦奋斗，在生产、工作、学习和社会生活中起先锋模范作用。

（三）坚持党和人民的利益高于一切，个人利益服从党和人民的利益，吃苦在前，享受在后，克己奉公，多做贡献。

（四）自觉遵守党的纪律和国家的法律，严格保守党和国家的秘密，执行党的决定,服从组织分配,积极完成党的任务。

(五)维护党的团结和统一,对党忠诚老实,言行一致,坚决反对一切派别组织和小集团活动,反对阳奉阴违的两面派行为和一切阴谋诡计。

(六)切实开展批评和自我批评,勇于揭露和纠正工作中的缺点、错误,坚决同消极腐败现象作斗争。

(七)密切联系群众,向群众宣传党的主张,遇事同群众商量,及时向党反映群众的意见和要求,维护群众的正当利益。

(八)发扬社会主义新风尚,提倡共产主义道德,为了保护国家和人民的利益,在一切困难和危险的时刻挺身而出,英勇斗争,不怕牺牲。

**第四条** 党员享有下列权利:

(一)参加党的有关会议,阅读党的有关文件,接受党的教育和培训。

(二)在党的会议上和党报党刊上,参加关于党的政策问题的讨论。

(三)对党的工作提出建议和倡议。

(四)在党的会议上有根据地批评党的任何组织和任何党员,向党负责地揭发、检举党的任何组织和任何党员违法乱纪的事实,要求处分违法乱纪的党员,要求罢免或撤换不称职的干部。

(五)行使表决权、选举权,有被选举权。

(六)在党组织讨论决定对党员的党纪处分或作出鉴定时,本人有权参加和进行申辩,其他党员可以为他作证和辩护。

(七)对党的决议和政策如有不同意见,在坚决执行的前提下,可以声明保留,并且可以把自己的意见向党的上级组织直至中央提出。

(八)向党的上级组织直至中央提出请求、申诉和控告,并要求有关组织给以负责的答复。

党的任何一级组织直至中央都无权剥夺党员的上述权利。

**第五条** 发展党员,必须经过党的支部,坚持个别吸收的原则。

申请入党的人,要填写入党志愿书,要有两名正式党员作介绍人,要经过支部大会通过和上级党组织批准,并且经过预备期的考察,才能成为正式党员。

介绍人要认真了解申请人的思想、品质、经历和工作表现,向他解释党的纲领和党的章程,说明党员的条件、义务和权利,并向党组织作出负责的报告。

党的支部委员会对申请入党的人,要注意征求党内外有关群众的意见,进行严格的审查,认为合格后再提交支部大会讨论。

上级党组织在批准申请人入党以前,要派人同他谈话,作进一步的了解,并帮助他提高对党的认识。

在特殊情况下，党的中央和省、自治区、直辖市委员会可以直接接收党员。

**第六条** 预备党员必须面向党旗进行入党宣誓。誓词如下：我志愿加入中国共产党，拥护党的纲领，遵守党的章程，履行党员义务，执行党的决定，严守党的纪律，保守党的秘密，对党忠诚，积极工作，为共产主义奋斗终身，随时准备为党和人民牺牲一切，永不叛党。

**第七条** 预备党员的预备期为一年。党组织对预备党员应当认真教育和考察。

预备党员的义务同正式党员一样。预备党员的权利，除了没有表决权、选举权和被选举权以外，也同正式党员一样。

预备党员预备期满，党的支部应当及时讨论他能否转为正式党员。认真履行党员义务，具备党员条件的，应当按期转为正式党员；需要继续考察和教育的，可以延长预备期，但不能超过一年；不履行党员义务，不具备党员条件的，应当取消预备党员资格。预备党员转为正式党员，或延长预备期，或取消预备党员资格，都应当经支部大会讨论通过和上级党组织批准。

预备党员的预备期，从支部大会通过他为预备党员之日算起。党员的党龄，从预备期满转为正式党员之日算起。

**第八条** 每个党员，不论职务高低，都必须编入党的一个支部、小组或其他特定组织，参加党的组织生活，接受党内外群众的监督。党员领导干部还必须参加党委、党组的民主生活会。不允许有任何不参加党的组织生活、不接受党内外群众监督的特殊党员。

**第九条** 党员有退党的自由。党员要求退党，应当经支部大会讨论后宣布除名，并报上级党组织备案。

党员缺乏革命意志，不履行党员义务，不符合党员条件，党的支部应当对他进行教育，要求他限期改正；经教育仍无转变的，应当劝他退党。劝党员退党，应当经支部大会讨论决定，并报上级党组织批准。如被劝告退党的党员坚持不退，应当提交支部大会讨论，决定把他除名，并报上级党组织批准。

党员如果没有正当理由，连续六个月不参加党的组织生活，或不交纳党费，或不做党所分配的工作，就被认为是自行脱党。支部大会应当决定把这样的党员除名，并报上级党组织批准。

## 第二章 党的组织制度

**第十条** 党是根据自己的纲领和章程，按照民主集中制组织起来的统一整体。党的民主集中制的基本原则是：

(一)党员个人服从党的组织,少数服从多数,下级组织服从上级组织,全党各个组织和全体党员服从党的全国代表大会和中央委员会。

(二)党的各级领导机关,除它们派出的代表机关和在非党组织中的党组外,都由选举产生。

(三)党的最高领导机关,是党的全国代表大会和它所产生的中央委员会。党的地方各级领导机关,是党的地方各级代表大会和它们所产生的委员会。党的各级委员会向同级的代表大会负责并报告工作。

(四)党的上级组织要经常听取下级组织和党员群众的意见,及时解决他们提出的问题。党的下级组织既要向上级组织请示和报告工作,又要独立负责地解决自己职责范围内的问题。上下级组织之间要互通情报、互相支持和互相监督。党的各级组织要使党员对党内事务有更多的了解和参与。

(五)党的各级委员会实行集体领导和个人分工负责相结合的制度。凡属重大问题都要由党的委员会集体讨论,作出决定;委员会成员要根据集体的决定和分工,切实履行自己的职责。

(六)党禁止任何形式的个人崇拜。要保证党的领导人的活动处于党和人民的监督之下,同时维护一切代表党和人民利益的领导人的威信。

**第十一条** 党的各级代表大会的代表和委员会的产生,要体现选举人的意志。选举采用无记名投票的方式。候选人名单要由党组织和选举人充分酝酿讨论。可以直接采用候选人数多于应选人数的差额选举办法进行正式选举。也可以先采用差额选举办法进行预选,产生候选人名单,然后进行正式选举。选举人有了解候选人情况、要求改变候选人、不选任何一个候选人和另选他人的权利。任何组织和个人不得以任何方式强迫选举人选举或不选举某个人。

党的地方各级代表大会和基层代表大会的选举,如果发生违反党章的情况,上一级党的委员会在调查核实后,应作出选举无效和采取相应措施的决定,并报再上一级党的委员会审查批准,正式宣布执行。

**第十二条** 党的中央和地方各级委员会在必要时召集代表会议,讨论和决定需要及时解决的重大问题。代表会议代表的名额和产生办法,由召集代表会议的委员会决定。

**第十三条** 凡是成立党的新组织,或是撤销党的原有组织,必须由上级党组织决定。

党的中央和地方各级委员会可以派出代表机关。

在党的地方各级代表大会和基层代表大会闭会期间,上级党的组织认为有必要时,可以调动或者指派下级党组织的负责人。

**第十四条** 党的各级领导机关，对同下级组织有关的重要问题作出决定时，在通常情况下，要征求下级组织的意见。要保证下级组织能够正常行使他们的职权。凡属应由下级组织处理的问题，如无特殊情况，上级领导机关不要干预。

**第十五条** 有关全国性的重大政策问题，只有党中央有权作出决定，各部门、各地方的党组织可以向中央提出建议，但不得擅自作出决定和对外发表主张。

党的下级组织必须坚决执行上级组织的决定。下级组织如果认为上级组织的决定不符合本地区、本部门的实际情况，可以请求改变；如果上级组织坚持原决定，下级组织必须执行，并不得公开发表不同意见，但有权向再上一级组织报告。

党的各级组织的报刊和其他宣传工具，必须宣传党的路线、方针、政策和决议。

**第十六条** 党组织讨论决定问题，必须执行少数服从多数的原则。决定重要问题，要进行表决。对于少数人的不同意见，应当认真考虑。如对重要问题发生争论，双方人数接近，除了在紧急情况下必须按多数意见执行外，应当暂缓作出决定，进一步调查研究，交换意见，下次再表决；在特殊情况下，也可将争论情况向上级组织报告，请求裁决。

党员个人代表党组织发表重要主张，如果超出党组织已有决定的范围，必须提交所在的党组织讨论决定，或向上级党组织请示。任何党员不论职务高低，都不能个人决定重大问题；如遇紧急情况，必须由个人作出决定时，事后要迅速向党组织报告。不允许任何领导人实行个人专断和把个人凌驾于组织之上。

**第十七条** 党的中央、地方和基层组织，都必须重视党的建设，经常讨论和检查党的宣传工作、教育工作、组织工作、纪律检查工作、群众工作、统一战线工作等，注意研究党内外的思想政治状况。

## 第三章　党的中央组织

**第十八条** 党的全国代表大会每五年举行一次，由中央委员会召集。中央委员会认为有必要，或者有三分之一以上的省一级组织提出要求，全国代表大会可以提前举行；如无非常情况，不得延期举行。

全国代表大会代表的名额和选举办法，由中央委员会决定。

**第十九条** 党的全国代表大会的职权是：

(一)听取和审查中央委员会的报告;

(二)听取和审查中央纪律检查委员会的报告;

(三)讨论并决定党的重大问题;

(四)修改党的章程;

(五)选举中央委员会;

(六)选举中央纪律检查委员会。

**第二十条** 党的全国代表会议的职权是:讨论和决定重大问题;调整和增选中央委员会、中央纪律检查委员会的部分成员。调整和增选中央委员及候补中央委员的数额,不得超过党的全国代表大会选出的中央委员及候补中央委员各自总数的五分之一。

**第二十一条** 党的中央委员会每届任期五年。全国代表大会如提前或延期举行,它的任期相应地改变。中央委员会委员和候补委员必须有五年以上的党龄。中央委员会委员和候补委员的名额,由全国代表大会决定。中央委员会委员出缺,由中央委员会候补委员按照得票多少依次递补。

中央委员会全体会议由中央政治局召集,每年至少举行一次。

在全国代表大会闭会期间,中央委员会执行全国代表大会的决议,领导党的全部工作,对外代表中国共产党。

**第二十二条** 党的中央政治局、中央政治局常务委员会和中央委员会总书记,由中央委员会全体会议选举。中央委员会总书记必须从中央政治局常务委员会委员中产生。

中央政治局和它的常务委员会在中央委员会全体会议闭会期间,行使中央委员会的职权。

中央书记处是中央政治局和它的常务委员会的办事机构;成员由中央政治局常务委员会提名,中央委员会全体会议通过。

中央委员会总书记负责召集中央政治局会议和中央政治局常务委员会会议,并主持中央书记处的工作。

党的中央军事委员会组成人员由中央委员会决定。

每届中央委员会产生的中央领导机构和中央领导人,在下届全国代表大会开会期间,继续主持党的经常工作,直到下届中央委员会产生新的中央领导机构和中央领导人为止。

**第二十三条** 中国人民解放军的党组织,根据中央委员会的指示进行工作。中央军事委员会的政治工作机关是中国人民解放军总政治部,总政治部负责管理军队中党的工作和政治工作。军队中党的组织体制和机构,由中央军事委员会作出规定。

## 第四章　党的地方组织

**第二十四条**　党的省、自治区、直辖市、设区的市和自治州的代表大会，每五年举行一次。

党的县(旗)、自治县、不设区的市和市辖区的代表大会，每五年举行一次。

党的地方各级代表大会由同级党的委员会召集。在特殊情况下，经上一级委员会批准，可以提前或延期举行。

党的地方各级代表大会代表的名额和选举办法，由同级党的委员会决定，并报上一级党的委员会批准。

**第二十五条**　党的地方各级代表大会的职权是：

(一)听取和审查同级委员会的报告；

(二)听取和审查同级纪律检查委员会的报告；

(三)讨论本地区范围内的重大问题并作出决议；

(四)选举同级党的委员会，选举同级党的纪律检查委员会。

**第二十六条**　党的省、自治区、直辖市、设区的市和自治州的委员会，每届任期五年。这些委员会的委员和候补委员必须有五年以上的党龄。

党的县(旗)、自治县、不设区的市和市辖区的委员会，每届任期五年。这些委员会的委员和候补委员必须有三年以上的党龄。

党的地方各级代表大会如提前或延期举行，由它选举的委员会的任期相应地改变。

党的地方各级委员会的委员和候补委员的名额，分别由上一级委员会决定。党的地方各级委员会委员出缺，由候补委员按照得票多少依次递补。

党的地方各级委员会全体会议，每年至少召开两次。

党的地方各级委员会在代表大会闭会期间，执行上级党组织的指示和同级党代表大会的决议，领导本地方的工作，定期向上级党的委员会报告工作。

**第二十七条**　党的地方各级委员会全体会议，选举常务委员会和书记、副书记，并报上级党的委员会批准。党的地方各级委员会的常务委员会，在委员会全体会议闭会期间，行使委员会职权；在下届代表大会开会期间，继续主持经常工作，直到新的常务委员会产生为止。

**第二十八条**　党的地区委员会和相当于地区委员会的组织，是党的省、自治区委员会在几个县、自治县、市范围内派出的代表机关。它根据省、自治区委员会的授权，领导本地区的工作。

## 第五章　党的基层组织

**第二十九条**　企业、农村、机关、学校、科研院所、街道、人民解放军连队和其他基层单位，凡是有正式党员三人以上的，都应当成立党的基层组织。

党的基层组织，根据工作需要和党员人数，经上级党组织批准，分别设立党的基层委员会、总支部委员会、支部委员会。基层委员会由党员大会或代表大会选举产生，总支部委员会和支部委员会由党员大会选举产生。

**第三十条**　党的基层委员会每届任期三年或四年，总支部委员会、支部委员会每届任期两年或三年。基层委员会、总支部委员会、支部委员会选出的书记、副书记，应报上级党组织批准。

**第三十一条**　党的基层组织是党在社会基层组织中的战斗堡垒，是党的全部工作和战斗力的基础。它的基本任务是：

（一）宣传和执行党的路线、方针、政策，宣传和执行党中央、上级组织和本组织的决议，充分发挥党员的先锋模范作用，团结、组织党内外的干部和群众，努力完成本单位所担负的任务。

（二）组织党员认真学习马克思列宁主义、毛泽东思想、邓小平理论和党的路线、方针、政策及决议，学习党的基本知识，学习科学、文化和业务知识。

（三）对党员进行教育、管理和监督，提高党员素质，增强党性，严格党的组织生活，开展批评和自我批评，维护和执行党的纪律，监督党员切实履行义务，保障党员的权利不受侵犯。

（四）密切联系群众，经常了解群众对党员、党的工作的批评和意见，维护群众的正当权利和利益，做好群众的思想政治工作。

（五）充分发挥党员和群众的积极性创造性，发现、培养和推荐他们中间的优秀人才，鼓励和支持他们在改革开放和社会主义现代化建设中贡献自己的聪明才智。

（六）对要求入党的积极分子进行教育和培养，做好经常性的发展党员工作，重视吸收在生产和工作第一线的工人、农民、知识分子中的优秀分子入党。

（七）监督党员干部和其他任何工作人员严格遵守国法政纪，严格遵守国家的财政经济法规和人事制度，不得侵占国家、集体和群众的利益。

（八）教育党员和群众自觉抵制不良倾向，坚决同各种违法犯罪行为作斗争。

**第三十二条**　街道、乡、镇党的基层委员会和村党支部，领导本地区的工作，支持和保证行政组织、经济组织和群众自治组织充分行使职权。

全民所有制企业中党的基层组织,发挥政治核心作用,围绕企业生产经营开展工作。保证监督党和国家的方针、政策在本企业的贯彻执行;支持厂长(经理)依法行使职权,坚持和完善厂长(经理)负责制;全心全意依靠职工群众,支持职工代表大会开展工作;参与企业重大问题的决策;加强党组织的自身建设,领导思想政治工作和工会、共青团等群众组织。

实行行政领导人负责制的事业单位中党的基层组织,发挥政治核心作用。实行党委领导下的行政领导人负责制的事业单位中党的基层组织,对重大问题进行讨论和作出决定,同时保证行政领导人充分行使自己的职权。

各级党和国家机关中党的基层组织,协助行政负责人完成任务,改进工作,对包括行政负责人在内的每个党员进行监督,不领导本单位的业务工作。

## 第六章 党的干部

**第三十三条** 党的干部是党的事业的骨干,是人民的公仆。党按照德才兼备的原则选拔干部,坚持任人唯贤,反对任人唯亲,努力实现干部队伍的革命化、年轻化、知识化、专业化。

党重视教育、培训、选拔和考核干部,特别是培养、选拔优秀年轻干部。积极推进干部制度改革。

党重视培养、选拔女干部和少数民族干部。

**第三十四条** 党的各级领导干部必须模范地履行本章程第三条所规定的党员的各项义务,并且必须具备以下的基本条件:

(一)具有履行职责所需要的马克思列宁主义、毛泽东思想、邓小平理论的水平,努力用马克思主义的立场、观点、方法分析和解决实际问题。

(二)坚决执行党的基本路线和各项方针、政策,立志改革开放,献身现代化事业,在社会主义建设中艰苦创业,开拓创新,做出实绩。

(三)坚持实事求是,认真调查研究,能够把党的方针、政策同本地区、本部门的实际相结合,讲实话,办实事,求实效,反对形式主义。

(四)有强烈的革命事业心和政治责任感,有实践经验,有胜任领导工作的组织能力、文化水平和专业知识。

(五)正确行使人民赋予的权力,清正廉洁,勤政为民,以身作则,艰苦朴素,密切联系群众,坚持党的群众路线,自觉地接受党和群众的批评和监督,反对官僚主义,反对任何滥用职权、谋求私利的不正之风。

(六)坚持和维护党的民主集中制,有民主作风,有全局观念,善于团结同志,包括团结同自己有不同意见的同志一道工作。

**第三十五条** 党员干部要善于同非党干部合作共事,尊重他们,虚心学习他们的长处。

党的各级组织要善于发现和推荐有真才实学的非党干部担任领导工作,保证他们有职有权,充分发挥他们的作用。

**第三十六条** 党的各级领导干部,无论是由民主选举产生的,或是由领导机关任命的,他们的职务都不是终身的,都可以变动或解除。

年龄和健康状况不适宜于继续担任工作的干部,应当按照国家的规定退、离休。

## 第七章 党的纪律

**第三十七条** 党的纪律是党的各级组织和全体党员必须遵守的行为规则,是维护党的团结统一、完成党的任务的保证。党组织必须严格执行和维护党的纪律,共产党员必须自觉接受党的纪律的约束。

**第三十八条** 党组织对违犯党的纪律的党员,应当本着惩前毖后、治病救人的精神,按照错误性质和情节轻重,给以批评教育直至纪律处分。

严重触犯刑律的党员必须开除党籍。

党内严格禁止用违反党章和国家法律的手段对待党员,严格禁止打击报复和诬告陷害。违反这些规定的组织或个人必须受到党的纪律和国家法律的追究。

**第三十九条** 党的纪律处分有五种:警告、严重警告、撤销党内职务、留党察看、开除党籍。

留党察看最长不超过两年。党员在留党察看期间没有表决权、选举权和被选举权。党员经过留党察看,确已改正错误的,应当恢复其党员的权利;坚持错误不改的,应当开除党籍。

开除党籍是党内的最高处分。各级党组织在决定或批准开除党员党籍的时候,应当全面研究有关的材料和意见,采取十分慎重的态度。

**第四十条** 对党员的纪律处分,必须经过支部大会讨论决定,报党的基层委员会批准;如果涉及的问题比较重要或复杂,或给党员以开除党籍的处分,应分别不同情况,报县级或县级以上党的纪律检查委员会审查批准。在特殊情况下,县级和县级以上各级党的委员会和纪律检查委员会有权直接决定给党员以纪律处分。

对党的中央委员会和地方各级委员会的委员、候补委员,给以撤销党内职务、留党察看或开除党籍的处分,必须由本人所在的委员会全体会议三分之二以上的多数决定。在特殊情况下,可以先由中央政治局和地方各级委员会常务委员会作出处理决定,待召开委员会全体会议时予以追认。对地方各级委员会委员和候补委员的上述处分,必须经过上级党的委员会批准。

严重触犯刑律的中央委员会委员、候补委员,由中央政治局决定开除其党籍;严重触犯刑律的地方各级委员会委员、候补委员,由同级委员会常务委员会决定开除其党籍。

**第四十一条** 党组织对党员作出处分决定,应当实事求是地查清事实。处分决定所依据的事实材料和处分决定必须同本人见面,听取本人说明情况和申辩。如果本人对处分决定不服,可以提出申诉,有关党组织必须负责处理或者迅速转递,不得扣压。对于确属坚持错误意见和无理要求的人,要给以批评教育。

**第四十二条** 党组织如果在维护党的纪律方面失职,必须受到追究。

对于严重违犯党的纪律、本身又不能纠正的党组织,上一级党的委员会在查明核实后,应根据情节严重的程度,作出进行改组或予以解散的决定,并报再上一级党的委员会审查批准,正式宣布执行。

## 第八章　党的纪律检查机关

**第四十三条** 党的中央纪律检查委员会在党的中央委员会领导下进行工作。党的地方各级纪律检查委员会和基层纪律检查委员会在同级党的委员会和上级纪律检查委员会双重领导下进行工作。

党的各级纪律检查委员会每届任期和同级党的委员会相同。

党的中央纪律检查委员会全体会议,选举常务委员会和书记、副书记,并报党的中央委员会批准。党的地方各级纪律检查委员会全体会议,选举常务委员会和书记、副书记,并由同级党的委员会通过,报上级党的委员会批准。党的基层委员会是设立纪律检查委员会,还是设立纪律检查委员,由它的上一级党组织根据具体情况决定。党的总支部委员会和支部委员会设纪律检查委员。

党的中央纪律检查委员会根据工作需要,可以向中央一级党和国家机关派驻党的纪律检查组或纪律检查员。纪律检查组组长或纪律检查员可以列席该机关党的领导组织的有关会议。他们的工作必须受到该机关党的领导组织的支持。

**第四十四条** 党的各级纪律检查委员会的主要任务是:维护党的章程和其他党内法规,协助党的委员会加强党风建设,检查党的路线、方针、政策和决议的执行情况。

各级纪律检查委员会要经常对党员进行遵守纪律的教育,作出关于维护党纪的决定;检查和处理党的组织和党员违反党的章程和其他党内法规的比较重要或复杂的案件,决定或取消对这些案件中的党员的处分;受理党员的控告和申诉。

各级纪律检查委员会要把处理特别重要或复杂的案件中的问题和处理的结果,向同级党的委员会报告。党的地方各级纪律检查委员会和基层纪律检查委员会要同时向上级纪律检查委员会报告。

各级纪律检查委员会发现同级党的委员会委员有违犯党的纪律的行为,可以先进行初步核实,如果需要立案检查的,应当报同级党的委员会批准,涉及常务委员的,经报告同级党的委员会后报上一级纪律检查委员会批准。

**第四十五条** 上级纪律检查委员会有权检查下级纪律检查委员会的工作,并且有权批准和改变下级纪律检查委员会对于案件所作的决定。如果所要改变的该下级纪律检查委员会的决定,已经得到它的同级党的委员会的批准,这种改变必须经过它的上一级党的委员会批准。

党的地方各级纪律检查委员会和基层纪律检查委员会如果对同级党的委员会处理案件的决定有不同意见,可以请求上一级纪律检查委员会予以复查;如果发现同级党的委员会或它的成员有违犯党的纪律的情况,在同级党的委员会不给予解决或不给予正确解决的时候,有权向上级纪律检查委员会提出申诉,请求协助处理。

## 第九章 党　　组

**第四十六条** 在中央和地方国家机关、人民团体、经济组织、文化组织和其他非党组织的领导机关中,可以成立党组。党组的任务,主要是负责实现党的路线、方针、政策,讨论和决定本部门的重大问题,团结非党干部和群众,完成党和国家交给的任务,指导机关和直属单位党组织的工作。

**第四十七条** 党组的成员,由批准成立党组的党的委员会指定。党组设书记、副书记。

党组必须服从批准它成立的党的委员会领导。

**第四十八条** 对下属单位实行集中统一领导的国家工作部门可以建立党委,党委的产生办法、职权和工作任务,由中央另行规定。

## 第十章 党和共产主义青年团的关系

**第四十九条** 中国共产主义青年团是中国共产党领导的先进青年的群众

组织，是广大青年在实践中学习共产主义的学校，是党的助手和后备军。共青团中央委员会受党中央委员会领导。共青团的地方各级组织受同级党的委员会领导，同时受共青团上级组织领导。

**第五十条** 党的各级委员会要加强对共青团的领导，注意团的干部的选拔和培训。党要坚决支持共青团根据广大青年的特点和需要，生动活泼地、富于创造性地进行工作，充分发挥团的突击队作用和联系广大青年的桥梁作用。

团的县级和县级以下各级委员会书记，企业事业单位的团委员会书记，是党员的，可以列席同级党的委员会和常务委员会的会议。

**附1:**

# 中国共产党第十五次全国代表大会关于《中国共产党章程修正案》的决议

(1997年9月18日通过)

中国共产党第十五次全国代表大会审议并一致通过十四届中央委员会提出的《中国共产党章程修正案》,决定这一修正案自通过之日起生效。

大会认为,在党章中把邓小平理论确立为党的指导思想,明确规定中国共产党以马克思列宁主义、毛泽东思想、邓小平理论作为自己的行动指南,这对于保证我们党领导人民坚定地走有中国特色社会主义道路,把我国建设成为富强民主文明的社会主义现代化国家,具有重大而深远的意义。

附 2：

# 中共中央关于党章修正案的说明

中国共产党十四届七中全会决定，对党章进行修改，将修正案提请第十五次全国代表大会审议。

这次修改，集中在一个重大问题上，即在党章中明确规定，把邓小平理论确立为党的指导思想。

党的七大把马克思列宁主义的理论与中国革命的实践之统一的思想——毛泽东思想，确立为中国共产党的指导思想，这对于中国革命和建设的胜利发展具有极重要的意义。党的十五大，在十一届三中全会和十二大、十三大特别是十四大的基础上，进一步把作为毛泽东思想的继承和发展的邓小平理论，确立为党的指导思想。经过改革开放以来近二十年实践的检验，在邓小平同志逝世后，通过党的全国代表大会作出这样的决策，对于建设有中国特色社会主义事业的胜利发展必将发挥极重要的作用。

修改后的党章总纲规定："中国共产党以马克思列宁主义、毛泽东思想、邓小平理论作为自己的行动指南。"

修改后的党章总纲在原来关于马克思列宁主义的论述和关于毛泽东思想的论述之后，对原来有关建设有中国特色社会主义理论的内容加以调整补充，形成了关于邓小平理论的论述："十一届三中全会以来，以邓小平同志为主要代表的中国共产党人，总结建国以来正反两方面的经验，解放思想，实事求是，实现全党工作中心向经济建设的转移，实行改革开放，开辟了社会主义事业发展的新时期，逐步形成了建设有中国特色社会主义的路线、方针、政策，阐明了在中国建设社会主义、巩固和发展社会主义的基本问题，创立了邓小平理论。邓小平理论是马克思列宁主义的基本原理同当代中国实践和时代特征相结合的产物，是毛泽东思想在新的历史条件下的继承和发展，是马克思主义在中国发展的新阶段，是当代中国的马克思主义，是中国共产党集体智慧的结晶，引导着我国社会主义现代化事业不断前进。"

修改后的党章条文规定，党员和党的干部要认真学习马克思列宁主义、毛泽东思想、邓小平理论。

党的十五大，以高举邓小平理论伟大旗帜、把建设有中国特色社会主义事业全面推向二十一世纪作为主题。马克思列宁主义、毛泽东思想、邓小平理论,是统一的科学体系。在当代中国,坚持邓小平理论,就是真正坚持马克思列宁主义、毛泽东思想;高举邓小平理论的旗帜,就是真正高举马克思列宁主义、毛泽东思想的旗帜。

附3：

# 中国共产党第十五次全国代表大会秘书处负责人就十五大通过的《中国共产党章程修正案》答新华社记者问

1997年9月18日，中国共产党第十五次全国代表大会通过了《中国共产党章程修正案》，新华社记者就此采访了十五大秘书处负责人。

**问：**请你谈谈十五大修改党章的基本考虑。

**答：**这次修改，集中在一个重大问题上，即在党章中明确规定，把邓小平理论确立为党的指导思想。

党的七大把马克思列宁主义的理论与中国革命的实践之统一的思想——毛泽东思想，确立为中国共产党的指导思想，这对于中国革命和建设的胜利发展具有极重要的意义。党的十五大，在十一届三中全会和十二大、十三大特别是十四大的基础上，进一步把作为毛泽东思想的继承和发展的邓小平理论，确立为党的指导思想。经过改革开放以来近二十年实践的检验，在邓小平同志逝世后，通过党的全国代表大会作出这样的决策，对于建设有中国特色社会主义事业的胜利发展必将发挥极重要的作用。

党的十五大，以高举邓小平理论伟大旗帜、把建设有中国特色社会主义事业全面推向二十一世纪作为主题。马克思列宁主义、毛泽东思想、邓小平理论，是统一的科学体系。在当代中国，坚持邓小平理论，就是真正坚持马克思列宁主义、毛泽东思想；高举邓小平理论的旗帜，就是真正高举马克思列宁主义、毛泽东思想的旗帜。

**问：**对党章总纲有什么修改？

**答：**修改后的党章总纲规定："中国共产党以马克思列宁主义、毛泽东思想、邓小平理论作为自己的行动指南。"

修改后的党章总纲在原来关于马克思列宁主义的论述和关于毛泽东思想的论述之后，对原来有关建设有中国特色社会主义理论的内容加以调整补充，形成了关于邓小平理论的论述："十一届三中全会以来，以邓小平同志为主要代表的中国共产党人，总结建国以来正反两方面的经验，解放思想，实事求是，实现全党工作中心向经济建设的转移，实行改革开放，开辟了社会主义事业发展的新时期,逐步形成了建设有中国特色社会主义的路线、方针、政策,阐明了在中国建设社会主义、巩固和发展社会主义的基本问题,创立了邓小平理论。邓小平理论是马克思列宁主义的基本原理同当代中国实践和时代特征相结合的产物,是毛泽东思想在新的历史条件下的继承和发展,是马克思主义在中国发展的新阶段,是当代中国的马克思主义,是中国共产党集体智慧的结晶,引导着我国社会主义现代化事业不断前进。”

**问**:对党章条文有什么修改?

**答**:按照修改后的党章总纲中关于“中国共产党以马克思列宁主义、毛泽东思想、邓小平理论作为自己的行动指南”的规定,对党章第三条第一款、第三十一条第二款、第三十四条第一款的文字作了相应的调整,规定党员和党的干部要认真学习马克思列宁主义、毛泽东思想、邓小平理论。

# 中共中央关于农业和农村工作若干重大问题的决定

（1998年10月14日中国共产党第十五届中央委员会第三次全体会议通过）

中国共产党第十五届中央委员会第三次全体会议分析了国内外形势，研究了农业和农村工作。全会考虑到：

——贯彻落实党的十五大提出的战略部署，实现我国跨世纪发展的宏伟目标，必须保持农业和农村经济的持续稳定发展。十二亿多人口，九亿在农村，是我国的基本国情。农业、农村和农民问题是关系改革开放和现代化建设全局的重大问题。没有农村的稳定就没有全国的稳定，没有农民的小康就没有全国人民的小康，没有农业的现代化就没有整个国民经济的现代化。稳住农村这个大头，就有了把握全局的主动权。

——我国改革率先从农村突破，并以磅礴之势迅速推向全国，取得了举世瞩目的伟大成就。认真总结二十年来农村改革积累的丰富经验，对于全党自觉坚持十一届三中全会以来的路线方针政策，进一步推动农村乃至全国的改革和发展，具有重要意义。

——面对当前亚洲金融危机的冲击和经济全球化的挑战，进一步加强农业，繁荣农村经济，提高农民购买力，有利于扩大内需，保持整个国民经济增长的良好势头，增加我国在国际合作与竞争中的回旋余地。在充分利用国外市场的同时，努力开拓国内市场特别是农村市场，是我国经济发展的基本立足点。

——在从温饱到小康，进而实现现代化的历史进程中，农村的经济建设和精神文明建设、民主法制建设、基层组织建设都面临许多新的问题。一些地方党的农村政策没有得到很好落实，近年农民收入增长缓慢，影响了积极性的充分发挥。农业基础设施薄弱，抗御自然灾害能力不强，人口、资源、环境压力加大。切实解决好这些问题，才能全面推进农村经济发展和社会进步，建成富裕民主文明的社会主义新农村。

全会认为，就农业和农村工作若干重大问题作出如下决定是适时和必要的。

## 一、农村改革二十年的基本经验

农村改革已经走过二十年光辉历程。实行家庭联产承包责任制,废除人民公社,突破计划经济模式,初步构筑了适应发展社会主义市场经济要求的农村新经济体制框架。这个根本性改革,解放和发展了农村生产力,带来农村经济和社会发展的历史性巨变:粮食和其他农产品大幅度增长,由长期短缺到总量大体平衡、丰年有余,基本解决了全国人民的吃饭问题;乡镇企业异军突起,带动农村产业结构、就业结构变革和小城镇发展,开创了一条有中国特色的农村现代化道路;农民生活水平显著提高,全国农村总体上进入由温饱向小康迈进的阶段;农民的思想观念顺应时代要求发生着深刻变化,农村精神文明和民主法制建设取得了明显进步。农村改革的成就,为全国改革、发展、稳定作出了重要贡献,使广大农民看到了走向富裕的光明前景,坚定了跟着中国共产党走有中国特色社会主义道路的信心。

农村改革二十年的基本经验是:

第一,必须承认并充分保障农民的自主权,把调动广大农民的积极性作为制定农村政策的首要出发点。这是政治上正确对待农民和巩固工农联盟的重大问题,是农村经济和社会发展的根本保证。调动农民的积极性,核心是保障农民的物质利益,尊重农民的民主权利。在任何时候,任何事情上,都必须遵循这个基本准则。

第二,必须发展公有制为主体的多种所有制经济,探索和完善农村公有制的有效实现形式,使生产关系适应生产力发展要求。实行土地集体所有、家庭承包经营,使用权同所有权分离,建立统分结合的双层经营体制,理顺了农村最基本的生产关系。这是能够极大促进生产力发展的农村集体所有制的有效实现形式。

第三,必须坚持以市场为取向的改革,为农村经济注入新的活力。确立农户自主经营的市场主体地位,鼓励农民面向市场发展商品生产,进入流通领域。改革农产品流通体制,主要由市场形成价格,在国家宏观调控下发挥市场对资源配置的基础性作用。加强和改善国家对粮食这一特殊商品的宏观调控,保护农民积极性,保证供给和价格基本稳定。农村经济转入社会主义市场经济的轨道,在这个新的条件下把农民的积极性引导到更高的阶段,对于实现农业的专业化、市场化、现代化具有全局性意义。

第四,必须充分尊重农民的首创精神,依靠群众推进改革的伟大事业。包产到户和乡镇企业,都是党领导下我国农民的伟大创造。坚持从群众中来、到群众中去的根本工作路线,以“三个有利于”为标准,鼓励试、允许看、不争论,及时总结经验,加强指导,对的就坚持,不对的就改正,把农村改革不断引向深入。

第五,必须从全局出发,高度重视农业,使农村改革和城市改革相互配合、协调发展。坚持以农业为基础,从政策、科技、投入等方面大力支持农业。首先启动农村改革,以农村的改革和发展推动城市,又以城市的改革和发展支持农村,这是中国改革的成功之路。

农村改革的成功是邓小平理论的伟大胜利。始终坚持以邓小平理论为指导,解放思想,实事求是,这是最根本的经验。有了这个理论,才能冲破僵化体制和陈旧观念的束缚,进行建设有中国特色社会主义的新探索。继续推进农村改革,必须牢牢掌握这个强大的思想武器。

**二、农业和农村跨世纪发展的目标和方针**

我国社会主义初级阶段是不发达的阶段,农村尤其不发达。表现在:生产力落后,主要靠手工劳动;市场化程度低,自给半自给经济占相当比重;农业人口多,就业压力大;科技教育文化落后,文盲半文盲数量较大;农民生活水平比较低,还有几千万人没有解决温饱;城乡差别大,农村发展也很不平衡。这些特点决定了,必须始终把发展农村经济、提高农业生产力水平作为整个农村工作的中心,一切政策都要有利于增强农村经济活力,放手依靠农民改变落后面貌,不断提高农民的物质文化生活水平。

十五大提出党在社会主义初级阶段的基本纲领和下世纪第一个十年的奋斗目标,为我国农业和农村走向现代化指明了方向。从现在起到二〇一〇年,建设有中国特色社会主义新农村的目标是:

——在经济上,坚持以公有制为主体、多种所有制经济共同发展,不断解放和发展农村生产力。基本建立以家庭承包经营为基础,以农业社会化服务体系、农产品市场体系和国家对农业的支持保护体系为支撑,适应发展社会主义市场经济要求的农村经济体制;农业科技、装备水平和综合生产能力有显著提高,农产品更好地满足国民经济发展和人口增长、生活改善的需求;农村产业结构进一步优化,城镇化水平有较大提高;农民收入不断增加,农村全面实现小康,并逐步向更高的水平前进。

——在政治上,坚持中国共产党的领导,加强农村社会主义民主政治建设,进一步扩大基层民主,保证农民依法直接行使民主权利。全面推进村民自治,完善乡镇人民代表大会制度;乡镇机构精干,以党支部为核心的村级组织健全,干群关系密切;加强法治,保持农村良好的社会秩序和治安环境。

——在文化上,坚持全面推进农村社会主义精神文明建设,培养有理想、有道德、有文化、有纪律的新型农民。加强思想道德教育,倡导健康文明的社会风尚;发展教育事业,普及九年制义务教育,扫除青壮年文盲,普及科学技术知识;发展农村卫生、体育事业,使农民享有初级卫生保健;建设农村文化设施,丰富农民的精神文化生活。

实现我国农业和农村跨世纪发展目标,必须坚持以下十条方针:

(一)始终把农业放在国民经济发展的首位。农业是国民经济的基础。大力发展农业不仅是保障人民生活的要求,也是发展工业和第三产业的需要。调整国民收入分配格局,加大对农业的投入。加强农业立法和执法,支持和保护农业。

(二)长期稳定农村基本政策。以公有制为主体、多种所有制经济共同发展的基本经济制度,以家庭承包经营为基础、统分结合的经营制度,以劳动所得为主和按生产要素分配相结合的分配制度,必须长期坚持。在这个基础上,按照建立社会主义市场经济体制的要求,深化农村改革。

(三)不放松粮食生产,积极发展多种经营。必须稳定发展粮食生产,同时又要调整农村产业结构,实行农林牧副渔并举,并且把发展多种经营同支持和促进粮食生产结合起来,确保农产品有效供给和农民收入持续增长。

(四)实施科教兴农。农业的根本出路在科技、在教育。实行农科教结合,加强农业科学技术的研究和推广,注重人才培养,把农业和农村经济增长转到依靠科技进步和提高劳动者素质的轨道上来。

(五)实现农业可持续发展。必须加强以水利为重点的基础设施建设和林业建设,严格保护耕地、森林植被和水资源,防治水土流失、土地荒漠化和环境污染,改善生产条件,保护生态环境。

(六)大力发展乡镇企业,多渠道转移农业富余劳动力。立足农村,向生产的深度和广度进军,发展二、三产业,建设小城镇。开拓农村广阔的就业门路,同时适应城镇和发达地区的客观需要,引导农村劳动力合理有序流动。

(七)切实减轻农民负担。这是保护农村生产力,保持农村稳定的大事。坚持多予少取,让农民得到更多的实惠。农村各项建设都要尊重群众意愿,量力而行。

(八)实行计划生育基本国策。控制人口过快增长的重点和难点在农村。大力提倡少生优育,使农村人口同经济、社会发展相适应。

(九)推进农村基层民主政治建设。经济体制改革要求政治体制改革相配合。坚持和改善农村基层党组织的领导,加强乡镇政权和村民自治组织建设,依法保障农民当家作主的权利。

（十）物质文明建设和精神文明建设两手抓。两个文明都搞好，农村经济、社会协调发展，才是有中国特色社会主义的新农村。

**三、长期稳定以家庭承包经营为基础、统分结合的双层经营体制**

实行家庭承包经营，符合生产关系要适应生产力发展要求的规律，使农户获得充分的经营自主权，能够极大地调动农民的积极性，解放和发展农村生产力；符合农业生产自身的特点，可以使农户根据市场、气候、环境和农作物生长情况及时作出决策，保证生产顺利进行，也有利于农户自主安排剩余劳动力和剩余劳动时间，增加收入。这种经营方式，不仅适应以手工劳动为主的传统农业，也能适应采用先进科学技术和生产手段的现代农业，具有广泛的适应性和旺盛的生命力，必须长期坚持。家庭承包经营是集体经济组织内部的一个经营层次，是双层经营体制的基础，不能把它与集体统一经营割裂开来，对立起来，认为只有统一经营才是集体经济。要切实保障农户的土地承包权、生产自主权和经营收益权，使之成为独立的市场主体。农村集体经济组织要管理好集体资产，协调好利益关系，组织好生产服务和集体资源开发，壮大经济实力，特别要增强服务功能，解决一家一户难以解决的困难。

稳定完善双层经营体制，关键是稳定完善土地承包关系。土地是农业最基本的生产要素，又是农民最基本的生活保障。稳定土地承包关系，才能引导农民珍惜土地，增加投入，培肥地力，逐步提高产出率；才能解除农民的后顾之忧，保持农村稳定。这是党的农村政策的基石，决不能动摇。要坚定不移地贯彻土地承包期再延长三十年的政策，同时要抓紧制定确保农村土地承包关系长期稳定的法律法规，赋予农民长期而有保障的土地使用权。对于违背政策缩短土地承包期、收回承包地、多留机动地、提高承包费等错误做法，必须坚决纠正。土地使用权的合理流转，要坚持自愿、有偿的原则依法进行，不得以任何理由强制农户转让。少数确实具备条件的地方，可以在提高农业集约化程度和群众自愿的基础上，发展多种形式的土地适度规模经营。

在家庭承包经营基础上，积极探索实现农业现代化的具体途径，是农村改革和发展的重大课题。农村出现的产业化经营，不受部门、地区和所有制的限制，把农产品的生产、加工、销售等环节连成一体，形成有机结合、相互促进的组织形式和经营机制。这样做，不动摇家庭经营的基础，不侵犯农民的财产权益，能够有效解决千家万户的农民进入市场、运用现代科技和扩大经营规模等问题，提高农业经济效益和市场化程度，是我国农业逐步走向现代化的现实途径之一。发展农业产业化经营，关键是培育具有市场开拓能力、能进行农产品深度加工、为农民提供服务和带动农户发展商品生产的“龙头企业”。要引导“龙头企业”同农民形成合理的利益关系,让农民得到实惠,实现共同发展。要充分利用现有的农产品加工、销售企业,不要盲目上新项目,避免重复建设。

要从农村经济现状和发展要求出发,继续完善所有制结构。在积极发展公有制经济的同时,采取灵活有效的政策措施,鼓励和引导农村个体、私营等非公有制经济有更大的发展。适应生产和市场需要,发展跨所有制、跨地区的多种形式的联合和合作。供销合作社、信用合作社要继续深化改革,更好地为农业、农民服务。农民采用多种多样的股份合作制形式兴办经济实体,是改革中的新事物,要积极扶持,正确引导,逐步完善。以农民的劳动联合和农民的资本联合为主的集体经济,更应鼓励发展。

**四、深化农产品流通体制改革,完善农产品市场体系**

进一步搞活农产品流通,尽快形成开放、统一、竞争、有序的农产品市场体系,为农民提供良好的市场环境,是农业和农村经济持续稳定发展的迫切需要。要根据各类农产品的不同特点和供求状况,采取相应的方式和步骤,改革农产品流通体制。

粮食是关系国计民生的战略物资。建立适应社会主义市场经济要求和我国国情的粮食流通体制,对于保证粮食安全、经济发展、社会稳定具有重大而深远的意义。深化粮食流通体制改革,必须把握好以下几点:第一,把立足国内保障粮食基本自给、保护农民种粮积极性、促进粮食生产稳定增长作为出发点。第二,管好粮食收购市场,保证国家掌握粮源,这对于增强国家调控能力、确保市场稳定至关重要。第三,放开粮食零售市场,实行多渠道经营,形成竞争机制,以满足市场的多样化需求。第四,国家建立粮食风险基金、储备和保护价收购制度,对粮食市场进行吞吐调节,保护农民和消费者的利益。第五,国有粮食企业要深化改革,实行政企分开,加强内部管理,减员增效,严格遵守国家粮食购销法规和政策。当前,各地和有关部门要按照中央的部署,统一认识,坚决贯彻按保护价敞开收购农民余粮、粮食收储企业实行顺价销售和粮食收购资金封闭运行三项政策,加快国有粮食企业自身改革,确立自主经营、自负盈亏的新机制,确保粮食流通体制改革顺利实施,达到预期的目标。

棉花流通体制改革,要在国家管好储备、进出口和质量的前提下,从一九九九年棉花年度起,放开购销价格,拓宽流通渠道,逐步建立起在国家宏观调控下,主要依靠市场机制实现棉花资源合理配置的新机制。烤烟、蚕茧、羊毛等工业原料,也要进一步深化流通体制改革。肉禽蛋菜果等鲜活农产品的流通,要进一步放开搞活。继续发展多种形式的初级市场,重点在农产品集散地发展区域性或全国性的批发市场,积极探索产销直挂、连锁经营、配送中心等新的流通方式。培育农民自己的流通组织，提高农民进入市场的组织化程度。加强市场设施建设，完善信息收集和发布制度，向农民提供及时准确的市场信息。健全市场法规，维护市场秩序，反对封锁和垄断。

加强农村商业网点建设，改革农业生产资料流通体制，积极开拓农村市场。同时，要引导农村资金、技术、劳动力等要素市场规范发展。

**五、加快以水利为重点的农业基本建设，改善农业生态环境**

洪涝灾害历来是中华民族的心腹大患，水资源短缺越来越成为我国农业和经济社会发展的制约因素，必须引起全党高度重视。要增强全民族的水患意识，动员全社会力量把兴修水利这件安民兴邦的大事抓紧抓好。水利建设要坚持全面规划，统筹兼顾，标本兼治，综合治理的原则，实行兴利除害结合，开源节流并重，防洪抗旱并举。重大水利工程建设，应从长计议，全面考虑，科学选比，周密计划。当务之急要加大投入，加快长江黄河等大江大河大湖的治理，提高防洪能力。要大干几年，把大江大河大湖的干堤建设成高标准的防洪堤；抓紧现有病险水库的除险加固，使其充分发挥效益；下决心清淤除障，恢复河湖行蓄洪能力；抓紧三峡、小浪底等主要江河控制性工程的建设，提高对洪水的调蓄能力。要加强城市防洪工程建设和海堤建设，重视中小河流整治。进一步健全气象、水文、防汛等服务体系。要坚持不懈地搞好农田水利基本建设，努力解决干旱缺水问题。加快现有大中型灌区水利设施的修复和完善。鼓励农村集体、农户以多种方式建设和经营小型水利设施。制定促进节水的政策，大力发展节水农业，把推广节水灌溉作为一项革命性措施来抓，大幅度提高水的利用率，努力扩大农田有效灌溉面积。

改善生态环境是关系中华民族生存和发展的长远大计，也是防御旱涝等自然灾害的根本措施。要大力提高森林覆盖率，使适宜治理的水土流失地区基本得到整治。生态工程建设要同国土整治、产业开发和区域经济发展相结合。要把黄河长江上中游地区、风沙区和草原区作为全国生态环境建设的重点，大力植树种草，实行封山育林，加快小流域综合治理，加强水源涵养、水土保持，提高防御风沙能力，切实改变江河泥沙严重淤积、草原沙化的状况。依法保护森林资源。从现在起就要调整森工企业的主营方向，变伐木为营林，有计划地停止天然林的采伐，切实保护大江大河上游的森林植被。禁止毁林毁草开荒和围湖造田。对过度开垦、围垦的土地，要有计划有步骤地还林、还草、还湖。治理草原退化沙化碱化，加强草原建设和保护。控制工业、生活及农业不合理使用化肥农药农膜对土地和水资源造成的污染。加强沿海水域环境和渔类资源的保护。制定鼓励政策，推进荒山荒沟荒丘荒滩使用权的承包、租赁和拍卖，加快开发和治理,切实保障开发者的合法权益。

我国后备耕地资源不足,提高农业综合生产能力,应立足现有耕地的保护和改造。依法限制农用地转为建设用地,严格执行基本农田保护区制度。农业综合开发要以改造中低产田为重点,集中连片治理,力争平原地区大部分耕地实现旱涝保收、高产稳产,丘陵山区人均达到半亩以上高标准基本农田。因地制宜搞好山区综合开发。继续加强重要农产品的商品生产基地建设。

改革和完善农业投融资体制。以农村集体和农户投入为基础,逐步增加财政对农业的投资,引导信贷资金和社会资金更多地投向农业。扩大农业利用外资。中央和地方都要大幅度增加投入,开展大规模的水利工程、生态工程、农村公路、农村电网和粮食仓储等基础设施建设。

**六、依靠科技进步,优化农业和农村经济结构**

由传统农业向现代农业转变,由粗放经营向集约经营转变,必然要求农业科技有一个大的发展,进行一次新的农业科技革命。我国是农业大国,要把农业科技作为整个科技工作的一个重点,努力赶上世界先进水平。推进农业科技革命,要在广泛运用农业机械、化肥、农膜等工业技术成果的基础上,依靠生物工程、信息技术等高新技术,使我国农业科技和生产力实现质的飞跃,逐步建立起农业科技创新体系。坚持基础研究同应用研究相结合,高新技术同常规技术相结合,自主研究同技术引进相结合,科学研究同成果推广相结合,制定全面规划,争取在动植物品种选育、农业资源高效利用、现代集约化种养技术、农业生物灾害防治、农产品储运加工技术等方面取得突破。要改革农业科技体制,调整分工和布局,突出重点,鼓励创新,联合攻关。要面向农业,面向农村,面向农民,通过试验示范,大力推广先进实用技术,突出抓好“种子工程”和旱作节水农业技术,不断提高科技对农业增长的贡献率。加强县乡村农业技术推广体系建设,扶持农村专业技术协会等民办专业服务组织。鼓励科研、教学单位开发推广农业技术,发展高技术农业企业。

调整和优化农村经济结构,要着眼于世界农业科技加速发展的趋势和我国人多地少的国情,适应国内外市场,依靠科技进步,发挥区域比较优势,增强市场竞争能力,提高农村经济素质和效益。按照高产优质高效原则,全面发展农林牧副渔各业;重点围绕农副产品加工和发展优势产品,调整、提高农村工业;结合小城镇建设,大力发展第三产业。

粮食作物要确保总产量稳定增长,提高单产,改善品质,尽快淘汰不适销品种。主要经济作物要提高质量,合理调整区域布局。“菜篮子”产品生产要推广优新品种,降低成本,提高效益,实现均衡供给。努力创造名牌农产品。随着农业生产和居民消费水平不断提高，要及时把畜牧业放到更加重要的位置，促进种植业和加工业进一步发展。积极发展牧区畜牧业，加快发展农区畜牧业。稳定发展生猪生产，突出发展草食型、节粮型畜禽业。改良畜禽品种，提高饲养技术和疫病防治技术，发展饲料工业。加快发展水产养殖业，稳定近海捕捞，扩大远洋捕捞。

乡镇企业是推动国民经济新高涨的一支重要力量，在技术进步、产品更新换代和开拓国内外市场等方面蕴藏着巨大的潜力。当前乡镇企业正处于结构调整和体制创新的重要时期，各级党委和政府要站在全局和战略的高度，对乡镇企业积极扶持，合理规划，分类指导，依法管理。乡镇企业要适应农业产业化经营的需要，着重发展农副产品加工业和储藏、保鲜、运销业。要结合整个工业结构调整，加强技术改造和企业管理，提高产品质量，增强竞争能力。东部地区的乡镇企业要注重提高科技含量，发展高附加值产品和外向型经济。中西部地区重点发展劳动密集型和资源加工型产业，也要尽量应用新技术，提高质量和效益。积极推进乡镇企业改革，放手让群众从实际出发，探索和选择企业的经营方式和组织形式，增强企业活力，调动投资者、经营者和劳动者的积极性，确保集体资产保值增值。严禁逃废对金融机构的债务。

发展小城镇，是带动农村经济和社会发展的一个大战略，有利于乡镇企业相对集中，更大规模地转移农业富余劳动力，避免向大中城市盲目流动，有利于提高农民素质，改善生活质量，也有利于扩大内需，推动国民经济更快增长。要制定和完善促进小城镇健康发展的政策措施，进一步改革小城镇户籍管理制度。小城镇要合理布局，科学规划，重视基础设施建设，注意节约用地和保护环境。

**七、推进农村小康建设，加大扶贫攻坚力度**

农民过上小康生活，在我国具有划时代意义。农村实现小康，就是使广大农民温饱有余，生活资料更加丰富，居住环境有一定改善，健康水平和受教育程度进一步提高。各地要从实际出发，根据当地经济发展水平和农民承受能力，扎扎实实地推进农村小康建设。

增加农民收入，减轻农民负担，是农村实现小康的基本条件，对开拓农村市场，扩大国内需求，也具有重要作用。千方百计解决好农民增收问题，始终是农业和农村工作的一项重要任务。要依靠发展生产，优化产业结构，拓宽就业门路。在搞好粮棉油等大宗农产品生产的同时，合理开发利用资源，发展多种经营；实行种养业和加工储运业相结合，提高农产品附加值；组织农民外出务工，国家投资兴建基础设施应多用农村劳动力，增加农民的现金收入。减轻农民负担要标本兼治。合理负担坚持定项限额,保持相对稳定,一定三年不变;严禁乱收费、乱集资、乱罚款和各种摊派,纠正变相增加农民负担的各种错误做法,对违反规定的要严肃处理;逐步改革税费制度,加快农民承担费用和劳务的立法。

全国农村实现小康,重点要加快中西部地区农业和农村经济发展。国家要加大财政转移支付力度,调整加工业布局,优先安排基础设施重点建设项目,支持中西部地区经济发展。中西部地区要发挥粮棉油和畜产品等生产优势,发展农副产品加工业,成为全国主要农产品的商品基地。东部地区和大中城市郊区要提高农村经济的发展水平,有条件的地方要率先基本实现农业现代化,并通过经济联合和合作,帮助和带动中西部地区农村的发展,逐步实现共同富裕。

解决农村贫困人口的温饱问题,是一项紧迫而艰巨的任务。这部分人大多生活在自然条件恶劣的边远地区,扶贫攻坚难度很大,必须加大工作力度。要坚持开发式扶贫的方针,坚持扶贫到户。大幅度、多渠道增加扶贫投入,搞好以工代赈,重点改善基本生产生活条件,发展种养业。对极少数生存条件极端恶劣的贫困人口可以有计划地实行移民开发。经济开发要同智力开发相结合,开展科教扶贫。总结推广小额信贷等扶贫资金到户的有效做法。加强扶贫资金使用的监督检查,严禁挪用。动员社会各方面力量参与扶贫,做好各部门和东部地区对口帮扶贫困地区的工作。继续落实扶贫工作到省(自治区、直辖市)的领导责任制。扶贫攻坚要坚持实事求是,不能脱离实际提出过高要求,也不能为了赶进度而降低标准,更不能搞形式主义,弄虚作假。温饱问题基本解决以后,巩固扶贫成果,根本改变贫困地区面貌,仍是一项长期任务。

**八、加强农村基层民主法制建设**

扩大农村基层民主,实行村民自治,是党领导亿万农民建设有中国特色社会主义民主政治的伟大创造。为了更好地调动广大农民的积极性和主动性,促进农村各项改革和建设事业的全面发展,必须进一步扩大农村基层民主。

——全面推进村级民主选举。村民委员会要严格依照法律法规,坚持公平、公正、公开原则,由村民按期进行直接选举,真正把群众拥护的思想好、作风正、有文化、有本领、真心实意为群众办事的人,选进领导班子。

——全面推进村级民主决策。凡是涉及村民利益的重要事项,如村提留的收缴和使用,村干部享受误工补贴的人数和标准,从村集体经济所得收益的使用,村办公益事业需要村民负担的事项,土地承包、宅基地使用和集体经济项目承包的方案等,都须提请全体村民或村民代表会议讨论,按多数人的意见作出决定。

——全面推进村级民主管理。依据党的方针政策和国家的法律法规,结合本地实际，全体村民讨论制定村民自治章程和村规民约，把村民的权利和义务，村级各类组织之间的关系和工作程序，以及经济管理、社会治安、村风民俗、婚姻家庭、计划生育等方面的要求，规定得明明白白，加强村民的自我管理、自我教育、自我服务。

——全面推进村级民主监督。凡是村里的重大事项和群众普遍关心的问题，都应向村民公开。村务公开的重点是财务公开。村民委员会要广泛听取群众意见，大多数群众不赞成的事情，应予纠正。经村民民主评议不称职的村干部，应按照规定程序进行调整。

搞好村民自治，制度建设是根本。重点是建立健全村民委员会的民主选举制度，以村民会议或村民代表会议为主要形式的民主议事制度，以村务公开、民主评议和村民委员会定期报告工作为主要内容的民主监督制度。村务活动要照章办事，推进村民自治的制度化、规范化。

乡级民主建设是农村基层民主的重要组成部分。要坚持和完善乡镇人民代表大会代表的直接选举制度。乡镇人民代表大会要认真履行法律规定的各项职权。乡镇政府要切实转变职能，精简机构，裁减冗员，目前先要坚决把不在编人员精减下来，做到依法行政，规范管理。乡镇政权机关都要实行政务公开，方便群众办事，接受群众监督。

发展农村基层民主，必须贯彻依法治国方略，同健全法制紧密结合。坚持有法可依，有法必依，执法必严，违法必究。要完善保障农民直接行使民主权利的法律法规。对压制和破坏民主、侵犯农民民主权利的行为，要坚决查处。加强法制教育和宣传，使农村干部增强法制观念和依法办事能力，使广大农民知法守法，履行应尽义务，用法律保护自己的合法权益。加强农村社会治安综合治理，严厉打击各种刑事犯罪和恶势力，为农民的生产和生活创造良好的治安环境。正确处理新时期农村人民内部矛盾，善于运用法律的、行政的、经济的和思想教育的手段，化解矛盾，解决纠纷，促进安定团结。

扩大农村基层民主，要在党的统一领导下有步骤、有秩序地进行，充分发挥乡(镇)、村基层党组织的领导核心作用。要及时总结和推广有利于农民群众当家作主的好经验，精心组织，分类指导，推动农村基层民主政治建设健康发展。

**九、加强农村社会主义精神文明建设**

农村精神文明建设的根本任务，是全面提高农民的思想道德素质和科学文化素质，为农村经济社会发展提供强大的精神动力、智力支持和思想保证。

农村精神文明建设要坚持以邓小平理论为指导，紧紧围绕发展经济、建设小康的目标,同农村经济工作、基层民主政治建设和社会治安综合治理相结合,以创建"文明户"、"文明村镇"为主要形式,依靠群众,立足基层,狠抓落实,讲求实效。对农民进行爱国主义、集体主义和社会主义教育,进行党的基本路线和方针政策教育,进行社会公德、职业道德、家庭美德教育。思想道德教育要贯穿到群众性创建精神文明的各项活动中去。开展国防教育,做好民兵、预备役和拥军优属工作。引导农民移风易俗,革除陋习。反对封建迷信活动,禁止"黄、赌、毒"。全面贯彻党的宗教政策,依法打击邪教和利用宗教进行的非法活动。加强农村文化设施建设,扩大广播、电视覆盖面,组织好文化、科技、卫生"三下乡",鼓励和支持农民业余文化体育活动。控制人口数量,提高人口质量,把计划生育工作与发展农村经济,帮助农民脱贫致富,建设文明幸福家庭结合起来。完善农村医疗卫生设施,稳步发展合作医疗,提高农民健康水平。

发展农村教育事业是落实科教兴农方针、提高农村人口素质的关键。必须从农村长远发展和我国现代化建设全局的高度,充分认识发展农村教育的重要性和紧迫性。积极推进农村教育综合改革,统筹安排基础教育、职业教育和成人教育,进一步完善农村教育体系。

抓紧实施农村尤其是少数民族地区和贫困地区的义务教育,切实解决适龄儿童尤其是女童的辍学问题。农村中小学要注重全面素质教育,在适当阶段增加农业和其他实用技术的教育内容。根据各地经济发展水平,面向社会需求,合理调整中等教育结构。积极发展多层次、多形式的职业教育,办好农业高等中等专业学校,大力发展卫星广播电视教育,为农村培养大批专业技术人才。

要十分重视农村成人教育,加大扫盲工作力度。紧密结合生产实际,组织农民学习先进实用的种植、养殖和农产品加工技术。对务工农民要加强岗位培训,提高知识水平、专业技能和安全生产知识。通过多种方式,引导农民学习和掌握商品生产、市场营销和经营管理方面的知识。

实行多渠道办学,增加农村教育投入,动员社会力量支持教育事业。要逐步改善农村办学条件,限期改造学校危房。重视农村师资培养,提倡城市教师和干部志愿到农村开展支教服务。对长期工作在少数民族地区、边远山区和贫困地区的教师,要在政治上和物质上给以鼓励,并切实改善他们的工作和生活条件。

**十、加强农村基层党组织建设和干部队伍建设**

建设有中国特色社会主义新农村,关键在于加强和改善党的领导,充分发挥乡(镇)党委和村党支部的领导核心作用,建设一支高素质的农村基层干部队伍。

党的农村基层组织是党在农村全部工作和战斗力的基础,是农村各种组织和各项工作的领导核心。最近几年的集中整顿已取得明显成效,但农村基层组织建设是一项长期而艰巨的任务,必须坚持不懈地抓下去。要全面加强村党支部建设和乡(镇)党委建设,同时发挥共青团、妇女、民兵等群众组织的作用,努力提高农村基层组织建设的整体水平。农村党员要带头执行党和国家的各项政策,带领群众共同致富,在两个文明建设中发挥先锋模范作用。

农村基层干部是团结带领广大农民脱贫致富奔小康的骨干力量,为农村的改革、发展和稳定作出了重要贡献,是完全可以信赖的。但这支队伍的整体素质同新形势新任务的要求还不完全适应,有的干部不能正确领会党的农村政策,执行中随意性较大,一些年轻干部不熟悉农村改革进程和政策;有的文化水平低,思想观念陈旧,带领群众发展经济缺少办法;有的思想作风不正,办事不公,简单粗暴,甚至以权谋私,违法乱纪。这些问题必须认真加以解决。

建设高素质的农村基层干部队伍,总的要求是:深入学习邓小平理论和党的十五大精神,坚定走有中国特色社会主义道路的信念,提高贯彻执行党的路线方针政策、遵守国家法律法规的自觉性;认真实践全心全意为人民服务的根本宗旨,学会在新的历史条件下做好农民工作的方法;努力掌握社会主义市场经济知识、科技文化知识、法律知识,增强带领农民发展经济,搞好两个文明建设的本领。

提高政策水平是加强基层干部队伍建设的重要环节。党的政策是党的生命。农村基层干部应该认真学习和全面理解党的政策,执行中不打折扣、不走样;应该正确地向群众宣传解释各项政策,使之成为群众的自觉行动;应该结合实际贯彻落实政策,鼓励创造性,防止绝对化;应该模范地执行政策,要求群众做到的自己首先做好。要加强对农村基层干部的培训,建立健全定期轮训制度,充分发挥县、乡党校的作用,编写通俗易懂的教材。要把政治理论培训同业务能力培训、实用技术培训结合起来,突出政策和法制教育,提高基层干部正确执行政策、坚持依法办事、善于做群众工作的能力。

密切党群、干群关系,是加强农村基层干部队伍建设的紧迫任务。农村基层干部必须诚心诚意为群众服务,反对脱离群众、不干实事;坚持实事求是,反对虚假浮夸;坚持艰苦创业,反对奢侈浪费;遇事同群众商量,反对强迫命令;正确行使手中的权力,反对以权谋私;努力把完成上级任务和维护群众利益统一起来,反对不顾大局和损害群众利益。对农村基层干部思想作风方面存在的问题,要加强教育,认真解决。对滥用职权、践踏法纪的,要坚决查处。要把对农村基层干部的严格要求和关心爱护结合起来。宣传、表彰和奖励实绩突出、群众拥护的基层干部。重视从优秀的村干部中培养和选拔乡镇干部。要为村干部开展工作创造良好的环境,坚决制止各种打击报复村干部的行为。要支持和鼓励机关干部、军队转业干部和大中专毕业生到乡、村工作。

党管农村工作是我们党的一个传统,也是一个重大原则。全党要高度重视农业和农村工作,从中央到地方各级党委和政府都要把这项工作摆在重要地位,各行各业要大力支持农业。地、县两级要把主要精力和工作重心放在农业和农村工作上。坚定不移地贯彻执行党在农村的基本政策,把广大干部群众的积极性引导好、保护好、发挥好。正确认识新形势下的农民问题,善于用说服教育、示范引导、提供服务的方法处理同农民的关系。尊重自然规律和经济规律,实行民主科学决策,把开拓进取意识同求真务实精神统一起来。各级党委、政府和有关部门要改进领导方法和工作作风,多为基层办实事而不加重基层负担,不搞脱离实际的达标升级活动。各级领导干部要深入实际,加强调查研究,总结和推广农民在实践中创造的经验,特别是到贫困落后的地方去帮助解决困难和突出问题。

全会号召,全党动员起来,团结全国各族人民,在以江泽民同志为核心的党中央领导下,高举邓小平理论伟大旗帜,认真贯彻党的十五大精神,艰苦奋斗,扎实工作,努力开创我国农业和农村工作的新局面,把建设有中国特色社会主义伟大事业全面推向二十一世纪。

# 中共中央关于国有企业改革和发展若干重大问题的决定

（1999年9月22日中国共产党第十五届中央委员会第四次全体会议通过）

为实现党的十五大提出的我国改革开放和现代化建设跨世纪发展的宏伟目标，中国共产党第十五届中央委员会第四次全体会议讨论了国有企业改革和发展的若干重大问题，并作如下决定。

**一、推进国有企业改革和发展是一项重要而紧迫的任务**

新中国成立50年来，我们党领导各族人民不懈奋斗，取得了社会主义建设的巨大成就。我国由一个贫穷落后的农业国，发展成为即将进入小康社会、向工业化和现代化目标大步迈进的社会主义国家。这是中华民族发展进程中一次伟大的历史性跨越。国有企业和工人阶级为此作出了不可磨灭的重大贡献。

党的十一届三中全会以来，在邓小平理论指导下，我们党开辟了建设有中国特色社会主义的新道路。为克服传统计划经济体制的弊端，我们坚持解放思想，实事求是，积极探索，循序渐进，不断深化国有企业改革和整个经济体制改革，推进现代化建设。国有企业管理体制和经营机制发生了深刻变化，一批企业在市场竞争中成长壮大，技术装备水平明显提高，以国有企业为主生产的一些重要产品的产量跃居世界前列。在公有制为主体、多种所有制经济共同发展的新格局下，国有经济的总体实力进一步增强，在国民经济中继续发挥着主导作用，并且一直是财政收入的主要来源，有力地支持了国家的改革和建设。经过多年的努力，国有企业朝着建立社会主义市场经济体制的改革目标，迈出了前所未有的重大步伐。

国有企业改革是一场广泛而深刻的变革。当前，国有企业的体制转换和结构调整进入攻坚阶段，一些深层次矛盾和问题集中暴露出来。由于传统体制的长期影响、历史形成的诸多问题、多年以来的重复建设以及市场环境的急剧变化，相当一部分国有企业还不适应市场经济的要求，经营机制不活，技术创新能力不强，债务和社会负担沉重，富余人员过多，生产经营艰难，经济效益下降，一些职工生活困难。必须采取切实有效的措施解决这些问题。这不仅关系到国有企业改革的成败，也关系到整个经济体制改革的成败。全党既要充分认识推进国有企业改革和发展的重要性和紧迫性,又要清醒地看到这项工作的艰巨性和长期性,锲而不舍地努力,不断取得新的突破。

世纪之交,和平和发展依然是时代的主题,但霸权主义和强权政治有新的发展。综合国力越来越成为决定一个国家前途命运的主导因素。我们要增强国家的经济实力、国防实力和民族凝聚力,就必须不断促进国有经济的发展壮大。包括国有经济在内的公有制经济,是我国社会主义制度的经济基础,是国家引导、推动、调控经济和社会发展的基本力量,是实现广大人民群众根本利益和共同富裕的重要保证。坚定不移地贯彻十五大精神,推进国有企业的改革和发展,从总体上增强国有企业的活力和国有经济的控制力,对于建立社会主义市场经济体制,促进经济持续快速健康发展,提高人民生活水平,保持安定团结的政治局面,巩固社会主义制度,都具有十分重要的意义。

国有企业是我国国民经济的支柱。发展社会主义社会的生产力,实现国家的工业化和现代化,始终要依靠和发挥国有企业的重要作用。在经济全球化和科技进步不断加快的形势下,国有企业面临着日趋激烈的市场竞争。发展是硬道理。必须敏锐地把握国内外经济发展趋势,切实转变经济增长方式,拓展发展空间,尽快形成国有企业的新优势。

国有企业改革是整个经济体制改革的中心环节。建立和完善社会主义市场经济体制,实现公有制与市场经济的有效结合,最重要的是使国有企业形成适应市场经济要求的管理体制和经营机制。必须继续解放思想,实事求是,以有利于发展社会主义社会的生产力、有利于增强社会主义国家的综合国力、有利于提高人民的生活水平为根本标准,大胆利用一切反映现代社会化生产规律的经营方式和组织形式,努力探索能够极大促进生产力发展的公有制多种实现形式,在深化国有企业的改革上迈出新步伐。

搞好国有企业的改革和发展,是实现国家长治久安和保持社会稳定的重要基础。必须正确处理改革、发展、稳定的关系,改革的力度、发展的速度要同国力和社会承受能力相适应,努力开创改革、发展、稳定相互促进的新局面。

我们党和我国工人阶级历来勇于面对并善于战胜任何艰难险阻。我们有马克思列宁主义、毛泽东思想、邓小平理论和党的基本路线的指导,有比过去更加雄厚的综合国力,有多年积累的实践经验,有广大职工的积极参与,只要全党坚定信心,团结奋斗,就一定能够夺取国有企业改革和发展的新胜利。

**二、国有企业改革和发展的主要目标与指导方针**

党的十五大和十五届一中全会提出,用三年左右的时间,使大多数国有大中型亏损企业摆脱困境,力争到本世纪末大多数国有大中型骨干企业初步建立现代企业制度。推进国有企业改革和发展,首先要尽最大努力实现这一目标。要从不同行业和地区的实际出发,根据不平衡发展的客观进程,着力抓好重点行业、重点企业和老工业基地,把解决当前的突出问题与长远发展结合起来,为国有企业跨世纪发展创造有利条件。

到2010年,国有企业改革和发展的目标是:适应经济体制与经济增长方式两个根本性转变和扩大对外开放的要求,基本完成战略性调整和改组,形成比较合理的国有经济布局和结构,建立比较完善的现代企业制度,经济效益明显提高,科技开发能力、市场竞争能力和抗御风险能力明显增强,使国有经济在国民经济中更好地发挥主导作用。

推进国有企业改革和发展,必须坚持以下指导方针:

(一)以公有制为主体,多种所有制经济共同发展。调整和完善所有制结构,积极探索公有制多种实现形式,增强国有经济在国民经济中的控制力,促进各种所有制经济公平竞争和共同发展。

(二)从战略上调整国有经济布局和改组国有企业。着眼于搞好整个国有经济,推进国有资产合理流动和重组,调整国有经济布局和结构,积极发展大型企业和企业集团,放开搞活中小企业。

(三)改革同改组、改造、加强管理相结合。适应市场经济的要求,着力转换企业经营机制,提高企业整体素质,构造产业结构优化和经济高效运行的微观基础。

(四)建立现代企业制度。实现产权清晰、权责明确、政企分开、管理科学,健全决策、执行和监督体系,使企业成为自主经营、自负盈亏的法人实体和市场主体。

(五)推动企业科技进步。加强企业的科研开发和技术改造,重视科技人才,促进产学研结合,形成技术创新机制,走集约型和可持续发展道路。

(六)全面加强企业管理。推行科学管理,强化基础工作,改善经营,提高效益,实行以按劳分配为主体的多种分配方式,形成有效的激励和约束机制。

(七)建立企业优胜劣汰的竞争机制。实行鼓励兼并、规范破产、下岗分流、减员增效和再就业工程。依靠各方面力量,扩大就业门路,确保国有企业下岗职工基本生活。

(八)协调推进各项配套改革。转变政府职能,建立权责明确的国有资产管理、监督和营运体系,保证国有资产保值增值。加强法制建设,维护市场经济秩序。健全社会保障体系。帮助企业增资减债、减轻负担。

(九)全心全意依靠工人阶级,发挥企业党组织的政治核心作用。加强企业党组织建设和思想政治工作,提高企业经营管理者队伍素质,坚持和完善以职工代表大会为基本形式的企业民主管理,切实维护职工合法权益。

(十)推进企业精神文明建设。加强思想道德教育和技术业务培训,全面提高职工队伍素质,培育积极向上的企业文化,推动物质文明和精神文明建设协调发展。

**三、从战略上调整国有经济布局**

在社会主义市场经济条件下,国有经济在国民经济中的主导作用主要体现在控制力上。(一)国有经济的作用既要通过国有独资企业来实现,更要大力发展股份制,探索通过国有控股和参股企业来实现。(二)国有经济在关系国民经济命脉的重要行业和关键领域占支配地位,支撑、引导和带动整个社会经济的发展,在实现国家宏观调控目标中发挥重要作用。(三)国有经济应保持必要的数量,更要有分布的优化和质的提高;在经济发展的不同阶段,国有经济在不同产业和地区的比重可以有所差别,其布局要相应调整。

从战略上调整国有经济布局,要同产业结构的优化升级和所有制结构的调整完善结合起来,坚持有进有退,有所为有所不为。目前,国有经济分布过宽,整体素质不高,资源配置不尽合理,必须着力加以解决。国有经济需要控制的行业和领域主要包括:涉及国家安全的行业,自然垄断的行业,提供重要公共产品和服务的行业,以及支柱产业和高新技术产业中的重要骨干企业。其他行业和领域,可以通过资产重组和结构调整,集中力量,加强重点,提高国有经济的整体素质。在坚持国有、集体等公有制经济为主体的前提下,鼓励和引导个体、私营等非公有制经济的发展。随着国民经济的不断发展,国有经济有着广阔的发展空间,总量将会继续增加,整体素质进一步提高,分布更加合理,但在整个国民经济中的比重还会有所减少。只要坚持公有制为主体,国家控制国民经济命脉,国有经济的控制力和竞争力得到增强,这种减少不会影响我国的社会主义性质。

积极探索公有制的多种有效实现形式。国有资本通过股份制可以吸引和组织更多的社会资本,放大国有资本的功能,提高国有经济的控制力、影响力和带动力。国有大中型企业尤其是优势企业,宜于实行股份制的,要通过规范上市、中外合资和企业互相参股等形式,改为股份制企业,发展混合所有制经济,重要的企业由国家控股。

统筹规划,采取有效的政策措施,加快老工业基地和中西部地区国有经济布局的调整。对困难较大的老工业基地,国家要在技术改造、资产重组、结构调整以及国有企业下岗职工安置和社会保障资金等方面,加大支持力度。国家要通过优先安排基础设施建设、增加财政转移支付等措施,支持中西部地区和少数民族地区加快发展。国家要实施西部大开发战略。中西部地区要从自身条件出发,发展有比较优势的产业和技术先进的企业,促进产业结构的优化升级。东部地区要在加快改革和发展的同时,本着互惠互利、优势互补、共同发展的原则,通过产业转移、技术转让、对口支援、联合开发等方式,支持和促进中西部地区的经济发展。

**四、推进国有企业战略性改组**

改革开放以来,国有企业组织结构发生了积极的变化,但目前仍不合理。主要是重复建设严重,企业大而全、小而全,没有形成专业化生产、社会化协作体系和规模经济,缺乏市场竞争能力。要区别不同情况,继续对国有企业实施战略性改组。极少数必须由国家垄断经营的企业,在努力适应市场经济要求的同时,国家给予必要支持,使其更好地发挥应有的功能;竞争性领域中具有一定实力的企业,要吸引多方投资加快发展;对产品有市场但负担过重、经营困难的企业,通过兼并、联合等形式进行资产重组和结构调整,盘活存量资产;产品没有市场、长期亏损、扭亏无望和资源枯竭的企业,以及浪费资源、技术落后、质量低劣、污染严重的小煤矿、小炼油、小水泥、小玻璃、小火电等,要实行破产、关闭。

坚持"抓大放小"。要着力培育实力雄厚、竞争力强的大型企业和企业集团,有的可以成为跨地区、跨行业、跨所有制和跨国经营的大企业集团。要发挥这些企业在资本营运、技术创新、市场开拓等方面的优势,使之成为国民经济的支柱和参与国际竞争的主要力量。发展企业集团,要遵循客观经济规律,以企业为主体,以资本为纽带,通过市场来形成,不能靠行政手段勉强撮合,不能盲目求大求全。要在突出主业、增强竞争优势上下功夫。

放开搞活国有中小企业。要积极扶持中小企业特别是科技型企业,使它们向"专、精、特、新"的方向发展,同大企业建立密切的协作关系,提高生产的社会化水平。要从实际出发,继续采取改组、联合、兼并、租赁、承包经营和股份合作制、出售等多种形式,放开搞活国有小企业,不搞一个模式。对这几年大量涌现的股份合作制企业,要支持和引导,不断总结经验,使之逐步完善。出售要严格按照国家有关规定进行。无论采取哪种放开搞活的形式,都必须听取职工意见,规范操作,注重实效。重视发挥各种所有制中小企业在活跃城乡经济、满足社会多方面需要、吸收劳动力就业、开发新产品、促进国民经济发展等方面的重要作用。培育中小企业服务体系,为中小企业提供信息咨询、市场开拓、筹资融资、贷款担保、技术支持、人才培训等服务。

在国有企业战略性改组过程中，要充分发挥市场机制作用，综合运用经济、法律和必要的行政手段。在涉及产权变动的企业并购中要规范资产评估，防止国有资产流失，防止逃废银行债务及国家税款，妥善安置职工，保护职工合法权益。

**五、建立和完善现代企业制度**

建立现代企业制度，是发展社会化大生产和市场经济的必然要求，是公有制与市场经济相结合的有效途径，是国有企业改革的方向。要从我国国情出发，总结实践经验，按照十四届三中全会决定和十五大报告关于建立现代企业制度的论述，全面理解和把握产权清晰、权责明确、政企分开、管理科学的要求，突出抓好以下几个环节。

（一）继续推进政企分开。政府对国家出资兴办和拥有股份的企业，通过出资人代表行使所有者职能，按出资额享有资产受益、重大决策和选择经营管理者等权利，对企业的债务承担有限责任，不干预企业日常经营活动。企业依法自主经营，照章纳税，对所有者的净资产承担保值增值责任，不得损害所有者权益。各级党政机关都要同所办的经济实体和直接管理的企业在人财物等方面彻底脱钩。

（二）积极探索国有资产管理的有效形式。要按照国家所有、分级管理、授权经营、分工监督的原则，逐步建立国有资产管理、监督、营运体系和机制，建立与健全严格的责任制度。国务院代表国家统一行使国有资产所有权，中央和地方政府分级管理国有资产，授权大型企业、企业集团和控股公司经营国有资产。要确保出资人到位。允许和鼓励地方试点，探索建立国有资产管理的具体方式。继续试行稽察特派员制度，同时要积极贯彻十五大精神，健全和规范监事会制度，过渡到从体制上、机制上加强对国有企业的监督，确保国有资产及其权益不受侵犯。

（三）对国有大中型企业实行规范的公司制改革。公司制是现代企业制度的一种有效组织形式。公司法人治理结构是公司制的核心。要明确股东会、董事会、监事会和经理层的职责，形成各负其责、协调运转、有效制衡的公司法人治理结构。所有者对企业拥有最终控制权。董事会要维护出资人权益，对股东会负责。董事会对公司的发展目标和重大经营活动作出决策，聘任经营者，并对经营者的业绩进行考核和评价。发挥监事会对企业财务和董事、经营者行为的监督作用。国有独资和国有控股公司的党委负责人可以通过法定程序进入董事会、监事会，董事会和监事会都要有职工代表参加；董事会、监事会、经理层及工会中的党员负责人，可依照党章及有关规定进入党委会；党委书记和董事长可由一人担任，董事长、总经理原则上分设。充分发挥董事会对重大问题统一决策、监事会有效监督的作用。党组织按照党章、工会和职代会按照有关法律法规履行职责。股权多元化有利于形成规范的公司法人治理结构，除极少数必须由国家垄断经营的企业外，要积极发展多元投资主体的公司。

（四）面向市场着力转换企业经营机制。要逐步形成企业优胜劣汰、经营者能上能下、人员能进能出、收入能增能减、技术不断创新、国有资产保值增值等机制。建立与现代企业制度相适应的收入分配制度，在国家政策指导下，实行董事会、经理层等成员按照各自职责和贡献取得报酬的办法；企业职工工资水平，由企业根据当地社会平均工资和本企业经济效益决定；企业内部实行按劳分配原则，适当拉开差距，允许和鼓励资本、技术等生产要素参与收益分配。要采取切实措施，解决目前某些垄断行业个人收入过高的问题。

**六、加强和改善企业管理**

强化企业管理，提高科学管理水平，是建立现代企业制度的内在要求，也是国有企业扭亏增盈、提高竞争能力的重要途径。必须高度重视和切实加强企业管理工作，从严管理企业，实现管理创新，尽快改变相当一部分企业决策随意、制度不严、纪律松弛、管理水平低下的状况。

加强企业发展战略研究。企业要适应市场，制定和实施明确的发展战略、技术创新战略和市场营销战略，并根据市场变化适时调整。实行科学决策、民主决策，提高决策水平。搞好风险管理，避免出现大的失误。

健全和完善各项规章制度。强化基础工作，彻底改变无章可循、有章不循、违章不究的现象。建立各级、各个环节的严格责任制度，加强考核和督促检查，确保各项工作有人负责。完善劳动合同制，推行职工全员竞争上岗，严格劳动纪律，严明奖惩，充分发挥职工的积极性和创造性。增强法制意识，依法经营管理。

狠抓管理薄弱环节。重点搞好成本管理、资金管理、质量管理。建立健全全国统一的会计制度。要及时编制资产负债表、损益表和现金流量表，真实反映企业经营状况。切实改进和加强经济核算，堵塞各种漏洞。坚持质量第一，采用先进标准，搞好全员全过程的质量管理。坚持预防为主，落实安全措施，确保安全生产。重视企业无形资产的管理、保护和合理利用。要把加强管理和反腐倡廉结合起来，加强对企业经济活动的审计和监督，坚决制止和严肃查处做假帐、违反财经纪律、营私舞弊、挥霍浪费等行为。

广泛采用现代管理技术、方法和手段。总结过去行之有效的管理经验，不断赋予新的内涵。推广先进企业的管理经验，引进国外智力，借鉴国外企业现代管理方法。发挥管理专家的作用,为企业改进经营管理提供咨询服务。加强现代信息技术的运用,建立灵敏、准确的信息系统。合理设置企业内部机构,改变管理机构庞大、管理人员过多的状况。

**七、改善国有企业资产负债结构和减轻企业社会负担**

逐步解决国有企业负债率过高、资本金不足、社会负担重等问题,对于实现国有企业改革和发展目标至关重要。要根据宏观经济环境和国家财力,区别不同情况,有步骤地分类加以解决。

(一)增加银行核销呆坏帐准备金,主要用于国有大中型企业的兼并破产和资源枯竭矿山的关闭,并向重点行业倾斜。国有和集体企业兼并国有企业可以享受有关鼓励政策。所有兼并破产和关闭的企业,都要按国家有关规定,妥善安置职工。

(二)结合国有银行集中处理不良资产的改革,通过金融资产管理公司等方式,对一部分产品有市场、发展有前景,由于负债过重而陷入困境的重点国有企业实行债转股,解决企业负债率过高的问题。实行债转股的企业,必须转换经营机制,实行规范的公司制改革,并经过金融资产管理公司独立评审。要按照市场经济的原则和有关规定规范操作,防止一哄而起和国有资产流失。

(三)提高直接融资比重。符合股票上市条件的国有企业,可通过境内外资本市场筹集资本金,并适当提高公众流通股的比重。有些企业可以通过债务重组,具备条件后上市。允许国有及国有控股企业按规定参与股票配售。选择一些信誉好、发展潜力大的国有控股上市公司,在不影响国家控股的前提下,适当减持部分国有股,所得资金由国家用于国有企业的改革和发展。要完善股票发行、上市制度,进一步推动证券市场健康发展。

(四)非上市企业经批准,可将国家划拨给企业的土地使用权有偿转让及企业资产变现,其所得用于增资减债或结构调整。要严格按照国家的法律法规操作,坚持公开、公平、公正的原则,维护国家所有者权益和银行及其他债权人权益。

(五)严格执行国家利率政策,切实减轻企业利息负担。银行要合理确定贷款期限,支持企业合理的资金需求,对不合理的贷款期限,要及时纠正;不得超过规定擅自提高或以各种名义变相提高贷款利率;对信用等级较高、符合国家产业政策、贷款风险较低的企业,贷款利率可适当下浮。

(六)具备偿债能力的国有大型企业,经过符合资质的中介机构评估,可在国家批准的额度内发行企业债券,有的经批准可在境外发债。严格禁止各种形式的非法集资。

(七)分离企业办社会的职能,切实减轻国有企业的社会负担。位于城市的企业,要逐步把所办的学校、医院和其他社会服务机构移交地方政府统筹管理,所需费用可在一定期限内由企业和政府共同承担,并逐步过渡到由政府承担,有些可以转为企业化经营。独立工矿区也要努力创造条件,实现社会服务机构与企业分离。各级政府要采取措施积极推进这项工作。

改善国有企业资产负债结构和减轻企业社会负担,一定要同防范和化解金融风险相结合,一定要同深化企业内部改革、建立新机制和加强科学管理相结合,防止卸了原有包袱,又重复出现老的问题。

**八、做好减员增效、再就业和社会保障工作**

下岗分流、减员增效和再就业,是国有企业改革的重要内容。要把减员与增效有机结合起来,达到降低企业成本、提高效率和效益的目的。鼓励有条件的国有企业实行主辅分离、转岗分流,创办独立核算、自负盈亏的经济实体,安置企业富余人员,减轻社会就业压力。要规范职工下岗程序,认真办好企业再就业服务中心,切实做好下岗职工基本生活保障工作,维护社会稳定。下岗分流要同国家财力和社会承受能力相适应。要调整财政支出结构,坚持实行企业、社会、政府各方负担的办法落实资金,亏损企业和社会筹集费用不足的部分,财政要给予保证。地方财政确有困难的,中央财政通过转移支付给予一定的支持。要进一步完善下岗职工基本生活保障、失业保险和城市居民最低生活保障制度,搞好这三条保障线的相互衔接,把保障下岗职工和失业人员基本生活的政策措施落到实处。

大力做好再就业工作。采取有效的政策措施,广开就业门路,增加就业岗位。积极发展第三产业,吸纳更多的下岗职工。引导职工转变择业观念,下大力气搞好下岗职工培训,提高他们的再就业能力。进一步完善促进下岗职工再就业的优惠政策,鼓励下岗职工到非公有制经济单位就业、自己组织起来就业或从事个体经营,使需要再就业的下岗职工尽快走上新的岗位。对自谋职业的,要在工商登记、场地安排、税费减免、资金信贷等方面,给予更多的扶持。要积极发展和规范劳动力市场,形成市场导向的就业机制。

加快社会保障体系建设,是顺利推进国有企业改革的重要条件。要依法扩大养老、失业、医疗等社会保险的覆盖范围,城镇国有、集体、外商投资、私营等各类企业及其职工都要参加社会保险,缴纳社会保险费。强化社会保险费的征缴,提高收缴率,清理追缴企业拖欠的社会保险费,确保养老金的按时足额支付。进一步完善基本养老保险省级统筹制度,增强基金调剂能力。要采取多种措施,包括变现部分国有资产、合理调整财政支出结构等,开拓社会保障新的筹资渠道,充实社会保障基金。严格管理各项社会保障基金,加强监督,严禁挤占挪用,确保基金的安全和增值。逐步推进社会保障的社会化管理,实行退休人员与原企业相分离,养老金由社会服务机构发放,人员由社区管理。认真落实企业离休干部的政治、生活待遇,做好管理和服务工作。

**九、加快国有企业技术进步和产业升级**

要实现国民经济持续快速健康发展,必须适应全球产业结构调整的大趋势和国内外市场需求的变化,加快技术进步和产业升级。国有经济在国民经济中的重要地位,决定了国有企业必须在技术进步和产业升级中走在前列,积极拓展新的发展空间,发挥关键性作用。

国有企业技术进步和产业升级的方向与重点是:以市场为导向,用先进技术改造传统产业,围绕增加品种、改进质量、提高效益和扩大出口,加强现有企业的技术改造;在电子信息、生物工程、新能源、新材料、航空航天、环境保护等新兴产业和高技术产业占据重要地位,掌握核心技术,占领技术制高点,发挥先导作用。处理好提高质量和增加产量、发展技术密集型产业和劳动密集型产业、自主创新和引进技术、经济发展和环境保护的关系。

通过技术进步和产业升级,少数大型企业和企业集团要在产品质量、工艺技术、生产装备、劳动生产率等方面达到或接近世界先进水平,在国际市场上占有一定的份额;一批企业和企业集团要具有较高技术水平,能够生产高附加值产品,在国内外市场有较强竞争力;多数企业要不断进行技术改造和产品更新,并充分发挥我国劳动力充裕的优势,积极参与国内外市场竞争。

采取积极有效的政策措施,支持企业技术进步和产业升级。特别要利用当前国家实行积极财政政策、扩大内需的有利时机,集中必要力量,对重点行业、重点企业、重点产品和重大先进装备制造加大技术改造投入,并向老工业基地倾斜,在企业技术进步和产业升级方面取得明显成效。对于有市场、有效益、符合国家产业政策的技术改造项目,给予贷款贴息支持;对这类技术改造项目的国产设备投资,实行税收鼓励政策。培育和发展产业投资基金和风险投资基金。充分利用国内外资本市场筹集资金,支持企业技术改造、结构调整和高新技术产业发展。实施促进科技成果转化的鼓励政策,积极发展技术市场。继续采取加速折旧、加大新产品开发费提取、减免进口先进技术与设备的关税和进口环节税等政策措施,鼓励企业进行技术改造。

技术进步和产业升级的主体是企业,要形成以企业为中心的技术创新体系。企业要加强技术开发力量和加大资金投入,大型企业都要建立技术开发中心,研究开发有自主知识产权的主导产品,增加技术储备,搞好技术人才培训。

推进产学研结合，鼓励科研机构和大专院校的科研力量进入企业和企业集团，强化应用技术的开发和推广，增加中间试验投入，促进科技成果向现实生产力的转化。对重大技术难题组织联合攻关，重视发挥科技专家的作用。要形成吸引人才和调动科技人员积极性的激励机制，保护知识产权。

**十、为国有企业改革和发展创造良好的外部环境**

国有企业改革和发展是一个复杂的社会系统工程，需要搞好宏观调控和相关的配套改革。

（一）保持经济总量基本平衡。扩大内需，开拓城乡市场，增加就业，促进国民经济持续快速健康发展，防止经济增长的大幅度波动，为国有企业发展创造有利的宏观经济环境。

（二）继续扩大对外开放。推进和完善全方位、多层次、宽领域的对外开放格局。鼓励国有企业合理利用国内外两个市场、两种资源，提高国际竞争力。积极引进先进技术，注重消化、吸收和创新。优化进出口商品结构，实施市场多元化，拓展对外贸易。改善投资环境，扩大利用外资，提高利用外资水平。确有条件的国有企业发挥比较优势到国外设立企业，开拓国际市场，国家要给予必要的政策支持，并加强监管。

（三）制止不合理的重复建设。加快投融资体制改革，建立投资风险约束机制，严格执行项目资本金制度和项目法人责任制，做到谁决策谁承担责任和风险。政府要通过制定产业政策和发布信息等方式进行引导，鼓励资金投向提高技术水平、产品有市场有效益的项目，对国内生产能力已经明显超过市场需求的新上项目必须严格控制。

（四）发展各类市场，维护正常经济秩序。继续完善商品市场，培育和发展要素市场，建立有利于商品、资金、技术、劳动力合理流动的全国统一的市场体系。健全市场规则，规范市场行为，加强市场监管，清除分割、封锁市场的行政性壁垒，营造公平竞争的市场环境。采取有力措施，抓紧解决企业互相拖欠款项的问题，强化信用观念，严格结算纪律。依法严厉打击走私贩私、制售假冒伪劣商品以及其他经济违法犯罪行为。推进税费改革，清理整治乱收费、乱罚款和各种摊派，切实减轻企业负担。

（五）健全中介服务体系。社会中介服务机构要与政府部门彻底脱钩。规范会计、律师、公证、资产评估、咨询等社会中介机构的行为，真正做到客观、真实、公正。对弄虚作假的要追究责任，依法惩处。整顿和规范各类行业协会，加强行业自律。

（六）建立健全社会主义市场经济的法律制度。要抓紧制定和完善有关维护市场秩序、实施宏观调控、规范市场主体、健全社会保障等方面的法律法规。加强和改善司法、行政执法和执法监督。依法惩处侵犯企业合法权益的违法犯罪行为。加强社会治安综合治理,为企业生产经营创造良好的社会环境。

**十一、建设高素质的经营管理者队伍**

国有企业要适应建立现代企业制度的要求,在激烈的市场竞争中生存发展,必须建设高素质的经营管理者队伍,培育一大批优秀企业家。国有企业的经营管理者队伍总体是好的,为企业改革和发展作出了重要贡献。发展社会主义市场经济对国有企业经营管理者提出了更高要求。他们应该是:思想政治素质好,认真执行党和国家的方针政策与法律法规,具有强烈的事业心和责任感;经营管理能力强,熟悉本行业务,系统掌握现代管理知识,具有金融、科技和法律等方面基本知识,善于根据市场变化作出科学决策;遵纪守法,廉洁自律,求真务实,联系群众。

深化国有企业人事制度改革。坚持党管干部原则,改进管理方法。中央和地方党委对关系国家安全和国民经济命脉的重要骨干企业领导班子要加强管理。要按照企业的特点建立对经营管理者培养、选拔、管理、考核、监督的办法,并逐步实现制度化、规范化。积极探索适应现代企业制度要求的选人用人新机制,把组织考核推荐和引入市场机制、公开向社会招聘结合起来,把党管干部原则和董事会依法选择经营管理者以及经营管理者依法行使用人权结合起来。进一步完善对国有企业领导人员管理的具体办法,避免一个班子多头管理。对企业及企业领导人不再确定行政级别。加快培育企业经营管理者人才市场,建立企业经营管理人才库。按照公开、平等、竞争、择优原则,优化人才资源配置,打破人才部门所有、条块分割,促进人才合理流动。采取多种形式加强教育培训,全面提高经营管理者素质。继续举办和规范工商管理培训,改进培训内容和方法,提高培训质量。努力创造条件,营造经营管理者和企业家队伍健康成长的社会环境。

建立和健全国有企业经营管理者的激励和约束机制。实行经营管理者收入与企业的经营业绩挂钩。把物质鼓励同精神鼓励结合起来,既要使经营管理者获得与其责任和贡献相符的报酬,又要提倡奉献精神,宣传和表彰有突出贡献者,保护经营管理者的合法权益。少数企业试行经理(厂长)年薪制、持有股权等分配方式,可以继续探索,及时总结经验,但不要刮风。要规范经营管理者的报酬,增加透明度。加强和完善监督机制,把外部监督和内部监督结合起来。健全法人治理结构,发挥党内监督和职工民主监督的作用,加强对企业及经营管理者在资金运作、生产经营、收入分配、用人决策和廉洁自律等重大问题上的监督。建立企业经营业绩考核制度和决策失误追究制度,实行企业领导人员任期经济责任审计,凡是由于违法违规等人为因素给企业造成重大损失的,要依法追究其责任,并不得继续担任或易地担任领导职务。

**十二、加强党对国有企业改革和发展工作的领导**

加强和改善党的领导是加快国有企业改革和发展的根本保证。要搞好国有企业,必须建立符合市场经济规律和我国国情的国有企业领导体制与组织管理制度,加强企业领导班子建设,发挥企业党组织的政治核心作用,坚持全心全意依靠工人阶级的方针。要把发挥党的政治优势同运用市场机制结合起来,调动各方面的积极性,形成合力,确保国有企业改革和发展任务的顺利完成。

坚持党的领导,发挥国有企业党组织的政治核心作用,是一个重大原则,任何时候都不能动摇。企业党组织的政治核心作用主要体现在:保证、监督党和国家方针政策在本企业的贯彻执行;参与企业重大问题决策,支持股东会、董事会、监事会和经理(厂长)依法行使职权;全心全意依靠职工群众,领导和支持工会、共青团等群众组织及职工代表大会依照法律和各自章程独立自主地开展工作;领导企业思想政治工作和精神文明建设,努力建设有理想、有道德、有文化、有纪律的职工队伍;加强党组织自身建设,搞好党性党风教育,发挥党支部的战斗堡垒作用和党员的先锋模范作用。企业党组织要认真贯彻党的基本路线,围绕生产经营开展工作,为实现党的任务和企业改革发展服务。要不断改进企业党组织的工作内容和活动方式,进一步探索发挥政治核心作用的途径和方法。加强和改进思想政治工作,用建设有中国特色社会主义的共同理想凝聚群众,引导广大职工积极支持和参与改革,满腔热情地帮助他们解决实际困难。困难企业和实行兼并破产企业的党组织尤其要深入细致地做好群众工作。

搞好国有企业的改革和发展,必须切实尊重职工的主人翁地位,充分发挥职工群众的积极性、主动性和创造性。坚决维护职工的经济利益,保障职工的民主权利。进一步理顺劳动关系,依法进行平等协商,认真执行劳动合同和集体合同制度。发挥工会和职工代表大会在民主决策、民主管理、民主监督中的作用。坚持和完善以职工代表大会为基本形式的企业民主管理制度,实行民主评议企业领导人和厂务公开。加强职工队伍建设。坚持用邓小平理论和党的基本路线武装广大职工,大力弘扬爱国主义、集体主义、社会主义和艰苦创业精神,深入进行形势任务和民主法制教育,引导职工树立正确的世界观、人生观、价值观。加强职工业务技术和劳动技能培训。加强企业精神文明建设,发展企业文化,广泛开展创建文明行业、文明企业、文明班组和争当文明职工活动,树立爱岗敬业、诚实守信、奉献社会的良好职业道德和职业风尚,提倡科学精神,反对封建迷信,不断提高职工的思想道德和科学文化素质。

各级党委和政府要坚定地站在国有企业改革的前列,解放思想,实事求是,遵循客观经济规律,尊重群众首创精神。要认真改进领导作风,从工交、商贸、金融等各行各业国有企业的实际出发,深入调查研究,总结新经验,研究新情况,解决新问题,团结和带领广大干部群众迎难而上,开拓前进。

全会号召,全党紧密地团结在以江泽民同志为核心的党中央周围,高举邓小平理论伟大旗帜,深入贯彻党的十五大精神,按照中央的统一部署,同心同德,奋力拼搏,扎实工作,坚定不移地实现国有企业改革和脱困目标,努力开创国有企业改革和发展的新局面,把建设有中国特色社会主义的伟大事业全面推向二十一世纪!

# 中共中央关于制定国民经济和社会发展第十个五年计划的建议

（2000年10月11日中国共产党第十五届中央委员会第五次全体会议通过）

从新世纪开始，我国将进入全面建设小康社会，加快推进社会主义现代化的新的发展阶段。在复杂的国内外形势下，经过全党和全国各族人民的共同努力，第九个五年计划胜利完成，国民经济和社会发展取得巨大成就。二十多年的改革开放和发展，使我国的生产力水平迈上了一个大台阶，商品短缺状况基本结束，市场供求关系发生了重大变化；社会主义市场经济体制初步建立，市场机制在配置资源中日益明显地发挥基础性作用，经济发展的体制环境发生了重大变化；全方位对外开放格局基本形成，开放型经济迅速发展，对外经济关系发生了重大变化。我们已经实现了现代化建设的前两步战略目标，经济和社会全面发展，人民生活总体上达到了小康水平，开始实施第三步战略部署。这是中华民族发展史上一个新的里程碑。

今后五到十年，是我国经济和社会发展的重要时期，是进行经济结构战略性调整的重要时期，也是完善社会主义市场经济体制和扩大对外开放的重要时期。根据党的十五大提出的远景目标，第十个五年计划期间（二〇〇一至二〇〇五年）经济和社会发展的主要目标是：国民经济保持较快发展速度，经济结构战略性调整取得明显成效，经济增长质量和效益显著提高，为到二〇一〇年国内生产总值比二〇〇〇年翻一番奠定坚实基础；国有企业建立现代企业制度取得重大进展，社会保障制度比较健全，完善社会主义市场经济体制迈出实质性步伐，在更大范围内和更深程度上参与国际经济合作与竞争；就业渠道拓宽，城乡居民收入持续增加，物质文化生活有较大改善，生态建设和环境保护得到加强；科技教育加快发展，国民素质进一步提高，精神文明建设和民主法制建设取得明显进展。

发展是硬道理，是解决中国所有问题的关键。实现现代化建设的宏伟目标，解决经济和社会生活中存在的矛盾和问题，不断提高人民的生活水平，必须保持较快的发展速度。当前，经济全球化趋势增强，科技革命迅猛发展，产业结构调整步伐加快，国际竞争更加激烈。发达国家在经济上科技上占优势的压力、霸权主义和强权政治的压力将长期存在。对于当今世界形势的深刻变化和发展趋势给我国带来的机遇和挑战,我们要有清醒的认识,增强紧迫感和忧患意识。要积极进取,努力提高我国的综合国力和国际竞争力,决不能因循守旧,丧失发展机遇。国内外形势要求我们,必须坚定不移地贯彻党的十五大精神,坚持以经济建设为中心不动摇,抓住机遇,加快发展。

实现国民经济持续快速健康发展,必须以提高经济效益为中心,对经济结构进行战略性调整。经济结构存在的问题,主要是产业结构不合理,地区发展不协调,城镇化水平低,这是当前我国经济发展中的突出矛盾。把经济结构问题解决好,才能扩大国内需求,增加有效供给,也才能切实提高国民经济的整体素质,在日趋激烈的国际竞争中赢得主动。要坚持在发展中推进经济结构调整,在经济结构调整中保持快速发展。经济结构战略性调整的主要任务是:优化产业结构,全面提高农业、工业、服务业的水平和效益;合理调整生产力布局,促进地区经济协调发展;逐步推进城镇化,努力实现城乡经济良性互动;着力改善基础设施和生态环境,实现可持续发展。继续完成工业化是我国现代化进程中的艰巨的历史性任务。大力推进国民经济和社会信息化,是覆盖现代化建设全局的战略举措。以信息化带动工业化,发挥后发优势,实现社会生产力的跨越式发展。

推动经济发展和结构调整必须依靠体制创新和科技创新。要深化改革,充分发挥市场机制的作用,推进国有经济布局和所有制结构调整,使生产关系适应生产力发展的要求,进一步解放和发展生产力;继续实施科教兴国战略,加快科技进步和人才培养,充分发挥科学技术作为第一生产力的决定性作用。完成"十五"计划,保持经济持续快速健康发展,有赖于在体制改革和科技进步方面取得突破性进展,推进经济体制和经济增长方式的根本性转变。

"十五"计划是进入新世纪的第一个五年计划,是开始实施现代化建设第三步战略部署的第一个五年计划,也是社会主义市场经济体制初步建立后的第一个五年计划。制定"十五"计划,要把发展作为主题,把结构调整作为主线,把改革开放和科技进步作为动力,把提高人民生活水平作为根本出发点。要全面估量加入世界贸易组织后的新形势,充分体现发展社会主义市场经济的要求。面对改革开放和现代化建设新阶段的形势和任务,必须坚持党的基本理论、基本路线和基本纲领,进一步解放思想,实事求是,正确处理改革、发展、稳定的关系,推动经济发展和社会全面进步。为此,必须着重研究和解决重大的战略性、宏观性和政策性问题。

**一、巩固和加强农业的基础地位**

加强农业是经济结构调整的重要内容,也是保持经济发展和社会稳定的基础。耕地和水资源紧缺,是我国农业发展的长期制约因素。人口增加和消费水平的不断提高,将对农业生产提出更高的要求。要高度重视保护和提高粮食生产能力,建设稳定的商品粮基地,建立符合我国国情和社会主义市场经济要求的粮食安全体系,确保粮食供求基本平衡。必须充分认识发展农业的重要性、艰巨性,始终把农业放在发展国民经济的首位,保证农业在提高整体素质和效益的基础上持续、稳定发展。

千方百计增加农民收入,不仅关系到农业和农村的发展,而且关系到国民经济的全局。要大力调整农业结构,积极拓宽农民增收领域,加大对农业的支持和保护力度,切实减轻农民负担,实现农民收入的持续增长。

农业和农村经济结构调整,要面向市场,依靠科技,不断向生产的广度和深度进军。以优化品种、提高质量、增加效益为中心,大力调整农产品结构。加快发展畜牧、水产业,提高农产品加工水平和效益。合理调整农业生产的区域布局,发挥各地农业的比较优势。引导乡镇企业推进结构调整、技术进步和体制创新,实现健康发展,加快农业富余劳动力转移。大力推进以科技服务和信息服务为重点的农业社会化服务体系建设。支持农业科技创新和推广,使先进适用技术进入更多农户。加快建立农产品市场信息、食品安全和质量标准体系,引导农民按市场需求生产优质农产品。

深化农村改革,是保护和调动农民积极性的根本措施。加快农村土地制度法制化建设,长期稳定以家庭承包经营为基础、统分结合的双层经营体制。在认真总结试点经验的基础上,加快推进农村税费改革。积极稳妥地搞好乡镇机构改革。深化农产品流通体制市场取向的改革,发展农产品销售、储运、保鲜等产业,发挥各类中介组织在搞活农产品流通中的积极作用。完善粮食收购保护价、粮食储备和风险基金制度。改革农村金融体制,改善金融服务,增加对农业的信贷投放,充分发挥农村信用社支持农户生产经营的作用。继续深化农村供销社改革。要把农业产业化经营作为推进农业现代化的重要途径,鼓励、支持农产品加工和销售等企业带动农户进入市场,形成利益共享、风险共担的组织形式和经营机制。

多渠道增加对农业和农村的投入,坚持群众性农田基本建设,加强农村道路、供电、供水、通信等基础设施建设,改善农村生产、生活和市场条件。

**二、加快工业改组改造和结构优化升级**

工业改组改造和结构优化升级,是经济结构战略性调整的一项十分紧迫的任务,对于经济持续增长至关重要。要坚持以市场为导向,以企业为主体,以技术进步为支撑,突出重点,有进有退,努力提高我国工业的整体素质和国际竞争力。

我国工业具有相当基础,是国民经济发展的重要依托。要切实转变工业增长方式,增强技术创新能力,积极采用高新技术和先进适用技术,加快传统产业技术改造。紧紧围绕增加品种、改善质量、节能降耗、防治污染和提高劳动生产率,在能源、冶金、化工、轻纺、机械、汽车、建材及建筑等行业,有重点地改造一批骨干企业,提高工艺技术和装备水平。大力振兴装备制造业,依托重点技术改造和重大工程项目,提高设计和制造水平,推进机电一体化,为各行业提供先进和成套的技术装备。采取措施积极推进老工业基地改造,充分发挥其基础雄厚、人才聚集的优势,努力提高产业水平。资源开采为主的城市和大矿区,要因地制宜发展接续和替代产业。要加快发展电子信息、生物工程和新材料等高新技术产业,形成工业发展新的增长点。把改造传统产业同发展高新技术产业紧密结合起来,推动整个工业优化升级和持续发展。

综合运用经济、法律和必要的行政手段,依法关闭产品质量低劣、浪费资源、污染严重、不具备安全生产条件的厂矿;淘汰落后设备、技术和工艺,压缩部分行业过剩生产能力。完善企业的市场退出机制,对长期亏损、资不抵债、扭亏无望的企业实施破产。积极稳妥地关闭资源枯竭的矿山。通过主动退出和积极调整,提高资源配置效益。

按照专业化分工协作和规模经济原则,加快企业组织结构调整。通过兼并、联合、重组等形式,形成一批拥有自主知识产权、主业突出、核心能力强的大公司和企业集团,提高产业集中度和产品开发能力。积极扶持中小企业特别是科技型企业,促进中小企业向"专、精、特、新"的方向发展。在国家宏观调控下,充分发挥市场机制的作用,逐步形成大企业为主导、大中小企业协调发展的格局。

工业改组改造要遵循市场经济规律,正确引导投资方向。要依靠现有基础,防止盲目扩大规模和重复建设。要从我国劳动力富余的国情出发,重视发展劳动密集型产业。要坚持引进技术同自主创新相结合,技术的先进性与适用性相统一。

**三、大力发展服务业**

对经济结构进行战略性调整,必须加快发展服务业,扩大总量,优化结构,拓宽服务领域,提高服务水平。要发展现代服务业,改组改造传统服务业,明显提高服务业增加值占国内生产总值的比重和从业人员占全社会从业人员的比重。

现代服务业要提高服务水平和技术含量,大力发展信息、金融、会计、咨询、法律服务等行业,带动服务业整体水平提高。传统服务业要运用现代经营方式和服务技术进行改造,着重发展商贸流通、交通运输、市政服务等行业,推行连锁经营、物流配送、多式联运、网上销售等组织形式和服务方式,提高服务质量和经营效益。

发展服务业要面向城乡居民消费。进一步发展以经济适用住房为重点的房地产业,推广和规范物业管理。积极发展旅游产业,开发和保护旅游资源,丰富旅游产品。加快发展社区服务业,提供便民利民服务。引导文化娱乐、教育培训、体育健身、卫生保健等产业发展,满足服务性消费需求。发展农村服务业,增加服务内容,改善消费环境。

加快服务业市场化、社会化步伐。打破服务行业中的垄断经营,放宽市场准入,引进竞争机制,鼓励企业优化重组。实现中介机构与行政部门脱钩和改制。加快企事业、机关单位服务社会化。积极推进流通体制改革,增强流通企业活力。

**四、加快国民经济和社会信息化**

信息化是当今世界经济和社会发展的大趋势,也是我国产业优化升级和实现工业化、现代化的关键环节。要把推进国民经济和社会信息化放在优先位置。顺应世界信息技术的发展,面向市场需求,推进体制创新,努力实现我国信息产业的跨越式发展。

要在全社会广泛应用信息技术,提高计算机和网络的普及应用程度,加强信息资源的开发和利用。政府行政管理、社会公共服务、企业生产经营要运用数字化、网络化技术,加快信息化步伐。面向消费者,提供多方位的信息产品和网络服务。积极创造条件,促进金融、财税、贸易等领域的信息化,加快发展电子商务。推动信息产业与有关文化产业结合。各级各类学校要积极推广计算机及网络教育。在全社会普及信息化知识和技能。

加强现代信息基础设施建设。抓紧发展和完善国家高速宽带传输网络,加快用户接入网建设,扩大利用互联网,促进电信、电视、计算机三网融合。健全国家公共信息网。加强信息化法制建设和综合管理。强化信息网络的安全保障体系。

加速发展信息产业。重点推进超大规模集成电路、高性能计算机、大型系统软件、超高速网络系统、新一代移动通信装备和数字电视系统等核心信息技术的产业化。加快发展软件产业和集成电路产业,支持新型元器件、计算机网络产品、数字视听产品的发展,提高信息化装备和系统集成能力,满足市场对各类信息产品的需求。积极发展信息服务业特别是网络服务业。

**五、进一步加强水利、交通、能源等基础设施建设**

加强基础设施建设是今后五至十年一项十分重要的任务。要优化结构,调整布局,提高工程质量,拓宽投资渠道,注重投资效益,把基础设施建设提高到一个新水平。

水利建设要全面规划,统筹兼顾,标本兼治,综合治理。坚持兴利除害结合,开源节流并重,防洪抗旱并举,下大力气解决洪涝灾害、水资源不足和水污染问题。科学制定并积极实施全国水利建设总体规划和各大江河流域规划。加快大江大河大湖治理,抓紧主要江河控制性工程建设和病险水库加固,提高防洪调蓄能力。搞好中小水利工程维护和建设。加强城市防洪工程建设。搞好水利设施配套建设和经营管理,加快现有灌区改造。水资源可持续利用是我国经济社会发展的战略问题,核心是提高用水效率,把节水放在突出位置。要加强水资源的规划与管理,搞好江河全流域水资源的合理配置,协调生活、生产和生态用水。城市建设和工农业生产布局要充分考虑水资源的承受能力。大力推行节约用水措施,发展节水型农业、工业和服务业,建立节水型社会。抓紧治理水污染源。改革水的管理体制,建立合理的水价形成机制,调动全社会节水和防治水污染的积极性。采取多种方式缓解北方地区缺水矛盾,加紧南水北调工程的前期工作,尽早开工建设。

交通建设要统筹规划,合理安排,加强公路、铁路、港口、机场、管道系统建设,健全畅通、安全、便捷的现代化综合运输体系。加强公路国道主干线建设,完善公路网络,逐步提高路网通达深度。加强城市道路建设。加强铁路主通道建设,扩展铁路网络,改造既有线路,提高列车运行速度,适当发展高速铁路和大城市轨道交通。加强沿海枢纽港口建设和内河航道治理,发展水路运输,建设国际航运中心。发展支线机场,完善枢纽机场,优化航空网络。加强输油气管道建设,形成管道运输网。

能源建设要发挥资源优势,优化能源结构,提高利用效率,加强环境保护。调整煤炭生产结构,发展洁净煤技术,提高优质煤和洁净煤比重,淘汰落后生产能力。实行油气并举,加快石油天然气勘探、开发和利用。通过合作开发等方式,积极利用国外油气资源。电力建设要立足当前,着眼长远,调整电源结构,加强电网建设,推进全国联网。充分利用现有发电能力,发展水电、坑口大机组火电,压缩小火电,适度发展核电。深化电力体制改革,逐步实行厂网分开、竞价上网,健全合理的电价形成机制。发展新能源和可再生能源。推广能源节约和综合利用技术。

**六、实施西部大开发,促进地区协调发展**

实施西部大开发战略,加快中西部地区发展,关系经济发展、民族团结、社会稳定，关系地区协调发展和最终实现共同富裕，是实现第三步战略目标的重大举措。西部大开发是一项艰巨的历史任务，既要有紧迫感，又要有长期奋斗的思想准备。要坚持从实际出发，积极进取、量力而行，统筹规划、科学论证，突出重点、分步实施。力争用五到十年时间，使西部地区基础设施和生态环境建设有突破性进展，西部开发有一个良好的开局。

西部开发要加快基础设施建设，抓好一批交通、水利、通信、电网及城市基础设施等重大工程，实施“西气东输”、“西电东送”。加强生态建设和环境保护，有计划分步骤地抓好退耕还林还草等生态建设工程，改善西部地区生产条件和生态环境。积极调整产业结构，加强农业，发展特色产业，推进优势资源的合理开发和深度加工，加快培育旅游业，努力形成经济优势。发展科技教育，做好人才培养、使用和引进的工作，实行干部交流，推广高新技术和先进适用技术。依托亚欧大陆桥、长江水道、西南出海通道等交通干线，发挥中心城市作用，以线串点，以点带面，有重点地推进开发。国家实行重点支持西部大开发的政策措施，增加建设资金投入。加大对西部地区特别是少数民族地区财政转移支付力度。加快西部地区改革和扩大对内对外开放步伐，发挥多种所有制经济活力。

中部地区要发挥承东启西、纵贯南北的区位优势和综合资源优势，加快发展步伐，努力提高工业化和城镇化水平。以沿重要水陆交通干线地区为重点，积极培育新的经济增长点和经济带。大力发展农业产业化经营，建设区域化、专业化、规模化的农产品商品生产及加工基地。加大用高新技术和先进适用技术改造传统产业的力度，逐步形成各具特色的有竞争力的产业。

继续发挥东部沿海地区在全国经济发展中的带动作用，有条件的地方争取率先基本实现现代化。加快产业结构优化升级，发展高新技术产业，进一步发展外向型经济，着力提高国际竞争力。积极开拓国内市场，大力推进多种形式的地区经济技术合作，实现优势互补，支持中西部地区发展。

**七、积极稳妥地推进城镇化**

提高城镇化水平，转移农村人口，可以为经济发展提供广阔的市场和持久的动力，是优化城乡经济结构，促进国民经济良性循环和社会协调发展的重大措施。随着农业生产力水平的提高和工业化进程的加快，我国推进城镇化条件已渐成熟，要不失时机地实施城镇化战略。

发展小城镇是推进我国城镇化的重要途径。小城镇建设要合理布局，科学规划，规模适度，注重实效。要把发展的重点放到县城和部分基础条件好、发展潜力大的建制镇，使之尽快完善功能，集聚人口，发挥农村地域性经济、文化中心的作用。发展小城镇的关键在于繁荣小城镇经济,把引导乡镇企业合理集聚、完善农村市场体系、发展农业产业化经营和社会化服务等与小城镇建设结合起来。要广辟投融资渠道,鼓励企业和城乡居民投资,在政府引导下主要通过发挥市场机制作用建设小城镇。改革小城镇户籍制度。在保护耕地和保障农民合法权益的前提下,妥善解决城镇建设用地。尽快形成符合小城镇经济社会特点的行政管理体制。

我国不同地区的经济发展水平和市场发育程度差异很大,要从各地的实际情况出发推进城镇化,逐步形成合理的城镇体系。注意发展城市间的经济联系,发挥中小城市对小城镇发展的带动作用。在着重发展小城镇的同时,积极发展中小城市,完善区域性中心城市功能,发挥大城市的辐射带动作用,提高各类城市的规划、建设和综合管理水平,走出一条符合我国国情、大中小城市和小城镇协调发展的城镇化道路。

**八、促进科技进步和创新**

科技进步和创新,是增强综合国力的决定性因素。按照有所为、有所不为的方针,总体跟进,重点突破,提高科技持续创新能力,实现技术跨越式发展,为经济结构战略性调整和现代化建设不断提供强大的技术支持。

科技进步和创新的重点任务是,加强技术创新,发展高新技术,提升产业技术水平。积极推进具有战略意义的高技术研究,集中力量在信息技术、生物技术、新材料技术、先进制造技术、航空航天技术等关键领域取得突破,在一些关系国家经济命脉和安全的高技术领域,提高自主创新能力。通过实施重大高新技术工程项目,促进高技术成果转化,力争在亚微米深亚微米集成电路的设计和制造、高性能计算机、光电子材料与器件、生物工程药物、生物芯片、农业生物工程等领域,实现产业化。加快推进传统产业技术升级,选择装备制造、农产品深加工、资源综合利用等若干重点领域,加快开发能够推动结构升级的共性技术、关键技术和配套技术。加强基础研究和应用基础研究,瞄准世界科学技术发展前沿,选择我国具有一定优势、对国民经济和社会发展有重大意义的研究领域,集中力量,重点突破,力争在基因组学、信息科学、纳米科学、生态科学和地球科学等方面取得新进展。

体制创新是科技进步和创新的保证。要深化科技体制改革,形成符合市场经济要求和科技发展规律的新机制,优化科技资源配置,加强技术集成,进一步解决科技与经济脱节问题。推进国家创新体系建设,促进企业成为技术进步和创新的主体。加强产学研结合,鼓励应用开发型科研院所进入企业或改制为企业。建立服务功能社会化、网络化的科技中介服务体系,建立风险投资机制,发展资本市场，支持高新技术产业化。加大国家和全社会的科技投入，提高投资效益。完善促进科技创新的政策环境，形成鼓励科技创新的社会环境。扩大国际科学技术交流与合作，鼓励外资企业在我国设立研究开发机构，支持我国科技企业到国外进行研究开发，促进资源和信息共享。加强科普工作，在全社会大力弘扬科学精神。

**九、大力开发人才资源，加快发展教育事业**

人才是最宝贵的资源。当今和未来的国际竞争，说到底是人才的竞争。要把培养、吸引和用好人才作为一项重大的战略任务切实抓好。普遍提高劳动者素质，建设一支宏大的、高素质的人才队伍，尤其是培养一大批急需的信息、金融、财会、外贸、法律和现代管理等专业人才。

教育是培养人才的基础，对经济和社会发展具有先导性、全局性的作用，要适度超前发展。发展教育，要面向现代化、面向世界、面向未来，走改革和创新之路。更新教材内容，改进教学方法，改革考试制度，着力推进素质教育，重视培养创新精神和实践能力，促进学生德智体美全面发展，提高人才培养质量。提高教育现代化、信息化水平，大力发展现代远程教育。合理调整和配置现有教育资源，加强学科建设，根据人才需求结构调整专业设置。优化教师结构，建设高素质的教师队伍。继续深化教育管理体制和办学体制改革，积极鼓励多种形式的社会办学。增加国家对教育的投入。继续普及九年义务教育和扫除青壮年文盲，扩大高中阶段教育和高等教育规模。积极发展各类职业教育和培训。完善继续教育制度，逐步建立终身教育体系。

加强人才队伍建设，努力营造用好人才、吸引人才的良好环境，形成尊重知识、尊重人才、鼓励创业的社会氛围。加快建立有利于各类优秀人才脱颖而出、人尽其才的机制。高度重视青年人才的培养和使用。优化人才的专业、年龄结构，促进人才在产业、地区的合理分布。完善知识产权保护制度。建立和完善机制健全、运行规范、服务周到、指导监督有力的人才市场体系，促进人才合理流动。采取多种措施吸引和聘用海外高层次人才。继续实行支持留学、鼓励回国、来去自由的方针，鼓励留学人员回国工作或以适当方式为祖国服务。

领导人才是社会主义现代化事业继往开来、开拓前进的关键因素。必须从战略高度，着眼于各项事业的长远发展和人才的总体需求，培养和造就一支坚持走有中国特色社会主义道路，有较高政治理论素养和开拓精神，掌握现代科学文化和管理知识，并经过实践考验的各级各类高素质领导人才队伍。加强各级领导干部特别是年轻干部队伍建设，把这项工作作为决定我国未来发展前途的大事来抓。要加大干部人事制度改革的力度，更新用人观念，广开渠道，为年轻优秀领导人才的成长、选拔和任用创造条件。

**十、加强人口和资源管理,重视生态建设和环境保护**

实施可持续发展战略,是关系中华民族生存和发展的长远大计。

继续严格控制人口数量,努力提高人口素质。稳定现行计划生育政策,保持低生育水平,促进优生优育。重点做好农村特别是中西部农村的计划生育工作。加强对流动人口计划生育的管理。加强计划生育宣传教育和法制建设。重视人口老龄化趋势,努力解决老龄人口社会保障和精神文化生活问题。

合理使用、节约和保护资源,提高资源利用率。依法保护和开发水、土地、矿产、森林、草原、海洋等国土资源。加强资源勘探,建立健全资源有偿使用制度。完善国家战略资源储备制度。严格执行基本农田保护制度,切实保护耕地。推进资源的深加工和综合利用。

加强生态建设,遏制生态恶化。大力植树种草,推进东北、华北、西北防护林体系建设,抓好长江上游、黄河上中游等天然林保护工程,提高国土森林覆盖率。加大防沙治沙力度,加快小流域治理,减少水土流失。加强草原建设,防止超载过牧,遏制草原退化和荒漠化。广泛开展城市绿化。抓紧环京津生态圈工程建设。加强自然保护区和生态示范区建设,保护陆地和海洋生物多样性。

加大环境保护和治理力度。强化城市大气污染、水污染、垃圾污染和噪音污染的综合治理,使大中城市环境质量得到明显改善。重视农村污染的治理。控制和治理工业污染,加快推广清洁生产技术。继续抓好重点流域、区域、海域的污染治理。大力发展环保产业,加强环境保护关键技术和工艺设备的研究开发。健全环境、气象和地震监测体系。加强防灾减灾工作。完善生态建设和环境保护的法律法规,加强执法和监督。开展环保教育,提高全民环保意识。

**十一、进一步深化改革,完善社会主义市场经济体制**

经济发展和结构调整归根到底要靠改革。要大胆探索,勇于创新,突破影响生产力发展的体制性障碍,逐步完善社会主义市场经济体制。

国有企业改革是经济体制改革的中心环节。国有大中型企业要进一步深化改革,建立产权清晰、权责明确、政企分开、管理科学的现代企业制度,健全企业法人治理结构,成为市场竞争的主体。积极探索国有资产管理的有效形式,建立规范的监督机制。鼓励国有大中型企业通过规范上市、中外合资和相互参股等形式,实行股份制。进一步放开搞活国有中小企业。

社会生产力水平的多层次性和所有制结构的多样性,是我国社会主义初级阶段的重要特征。公有制为主体、多种所有制经济共同发展是我国的基本经济制度,非公有制经济是社会主义市场经济的重要组成部分。要适应社会生产力发展的要求，继续调整和完善所有制结构。要为各类企业发展创造平等竞争的环境，支持、鼓励和引导私营、个体企业尤其是科技型中小企业健康发展。

进一步开放市场，建立和完善全国统一、公平竞争、规范有序的市场体系。打破部门、行业垄断和地区封锁，进一步放开价格，发挥市场在资源配置和结构调整中的基础性作用。继续发展商品市场，重点培育和发展要素市场，促进生产要素合理流动。拓宽融资渠道，提高企业直接融资比重，促进企业转换经营机制。规范和发展证券市场，培育和发展机构投资者。加强市场监督和上市公司信息披露。

综合运用计划、财政、金融等手段，发挥价格、税收、利率、汇率等杠杆作用，引导和促进经济结构调整，保证经济稳定增长。坚持扩大国内需求的方针，根据经济形势实施相应的宏观调控政策。近期要继续实行积极的财政政策，并带动企业和社会投资，促进消费。进一步完善分税制。积极推进财政预算制度改革。完善财政转移支付制度。积极稳妥地推进税费改革。健全税收制度，强化税收征管。逐步提高国家财政收入占国内生产总值的比重和中央财政收入占全国财政收入的比重，提高财政保障能力，注意防范财政风险。严格财政监督管理。逐步建立适应社会主义市场经济要求的公共财政框架。

深化金融改革，完善金融组织体系、市场体系、监管体系和调控体系。实行稳健的货币政策，适时调节货币供应量，维护人民币币值稳定，支持经济结构调整和经济增长。稳步推进利率市场化改革。改进金融服务，增强我国金融企业竞争能力。按照现代银行制度对国有独资商业银行进行综合改革。完善和发挥政策性银行功能。发展保险业，拓展保险市场，改善保险企业的经营管理。强化金融监管，防范和化解金融风险，提高金融资产质量。保持国际收支基本平衡。完善以市场供求为基础的、有管理的浮动汇率制度。

继续推进行政管理体制改革和机构改革，按照发展社会主义市场经济的要求，进一步转变政府职能，实现政企分开。政府要集中精力搞好宏观经济调控和创造良好的市场环境，不直接干预企业经营活动，减少对经济事务的行政性审批。推进投融资体制改革。继续改革和精简政府机构，建立廉洁高效、运转协调、行为规范的行政管理体制。

**十二、进一步扩大对外开放，发展开放型经济**

“十五”时期我国对外开放将进入新的阶段。随着加入世界贸易组织，我国面临引进更多资金、技术和管理经验，促进产业结构优化升级，以及扩大出口等新的发展机遇，也面临国际激烈竞争的严峻挑战。要以更加积极的姿态，抓住机遇，迎接挑战，趋利避害，不断提高企业竞争能力，进一步推动全方位、多层次、宽领域的对外开放,促进我国现代化建设。

改善投资环境,扩大利用外资,提高利用外资质量。将吸收外资同产业结构调整、国有企业改革和西部大开发紧密结合起来。有步骤地推进银行、保险、电信、外贸、内贸、旅游等服务领域的开放,逐步对外商投资实行国民待遇。积极吸收外资特别是跨国公司投资高新技术产业,参与国有企业改组改造和基础设施建设。大胆吸收和借鉴一切符合社会化生产要求的经营方式和管理方法。适应跨国投资发展趋势,积极探索采用收购、兼并、投资基金和证券投资等多种方式利用中长期国外投资。合理利用国际金融机构和外国政府贷款,严格监督外债融资,防范外债风险。抓紧清理、修订和完善有关经济法律法规,提高透明度。

更好地实施以质取胜和市场多元化战略,重视科技兴贸,优化商品结构,努力扩大商品和服务领域出口规模,增加国内急需的关键技术装备和重要资源的进口。积极参与多边贸易体系,加强地区经济合作。加强和改善双边经贸关系,进一步加强与发展中国家的经济技术合作和交流。深化外贸体制改革,健全符合国际规范和我国国情的对外经贸体制。

实施"走出去"战略,努力在利用国内外两种资源、两个市场方面有新的突破。鼓励能够发挥我国比较优势的对外投资,扩大经济技术合作的领域、途径和方式,支持有竞争力的企业跨国经营,到境外开展加工贸易或开发资源,并在信贷、保险等方面给予帮助。抓紧制定和规范国内企业到境外投资的监管制度,加强我国在境外企业的管理和投资业务的协调。继续发展对外承包工程和劳务合作,在竞争中形成一批具有实力的对外承包工程企业。

积极创造条件吸引外商到中西部地区投资。经济特区、浦东新区和沿海其他地区要进一步扩大对外开放,增创新优势,更好地发挥对内地经济的示范、辐射、带动作用。

**十三、积极扩大就业,完善社会保障制度**

扩大就业是促进经济发展和维护社会稳定的重要保证,也是宏观调控的一项重要内容。要继续保持经济较快增长,进一步发展劳动密集型产业,积极发展集体企业和个体私营企业,以提供更多的就业岗位。建立阶段性就业制度,发展弹性就业形式。发育和规范劳务中介组织与劳动力市场,完善就业服务体系,加强职业培训,形成市场导向的就业机制。引导下岗职工和失业人员转变就业观念,继续实行鼓励自谋职业的优惠政策,促进多种形式再就业。

完善的社会保障制度是社会主义市场经济体制的重要支柱,关系改革、发展、稳定的全局。要加快形成独立于企业事业单位之外、资金来源多元化、保障制度规范化、管理服务社会化的社会保障体系。建立可靠、稳定的社会保障基金的筹措机制和有效营运、严格管理的机制。坚持社会统筹与个人帐户相结合的城镇职工基本养老保险制度。推进城镇职工基本医疗保险制度和医药卫生体制改革。进一步完善失业保险制度，在试点的基础上逐步把国有企业下岗职工基本生活保障纳入失业保险。加强和完善城市居民最低生活保障制度，逐步提高城市贫困人口救济补助标准。积极发展社会福利、社会救济、优抚安置和社会互助等社会保障事业。切实保障妇女、未成年人、老年人、残疾人的合法权益。发挥基层组织、社区组织在社会保障对象管理和服务方面的作用。

**十四、改善城乡人民生活**

不断提高城乡居民的物质和文化生活水平，是发展经济的出发点和归宿，也是扩大内需、保证经济持续增长的动力。向更加宽裕的小康生活迈进，要进一步提高城乡居民吃穿用消费水平，优化消费结构，增加服务性消费；增加城乡居民居住面积，提高住房和环境质量；大力发展公共交通，鼓励计算机、轿车进入家庭，提高电话普及率；加强城乡公共设施建设，改善居民消费环境；丰富居民文化生活，提高医疗保健水平；重视安全生产，加强劳动保护；建立良好的社会秩序，保障人民安居乐业。

在经济发展的同时，不断增加城乡居民收入，特别是低收入者的收入。深化收入分配制度改革，坚持效率优先、兼顾公平的原则，实行按劳分配为主体、多种分配方式并存的制度，把按劳分配与按生产要素分配结合起来。鼓励资本、技术等生产要素参与收益分配。随着生产力的发展，科学技术工作和经营管理作为劳动的重要形式，在社会生产中起着越来越重要的作用。在新的历史条件下，要深化对劳动和劳动价值理论的认识。建立健全收入分配的激励机制和约束机制。对企业领导人和科技骨干实行年薪制和股权、期权试点。规范社会分配秩序，加强对垄断行业收入分配的监督和管理。强化国家税收对收入分配的调节功能，完善个人所得税税法，开征遗产税。保护合法收入，整顿不合理收入，调节过高收入，取缔非法收入，防止收入分配差距的过分扩大。

全面发展卫生、体育事业，提高全民健康水平。进一步改善城乡特别是农村卫生服务设施。加强预防保健。大力开展全民健身运动，发展竞技体育。

扶贫开发是一项长期而艰巨的任务。要重点做好中西部的少数民族地区、革命老区、边疆地区和特困地区的扶贫工作。坚持开发式扶贫，增加扶贫投入，加强贫困地区的基础设施建设，注重发展贫困地区的教育、文化、卫生事业，从根本上改善基本的生产和生活条件。

## 十五、加强社会主义精神文明建设

建设社会主义精神文明,发展有中国特色社会主义文化,是社会主义现代化建设的重要内容和保证。在改革日益深入,开放不断扩大,各种思想文化相互激荡的背景下,必须坚持两手抓、两手都要硬,切实加强精神文明建设,满足人民群众日益增长的多方面的精神文化需求,全面提高国民素质,增强民族凝聚力,为改革开放和现代化建设提供强大的思想保证、精神动力和智力支持。

坚持不懈地进行党的基本理论和基本路线教育,巩固和加强马克思主义的指导地位,弘扬爱国主义、集体主义、社会主义精神,在全社会形成共同理想和精神支柱。努力建立适应社会主义市场经济发展的思想道德体系。提倡自力更生、艰苦奋斗的创业精神,形成全民族奋发向上的强大动力。大力倡导社会公德、家庭美德和职业道德,特别是加强青少年的思想政治和道德品质教育。重视对社会思潮及其表现形式的研究和引导。加强对新闻舆论、国民教育、社会文化、休闲娱乐等各种思想文化阵地尤其是新闻网站的建设和管理。加强科普宣传教育,反对封建迷信活动。大力开展群众性精神文明创建活动,倡导科学文明健康的生活方式。

坚持为人民服务、为社会主义服务的方向和百花齐放、百家争鸣的方针,以繁荣社会主义文化为中心,弘扬民族优秀文化,吸收外国文化有益成果,抵制不良文化,提高全社会的文化生活质量。重视发展哲学社会科学,加强对理论和实践重大问题的研究,推进学科建设和理论创新。坚持新闻舆论的正确导向,发展新闻出版、广播影视等各项事业。繁荣文学艺术创作,努力提高精神产品的质量,生产出更多的无愧于时代和人民的艺术精品。加强科技馆、文化馆、博物馆、图书馆和青少年活动场所等文化设施建设。坚持把社会效益放在首位、社会效益和经济效益相统一的原则,深化文化体制改革,建立科学合理、灵活高效的管理体制和文化产品生产经营机制。继续实行支持文化事业发展的有关政策,增加对重要新闻媒体和公益文化事业的投入。加强文物保护工作。完善文化产业政策,加强文化市场建设和管理,推动有关文化产业发展。

## 十六、加强社会主义民主法制建设

发展社会主义民主政治,依法治国,建设社会主义法治国家,是社会主义现代化的重要目标。要坚持和完善工人阶级领导的、以工农联盟为基础的人民民主专政,坚持和完善人民代表大会制度和共产党领导的多党合作、政治协商制度以及民族区域自治制度。适应经济体制改革和现代化建设的要求,继续推进政治体制改革,加强民主法制建设。

加强民主政治建设,发展社会主义民主。加强人民代表大会的立法和监督工作,密切人大代表同人民的联系,推进决策科学化、民主化。实行民主选举、民主决策、民主管理和民主监督,保证人民依法享有广泛的权利和自由,尊重和保障人权。加强城乡基层政权机关和群众性自治组织建设,扩大公民有序的政治参与,引导人民群众依法管理自己的事情。完善村民自治,加强社区民主建设,坚持和完善以职工代表大会为基本形式的企业民主管理制度。进一步扩大基层民主,实行政务、厂务、村务公开。

加强法制建设。重点建立和完善适应社会主义市场经济体制的法律体系,规范市场经济条件下的财产关系、信用关系和契约关系,维护市场秩序,保护公平竞争。推进政府工作法制化,从严治政,依法行政。完善公务员制度。加快推行执法责任制、评议考核制,提高行政执法水平。推进司法改革,完善司法保障,强化司法监督,依法独立行使审判权和检察权,严格执法,公正司法。健全依法行使权力的制约机制,加强对权力运行的监督,使廉政建设法制化。深入开展社会主义法制教育,提高全体人民首先是各级领导干部的法制观念。

稳定是改革、发展的前提。认真研究社会稳定面临的新情况新问题,正确处理新时期人民内部矛盾,确保社会稳定。进一步落实党的民族政策,发展平等、团结、互助的社会主义新型民族关系,促进各民族共同繁荣和进步。全面贯彻党的宗教政策,保障公民宗教信仰自由,依法管理宗教事务,积极引导宗教与社会主义社会相适应。依法打击民族分裂活动和利用宗教进行非法活动,取缔邪教。切实把社会治安综合治理措施落实到基层,严厉打击危害国家安全和社会治安的刑事犯罪和各种恶势力,扫除黄赌毒等社会丑恶现象。

加强国防建设,增强国防实力。强大的国防是国家安全和现代化建设的基本保证。在集中力量发展国民经济的同时,要积极推进国防建设。加强军队党的建设和思想政治工作,确保党对军队的绝对领导。加强人民解放军的革命化、现代化、正规化建设。贯彻积极防御的战略方针,坚持质量建军,科技强军,勤俭建军,从严治军,积极改革创新,全面提高官兵素质,走有中国特色的精兵之路,提高现代技术特别是高技术条件下防卫作战的能力。国防科技工业是国家战略性产业。要通过加速调整、改革和发展,坚持军民结合,寓军于民,大力协同,自主创新,建立适应国防建设和市场经济要求的新型国防科技工业体制。加强国防科技建设,发展高新技术武器装备,努力提高现代化水平。加强国防动员体系建设,增强平战转换能力。深化后勤保障改革,提高保障能力。完善国防立法。深入开展国防教育,提高全民国防意识。进一步密切军政军民关系。

实现“十五”计划的目标,夺取建设有中国特色社会主义事业的新胜利,关键在党。要不断提高党的执政水平,特别是提高驾驭经济和社会发展全局的能力。加强对经济和社会发展重大问题的研究,正确处理改革、发展、稳定,中央和地方,西部开发和东、中部发展,市场机制和宏观调控,经济发展和社会全面进步等重大关系。坚持群众路线,拓宽党在各个领域联系群众的渠道,善于从人民群众的实践中寻找解决问题的办法。各级党委要总揽全局、协调各方,充分发挥党的领导核心作用。

按照始终代表中国先进生产力的发展要求、中国先进文化的前进方向、中国最广大人民的根本利益的指导思想,全面加强党的建设,坚持从严治党,增强党的凝聚力和战斗力,巩固党的执政基础。要着眼于事业发展和新老交替与合作,加强干部队伍和各级领导班子建设。重视党的基层组织和党员队伍建设,加强和改进党的思想政治工作和群众工作。要讲学习、讲政治、讲正气。发扬党的优良作风,求真务实,真抓实干,反对和克服形式主义、官僚主义。深入开展反腐败斗争,积极探索社会主义市场经济条件下反腐败斗争的特点和规律,建立健全监督和管理制度,努力从源头上遏制腐败现象的滋生蔓延。

展望新世纪,任重道远。面对世界日新月异的新发展新变化,面对我国社会主义现代化建设的新形势新任务,共产党人必须站在时代的前列,肩负起历史的重任;必须以马列主义、毛泽东思想、邓小平理论为指导,观察形势,把握大局,敢于面对困难,善于解决矛盾,不断把我们的事业推向前进;必须坚持解放思想、实事求是的思想路线,加强学习,积极探索,不断积累新的实践经验,不断创造新的理论成果,使我们党永葆生机和活力,使我国社会主义现代化建设更加顺利。

全党动员起来,紧密团结在以江泽民同志为核心的党中央周围,高举邓小平理论伟大旗帜,振奋精神,开拓进取,扎实工作,团结带领全国各族人民,为实现“十五”目标,为建设富强民主文明的社会主义现代化国家和早日完成祖国统一大业而努力奋斗!

# 党的组织制度

## 中国共产党党旗党徽制作和使用的若干规定

（中共中央办公厅1996年9月21日印发）

**第一条** 为了维护中国共产党党旗党徽的尊严，使党旗党徽的制作、使用规范化，制定本规定。

**第二条** 中国共产党的党旗党徽是中国共产党的象征和标志。

党的各级组织和每一个党员，都应当尊重和爱护党旗党徽。

**第三条** 中国共产党党旗为旗面缀有金黄色党徽图案的红旗。中国共产党党徽为镰刀和锤头组成的图案。

**第四条** 党旗的通用规格有下列五种：

（一）长288厘米，宽192厘米；

（二）长240厘米，宽160厘米；

（三）长192厘米，宽128厘米；

（四）长144厘米，宽96厘米；

（五）长96厘米，宽64厘米。

在特定场所需要使用非通用规格党旗的，报县级以上党的委员会组织部批准。

用于悬挂的党徽的具体尺寸，由使用党徽的党组织提出并报县级以上党的委员会批准。

**第五条** 党旗和用于悬挂的党徽，由中央组织部从生产国旗国徽的企业中指定企业，按照本规定所附的中国共产党党旗党徽制法说明制作。

**第六条** 党旗的使用范围：

（一）召开党的基层代表大会，举行新党员入党宣誓仪式；

（二）党内举行重大庆祝、纪念活动，党日活动；

（三）党的委员会及其工作部门、党的中央和地方委员会派出的代表机关及其工作部门、党的纪律检查机关的会议室，可以悬挂党旗。

按照国旗法规定应升挂国旗的场所,一般不同时悬挂党旗。

**第七条** 党徽的使用范围:

(一)党的委员会及其工作部门、党的中央和地方委员会派出的代表机关及其工作部门、党的纪律检查机关和党组的印章(印模)中间应当刻有党徽图案;

(二)召开党的全国代表大会、代表会议和地方各级代表大会、代表会议,应当悬挂党徽,并在党徽两侧各布五面红旗;

(三)党的各级组织颁发的奖状、证书和其他荣誉性文书、证件上,可以印党徽图案;

(四)党内出版物上可以印党徽图案。

除上述情况外,使用党徽及其图案需经县级和县级以上党的委员会组织部批准。

**第八条** 悬挂党旗党徽,应当置于显著位置。使用党旗党徽及其图案,应当严肃、庄重。

**第九条** 不得使用破损、污损、褪色或不符合制作规定的党旗党徽。

**第十条** 党旗党徽及其图案不得用作商标和广告。

**第十一条** 党的各级组织应对本规定的执行情况经常进行监督检查,对违反本规定的党组织和党员应进行批评教育,情节严重的应给予当事人党的纪律处分。

**第十二条** 本规定自发布之日起施行。

**附 1：**

## 中国共产党党旗制法说明

党旗上党徽两面相对。为便利计，本件仅以旗杆在左的一面为说明标准。对于旗杆在右的一面，凡本件所称左均应改右。

1. 旗面长宽之比为 3:2，旗面左上方 1/4 部分缀党徽图案。

2. 画旗面长与宽中线将旗分成 4 等分的长方形，左上方长方形内划出横 18 竖 12 等分的小方格。

党徽图案切于 8 × 8 小方格的正方形内，正方形的上部与旗上边空 3 格，左侧与旗左边空 4 格。

3. 旗杆套为白色。

附2:

## 中国共产党党徽制法说明

1. 将一正方形分为32等分,分格线条编号为横向1～33,竖向1′～33′。画出对角线AC、BD。

2. 锤头的画法:连接E(29、33′)、F(33、29′),并从E、F两点作AC的平行线,构成锤把。从G点(8、9 18′、19′的中点)作BD的平行线至H(19、20 7′、8′的中点),从G、H两点分别作AC的平行线至I(4、14′)、J(17、5′),从I点作BD的平行线,以K点(13、14 1′的中点)为圆心、KJ为半径画弧交于L点,构成锤头。

3. 镰刀的画法:以M点(17、17′)为圆心、MN(N点为17、1′)为半径画弧$\overset{\frown}{NO}$(O点为17、33′);以P点(17、15′)为圆心、PO为半径画弧,与HG的延长线交于Q点;以R点(11 16′、17′中点)为圆心、RN为半径画弧,与通过R点的水平线交于S点;以T点(16、17 16′、17′的中点)为圆心、TS为半径画弧,与通过T点的垂直线交于U点;以V点(16、17 11′中点)为圆心、VU为半径画弧,与HG的延长线交于W,构成镰刀。以X点(3、4 30′、31′的中点)为圆心作圆与AB、BC线相切,从Y点(6、30′)、Z点(4、28′)分别作直线平行于BD,构成镰刀把。

# 中国共产党党徽制法图案

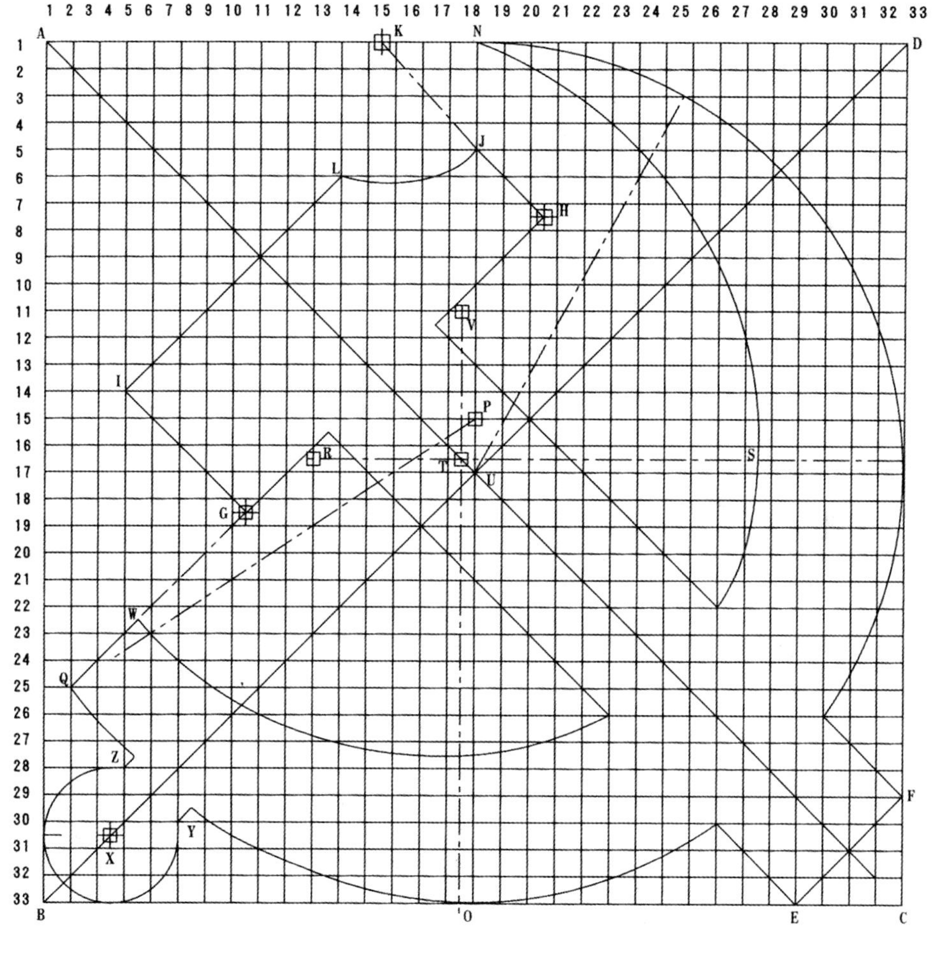

# 关于提高县以上党和国家机关党员领导干部民主生活会质量的意见

（中共中央纪律检查委员会、
中共中央组织部1997年1月14日印发）

1990年中央下发《关于县以上党和国家机关党员领导干部民主生活会的若干规定》以来，各地普遍建立了民主生活会制度，多数单位能按期召开，对于活跃党内民主生活，加强领导班子的思想政治建设，发挥了积极作用。特别是在那些领导重视、准备充分、批评和自我批评开展好的单位，效果更为明显。但总的看，民主生活会的质量有待进一步提高。存在的突出问题是，会议的政治性、思想性、原则性不够强，汇报工作多，思想交锋少，批评和自我批评开展得不认真甚至根本没有开展起来。为了深入贯彻党的十四届四中、五中、六中全会精神，进一步加强领导班子思想政治建设，提高民主生活会的质量，现提出如下意见：

**一、进一步提高对开好领导干部民主生活会重要性的认识**

党员领导干部民主生活会制度，是党内政治生活中的一项重要制度，是解决领导班子自身矛盾、加强党内监督、提高领导干部思想水平和党性修养的有效途径，是建设高素质干部队伍的一项重要措施。实践证明，坚持民主生活会制度，有利于党组织对干部的严格要求、严格管理、严格监督，有利于领导干部自重、自省、自警、自励，廉洁自律，有利于统一思想、改进作风、增强团结、提高领导班子的战斗力。县以上党和国家机关的党员领导干部在积极参加所在党支部、党小组的组织生活会的同时，要认真参加领导班子民主生活会，自觉接受党组织和群众的监督，经受党内生活的锻炼，努力使自己成为新时期合格的领导干部。

**二、明确民主生活会的目的要求，充分做好会前的准备工作**

民主生活会不同于一般的工作会、总结会，应以讲学习、讲政治、讲正气，增强党性锻炼为重点，按照“三严”“四自”的要求，围绕学习、思想、作风、廉洁自律、遵纪守法等方面的问题汇报思想状况，进行对照检查，开展批评和自我批评。不能把民主生活会开成研究工作的会议，不能回避矛盾，脱离实际空泛议论。根据实际需要每次会议应重点解决一两个突出问题或召开专题民主生活会。民主生活会召开的时间、议题,会前应报告上级党组织。

民主生活会前,应委托纪委(纪检组)、组织部或机关党组织广泛征求党内外群众对领导班子及其成员的意见和建议。要采取多种形式把群众的意见收集起来,并如实向主要负责同志及每个成员反馈,以便有针对性地开展批评和自我批评。

上级党委、纪委、组织部门要事先有组织地收集和掌握群众和干部反映,及有关情况。对有关领导成员需要在民主生活会上说明或检查的问题,可在会前同主要领导干部或领导成员本人沟通。参加指导下级党委(党组)民主生活会的人员,根据需要可提前到会,同主要领导干部一起研究开好民主生活会的有关事项。

民主生活会后,应将会议的基本情况、解决的问题、整改措施,及时报告上级党组织,必要时要向下级党组织和党员通报。

**三、严肃认真地开展批评和自我批评**

开好民主生活会,必须运用批评和自我批评的武器,开展积极的思想斗争。这是提高民主生活会质量,搞好党内监督的关键。每个领导成员都要以对党的事业、对同志高度负责的态度,严肃认真地开展批评和自我批评,分清是非,团结同志,坚持真理,修正错误。

首先要进行自我批评。每个同志都要严以律己,襟怀坦白,联系自己的思想、工作实际和廉洁自律情况,认真对照检查,防止只谈工作不谈思想、只讲成绩不讲问题、只讲集体不讲个人的现象。要正视自己的缺点、不足或错误,说老实话,反映真实情况,暴露真实思想。对群众意见较多的问题,特别是廉洁自律方面的问题,更不能回避,必须如实说明,自查自纠。针对存在的问题,分析原因,吸取教训,提出改进措施。不能就事论事,不能避重就轻,不能文过饰非。

相互批评要打破情面,讲党性、讲原则,不能迁就照顾。要克服好人主义和“事不关己,高高挂起;明知不对,少说为佳”的自由主义态度。做到坦诚相见,“知无不言,言无不尽”。被批评的同志要欢迎别人批评,虚心听取各种意见,“有则改之、无则加勉”。不能压制批评,不能打击报复批评者。相互批评要紧紧抓住贯彻执行党的基本路线和事关全局的重大问题,从团结的愿望出发,坚持实事求是,以理服人,不闹无原则纠纷。

领导班子成员之间要交心谈心,经常交换意见,沟通思想,消除隔阂和误会。通过批评和自我批评,化解矛盾,增进团结。

对有违纪问题又不在民主生活会上自查自纠的班子成员,必须严肃纪律,从重处分;对虽有违纪问题但能自觉检查,主动纠正错误的,可以不予处分或从轻处分。

**四、党委(党组)主要负责同志要切实负起开好民主生活会的责任**

民主生活会开得好不好,党委(党组)主要负责同志负有主要责任。党委(党组)主要负责同志的责任是:

(一)会前根据上级党组织和群众反映的意见,同其他领导成员交心通气,了解他们的思想、工作和廉洁自律情况,听取他们的意见。对领导班子基本状况及存在的主要问题要做到心中有数。

(二)会上带头开展批评和自我批评,勇于承担工作中发生失误的领导责任,诚心鼓励大家对自己提批评意见。正确引导其他成员的发言,正确引导成员之间开展相互批评。

(三)会议结束时,对民主生活会情况作出评价和总结,指出不足,提出要求。

在民主生活会上,如果有的班子成员存在违纪问题,本人不自查,主要负责同志了解情况又不提出、不批评的,一经发现要追究主要负责同志的责任。

**五、抓好整改措施的制定和落实**

制定切实可行的整改措施是提高民主生活会质量的重要环节。对群众反映的突出问题和会上检查出来的主要问题,要一个一个研究,制定相应的整改措施。整改措施要明确具体,责任到人,狠抓落实。

每次民主生活会都要检查上次民主生活会后整改措施的落实情况,问题解决得不好或没有解决的,要分清责任,提出批评,限期改正。

**六、加大对民主生活会指导和监督的力度**

加强对下级党组织民主生活会的指导和监督是各级党委的重要职责,是促进下级党组织提高民主生活会质量的有效措施。要坚持一级抓一级的原则,切实加强指导,对矛盾较多的要具体帮助。

党委(党组)领导班子成员每年应有计划地参加下级党组织的领导干部民主生活会。中央纪委、中央组织部、中央直属机关工委、中央国家机关工委的负责同志,每年都要参加一些省区市党委和中央、国家机关部委党委(党组)的民主生活会。省(自治区、直辖市)、地(市)、县级党委常委和政府党员领导干部,每年参加下级党组织领导干部民主生活会不得少于二次。

各级纪律检查机关、组织部门和机关党组织要认真履行职责,加强对党员领导干部民主生活会的督促检查。要把坚持民主生活会制度和民主生活会质量的情况,作为考核领导班子和主要领导干部的一项重要内容。

要坚持民主生活会情况通报制度。对开得好的单位,要进行表扬和总结;对走过场的,经有关领导批准,可责令其重新召开;对无故不召开或未经同意不按期召开或开得不好的单位和主要负责人要提出批评,促其改进。

# 中共中央国家机关工委、国家科委关于加强和改进中央国家机关在京直属科研单位党的建设工作的意见

（中共中央组织部1997年12月16日转发）

根据党章和党的十五大精神，现就实施科教兴国战略、进一步深化科技体制改革、全面推进科技进步中，加强和改进中央国家机关在京直属科研单位党的建设工作的若干问题，提出如下意见。

**一、认清形势，明确职责，切实加强科研单位的党建工作**

（一）党中央、国务院关于实施科教兴国战略的重大部署，是全面落实科学技术是第一生产力思想的战略决策，是把经济建设转移到依靠科技进步和提高劳动者素质的轨道上来，保证国民经济持续、快速、健康发展的根本措施。实现这一战略决策，对于提高我国经济发展的质量和水平，增强综合国力，加速社会全面进步和国家的繁荣昌盛，都具有十分重要的意义。

（二）新的形势和任务，对中央国家机关在京直属科研单位的党建工作，提出了新的更高要求。各级党组织必须从大局出发，增强政治责任感和使命感，切实加强和改进党的建设，把政治优势转化为科技和经济优势，与院（所）长一起，团结带领广大科技人员和职工，共同推进本单位的改革和发展大业，为科教兴国战略的贯彻落实，提供思想、政治和组织上的保证。

（三）按照党章及中央有关规定，科研院所的党组织要充分发挥政治核心作用，认真履行党组织的基本职责：保证监督党的路线方针政策和国家的法律法规在本单位的贯彻执行；参与本单位重大问题的决策，支持院（所）长依法行使职权；坚持党的干部路线和党管干部的原则，与院（所）长共同搞好干部和科技队伍的建设；领导本单位思想政治工作和精神文明建设，增强党组织的凝聚力；搞好党的自身建设尤其是对党员干部的教育、管理和监督；领导并支持工、青、妇等群众组织和职代会的工作。

（四）做好新形势下科研单位的党建工作，要始终坚持以马列主义、毛泽东思想、邓小平理论为指导，坚持党的基本路线和基本方针，牢固树立科学技术是

第一生产力的思想,努力为本单位出成果、出人才、出效益服务;始终坚持相信和依靠群众,尊重知识,尊重人才,最大限度地调动科技人员和职工的积极性、创造性的工作方针;始终坚持解放思想、实事求是,积极探索、勇于创新,从严治党、加强基层的工作原则,使新时期党的建设的指导思想,在科研单位真正得到贯彻落实。

(五)党组织工作的着力点,要体现在与院(所)长一起努力实现下列目标上:一是形成一个能够总揽全局,党政关系协调,锐意改革,廉洁奉公,得到职工拥护的坚强领导集体;二是走出一条符合党和国家科技发展战略,能够发挥自身优势,增强科技实力和提高效益的发展路子;三是培育出一支德才兼备,立志用知识报效祖国、服务人民的高素质的科技队伍;四是形成有利于党组织和党员在两个文明建设中发挥作用的有效机制。党建工作的成效,应通过党组织实现上述目标的工作效果来检验。

**二、努力实现重大决策的民主化、科学化,保证监督党和国家方针政策在本单位的贯彻实施**

(六)实现重大决策的民主化、科学化,是建立现代科研院所制度的内在要求,也是科研单位党组织发挥政治核心作用的一项重要任务。党组织要在参与本单位长远性、全局性重大问题决策的同时,把更多的精力放在与院(所)长一起建立健全民主、科学决策的各项制度和有效机制上,力求依靠行之有效的制度,保证监督党和国家方针政策在本单位的贯彻执行,避免和减少失误。

(七)确定好需要纳入民主和科学决策程序、党组织必须参与的重大问题的范围,保证本单位中长期发展规划、年度计划,内部改革的实施方案及重要措施,科研开发经营中的重大问题,院(所)长的任期目标,中层领导干部的任免,科技队伍建设的总体规划,涉及职工切身利益的重要事项等,都能在充分听取各方面意见,集中集体智慧的基础上进行决策。

(八)结合本单位实际,建立健全科学、民主决策的制度和重要问题集体议事的有关规则及程序,规范好党政联席会、院(所)务会、院(所)长办公会、党委会(常委会)等会议的内容和职责。科研和技术开发中的重大问题应按规定程序提交学术和科技委员会进行讨论。实践中,各单位已形成的党政领导互通情况、共同磋商讨论,行政领导定期向党组织通报工作,职代会讨论和审议有关重大问题,遇有重大意见分歧分别向上级请示报告等有关做法和制度,对促进民主科学决策起到了积极作用,应继续坚持和不断完善。

(九)按照全国总工会、国家科委《关于完善科研院所职工民主管理工作的若干意见》的精神,建立健全职工代表大会制度和其它民主管理制度,落实职工民主参与、民主管理、民主监督的各项权利,尤其要重视发挥专家在决策中的作用,充分调动以科技人员为主体的广大职工参与本单位决策和管理的积极性,保证各项决策都能具有广泛的群众基础,并经过科学的论证。

(十)根据不同的内容,确定好党组织参与重大问题决策的具体方式,发挥好党组织及其负责人在本单位重大问题决策上的作用。凡本单位全局性、长远性的重大问题,必须经党委会或常委会讨论,形成集体意见和建议;科研开发工作中的具体技术、业务问题,应更多地尊重院(所)长和业务部门的意见。党委参与决策时,可由党委领导代表组织协助院(所)长搞好决策;对于一些急需研究决定的重大问题,可采取党组织主要负责人与行政领导共同商量、临机处置,而后向党组织报告的方式处理。

(十一)党组织要不断提高参与决策的能力和水平。决策前,要深入基层,广泛听取党内外群众和专家的意见,为行政领导多提供一些超前性、有价值的意见和建议;决策中,要协助院(所)长组织好讨论,使领导集体决策真正成为集思广益、形成共识的过程;决策后,要动员基层组织、党员和群众组织,围绕决策的落实开展工作,并注意收集、反馈决策实施的情况。在决策实施过程中遇有风险和困难时,要与行政领导同舟共济,共担责任,主动做好排忧解难的工作。

院(所)长要强化民主、科学决策的意识,善于依靠领导集体、党组织和广大科技人员形成决策、完善决策、实施决策。重大问题决策前,应注意听取党委及各方面的意见;决策的执行情况,应及时向党委和职代会进行通报。

**三、坚持党的干部路线和方针,积极推进高素质的领导干部和科技队伍建设**

(十二)建设高素质的科研管理干部和科技队伍,是科研单位党政组织的共同责任。党组织的主要职责是:①贯彻干部队伍建设的“四化”方针和德才兼备原则,坚持任人唯贤,反对任人唯亲。②参与中层以上管理人员和优秀人才的推荐、考察及任用工作。③对各级管理人员负有教育、培养、考核、监督的责任。④协助院(所)长积极推进本单位人事制度的改革。

(十三)党组织要协助院(所)长做好中层以上行政管理干部的考核和任用工作,使这部分干部的任用,都能经过党政主要领导协商提出人选;组织和人事部门协同考察,广泛听取意见;党政领导或党委会集体讨论;按干部管理权限,由院(所)长履行规定的任用手续等几个必要的程序。对需由学术带头人担任的基础研究部门负责人和重点研究项目负责人的选用,应尊重院(所)长的意见,党组织主要做好必要的考察和教育工作,并要在工作中给予支持和帮助。

党群中层干部的任用,应在征求院(所)长意见后,由党委集体讨论决定。

(十四)积极支持院(所)人事制度的改革,协助院(所)长制定和完善有关政策,建立健全人才招聘、岗位竞争、职务晋升的规则和程序,为形成公平竞争、协同合作、合理流动、人尽其才的新型科技人才管理制度,创造良好的环境。

(十五)在科技队伍建设上,党组织不仅要协助院(所)长做好选人、用人的工作,更重要的是履行好培养、教育的责任。要根据本单位发展的总体目标,协助行政领导制定好队伍建设的总体规划,为各方面人才加速成长、展示才华作出努力。通过政策感召、事业吸引和情感沟通等多种方式,加强与出国科技人员的联系,鼓励他们为祖国的科技事业贡献力量。

(十六)以思想政治建设为重点,全面提高领导班子的整体素质。对本单位党政领导班子成员,党组织要敢于严格要求、严格管理和严格监督,使他们坚定地贯彻党的基本路线和国家的科技发展方针政策,自觉执行民主集中制原则,实行民主、科学决策,保持廉洁自律,坚持两手抓、两手硬,成为勇于带领广大科技人员和职工为实施科教兴国战略努力拼搏的带头人。

**四、发挥思想政治工作的优势,为深化科技体制改革提供思想政治保证**

(十七)在深化科技体制改革、实施科教兴国战略过程中,科研单位党组织必须切实承担起思想政治工作和精神文明建设的领导责任,与院(所)长和行政领导密切配合,紧密结合本单位的实际,主动发挥思想政治工作的导向、保证、激励和协调作用,充分调动广大科技人员和职工的积极性、主动性和创造性,为增强党组织的凝聚力,推进改革和发展,提供强有力的思想政治保证。

(十八)紧密结合科技体制改革和发展的实践,坚持不懈地搞好邓小平理论的学习,切实而有效地进行党的路线方针政策和科研职业道德教育,使广大科技人员、干部和职工特别是青年科技人员,树立正确的世界观、人生观和价值观,增强发展科学技术第一生产力的责任感,形成与社会主义市场经济相适应的思想观念和爱国主义、求实创新、拼搏奉献、团结协作的精神,把个人的追求融会于社会主义现代化建设之中,自觉用知识报效祖国、服务人民,为深化科技体制改革、促进科技发展做贡献。

(十九)坚持尊重人、理解人、关心人的原则,遵循科研工作的规律和科技人员的特点,增强思想政治工作的针对性、实效性,把工作渗透到科技工作实践中去,做到群众最关心、最容易产生思想问题和矛盾的环节中去。运用正面教育、耐心疏导、典型激励及同解决实际问题相结合等有效方法,使尊重知识、尊重人才的方针和党的知识分子政策得到进一步的落实,最大限度地调动科技人员和职工的积极性、创造性,在理顺情绪、化解矛盾、协调关系、凝聚人心上多做工作。

（二十）建立健全党组织、行政领导和工、青、妇等群众组织分工负责、共同做好思想政治工作的有效机制，重视发挥学术带头人在思想道德建设中的特殊作用，并使深入细致的思想政治工作与严格的管理相互配套、互为补充，形成各方密切配合，发挥各自优势，共同做好思想政治工作的生动局面。

（二十一）认真落实党的统战政策，做好民主党派成员和党外专家、学者的工作，加强与他们的联系，关心他们的思想、工作和生活，认真听取他们对院所改革和发展的意见，与他们合作共事，交朋友做诤友。对担任领导职务的党外人士，要诚心诚意地支持他们的工作，帮助他们解决工作中的困难，充分发挥他们在两个文明建设中的作用。

**五、加强领导，搞好科研单位党组织自身建设**

（二十二）科研单位中的党组织，是党对科研工作实行思想政治领导的组织基础，是院（所）长行使职权的有力依托。在促进科技体制改革和科技发展的同时，必须坚持从严治党，切实加强党组织的自身建设，不断提高党组织为科技体制改革和科技发展服务的能力。

（二十三）要选好配强院（所）党委领导班子。党委书记要推选政治上强，公道正派，善于联系群众，有较丰富的科研管理经验，能总揽全局的同志担任。党政主要领导分设的单位，党委书记可兼任行政副职或分管部分行政工作。党政主要领导职务由一人担任的，主要负责人应具备两个职务所要求的条件和能力，同时配备一名主抓党的工作的专职副书记。实行理事会领导下院（所）长负责制的单位，党委书记应依法定程序进入理事会。配备党委领导班子时，要注意保持合理的知识、专业和年龄结构，使党委真正成为具有较高宏观决策和综合协调能力的工作班子。

（二十四）党委工作机构的设置和专职党务干部的配备，应按照精干、高效、协调，有利于加强党的建设与思想政治工作，有利于促进科研单位改革和发展的原则确定。职工人数500人以上的院所，应设置独立的党委工作机构，并配备精干的专职工作人员；职工人数不足500人的单位，可设置独立的党委工作机构，也可在保留党委机构名称的前提下，在行政综合部门内配备一定数量的专职人员负责党务工作。

（二十五）党员人数在3人以上的科研处室和独立核算的经营单位，一般应建立党支部。支部书记，视情况可专可兼。行政领导兼任的，要做到两手抓、两手硬；非行政领导担任的，应视为所在单位领导成员，并落实其任职期间的相应待遇。党支部要紧紧围绕本单位的中心工作开展党的活动，坚持党的各项制度,在主动做好党外知识分子和群众工作的同时,要经常地组织党员对本单位业务工作中的重点和难点问题进行讨论;经常地根据工作的需要和党员的需求,加强对党员的教育;经常地对党员在本职工作中发挥作用的情况,进行督促检查,使他们在本单位增强科技实力、加快科研成果转化、提高经济和社会效益、加强精神文明建设中发挥先锋模范作用。

(二十六)按照坚持标准、保证质量、改善结构、慎重发展的方针,积极做好党员发展工作,特别要注意在科研、生产第一线高级知识分子和青年业务骨干中做好党员发展工作。要努力加强与广大科技人员和职工的联系,把更多的同志吸引到党组织的周围,不断扩大入党积极分子队伍。对已提出入党申请的同志,应指定专人联系,经常与他们谈心,给予政治上、思想上、工作上的关心,并有计划地安排他们参加党组织的一些活动,进一步提高他们对党的认识。

(二十七)在根据本单位两个文明建设的需要,保留一定比例的专职党务、政工干部的同时,要按照中组部批转的工委《关于加强中央国家机关专职党务干部队伍建设若干问题的意见》(组通字〔1996〕4 号)的要求,认真做好党务、政工干部的选配、培训、交流等各项工作,切实解决好他们的职称评聘、福利待遇等问题。党务、政工干部要认清形势,增强做好党务工作的荣誉感和责任感,不断提高自身的政治素质、工作能力和科技文化知识水平,积极投身于实施科教兴国战略的伟大实践,为科研单位的改革和发展多做贡献。

(二十八)各部门党组要加强对科研单位工作的领导,配备好党政一把手,抓好领导班子的思想政治建设。要把是否坚持两手抓、两手硬,是否协调一致,作为考核在京直属科研单位领导班子及党政主要领导干部工作实绩的重要内容。

机关党委要加强对科研单位党的工作的指导和督促检查。部署工作时,要充分考虑他们的特点,实施分类指导,尽量减少指令性要求,鼓励他们围绕本单位科研业务创造性地开展工作,并为他们履行职责、发挥作用提供必要的条件。

(二十九)本意见适用于中央国家机关实行院(所)长(理事会)负责制的在京直属科研院所,包括规划、设计研究院所以及各类政策咨询、情报信息服务中心等。

# 关于中国共产党党费收缴、管理和使用的规定

（中共中央组织部1998年1月6日印发）

按照党章规定向党组织交纳党费，是共产党员必须具备的起码条件，是党员对党组织应尽的义务。党费收缴、管理和使用，是党的基层组织建设和党员队伍建设中的一项重要工作。为了适应新形势的要求，进一步加强、改进党费收缴、管理和使用工作，现作如下规定：

**一、党费收缴**

1. 凡有工资收入的党员，每月以国家规定的工资总额中相对固定的、经常性的工资收入为计算基数，按规定比例交纳党费。

工资总额中相对固定的、经常性的工资收入包括：机关工作人员（不含工人）的职务工资、级别工资、基础工资、工龄工资、津贴；事业单位专业技术人员、管理人员的职务工资、等级工资、津贴、奖金；机关、事业单位工人的岗位工资、等级工资、津贴、奖金；企业人员工资收入中的固定部分（基本工资）和活的部分（津贴、奖金）。

列入交纳党费计算基数的津贴、奖金，是指年功性津贴、地区性津贴、工资性津贴和按月发放的奖金。

2. 交纳党费的比例为：每月工资收入在400元（含400元）以下者，交纳月工资收入的0.5%；400元以上至600元（含600元）者，交纳1%；600元以上至800元（含800元）者，交纳1.5%；800元以上（税后）至1500元（含1500元）者，交纳2%；1500元以上（税后）者，交纳3%。

3. 在乡镇机关和乡镇企业工作或者外出务工的农民党员，村干部和民办教师（代课教师）中的党员，凡有固定收入的（工资或补贴），按照每月固定收入，参照上述规定比例交纳党费。其他农民党员每月交纳党费2角。

4. 实行年薪制人员中的党员，以上年月平均收入为计算基数，参照上述规定比例交纳党费。

5. 从事个体经营的党员，每月按上季度月平均纯收入，参照上述规定比例交纳党费。

6. 离退休干部、职工中的党员，以国家规定的离退休费为交纳党费计算基

数,领取养老保险金的党员,以养老保险金为基数,参照上述规定比例交纳党费。

7. 下岗待业的党员、依靠抚恤和救济为生的党员、领取当地最低生活保障金的党员,每月交纳党费2角。

8. 没有经济收入或交纳党费有困难的党员,由本人提出申请,经党支部委员会同意,可以少交或免交。

9. 预备党员从支部大会通过其为预备党员之日起交纳党费。

10. 党员向其正式组织关系所在党组织交纳党费。持《流动党员活动证》外出的党员,外出期间持证向外出所在地党组织交纳党费。

11. 党员增加工资收入后,从按新工资标准领取工资的当月起,以新的工资收入为基数,按照规定比例交纳党费。

12. 党员自愿一次交纳1000元以上的党费,全部上缴中央。具体办法是:由所在基层党委代收,并提供该党员的简要情况,通过省(自治区、直辖市)委组织部,中央直属机关、中央国家机关工委组织部,铁道部、民航总局政治部组织部,军委总政治部组织部转交中央组织部。中央组织部给本人出具收据。

13. 遇到特殊情况,经党支部委员会同意,党员可以委托亲属或者其他党员代为交纳或者补交党费,但补交党费的时间不得超过3个月。

14. 对不按照规定交纳党费的党员,其所在党组织应及时对其进行批评教育。对无正当理由连续6个月不交纳党费的,按自行脱党处理。

15. 党组织除按照规定收缴党费外,不得要求党员交纳规定以外的各种名目的"特殊党费"。

16. 各省、自治区、直辖市党委,中央直属机关、中央国家机关工委,铁道部、民航总局政治部和军委总政治部,每年按全年党员实交党费总数的5%上缴中央,于次年4月底前汇入中央组织部党费帐户,不得少缴或拖延。

17. 铁路、民航和金融系统党的关系在地方的党委,每年按照党员实交党费总数的10%向所在地方党委上缴党费。

**二、党费管理**

1. 党费由党委组织部门代党委统一管理。党费的具体管理工作由各级党委组织部门负责党员教育管理的内设机构承办。党费工作应当指定专人负责,实行会计、出纳分设。党费必须单立帐户,专款专用,党费帐簿归档应当严格按照有关规定办理,建立健全财务制度。

2. 党费应当存入中国工商银行、中国农业银行、中国银行、中国建设银行、交通银行,不得存入其它银行或者非银行金融机构。党费利息是党费收入的一部分,不得挪作他用。不得以任何理由将党费用于购买国库券以外的投资。

3. 党委组织部门要加强对党费管理人员的培训,提高其政治素质和业务水平。党费管理人员,必须先培训,后上岗。党费管理人员变动时,严格按照党费管理的有关规定和财务制度办好交接手续。

4. 基层和各级地方党委应当在党员大会或者党的代表大会上向大会报告(或书面报告)党费收缴、管理和使用情况,接受党员或者党的代表大会代表的审议和监督。基层党支部应当每年向党员公布一次党费收缴情况。

5. 各省、自治区、直辖市党委组织部,中央直属机关、中央国家机关工委组织部,铁道部、民航总局政治部和军委总政治部组织部,每年 4 月底前就上年度党费收缴、管理和使用情况向中央组织部提交书面报告。省以下各级地方党委,中央直属机关、中央国家机关工委以及铁路、民航系统和军队所属的各级党组织,每年 3 月底前就上年度党费收缴情况向上一级党组织提交书面报告。报告内容是:上年度党费收缴、使用和结存的数额;党费开支的主要项目;党费收缴、管理和使用工作中的经验、存在的问题及改进的意见和建议等。

6. 各级党委组织部门每年至少检查一次党费收缴、管理和使用的情况,总结经验,发现问题,及时纠正。

**三、党费使用**

1. 使用党费应当坚持统筹安排、量入为出、收支平衡、略有结余的原则。

2. 党费必须用于党的活动,主要作为党员教育经费的补充,其具体使用范围是:(1)培训党员;(2)订阅或购买用于开展党员教育的报刊、资料和设备;(3)表彰先进基层党组织、优秀共产党员和优秀党务工作者;(4)补助生活困难的党员。

3. 使用和下拨党费,必须集体讨论决定,不得个人或者少数人说了算。

4. 请求下拨党费的请示,应当向上一级党组织提出,不得越级申请。上级党组织下拨的党费,必须专款专用,不得挪作他用。

5. 对违反党费收缴、管理和使用规定的,依据《中国共产党纪律处分条例(试行)》以及有关规定严肃查处,触犯刑律的依法处理。

本规定自下发之日起执行,过去规定与本规定不一致的,以本规定为准。

本规定由中央组织部负责解释。

# 关于实行党风廉政建设责任制的规定

(中共中央、国务院1998年11月21日印发)

## 第一章 总 则

**第一条** 为了加强党风廉政建设,明确党政领导班子和领导干部对党风廉政建设应负的责任,保证中共中央、国务院关于党风廉政建设的决策和部署的贯彻落实,维护改革、发展、稳定的大局,根据《中华人民共和国宪法》和《中国共产党章程》,制定本规定。

**第二条** 实行党风廉政建设责任制,要以邓小平理论为指导,坚持“两手抓,两手都要硬”的方针,贯彻执行党中央、国务院关于党风廉政建设和反腐败斗争的一系列指示。

**第三条** 实行党风廉政建设责任制,要坚持党委统一领导,党政齐抓共管,纪委组织协调,部门各负其责,依靠群众的支持和参与。要把党风廉政建设作为党的建设和政权建设的重要内容,纳入党政领导班子、领导干部目标管理,与经济建设、精神文明建设和其他业务工作紧密结合,一起部署,一起落实,一起检查,一起考核。

**第四条** 实行党风廉政建设责任制,要坚持从严治党、从严治政;立足教育,着眼防范;集体领导与个人分工负责相结合;谁主管,谁负责;一级抓一级,层层抓落实。

## 第二章 责任内容

**第五条** 党委(党组)、政府以及党委和政府的职能部门的领导班子对职责范围内的党风廉政建设负全面领导责任。

党委(党组)、政府以及党委和政府的职能部门领导班子的正职对职责范围内的党风廉政建设负总责;领导班子其他成员根据工作分工,对职责范围内的党风廉政建设负直接领导责任。

**第六条** 党委(党组)、政府以及党委和政府的职能部门的领导班子、领导干部在党风廉政建设中承担以下领导责任:

（一）贯彻落实中共中央、国务院关于党风廉政建设的部署和要求，分析研究职责范围内的党风廉政状况，研究制定党风廉政建设工作计划，并组织实施；

（二）标本兼治，综合治理，完善管理机制、监督机制，从源头上预防和治理腐败；

（三）组织党员、干部学习邓小平关于党风廉政建设的理论，学习党风廉政法规，进行党性党风党纪和廉政教育；

（四）贯彻落实党和国家党风廉政法规制度，结合实际情况，制定本地区、本部门、本系统、本行业的党风廉政法规制度，并组织实施；

（五）履行监督职责，对所辖地区、部门、系统、行业的党风廉政建设情况，领导班子和领导干部廉洁从政情况进行监督、检查和考核；

（六）严格按照规定选拔任用干部，防止和纠正用人上的不正之风；

（七）依法领导、组织并支持执纪执法机关履行职责。

## 第三章　责任考核

**第七条**　党委（党组）负责领导、组织对下一级党政领导班子和领导干部党风廉政建设责任制执行情况的考核工作。考核工作要与领导班子和干部考核、工作目标考核、年度考核等结合进行，必要时也可以组织专门考核。对考核中发现的问题，要及时研究解决。

各级党委（党组）应将贯彻落实党风廉政建设责任制的情况，列入年度总结或工作报告，报上级党委、纪委。

**第八条**　党风廉政建设责任制的执行和考核，应与民主评议、民主测评领导干部相结合，广泛听取党内外群众的意见。

**第九条**　党风廉政建设责任制执行情况的考核结果，作为对领导干部的业绩评定、奖励惩处、选拔任用的重要依据。

**第十条**　领导干部执行党风廉政建设责任制的情况，列为民主生活会和述职报告的一项重要内容。

**第十一条**　纪检监察机关负责对党风廉政建设责任制执行情况的监督检查。

## 第四章　责任追究

**第十二条**　领导干部违反本规定第六条，有下列情形之一的，给予组织处理或者党纪处分：

（一）对直接管辖范围内发生的明令禁止的不正之风不制止、不查处，或者对上级领导机关交办的党风廉政责任范围内的事项拒不办理,或者对严重违法违纪问题隐瞒不报、压制不查的,给予负直接领导责任的主管人员警告、严重警告处分,情节严重的,给予撤销党内职务处分。

(二)直接管辖范围内发生重大案件,致使国家、集体资财和人民群众生命财产遭受重大损失或者造成恶劣影响的,责令负直接领导责任的主管人员辞职或者对其免职。

(三)违反《党政领导干部选拔任用工作暂行条例》的规定选拔任用干部,造成恶劣影响的,给予负直接领导责任的主管人员警告、严重警告处分,情节严重的,给予撤销党内职务处分;提拔任用明显有违法违纪行为的人的,给予严重警告、撤销党内职务或者留党察看处分,情节严重的,给予开除党籍处分。

(四)授意、指使、强令下属人员违反财政、金融、税务、审计、统计法规,弄虚作假的,给予负直接领导责任的主管人员警告、严重警告处分,情节较重的,给予撤销党内职务处分,情节严重的,给予留党察看或者开除党籍处分。

(五)授意、指使、纵容下属人员阻挠、干扰、对抗监督检查或者案件查处,或者对办案人、检举控告人、证明人打击报复的,给予负直接领导责任的主管人员严重警告或者撤销党内职务处分,情节严重的,给予留党察看或者开除党籍处分。

(六)对配偶、子女、身边工作人员严重违法违纪知情不管的,责令其辞职或者对其免职;包庇、纵容的,给予撤销党内职务处分,情节严重的,给予留党察看或者开除党籍处分。

其他违反本规定第六条的行为,情节较轻的,给予批评教育或者责令作出检查,情节较重的,给予相应的组织处理或者党纪处分。

具有上述情形之一,需要追究政纪责任的,比照所给予的党纪处分给予相应的行政处分;涉嫌犯罪的,移交司法机关追究刑事责任。

**第十三条** 实施责任追究,要实事求是,分清集体责任与个人责任,主要领导责任和重要领导责任。

## 第五章 附 则

**第十四条** 本规定适用于各级党的机关、人大机关、行政机关、政协机关、审判机关、检察机关。

人民团体、国有企业、事业单位参照执行本规定。

**第十五条** 各地区、各部门可根据本规定制定实施办法。

**第十六条** 本规定由中央纪律检查委员会、监察部负责解释。

**第十七条** 本规定自发布之日起施行。

# 关于建立干部监督工作督查员制度的办法（试行）

（中共中央组织部2000年2月2日印发）

为进一步加强对党政领导干部选拔任用工作的监督，坚决防止和纠正选人用人上的不正之风，促进《党政领导干部选拔任用工作暂行条例》（以下简称《条例》）的落实，特制定本办法。

**一、督查员条件**

督查员是我部为加强干部监督工作，完成特定任务而聘用的人员，应具备以下基本条件：

1. 具有履行职责所需要的理论水平和政策水平；熟悉干部选拔任用和干部监督工作。

2. 党性观念强，坚持原则，公道正派。

3. 在职或已离开领导岗位的省（部）级和厅（局）级领导干部，年龄一般不超过65岁。

4. 身体健康，能坚持正常工作。

**二、督查员职责**

督查员在执行干部监督工作督查任务时，应认真履行以下职责：

1. 了解被督查地区、部门党委（党组）领导班子及其成员和组织（人事）部门贯彻执行《条例》、《关于对违反〈党政领导干部选拔任用工作暂行条例〉行为的处理规定》和《组织人事干部行为若干规范》的情况。

2. 受理反映领导干部严重违反组织人事工作纪律方面的举报；对党委和组织部门责成有关单位和部门调查核实的重要问题，负责督促查办。

3. 对严重违反《条例》规定、在用人上搞不正之风的重要案件进行调查了解，提出处理意见；针对产生问题的原因和工作中的薄弱环节，提出整改建议。

4. 督查任务结束后，向派出部门的领导汇报督查情况，并写出书面报告。

**三、督查员工作方法**

督查员在执行督查任务时，根据工作需要，可采取以下方法：

1. 列席被督查地区、部门党委（党组）和组织（人事）部门讨论干部人事工作的会议及其他有关会议。

2. 约请被督查地区、部门党委(党组)领导班子成员谈话;召集有关人员座谈或个别谈话了解情况。

3. 查阅被督查地区、部门党委(党组)和组织(人事)部门讨论干部人事工作会议的记录和干部考察、任免、干部个人档案等有关材料。

4. 深入实际,深入基层,联系群众,认真听取各方面的反映和意见。

**四、督查员工作纪律**

1. 严格执行职责范围内的任务,督查工作中遇到重要情况,应及时向派出部门请示报告,不干预被督查地区和部门的人事任免工作。非督查期间不履行督查职责。

2. 严格要求自己,自觉执行中央关于领导干部廉洁自律的有关规定。

3. 严格遵守组织人事工作纪律,不得泄露被督查地区、部门选拔任用干部的情况。

**五、督查员的管理**

督查员人选由部务会研究确定。干部调查审理局负责督查员的日常联络、协调和督查情况的综合工作,定期向督查员通报有关情况,提供学习材料。

1. 督查员由部领导派出执行督查任务,干部调查审理局派人协助其工作。

2. 督查员实行聘任制,聘期一至二年。任职期满,根据工作需要和本人意见,决定是否继续聘用。

3. 督查员执行督查任务所需费用,可申请专项经费解决。

**六、其他**

1. 本办法适用于中央组织部。省(区、市)党委组织部可参照执行。

2. 本办法自下发之日起施行。

# 关于改进县以上党和国家机关党员领导干部民主生活会的若干意见

（中共中央纪律检查委员会、
中共中央组织部2000年4月12日印发）

1990年，中共中央印发了《关于县以上党和国家机关党员领导干部民主生活会的若干规定》。1997年，中纪委、中组部印发了《关于提高县以上党和国家机关党员领导干部民主生活会质量的意见》。多年来，县以上党和国家机关党员领导干部执行民主生活会制度的情况，总的是好的。但也有一些民主生活会质量不高，收效不大；少数单位民主生活会制度坚持得不好。全国县级以上党政领导班子和领导干部在"三讲"教育中，对开好民主生活会进行了积极探索和有益的实践。根据民主生活会原有制度和"三讲"教育的经验，现就改进县以上党和国家机关党员领导干部民主生活会提出如下意见。

**一、将民主生活会改为每年召开一次**

为便于集中时间和精力解决领导班子存在的突出问题，更好地发挥民主生活会的作用，加强领导班子的思想政治建设，决定将县以上党和国家机关党员领导干部民主生活会，由原来的一年召开两次改为一年召开一次。时间一般可安排在4至8月之间。每次民主生活会都要认真做好准备，集中安排时间，以保证民主生活会的质量。

**二、认真抓好会前的几个重要环节**

——找准党性党风方面存在的突出问题，确定民主生活会的主题。每次民主生活会前，党委（党组）可以采取"群众提、自己找、上级点、互相帮"的方法，查找存在的突出问题。要采取"面对面"、"背靠背"等多种方式认真听取群众意见。党委（党组）主要负责人要主动听取上级党组织的意见，并组织领导班子成员对一年来的思想和工作情况进行回顾和总结。在此基础上，确定民主生活会的主题。如上级党组织对民主生活会的内容有统一要求，党委（党组）要按照要求，结合实际确定重点解决的问题。民主生活会的主题及开法，一般应提前15天向上级党组织报告。上级党组织如有不同意见应及时回复。

——组织好学习，为开好民主生活会奠定思想基础。要针对存在的主要问题，组织领导干部学习马列主义、毛泽东思想特别是邓小平理论的相关内容，学习党的有关文件。时间一般安排3天左右,其中集中学习时间不少于1天。领导班子的每个成员,都要认真阅读规定的篇目。学习要发扬理论联系实际的学风,为对照检查、自我剖析和开展批评与自我批评做好准备。

——广泛征求群众意见,如实进行反馈。民主生活会前,要在一定范围内通报会议的时间和主题,听取群众意见。对群众提出的意见,要“原汁原味”地由党委(党组)主要负责人如实反馈给本人,并向上级报告。

——认真撰写发言提纲,深刻进行自我剖析。领导班子每个成员都要根据民主生活会的主题和群众所提意见,认真准备发言提纲,着重检查在党性党风方面和工作中存在的主要问题,检查廉洁自律情况,剖析思想根源;同时对其他成员提出批评意见,对领导班子存在的突出问题提出整改建议。不能出席会议的同志,其发言提纲可由有关同志在会上代为宣读,会后要及时向本人转达领导班子其他成员的批评意见。

——开展谈心活动,坦诚交流思想。党委(党组)主要负责人要同领导班子的每个成员分别谈心,对其一年来的思想、工作情况作出适当评价,肯定成绩,同时着重指出存在的问题;涉及领导班子成员之间的一些问题,要做好思想沟通工作。领导班子成员之间要互相谈心,增进了解,互相帮助,化解矛盾,加强团结。

**三、认真开展批评与自我批评,开好民主生活会**

要拿起批评与自我批评的武器,增强民主生活会的思想性和原则性。坚决克服和纠正那种只谈工作不谈思想,只讲成绩不讲缺点,或者就事论事、敷衍了事的做法。领导班子成员都要认真检查自己存在的突出问题。对群众提出的意见,正确的要诚恳接受并切实改正;不符合事实或不完全符合事实的,要实事求是地作出说明。互相批评既要坚持原则,又要从团结的愿望出发,采取与人为善的态度,不乱扣帽子,不无限上纲。在民主生活会上对违纪问题能主动检查并积极纠正的,可根据情况,不予处分或从轻处分;有违纪问题又不在民主生活会上自查自纠的,必须严肃纪律,从重处分。

**四、切实发挥党委(党组)书记“第一责任人”的作用**

党委(党组)书记是开好领导班子民主生活会的第一责任人。要高度重视会前的各项准备工作,把握好召开民主生活会的时机。准备工作不充分的,不要匆忙开会。在民主生活会上,要带头认真学习,带头进行自我检查和剖析,带头开展批评,以自己的模范行动带动其他同志,提高民主生活会的质量。

要切实担负起制定和落实领导班子整改措施的领导责任。整改措施要具体,针对性要强,要明确具体责任人。每次民主生活会后,要在一定范围内向干部、群众通报有关情况和整改措施，接受群众监督。在下次民主生活会上，党委（党组）要对上次民主生活会整改措施的落实情况进行说明和总结。

**五、加强对民主生活会的指导**

按照一级抓一级的原则，建立健全上级党委（党组）成员指导下级党组织民主生活会的制度。省（部）、地（厅）党委（党组）成员每年要参加两个以上的下级领导班子的民主生活会。中纪委、中组部领导同志每年至少要参加一个省部级领导班子的民主生活会。省（区、市）纪委、组织部的领导同志每年至少要参加一个地市级领导班子的民主生活会。对问题较多、群众意见大的领导班子，在召开民主生活会时，上级党组织尤其要加强具体指导。上级党组织和有关部门指导民主生活会的同志，可以提前介入。党委组织部派往参加会议的同志，会后要及时报告情况，对那些不符合要求的民主生活会，可提出责令重开的建议，经批准后执行。

县以上党和国家机关党员领导干部民主生活会的管理、指导，以党委组织部门为主，纪检机关和有关工委（机关党委）要履行好各自的职责。

# 党的中央组织

## 中共中央关于完善金融系统党的领导体制,加强和改进金融系统党的工作有关问题的通知

(1998年5月19日)

为了加强党对金融工作的集中统一领导,中央决定成立中共中央金融工作委员会和金融机构系统党委。现就有关问题通知如下:

一、中共中央金融工作委员会(简称中央金融工委)是中央的派出机关,主要职责是:领导金融系统党的建设工作;保证党的路线、方针、政策和党中央、国务院的有关指示、决定在金融系统贯彻落实;协助中央组织部负责做好金融系统中央管理干部的管理工作;监督金融系统的领导干部贯彻执行党的路线、方针、政策和遵纪守法、清正廉洁的情况;协调各金融机构党委之间和各金融机构党委与地方党委的关系;完成中央交办的其他工作。

中央金融工委书记由国务院副总理兼任,设副书记两名,其中一名副书记主持日常工作。中国人民银行,中国证券监督管理委员会,各国有商业银行、政策性银行,交通银行和中国人民保险(集团)公司党委分管党的工作的副书记及中央金融纪律检查工作委员会书记担任工委委员。中央金融工委书记、副书记和委员列入中央管理。

根据工作需要,中央金融工委设置精干、高效的工作机构。中央金融工委的工作机构设在中国人民银行。

二、成立中央金融纪律检查工作委员会(简称中央金融纪工委)。中央金融纪工委是中共中央纪律检查委员会的派出机关,接受中央纪委和中央金融工委的双重领导。主要职责是:监督检查党的路线、方针、政策和党中央、国务院、中央纪委的有关指示、决定在金融系统的贯彻执行情况;检查、处理金融系统党组织和党员违反党纪的重要或复杂的案件;受理对金融系统党组织和党员的检举和控告,受理金融系统党组织和党员的申诉;完成中央纪委和中央金融工委

交办的其他工作。

中国人民银行，中国证券监督管理委员会，各国有商业银行、政策性银行，交通银行和中国人民保险（集团）公司的纪委书记担任中央金融纪工委委员，另设若干名专职委员。中央金融纪工委书记列入中央管理。

中央金融纪工委与人民银行纪委、监察部驻金融系统监察局合署办公，设置精干、高效的工作机构。中央纪委派驻金融系统纪检组撤销。

三、中国人民银行，中国证券监督管理委员会，各国有商业银行、政策性银行，交通银行和中国人民保险（集团）公司的党组改为党委。上述各金融机构党委的主要职责是：贯彻执行党的路线、方针、政策和党中央、国务院的有关指示、决定；讨论和决定本系统的重大问题；垂直领导本系统的党组织；垂直管理本系统的干部；负责本系统职工队伍、干部队伍、领导班子建设和思想政治工作。各金融机构党委书记、副书记和委员列入中央管理。

各金融机构随着党组改为党委，成立党的纪律检查委员会，党组纪检组撤销。各金融机构纪委接受同级党委和中央金融纪工委的双重领导。各金融机构纪委书记列入中央管理。

各金融机构的分支机构或派出机构、直属单位，根据党员人数和工作需要，分别设立党的基层委员会、总支部委员会、支部委员会，接受本系统上一级党组织的领导。凡设立党委的，应同时设立党的纪律检查委员会。

各金融机构党委由一名副书记（兼任行政副职）主要负责党的工作，并根据工作需要设置组织、宣传等工作部门，配备精干的工作人员，具体负责本系统党的工作。

四、地方党委对在本地区的各金融机构党组织实行指导。主要职责是：对党的基层组织建设、社会主义精神文明建设、党风廉政建设工作提出意见或要求，进行指导；帮助、支持和协助有关方面查处金融违纪违法案件；对本地区的金融业发展和监管提出意见和建议。

金融机构党组织要接受和尊重所在地方党委的指导。地方党委要关心和支持在本地区的金融机构党的建设工作，召开有关重要会议和举办重要活动时，应请金融机构的负责人参加或选派代表参加。地方党委和金融机构党组织要互相支持、密切配合。

五、中国人民银行，中国证券监督管理委员会，各国有商业银行、政策性银行，交通银行和中国人民保险（集团）公司的干部实行垂直管理。

上述各金融机构的省级分支机构、派出机构和直属单位主要负责人的任免，各金融机构党委决定前应征得中央金融工委的同意。其中，中国人民银行跨省(自治区、直辖市)一级分行,中国证监会地方证管部门,各国有商业银行、政策性银行和交通银行省级分行及中国人民保险(集团)公司省级分公司主要负责人的任免,各金融机构党委决定前还应听取所在省(自治区、直辖市)委的意见,如有不同意见,由中央金融工委进行协调。

六、地方性金融机构的党组织设置、领导关系和工作职责,由地方党委参照本通知精神并根据实际情况作出规定。城、乡信用合作社的党组织由所在地的市、县委领导。

地方性金融机构的跨地区分支机构的党组织,一般实行属地领导。

七、金融机构的党组织实行垂直领导和干部实行垂直管理后,各金融机构党委要切实负起责任,正确有效地履行职责,坚持和健全党的民主集中制,加强党的建设和各级领导班子建设,加强对党员、干部和广大职工的教育培训,全面提高本系统职工队伍的政治和业务素质,以适应工作的需要。

完善金融系统党的领导体制,是关系金融改革的一件大事,对于深化和加快金融改革,防范金融风险,建立和完善现代金融体系和金融制度,起着重要的组织保证作用。各级地方党委和各金融机构党组织要树立全局观念,以对党和人民高度负责的精神,认真做好工作。要把广大干部、党员和群众的思想认识统一到中央的决定和要求上来。要加强沟通和协调,及时解决工作中出现的问题。要采取切实措施,保证本地区或本系统金融改革工作按照党中央、国务院的要求顺利进行。

# 中共中央关于成立中共中央企业工作委员会及有关问题的通知

（1999年12月1日）

为了贯彻落实党的十五届四中全会通过的《中共中央关于国有企业改革和发展若干重大问题的决定》精神，加强和改善党对国有企业改革和发展工作的领导，进一步加强国有重要骨干企业领导班子建设，充分发挥企业党组织的作用，中央决定撤销中央大型企业工作委员会，成立中共中央企业工作委员会（简称中央企业工委）。现就有关问题通知如下：

一、中央企业工委是党中央的派出机关，主要职责是：保证党的路线、方针、政策和党中央、国务院的有关指示、决定在国有重要骨干企业的贯彻落实；负责国有重要骨干企业党的建设、社会主义精神文明建设和思想政治工作；负责国有重要骨干企业领导班子建设和领导人员管理工作；负责国务院稽察特派员的管理工作；监督检查企业领导人员遵纪守法、廉洁自律的情况，加强党风廉政建设；协调所管企业与地方党委的关系；完成中央交办的其他工作。

中央企业工委设书记1名，副书记、委员若干名。中央企业工委书记、副书记和委员列入《中共中央管理的干部职务名称表》。

根据工作需要，中央企业工委设置精干、高效的工作机构，配备专职工作人员。

二、将现由国务院管理的163户企业领导班子交由中央企业工委管理。其中，对39户涉及国家安全和国民经济命脉的国有重要骨干企业的领导班子列入中央管理干部的范围。这39户企业的行政领导职务，中央审批后由国务院任命。其他由中央企业工委管理的国有重要骨干企业的领导职务，由中央企业工委审批；这些企业的行政领导职务，中央企业工委审批后由人事部任命。

目前正按照中央精神进行产业结构调整、组建企业集团和脱钩工作的国有重要骨干企业，如铁路运输、航空运输、烟草等企业在脱钩或改组后，其领导班子也按照上述39户企业的管理办法，列入中央管理干部的范围。

加强对国有重要骨干企业领导班子管理，要认真贯彻党的十五届四中全会精神，坚持党管干部的原则，适应社会主义市场经济体制的要求，积极探索并制定符合国有企业特点的领导人员管理办法。

三、成立中央企业纪律检查工作委员会(简称中央企业纪工委)。中央企业纪工委是中央纪委的派出机关(与监察机关合署办公),接受中央纪委和中央企业工委的双重领导。主要职责是:监督检查党的路线、方针、政策和党中央、国务院以及中央纪委的有关指示、决定在中央企业工委所管理的企业中贯彻执行的情况;指导中央企业工委所管企业的党风廉政建设工作;检查、处理中央企业工委所管企业党组织和党员违反党纪的重要案件,其中对涉及列入中央管理干部范围的39户企业领导人员违纪违法案件,由中央纪委负责查处,中央企业纪工委协助做好有关工作;受理中央企业工委所管企业党组织和党员的检举、控告和申诉;完成中央纪委和中央企业工委交办的其他工作。

中央企业纪工委设书记1名,副书记、委员若干名。中央企业纪工委书记列入《中共中央管理的干部职务名称表》。

根据工作需要,中央企业纪工委设置精干、高效的工作机构,配备专职工作人员。

四、将现由人事部承担的国务院向国有重点大型企业和企业集团派出稽察特派员的工作,稽察特派员和稽察特派员助理的日常管理工作,移交中央企业工委管理。在中央企业工委内设置精干的办事机构。

国务院稽察特派员列入《中共中央管理的干部职务名称表》,中央审批后,由国务院任命、派出。稽察特派员助理由中央企业工委任免。

五、由中央企业工委管理的国有重要骨干企业一般设党委;少数关系国家安全和国民经济命脉的特大型企业集团经中央批准可以设党组。

企业领导机构在京的,其党委(党组)由中央企业工委领导。企业领导机构在京外的,其党委由所在省、自治区、直辖市党委领导;企业领导人员管理以中央组织部或中央企业工委管理为主,地方党委协助管理;企业党建工作以地方党委领导为主,中央企业工委协助。

企业集团分布在各地的下属企业设党委,由所在地方党委领导。下属企业领导人员管理以企业集团党委(党组)管理为主,地方党委协助管理;下属企业党建工作以地方党委领导为主,企业集团党委(党组)协助。

六、对领导机构在京外的企业,中央企业工委要与企业所在地方党委加强合作,共同做好企业党的建设工作。中央企业工委要主动做好以下工作:考察企业领导班子时,要请地方党委派人参加,调整企业领导成员时,要听取地方党委的意见;会同地方党委抓好企业领导班子的思想作风建设;会同地方党委加强企业党组织建设、党员队伍建设和思想政治工作、党风廉政建设、社会主义精神文明建设。地方党委要加强对这些国有重要骨干企业党的工作的领导,积极配合中央企业工委做好有关工作。

地方党委管理国有重要骨干企业领导班子的范围和办法，由各省、自治区、直辖市党委根据各地实际自行确定。

调整和加强中央管理国有重要骨干企业的工作机构，是国有企业领导体制与管理制度的一项重要改革，是坚持党管干部原则、改进管理方法的一项重要措施。这对于加强党对国有企业改革和发展工作的领导，将起着重要的组织保证作用。各级党委和领导干部要从国有企业改革和发展的全局出发，以对党和人民高度负责的精神，认真做好工作。要把广大干部、党员和群众的思想认识统一到中央的决定和要求上来。各有关部门之间要加强沟通和协调，及时解决工作中出现的问题，保证国有企业改革工作按照党中央、国务院的要求顺利进行。

# 党的基层组织

## 关于加强街道党的建设工作的意见

(中共中央组织部1996年9月3日印发)

为贯彻落实党的十四大以来中央关于加强党的建设的一系列部署,进一步提高街道党组织的战斗力,促进城市社会主义物质文明、精神文明建设和街道各项事业的发展,现就加强街道党建工作提出以下意见。

**一、充分认识加强街道党的建设的重要性和紧迫性**

街道在城市管理,社会服务,保持社会稳定,促进经济和各项事业的发展,加强社会主义物质文明和精神文明建设中,担负着重要任务。随着改革开放和现代化建设的发展,特别是在建立社会主义市场经济体制和深化城市改革的过程中,许多问题需要街道来解决,街道承担的工作任务越来越繁重,所起的作用也越来越大。街道党组织是党在城市中的基层组织。要在新的形势下加强党对城市工作的领导,必须加强街道党的建设,充分发挥街道党组织和党员在促进城市繁荣、保持社会稳定中的作用。

改革开放以来,各地根据情况的发展变化,为搞好街道党组织的建设做了大量工作,积累了不少好的经验,取得了很大的成绩,应当充分肯定。当前,街道党建工作还存在一些亟待解决的问题,主要是:有的地方党委对街道党的建设面临的新情况、新问题研究不够,工作要求不明确,指导不得力;有些街道党组织自身建设和工作状况尚不适应新形势新任务的要求,治党不严,干部素质特别是思想政治素质有待提高;部分居民区没有以居委会辖区为单位建立党支部,有些支部班子不健全,一些居民区党支部没有活动场地和经费;一些街道企业和新建立的经济组织有党员、无组织。这些问题,影响了党的路线、方针、政策在城市基层的贯彻落实,不利于城市的改革、发展与稳定。各级党委要充分认识加强街道党的建设的重要性和紧迫性,采取有力措施,尽快改变街道党建工作薄弱的状况。

**二、正确把握街道党的建设工作的指导思想和要求**

街道党的建设工作,应以邓小平建设有中国特色社会主义理论和党的基本路线为指导，坚持新时期党的建设的总目标、总要求，从新形势下城市工作的特点和实际出发，围绕搞好城市管理、社会服务，保持社会稳定和发展街道经济，以加强领导班子建设、提高干部素质为重点，切实搞好街道党的思想、政治、组织、作风建设，增强党组织的凝聚力和战斗力，充分发挥党员的先锋模范作用，为推动城市社会主义物质文明和精神文明建设的健康发展服务。

要处理好加强街道党的建设与完成街道各项任务的关系。既要防止和克服脱离发展街道经济与搞好城市管理、社会服务和社会稳定，单纯就党建抓党建的倾向，也要防止和克服单纯强调发展经济，放松党的建设，忽视城市管理和社会服务的倾向。

**三、明确街道党组织的地位和主要职责**

街道党委是街道各种组织和各项工作的领导核心。其主要职责是：(1)宣传贯彻党的路线、方针、政策和国家的法律法规，执行上级党组织的决议、决定，团结、组织党员和群众，保证党和政府各项任务在辖区内顺利完成；(2)讨论决定本街道城市管理、社会服务、发展经济、社会治安综合治理等方面的重大问题；(3)领导街道办事处和工会、共青团、妇联等群众组织，支持和保证行政组织、经济组织和群众自治组织依照法律和各自的章程充分行使职权，协调好各方面的关系；(4)加强党组织的自身建设，充分发挥党支部的战斗堡垒作用和党员的先锋模范作用；(5)按照干部管理权限，做好本街道干部的教育、培养、选拔、考核和监督工作；(6)领导街道的思想政治工作和精神文明建设。

居民区党支部是居民区各种组织和各项工作的领导核心。其主要职责是：(1)宣传贯彻党的路线、方针、政策和国家的法律法规，执行上级党组织的决议，团结、组织党员和群众完成本居民区所担负的各项任务；(2)加强党支部自身建设，搞好党员的教育、管理和监督，做好发展党员工作，发挥党员在街道工作中的先锋模范作用；(3)支持和保证居委会依法履行职责；(4)按照街道党委的要求，做好居民区干部的教育、培养、考核和监督工作；(5)密切联系群众，反映群众的意见和要求，做好群众工作，搞好各项服务；(6)搞好精神文明建设，教育居民遵纪守法，保证和促进辖区的经济发展和社会稳定。

**四、加强街道党委领导班子建设**

做好街道党的工作，关键是以加强思想政治建设为重点，把领导班子建设好。要根据新形势新任务的要求和街道工作特点，把街道党委领导班子建设成为认真贯彻党的路线、方针、政策和国家的法律、法规，密切联系居民群众，全心全意为人民服务，团结协作，廉洁务实，能够带领群众搞好街道两个文明建设的坚强领导集体。

要按照德才兼备的原则把街道党委书记选配好。党委书记应具备一定的马克思主义理论水平和政策水平,熟悉党务工作和街道工作,有较强的组织协调能力,作风民主,办事公道,清正廉洁,密切联系群众。不符合要求的应尽快调整。

要认真改善街道党委领导班子的结构,提高整体素质。街道党委成员一般为5至7人,最多不超过9人。党委委员应由政治上较强、群众威信较高的同志担任。他们中既要有熟悉党务工作和群众工作的同志,又要有熟悉经济、城市管理和政法工作的同志。党委工作机构应根据街道规模、党员数量和工作需要设置,配备一定数量的专职党务干部。专职党务干部应以主要精力做党的工作。地方党委要积极培养、选拔优秀年轻干部,包括企业中的优秀干部到街道工作,进一步改善街道领导班子的年龄、知识结构。

加强街道党委领导班子建设要贯彻从严治党的方针,落实"四自"(自重、自省、自警、自励)、"三严"(严格教育、严格管理、严格监督)的要求,强调讲学习、讲政治、讲正气,不断提高街道党委成员的思想政治素质。同时要结合街道工作实际,学习街道管理和经济工作知识,提高业务工作水平。党委工作和党内生活,要坚持民主集中制,建立健全各项规章制度。街道党委应建立健全党委议事规则、中心组学习、民主生活会、廉洁勤政和联系群众等制度,并认真付诸实施。要认真开展批评与自我批评,大力弘扬正气,防止和纠正不正之风。

**五、搞好党支部建设**

要根据居民区工作的特点,努力把居民区党支部建设成为政治坚定,团结务实,为群众办实事,受到群众拥护的战斗堡垒。

适应街道经济和各项事业的发展,及时调整和建立健全党组织,努力做到以居委会辖区为单位建立党支部。切实加强街道企业党的工作,抓紧在有条件的企业建立党组织。通过选派党员去工作和发展党员等,使没有党员的企业和居委会辖区逐步建立党的组织。

认真选好居民区党支部书记。居民区党支部书记应由政治素质好,有一定政策水平和组织领导能力,热爱街道、居民工作,身体健康,富有奉献精神的同志担任。居民区党支部书记,可从街道机关和企业的党员中选拔,也可从党员离退休人员中产生。在机关企事业单位离退休职工和家属集中居住区,居民中无合适的党支部书记人选的,应由有关机关、企事业单位负责选派。由机关、企事业单位选派的居民区党支部书记,原享受的工资、福利待遇不变。党支部成员与居委会成员可适当交叉兼职,具备条件的党支部书记可兼任居委会主任。

以提高素质、增强党性为目标,从街道党员实际情况出发,分别提出具体要求,加强和改进教育管理工作。对街道机关的党员,主要要求他们密切联系群众,认真转变作风,热心为基层服务,做到清正廉洁,自觉遵守党的纪律。对街道企业的党员,主要要求他们团结带领职工搞好生产经营管理,为企业改革和发展多做贡献。对居民中的党员,也应当根据不同情况,要求他们在维护社会治安、建设文明新风等方面,发挥带头作用。要按照有关规定,加强对流动党员的教育管理。

党员教育,要紧密联系形势、任务和党员的思想、工作实际来进行。要逐步完善以市区委党校为龙头,街道党校为主体,居民区党员活动室为基础的党员教育网络。组织党员特别是党支部成员学习党的路线、方针、政策及社会主义市场经济、法律和科学文化知识。当前,要深入、扎实地开展建设有中国特色社会主义理论和党章的学习活动,切实解决党员队伍中存在的突出问题。

要严格组织生活,定期上好党课,坚持民主评议党员等制度,积极开展"创先争优"和党员责任区活动,努力探索既生动活泼又能收到实效的活动方式,防止和克服形式主义,改变有些居民区党组织长期不开展活动的状况。要在居委会工作骨干和街道企业中培养入党积极分子,发展优秀青年入党,不断壮大街道党的力量。

**六、切实加强对街道党的建设工作的领导**

各级地方党委要高度重视街道党的建设,把街道党的工作列入议事日程,加强调查研究,及时提出加强和改进工作的意见,并认真进行督促检查。要把加强街道党的建设同加强街道其他基层组织建设结合起来,通过加强党组织建设,推动和促进其他组织的配套建设。

各地党委要按照干部管理权限,在今后两三年内,把街道领导干部和居民区党支部书记轮训一遍。要把对街道、居委会干部的严格管理和体贴关心结合起来。要协调督促有关部门,研究制定扶持街道经济发展的有关政策,支持街道经济的发展;协调督促有关部门在街道社会治安综合治理方面,给以指导和必要的经费支持;协调动员驻地机关、企事业单位支持和配合街道开展工作。对担任居民区党支部书记的同志,给予生活补贴的,其补贴应与居委会主任相同。要采取措施,解决好居民区干部来源、党支部活动经费及办公场所等问题。

尽快建立一级抓一级的街道党建工作责任制。区(市)委书记是本区(市)抓街道党的建设的第一责任人。区(市)委要研究制定加强全区(市)街道党的建设的工作规划,确定一名领导同志分管街道工作。党委领导班子成员要经常深入街道、居委会调查研究,分类指导。要制定必要的检查考核措施,把街道党建工作的成效,作为考核领导班子工作实绩的一项重要内容,从而真正加强对街道党建工作的领导,充分发挥街道党组织在改革、发展、稳定中的作用。

# 中共中央关于进一步加强和改进国有企业党的建设工作的通知

(1997 年 1 月 24 日)

为了坚持党对国有企业的领导,充分发挥国有企业党组织的政治核心作用,促进国有企业的改革和发展,现就进一步加强和改进国有企业党的建设工作通知如下:

**一、认清形势和任务,增强搞好国有企业党建工作的责任心和紧迫感**

我国社会主义现代化建设已经进入重要的发展时期。实现国民经济和社会发展"九五"计划和 2010 年远景目标,加快经济体制和经济增长方式的根本性转变,必须切实搞好国有企业,这是事关全局的一项紧迫的战略任务。几十年来,国有企业不断发展壮大,为我国建立独立的比较完整的国民经济体系和巩固人民民主专政的国家政权做出了历史性贡献。党的十一届三中全会以来,国有企业又为改革开放和现代化建设做出了新的重大贡献。搞好国有企业不仅是重大的经济问题,而且是重大的政治问题。各级党委和领导同志必须实事求是地分析当前国有企业面临的新形势、遇到的困难和问题,从战略上全局上深刻认识搞好国有企业的重大意义,以高度的政治责任感和历史使命感,进一步统一思想,坚定信心,扎实工作,千方百计把国有企业搞好。

以公有制为主体的现代企业制度是社会主义市场经济体制的基础,是我国国有企业改革的方向。国有企业深化改革,建立现代企业制度,要坚持产权清晰、权责明确、政企分开、管理科学,也要体现社会主义基本制度的要求。坚持党对国有企业的政治领导,发挥国有企业党组织的政治核心作用,充分依靠和调动职工群众的积极性和创造性,这是我们的政治优势,是建立有中国特色现代企业制度的本质要求。国有企业面向市场,深化改革,转换经营机制,加强内部管理,加快技术进步,提高经济效益,都迫切需要增强国有企业党组织的凝聚力和战斗力,充分发挥党组织的作用。

中央对国有企业改革、发展和企业党的建设一直是重视的,指导思想和方针原则是明确的。各级党委和政府做了大量卓有成效的工作,进行了有益的探索。许多国有企业党组织在深化企业改革、加强内部管理、推动企业发展、克服生产经营中的困难、增强职工群众凝聚力等方面,发挥了重要作用。从总体上看,国有企业党的建设在逐步加强,但发展很不平衡,有些问题亟待解决。一是对加强和改进企业党建工作,发挥党组织作用的必要性、重要性、紧迫性认识不足,淡化和削弱企业党组织作用的消极影响还没有完全消除。二是一些地方、部门和国有企业对贯彻中央确定的企业党建工作方针、原则和任务、要求不够得力,没有抓好落实。三是在国有企业深化改革和发展社会主义市场经济条件下如何做好党建工作,有些企业领导人员和部分党务工作者思想观念、工作方法还不适应。这些问题,已经程度不同地影响企业党组织作用的发挥,影响现代企业制度的建立和企业的发展,必须引起高度重视,采取有效措施加以解决,使企业的改革、发展和党的建设都有一个大的进步。

**二、坚持党对国有企业的政治领导,充分发挥国有企业党组织的政治核心作用**

坚持党对国有企业的政治领导,是一个重大原则问题,任何时候都不能动摇。党对国有企业的政治领导,主要体现在:坚持国有企业的社会主义方向,保证党的路线、方针、政策和国家法律、法规在企业贯彻执行;坚持党管干部的原则,按照管理权限,依法选派、推荐国有资产产权代表和企业经营管理负责人,并对他们实施教育、培养、考核、监督;坚持发挥企业党组织的政治核心作用和党员的先锋模范作用。强调坚持党对国有企业的政治领导,但不能以党代政、以党代企。

为了加强党对国有企业的政治领导,充分发挥企业党组织的政治核心作用,企业党组织必须认真贯彻党的路线、方针、政策,保证监督党和国家的方针政策在本企业的贯彻执行;参与企业重大问题的决策,支持厂长(经理)、股东会、董事会、监事会依法行使职权;领导企业的思想政治工作和精神文明建设,努力建设一支有理想、有道德、有文化、有纪律的职工队伍;全心全意依靠职工群众,支持职工代表大会开展工作;领导和支持工会、共青团等群众组织依照法律和各自的章程,独立自主地开展工作;加强党组织的自身建设,充分发挥党支部的战斗堡垒作用和党员的先锋模范作用。

**三、认真贯彻国有企业党建工作的指导思想和方针原则**

新形势下的企业党建工作,要坚持以马列主义、毛泽东思想特别是邓小平建设有中国特色社会主义理论为指导,坚持党的"一个中心、两个基本点"的基本路线,紧紧围绕企业改革和生产经营来进行,坚持党要管党、从严治党的方针,从政治、思想、组织和作风上全面加强党的建设,充分发挥党组织的政治核心作用,促进企业的物质文明和精神文明建设。

企业党建工作的目标是:(1)有一个坚决贯彻执行党的路线、方针、政策,善经营,会管理,团结协作,廉洁公正,开拓进取,得到职工群众拥护的领导班子。(2)有一支能够在企业改革、发展中经得起困难和风险的考验,在两个文明建设中发挥先锋模范作用的党员队伍。(3)有一个适应企业改革和发展要求,与生产经营紧密结合,保证企业党组织发挥作用的工作机制。(4)有一套加强党员教育管理,及时解决自身存在的矛盾和问题,不断增强凝聚力和战斗力的工作制度。通过充分发挥党组织和党员的作用,加快两个根本性转变,落实“三改一加强”的措施,促进企业不断提高经济效益和市场竞争能力。

国有企业党建工作,必须坚决贯彻执行以下方针和原则:第一,坚持全面贯彻落实“充分发挥企业党组织的政治核心作用,坚持和完善厂长(经理)负责制,全心全意依靠工人阶级”的指导方针。这个方针是多年来探索有中国特色国有企业领导体制实践经验的科学总结。“三句话”互为依存,不可分割,缺一不可。国有企业由工厂制改成公司制后,要继续充分发挥企业党组织的政治核心作用,坚持全心全意依靠工人阶级,保证和支持股东会、董事会、监事会、经理依法行使职权,逐步完善企业领导制度。第二,坚持为国有企业改革和发展服务。国有企业党的工作要贯穿于生产经营的全过程,把保证和促进企业改革、转换经营机制、加强科学管理、推进科技进步、提高经济效益、实现国有资产保值增值,作为国有企业党组织工作的出发点和落脚点,作为检验党建工作成效和党组织战斗力的主要标准。第三,坚持党管干部的原则。要把坚持党管干部原则同改进管理方法结合起来,同保证厂长(经理)和董事会依法行使用人权结合起来,深化企业人事制度改革,逐步建立一套适合现代企业制度特点的人事管理制度。第四,坚持继承和创新相结合。企业党建工作必须进一步解放思想,从实际情况出发,坚持和发扬过去行之有效的好传统、好办法,积极创造新的活动方式和工作方法。

**四、明确国有企业党组织参与重大问题决策的内容、途径和方法**

国有企业党组织参与企业重大问题决策是发挥政治核心作用的重要职责和基本途径。其目的在于,保证监督党和国家的方针政策在企业正确贯彻执行,支持和帮助厂长(经理)、董事会实行民主决策、科学决策,避免和减少失误。国有企业党组织参与重大问题的决策是一种组织行为,是党组织按照党的路线、方针、政策,对关系企业改革、发展、稳定的重大问题提出意见和建议。国有企业党组织和领导人员要努力提高参与决策的能力和水平。

国有企业党组织参与决策的重大问题,主要是:经营方针、发展规划、年度计划和重大技术改造、技术引进方案;财务预决算、资产重组和资本运作中的重大问题;中层以上管理人员的选拔使用和奖惩;企业的重要改革方案和重要管理制度的制定、修改;涉及广大职工切身利益的重要问题。公司制企业党组织参与重大问题决策的范围,一般指公司提交股东会、董事会审议决定的问题。

企业党组织参与决策,各地已摸索出一些行之有效的方法,应当坚持和完善。(1)党政主要领导商量确定决策议题。(2)开展调查研究,广泛听取党员、职工及有关方面的意见。(3)在党委会或党委扩大会上进行集体研究后,提出意见和建议。(4)重大问题决策后,党组织发动党员、团结带领职工,保证决策的实施。

厂长(经理)、董事会在对重大问题决策前,应听取、尊重党委的意见;重大决策的执行情况,应向党委通报。当党组织发现重大问题决策脱离实际,不符合党和国家的方针政策、法律法规时,应及时提出意见;如得不到纠正,党组织要负责向政府有关部门反映并向上级党组织报告。

坚持党管干部的原则,企业党组织在企业人事管理工作中的主要职责是:(1)贯彻干部队伍"四化"方针和德才兼备原则,坚持任人唯贤,反对任人唯亲。(2)推荐中层以上管理人员,对厂长(经理)或董事会推荐和拟任免(聘任或解聘)的管理人员进行考察,提出意见和建议。(3)对企业各级管理人员负有教育、培养、考核、监督的责任。(4)按照上级有关规定,积极推进企业人事制度改革。任免企业中层管理人员,事先要经过组织人事部门考察,经企业党政领导集体讨论后,由厂长(经理)依法任免(聘任或解聘)。集体讨论的形式可以是党委会、党委扩大会或党政联席会议。没有经过考察的,不能提到会上讨论;多数人不同意的,应暂缓决定任免。

国有企业党组织参与重大问题的决策,要建立健全必要的制度。一些地方和企业实行的厂长(经理)定期向党组织报告工作制度;企业党政主要领导在重大问题决策前的沟通制度;党组织负责人参加厂长(经理)办公会、厂务会制度;发动党员关心和参与企业重大问题决策制度等,都应继续坚持并不断完善。

共产党员要努力增强党性,坚持依法办事。党员董事、监事、经理要严格遵守党章,向党组织报告工作,接受党组织的监督。

**五、突出抓好国有企业领导班子建设,大力提高领导人员素质**

建设好企业领导班子,造就一支高素质的经营管理者队伍,是搞好国有企业的关键。当前,要结合促进企业改革和发展,下大决心、花大力气把这件事抓紧抓好。要以加强思想政治建设为重点,全面提高领导班子的整体素质。厂长(经理)、董事长、党委书记应当有坚定正确的理想和信念,能够坚决贯彻执行党的路线、方针、政策和国家的法律法规,有较丰富的社会主义市场经济知识、必要的科技知识和岗位职责所要求的管理能力;坚定地依靠党组织和广大职工办企业,善于走群众路线,自觉接受各方面的监督;勤奋敬业,勇于奉献,清正廉洁,艰苦奋斗,开拓进取,扎实工作;谦虚谨慎,努力学习,善于同领导班子成员合作共事。各地各有关部门要立即着手组织力量,对国有企业领导班子普遍进行一次认真的考核。重点抓好近两年严重亏损、内部矛盾突出、职工意见大的大中型企业领导班子的考核。在弄清情况的基础上,抓紧进行调整或整顿,坚决实行选优汰劣。

加强国有企业领导班子建设,关键是选好配强党委书记、厂长(经理)和董事长,优化领导班子的整体结构。实行公司制的企业,党委书记、董事长可由一人担任。由一人担任的,应具备两个职务所要求的条件和能力,同时配备1名党委副书记以主要精力抓党的工作。党委书记和董事长分开配备的,党员董事长可任党委副书记,党委书记可任副董事长。根据工作需要和人员条件,党委成员可依法分别进入董事会、监事会和经理班子;董事会、监事会、经理班子中的党员,具备条件的,可按照有关规定进入党委会。董事长与总经理原则上分设。实行工厂制的国有中小企业党政领导的任职形式,要根据本单位的实际和本人条件,宜分则分,宜兼则兼,不搞"一刀切"。

抓紧研究改进对国有企业领导人员加强管理的办法,加快企业人事制度改革。企业领导人员的管理要适应建立社会主义市场经济体制的要求。在积极探索、总结经验的基础上,合理确定对企业领导人员的管理范围,制定适合企业特点的具体办法,切实严格管理。对企业领导人的推荐、考察、任免应建立健全必要的制度和工作程序,认真实施,坚决防止和纠正用人上的不正之风。选拔国有企业领导人要充分发扬民主,走群众路线。要积极探索通过市场配置企业经营者的有效途径,积极稳妥地推进企业经营者职业化的改革试点工作,引入竞争机制。抓紧建立后备人员的选拔、培养制度。

切实加强对国有企业领导班子成员的政治、业务培训。按照《中共中央组织部、国家经贸委关于印发〈"九五"期间全国企业管理人员培训纲要〉的通知》(国经贸培〔1996〕382号)的要求,分级负责,用3年左右时间,对国有大中型企业的领导人员普遍进行一次工商管理培训,培训中要突出邓小平建设有中国特色社会主义理论和社会主义市场经济的内容。通过培训,使企业领导人增强党的观念、群众观念、法制观念,树立正确的世界观、人生观、价值观,增强参与市场竞争的能力。

切实加强对国有企业领导人员的监督。要充分运用党内监督、法律监督、职工民主监督、财务审计监督和舆论监督等手段,加强对他们在重大问题特别是资金运作、用人决策上的监督。严格实行资产经营责任制。认真落实企业年度审计和厂长(经理)离任审计制度、企业领导人员收入申报制度、招待费用向职代会报告制度和直系亲属工作安排回避制度。坚持和完善职工代表大会民主评议企业领导人员的制度。企业党组织要抓好党员领导干部参加双重组织生活和有关廉洁自律、个人重大事项报告等制度的落实,加强党内监督。

建立对国有企业领导人员的激励机制。通过探索,逐步形成比较规范的对优秀领导人员的奖励制度,把物质奖励和精神奖励结合起来。要鼓励优秀领导人员到效益差的困难企业去工作,创造新的业绩。

**六、切实加强国有企业社会主义精神文明建设和思想政治工作**

以培养有理想、有道德、有文化、有纪律的职工队伍,推动企业物质文明和精神文明建设为目标,逐步建立坚强有力的企业思想政治工作管理体制和运行机制。形成党委统一领导、党政共同负责、党政工团齐抓共管,以专职政工人员为骨干、经营管理人员和职工群众广泛参与企业思想政治工作的生动局面。

切实加强对国有企业思想政治工作和精神文明建设的领导。企业党组织要根据企业改革和生产经营的实际,制定思想政治工作的总体规划、年度计划和重要制度,并组织实施;讨论决定企业思想政治工作和精神文明建设中的重大问题;负责经营管理人员队伍的思想作风建设;组织和发动党员发挥先锋模范作用,做好群众工作,动员职工完成各项任务;掌握职工思想动态,有针对性地进行思想政治教育;指导工会、共青团根据各自特点做好思想政治工作。特别要加强亏损企业、困难企业、破产企业的思想政治工作,主动关心并帮助解决困难职工和离退休职工的实际问题。

坚持用马列主义、毛泽东思想特别是邓小平建设有中国特色社会主义理论武装企业领导人员和职工群众。结合实际向职工进行爱国主义、社会主义和集体主义教育,社会主义民主与法制教育,以为人民服务为核心的思想道德教育。教育职工弘扬工人阶级主人翁精神,爱岗敬业,艰苦创业,遵守职业道德。坚持勤俭建国、勤俭办一切事业。提倡尊重人、理解人、关心人,自觉遵守社会公德,正确处理国家、集体和个人的利益关系。要对职工进行建立社会主义市场经济体制方面的教育,帮助职工树立竞争意识和改革意识。继承党的思想政治工作的优良传统,在继承的基础上创新,在改进中加强,适应新形势的需要。把灌输引导与自我教育、言教与身教、教育与解决实际问题结合起来。树立先进典型,发挥示范作用。加强企业文化建设,培育具有时代特征和企业特点的企业精神。

国有企业党组织和行政领导要采取有力措施,按照稳定队伍、优化结构、提高素质的要求,加强政工队伍建设。要注意培养、选拔优秀的中、青年骨干充实政工队伍。专职政工人员的数量,原则上按职工总数1%左右的比例掌握。

**七、全心全意依靠职工群众办好国有企业**

搞好国有企业必须坚持全心全意依靠工人阶级的方针。要教育各级干部特别是企业领导人员从党和国家的性质以及工人阶级历史地位和作用的高度,充分认识全心全意依靠工人阶级的重要性和必要性。国有企业的职工既是国家的主人,也是企业的主人。职工群众中蕴藏着丰富的智慧和巨大的创造力,充分调动他们的积极性和创造性,是国有企业的优势和力量源泉。在深化改革、建立现代企业制度中,必须调动包括工人、经营管理人员和专业技术人员在内的企业全体职工的积极性。任何贬低和削弱工人阶级地位和作用的言论和行为都是错误的。

把全心全意依靠工人阶级的方针落在实处,关键是要在政治上保证、制度上落实、素质上提高、权益上维护四个方面狠下功夫。认真贯彻《工会法》、《劳动法》,依法保障和维护职工的合法权益,尤其要关心困难企业的职工生活。坚持和完善以职工代表大会为基本形式的民主管理、民主评议、民主监督制度,在企业重大问题决策上听取职工群众的意见,用有效的制度、措施来保证职工了解和参与企业的改革和经营管理,实现职工群众对企业领导人员的有效监督。建立、完善集体协商和集体合同制度。公司制企业职工代表要按照《公司法》的有关规定进入董事会、监事会,并充分发挥他们的作用。加强对职工的政治、业务培训,不断提高他们的素质。

国有企业党组织要加强对工会、共青团等群众组织的领导。建立健全必要的工作制度,定期听取工会、共青团等群众组织的工作报告,及时讨论研究他们工作中的重大问题;指导他们按照党的方针政策开展工作,协调好与企业经营管理者之间的关系;支持、帮助他们按照法律和各自的章程,创造性地开展工作。

**八、改进国有企业党组织的工作方法和活动方式,增强凝聚力和战斗力**

国有企业党建工作要与企业改革和发展任务同步规划、同步实施、同步考核和奖惩。要认真贯彻执行民主集中制,建立健全党委工作制度。坚持和发扬理论联系实际、密切联系群众、批评与自我批评三大作风。要提高党委抓大事的本领和解决自身问题的能力。通过各种有效的形式和载体,丰富企业党组织的活动内容,探索新的方式方法,提高工作实效。

合理设置国有企业党组织工作机构和配备党务工作者。企业党组织工作机构的设置和专职党务工作者的配备,应按照精干、高效、协调,有利于加强党的建设与思想政治工作,有利于促进企业改革和发展的原则确定。大型企业党委，根据企业实际需要和有关规定设立组织、宣传、办公室等工作部门。中小型企业党组织的工作机构可以分设，也可以设一个机构，内部实行分工。要按照党章规定设立纪委，并充分发挥其教育、保护、惩处、监督的职能作用。对党务工作者要建立工作责任制和考核制，他们的待遇和奖惩应与同级行政管理人员一视同仁。党务工作者和经营管理人员要进行必要的换岗交流，努力培养复合型人才。党组织的活动经费从企业管理费列支部分必须得到保证。

充分发挥党支部的战斗堡垒作用和党员的先锋模范作用。根据国有企业改革和发展的新情况，及时调整党支部设置，选配好党支部书记，经常检查督促党支部有效地开展工作，及时整顿软弱涣散的党支部。以增强党性、提高素质为目标，切实加强对党员的教育、管理和监督，保持党员队伍的先进性、纯洁性。紧密结合国有企业改革和生产经营，扎扎实实地开展党员责任区、党员目标管理、民主评议党员、创先争优等活动。坚持标准，保证质量，积极做好在生产经营一线和青年中发展党员的工作。

**九、各级地方党委和有关部门党组要加强对国有企业党建工作的领导和指导**

各级地方党委和有关部门党组要高度重视国有企业党建工作，列入重要日程，常抓不懈。党委主要领导同志要亲自抓，组织部门要会同有关部门切实负起具体指导责任。各有关经济部门党组在抓好企业改革、发展的同时，也要重视企业党建和思想政治工作。在部署、检查工作时，要统筹兼顾，做到两项工作一起抓，两个责任一起负，使经济工作和党的建设相互促进。在党委统一领导下，把党政有关部门和企业等各方面的力量组织起来，按照中央精神统一思想，协调行动，各司其职，各负其责。

建立健全党委抓国有企业党建工作的责任制。各级党委都要抓好企业党建工作，市委负有主要责任，其职责是：制定、部署加强企业党建工作的规划、目标、措施；搞好调查研究，抓住重点，分类指导；加强企业领导班子建设和领导人员的管理；督促、检查企业党建工作责任制的落实。

加强对国有企业党建工作的领导，重在督促检查，认真解决存在的问题。对软弱涣散、问题较多的企业领导班子，上级党组织要派得力干部深入企业帮助整顿、调整。对企业党组织和工作机构的设置、党务工作者的选配、党组织的领导关系等问题，上级党组织要及时提出指导性意见，发现问题，及时解决。要总结新鲜经验，运用典型示范，指导面上工作。

积极探索企业党建工作的新路子。在建立社会主义市场经济体制和有中国特色现代企业制度的过程中，企业党建工作会不断遇到新情况、新问题。要加强国有企业党建理论的研究。要解放思想、实事求是,抓住有利时机,按照中央确定的原则大胆实践,逐步完善,使企业党建工作在转变中适应,在改进中加强,在继承中创新,把国有企业党建工作提高到新水平。

# 中共中央组织部、民政部关于在社会团体中建立党组织有关问题的通知

（1998年2月16日）

党的十一届三中全会以来，随着经济的发展和社会的进步，各类社会团体不断增多。这些社会团体在我国社会、经济、科技、文化发展以及对外交往中发挥着越来越广泛的积极作用。为加强社会团体党的工作，促进社会团体健康发展，现就在社会团体（不包括由国家确定其职能，核定编制，核拨经费，工作人员按国家公务员管理的社会团体）中建立党组织的有关问题通知如下：

一、经社会团体登记管理机关核准登记（原有社会团体经清理整顿换发新的证书）的社会团体，其常设办事机构专职人员中凡是有正式党员3人以上的，应建立党的基层组织。社会团体建立党组织，由其业务主管部门或挂靠单位的党组织审批。

社会团体在筹备过程中就应考虑建立党组织问题。业务主管部门或挂靠单位应了解和掌握社会团体的情况，对应当建立党的基层组织而没有建立的，要帮助其尽快建立。

二、社会团体已经建立党组织的，其常设办事机构专职人员中党员的组织关系应转入社会团体党组织；社会团体没有建立党组织的，其常设办事机构专职人员中党员的组织关系可转入业务主管部门或挂靠单位的党组织，参加党的活动。

三、社会团体党组织的设置形式根据党员人数和工作需要确定。党员人数3名以上，不足50名的，可成立党的支部委员会，其中党员人数不足7名的，可不成立支部委员会，只设书记1名；党员人数超过50名不足100名的，可成立党的总支部委员会；党员人数超过100名的可成立党的基层委员会。

社会团体党的基层委员会由党员大会或党员代表大会选举产生，党的总支部委员会和支部委员会由党员大会选举产生。

党的基层委员会每届任期三年，党的总支部委员会、支部委员会每届任期两年。

社会团体党组织一般不设专职党务干部，日常党务工作由社会团体党组织的党员兼任。规模较大，党员人数较多的社会团体，可设置精干的党的工作机

构和专职人员。

四、社会团体党组织应全面贯彻执行党章规定的党的基层组织的任务,要做好以下工作:

1. 支持社会团体及其负责人按照社团章程中规定的宗旨、任务开展工作。

2. 加强对党员的教育、管理和监督,通过发挥党员的先锋模范作用,积极开展业务活动,发挥社会团体在社会主义建设中的作用。

3. 监督社会团体负责人贯彻党的路线、方针、政策,遵守国家法律、法规。

五、社会团体党组织必须自觉接受批准其成立的业务主管部门或挂靠单位党组织的领导,定期汇报工作,重要问题应及时请示汇报。

社会团体业务主管部门或挂靠单位党组织要重视社会团体党组织工作,把加强社会团体党组织建设作为党组织工作的组成部分,列入工作议程,定期研究。要帮助社会团体党组织解决工作中的实际问题,充分发挥社会团体党组织在改革和现代化建设中的积极作用。

# 中国共产党党和国家机关基层组织工作条例

（中共中央1998年3月30日印发）

## 第一章 总 则

**第一条** 为了加强、改进党和国家机关党的工作，充分发挥机关基层党组织（以下简称机关党组织）的作用，根据《中国共产党章程》和党内有关规定，结合机关工作实际，制定本条例。

**第二条** 机关党组织以马克思列宁主义、毛泽东思想、邓小平理论为指导，紧紧围绕党的基本路线，结合本部门的工作任务和特点，加强党的思想、组织和作风建设，加强党内监督，坚持从严治党，充分发挥党的思想政治优势、组织优势和密切联系群众的优势，促进本部门各项工作任务的完成，为改革开放和社会主义现代化建设服务。

**第三条** 机关党组织协助行政负责人完成任务，改进工作，对包括行政负责人在内的每个党员进行监督。

**第四条** 机关党组织在上级党的委员会或党的机关工作委员会领导下工作，同时接受本部门党组的指导。

## 第二章 党组织的设置

**第五条** 机关党员100人以上的，设立党的基层委员会。党员不足100人的，因工作需要，经上级党组织批准，也可以设立党的基层委员会。党的基层委员会由党员大会或者党员代表大会选举产生。地级以上机关党的基层委员会，每届任期4年；县级机关党的基层委员会，每届任期3年。

**第六条** 机关党员50人以上的，设立党的总支部委员会。党员不足50人的，因工作需要，经上级党组织批准，也可以设立党的总支部委员会。党的总支部委员会由党员大会选举产生，每届任期3年。

**第七条** 机关正式党员3人以上的，成立党的支部。党员7人以上的党的支部，设立支部委员会，支部委员会由党员大会选举产生；党员不足7人的党的支部，不设支部委员会，由党员大会选举支部书记1人，必要时增选副书记1

人。党的支部委员会和不设支部委员会的支部书记、副书记,每届任期2年。

**第八条** 机关党的基层委员会、总支部委员会、支部委员会书记、副书记通过选举产生,报上级党组织批准。

书记一般应由本部门党员行政负责人兼任,也可以由同级党员干部专任。党员人数和直属单位较多的机关党的基层委员会,设专职副书记。专职书记、副书记在任期内调动,应事先征得上级机关党组织的同意。

**第九条** 设立机关党的基层委员会的部门,一般应设立机关党的纪律检查委员会。不设机关党的纪律检查委员会的部门,机关党的基层委员会中应设立纪律检查委员。

**第十条** 机关党组织根据工作需要,本着精干、高效和有利于加强党的工作的原则,设置办事机构,配备必要的工作人员。

机关党组织的活动经费,列入行政经费预算。

## 第三章　党组织的职责

**第十一条** 机关党的基层委员会(含不设党的基层委员会的总支部委员会、支部委员会)的主要职责是:

(一)宣传和执行党的路线、方针、政策,宣传和执行党中央、上级组织和本组织的决议,发挥党组织的战斗堡垒作用和党员的先锋模范作用,支持和协助行政负责人完成本单位所担负的任务。

(二)组织党员认真学习马克思列宁主义、毛泽东思想、邓小平理论和党的路线、方针、政策以及决议,学习科学、文化和业务知识。

(三)对党员进行严格管理,督促党员履行义务,保障党员的权利不受侵犯。

(四)对党员进行监督,严格执行党的纪律,加强党风廉政建设,坚决同腐败现象作斗争。

(五)做好机关工作人员的思想政治工作,推进机关社会主义精神文明建设;了解、反映群众的意见,维护群众的正当权益,帮助群众解决实际困难。

(六)对入党积极分子进行教育、培养和考察,做好发展党员工作。

(七)协助党组(党委)管理机关党组织和群众组织的干部;配合干部人事部门对机关行政领导干部进行考核和民主评议;对机关行政干部的任免、调动和奖惩提出意见和建议。

(八)领导机关工会、共青团、妇委会等群众组织,支持这些组织依照各自的章程独立负责地开展工作。

（九）按照党组织的隶属关系，领导直属单位党的工作。

**第十二条** 机关党的纪律检查委员会的主要职责是：

（一）维护党的章程和其他党内法规，对党员进行遵纪守法教育。

（二）检查党组织和党员贯彻执行党的路线、方针、政策和决议的情况。

（三）协助机关党的基层委员会加强党风廉政建设。

（四）检查、处理党组织和党员违反党的章程和其他党内法规的案件，按照有关规定，决定或取消对这些案件中的党员的处分。

（五）受理党员的控告和申诉。

## 第四章 党员的教育、管理和发展

**第十三条** 机关党组织应对党员进行马克思列宁主义、毛泽东思想、邓小平理论的教育，党的基本路线和党的基本知识教育，组织、引导党员努力学习和掌握社会主义市场经济知识、科学文化知识、法律知识和各种业务知识，使党员不断增强党性，提高素质。

**第十四条** 严格党的组织生活，增强党内生活的原则性，健全党内生活制度。按期召开民主生活会，认真开展批评与自我批评。经常分析党内思想状况，加强党员思想教育。认真开展民主评议党员工作，表彰优秀党员，严肃处置不合格党员。

**第十五条** 严格按照坚持标准、保证质量、改善结构、慎重发展的方针和有关规定发展党员。

## 第五章 党内监督

**第十六条** 机关党内监督的目的是：保证党员认真执行党的路线、方针、政策和国家的法律、法规，维护党的团结和统一，维护和执行党的纪律，保持党的先进性和纯洁性，增强党组织的凝聚力和战斗力。

**第十七条** 机关党组织对党员特别是党员领导干部监督的主要内容是：

（一）能否执行党的基本路线和各项方针、政策，执行党中央、上级组织和本组织的决议，与党中央保持一致，维护党中央的权威。

（二）能否参加所在党的支部的组织生活，履行党员义务，完成党组织分配的工作任务。

（三）能否贯彻党的民主集中制，实行民主科学决策。

（四）能否坚持实事求是，认真调查研究，讲实话，办实事，求实效。

（五）能否尽职尽责，努力工作，密切联系群众，全心全意为人民服务，正确行使人民赋予的权力。

（六）能否坚持干部队伍革命化、年轻化、知识化、专业化的方针和德才兼备的原则以及有关规定，做好干部工作。

（七）能否廉洁自律，模范遵纪守法，严格按照制度办事，遵守职业道德和社会公德。

（八）能否坚持原则，敢于同各种错误倾向和违纪违法行为作斗争。

**第十八条** 机关党组织实施监督的主要方法是：

（一）定期检查党员参加组织生活的情况，并向全体党员通报；党员领导干部参加所在党的支部组织生活的情况，应向上级党组织报告。

（二）督促定期开好党员领导干部民主生活会。会前，收集党员、群众对党员领导干部的意见，如实转告本人或者在会上报告；会后，监督党员领导干部根据党内外群众提出的主要意见进行整改，并将执行民主生活会制度、开展批评与自我批评的情况和生活会上反映出的主要问题，如实向上级党组织报告。

（三）不是部门党组（党委）成员的机关党组织专职书记或者副书记，列席本部门党员领导干部民主生活会和党组（党委）以及行政负责人召开的有关会议。

（四）了解并掌握机关党员以及领导干部的思想、作风和工作情况，及时向本部门党组（党委）反映。对于群众意见较大的党员干部，要及时谈话提醒。揭露和按照有关规定查处党组织和党员的违纪行为。

（五）每年至少召开一次机关党员干部大会，听取本部门行政负责人通报主要工作情况。

（六）做好群众来信来访工作。

（七）如实向上级党组织反映本部门党员领导干部的思想、作风和工作情况。

## 第六章 思想政治工作

**第十九条** 机关党组织要围绕党和国家的重要工作部署以及本部门的业务工作，针对机关工作人员思想情况，做好思想政治工作。

**第二十条** 机关党组织在思想政治工作方面的职责是：

（一）加强机关以及直属单位领导班子和领导干部的思想政治建设。

（二）对机关工作人员进行思想政治教育。针对机关工作人员的思想政治状况，做好经常性的思想政治工作。

（三）指导机关工会、共青团、妇委会等群众组织根据各自的特点开展思想政治工作。

(四)定期向部门党组(党委)和行政负责人汇报机关思想政治工作情况,提出改进工作的意见和建议。

**第二十一条** 机关党组织应对机关工作人员进行党的基本理论、基本路线和方针政策教育,形势和任务教育,职业道德教育,帮助机关工作人员树立正确的世界观、人生观、价值观,增强全局观念、法制观念和服务意识,转变工作作风,更好地为基层服务,为群众服务。

**第二十二条** 思想政治工作要联系实际,与解决实际问题相结合。思想政治工作要区别不同对象,采取多种方式,增强工作实效。党员行政领导干部要重视并带头做好思想政治工作。

## 第七章 党务工作人员队伍建设

**第二十三条** 机关专职党务工作人员的配备,一般占机关工作人员总数的1—2%;机关工作人员较少或者直属单位和人员较多的部门,可以适当增加比例。机关专职党务工作人员的编制,列入机关行政编制。兼职的党务工作人员,要认真负责地做好党务工作。

**第二十四条** 机关党务工作人员应具备的基本条件是:党性强,作风正,有一定的马克思主义理论水平和党务工作知识,熟悉本部门的业务工作情况,得到群众信任,工作能力较强,具有敬业、奉献精神。

**第二十五条** 对机关党务工作人员进行培训,全面提高他们的政治和业务素质。培训要理论联系实际,讲求实效。

**第二十六条** 本着有利于优化结构、增强活力、相对稳定、合理流动的原则,有组织、有计划地安排党务工作人员与行政、业务工作人员之间的双向交流。

## 第八章 对机关党的基层组织工作的领导和指导

**第二十七条** 在中央直属机关、中央国家机关和省、自治区、直辖市直属机关分别设立党的机关工作委员会,领导直属机关党的工作。同时,设立党的纪律检查工作委员会,在上级党的纪律检查委员会和党的机关工作委员会的领导下,领导直属机关党的纪律检查工作。

省、自治区所辖的市和直辖市的区根据工作需要,也可以设立党的机关工作委员会和党的纪律检查工作委员会。

**第二十八条** 部门党组指导机关党组织工作的主要方法是:

(一)把机关党的工作列入党组工作议程,定期讨论、研究,提出指导性意见,发挥机关党组织在完成本部门各项任务中的协助和监督作用。

(二)通过机关党组织了解机关工作人员的思想情况,以及对重要决策和领导干部廉洁自律等方面的反映和意见。支持机关党组织对党员特别是党员领导干部进行监督。

(三)加强机关党组织领导班子和党务工作人员队伍建设。按照有关规定,解决机关党组织的工作机构设置、人员编制、经费等问题。

(四)党组成员以身作则,支持并积极参加机关党的活动,发挥表率作用。

**第二十九条** 各级地方党委、机关工委和部门党组(党委)要建立机关党的工作责任制,加强对机关党的工作的领导和指导。地方党委、部门党组(党委)主要负责同志要带头做好机关党的工作。

## 第九章 附 则

**第三十条** 本条例适用于县以上各级党的机关、人大机关、行政机关、政协机关、审判机关、检察机关以及人民团体机关的党组织。

**第三十一条** 中共中央直属机关工作委员会、中共中央国家机关工作委员会和省、自治区、直辖市党的委员会可以根据本条例,结合实际制定实施办法。

**第三十二条** 本条例由中共中央组织部负责解释。

**第三十三条** 本条例自下发之日起施行。

# 中共中央办公厅、国务院办公厅关于在农村普遍实行村务公开和民主管理制度的通知

（1998年4月18日）

为了贯彻落实党的十五大关于扩大基层民主，保证人民群众直接行使民主权利的精神，推进农村基层民主建设，密切党群干群关系，促进农村的改革、发展和稳定，中央认为，有必要在全国农村普遍实行村务公开和民主管理制度。为此，特通知如下：

**一、重要意义和指导思想**

党的十五大指出，发展社会主义民主政治，是我们党始终不渝的奋斗目标。扩大基层民主，保证人民群众直接行使民主权利，依法实行民主管理，是健全社会主义民主制度的重要内容。农民是我们党在农村的依靠力量，也是我们国家政权最广泛、最深厚的群众基础。保护和发挥农民的积极性，历来是我们党取得革命和建设胜利的重要保证，也是推进社会主义现代化建设事业顺利进行的必要条件。实行村务公开和民主管理，使农村工作逐步走上规范化和制度化的轨道，有利于发展农村基层民主，活跃农村基层民主生活，保障农民群众直接行使民主权利，进一步扩大人民民主；有利于充分调动广大农民群众建设社会主义现代化的积极性和创造性；有利于加强农村基层组织和党风廉政建设，强化党员和群众对干部的监督，密切党群干群关系；有利于引导农村干部依法建制、以制治村，正确执行党的群众路线和党的政策，按章办事，做好工作。

实行村务公开和民主管理的指导思想是：以邓小平理论和党的基本路线为指导，正确贯彻落实党在农村的各项方针政策，以推行村务公开为基础，坚持实行民主选举、民主决策、民主管理和民主监督，推进农村的民主、法制建设，促进农村的改革、发展和稳定，推动农业、农村经济与农村社会的全面发展和进步。

**二、村务公开的内容和方法**

村务公开要从农民群众普遍关心的和涉及群众切身利益的实际问题入手，凡属群众关心的热点问题，以及村里的重大问题都应向村民公开。如新上的经济项目，村里的财产和财务收支，征用土地和宅基地审批，计划生育指标，提留

统筹方案及其他农民负担(包括劳动积累工和义务工),集体土地和经营实体的承包,救灾救济款物的发放,村干部年度工作目标、工资奖金和功绩过失情况及其他公共事务等等。要随着形势的发展变化和村民的要求,及时调整、充实村务公开的内容,真正做到凡涉及群众切身利益的大事,都以一定形式向村民公开,接受群众的监督。

村务公开的重点是财务公开。村级财务公开的内容,主要包括财务计划及其执行情况、各项收入和支出、各项财产、债权债务、收益分配、代收代缴费用、水电费、以资代劳情况以及群众要求公开的其他财务事项。村集体经济组织要认真执行各项财务制度。

公开的内容要简洁明了,便于群众了解。公开的形式和方法可以根据实际情况因地制宜、灵活多样,如采用张榜公布,有线广播,召集村民会议或村民代表会议等方式。各村都应在本村适当的地方,建立专门的公开栏,进行张榜公布。

公开的时间要及时。需要公开的事项要尽早向村民公开,也可以采取定期公开的形式。一般一个月或两个月一次,至多不得超过三个月。有些时限较长的事项,可以每完成一个阶段,即公布一次进展情况。每一件较大事项完成之后,要及时向群众公布结果。

要善于运用村务公开这种有效形式,切实加强民主监督。村务公开的目的是:让群众参与管理和监督村里的公共事务和公益事业。每一次村务公开后,党支部和村委会要及时召开党员大会、村民会议或村民代表会议,广泛听取群众的反映和意见。对群众提出的疑问,要及时作出解释;对群众提出的要求,要及时予以答复;对大多数群众不赞成的事情,应坚决予以纠正。要真正让村民参与公共事务的管理,实行有效的民主监督,不走过场,不搞形式主义。

**三、民主管理的基本要求**

实行民主管理,首先要坚持和完善村民会议或村民代表会议制度。人口少且居住集中的村,应定期召开村民会议;人口多且居住分散的村,可定期召开村民代表会议。要明确规定村民代表会议的人员组成及其条件、职责、权利,制定议事内容和议事规则,确定活动方式、活动程序和活动时间,并按规定严格执行。

要按照国家法律、法规和政策,结合本地实际,明确规定民主议事的内容,凡属村务管理的重大事项以及农民关注的热点、难点问题的处理,都应先召集党员大会讨论,再分别提交村民会议或村民代表会议讨论,征求党内外群众意见,按大多数人的意见实行民主决策,坚决纠正不顾群众意愿而由几个干部自行其是的做法。

要切实加强群众对村干部的民主监督。村委会班子及其成员的工作,都要由村民会议或村民代表会议进行民主评议或民主测评。对于党支部班子及其成员,应由村支部党员大会并吸收部分村民代表进行民主评议。评议或测评可结合年终工作总结每年进行一次。评议中,村党支部班子成员和村委会班子成员都要作述职报告,在此基础上,由评议者评出称职或不称职,由乡镇党委考核认定。两年被评为不称职的村党支部班子成员和村委会班子成员,要进行组织调整。

村党支部、村民委员会以及其他需要选举产生的村级组织负责人,要根据国家有关法律以及党内法规的规定,按期实行民主选举。未经县(市、区)委批准,无故拖延选举的,要追究乡镇党委和村党支部、村委会主要负责人的责任。在选举中,要做到候选人条件、选举程序、选举办法、选举结果公开,充分发扬党内民主和人民民主,尊重选民意志,任何人不得指定选举某人或不选举某人,任何人不得以不正当方式拉选票。要坚决杜绝各种"贿选"行为的发生,一经发现,要严肃查处。

**四、建立健全规章制度**

建立健全村务公开和民主管理制度,实现村务公开和民主管理的规范化、制度化,使工作有序,办事有据,真正做到"有章理事",这是做好农村工作的治本之策,也是使村干部适应新形势的需要、切实改进工作方法的重要措施。因此,要以法律、法规和政策为依据,以实际、实用、实效为原则,建立健全村民会议、村民代表会议和党员议事会制度;村党支部、村民委员会按期换届选举制度;村党支部、村民委员会年终总结报告制度;民主评议党员、干部制度;财务管理、财务审计制度;财务公开、财务监督制度;村干部任期、离任审计制度等等。总之,凡是需要公开的村务工作和被列入民主管理范围的工作,都要依法建制,有制可依,按制办事。

各项制度建立以后,要严格按制度办事,不得随意更改,更不允许违反制度规定。为此,各地可根据实际情况,建立村务公开、民主管理的监督评议组织并授予必要的监督权和评议权,定期或不定期地对有关村务公开和民主管理的各项制度的执行情况进行评议,评议结果要张榜公布。需要改进的,党支部和村委会应及时提出改进意见,公布于众并认真执行。

**五、加强领导和督促检查**

各级党委和政府要从农村改革、发展和稳定的大局出发,把实行村务公开和民主管理作为农村工作的一项重要任务和农村基层组织建设的一项重要内容,列入重要议事日程,加强领导,精心部署,采取得力措施,帮助和指导村级组织把有关制度建立健全起来,并经常检查督促各项制度的贯彻落实。各乡镇要制订规划,搞好试点,总结推广好的经验,实行分类指导,逐步完善。要将村务公开和民主管理纳入乡村干部岗位目标责任制,把责任制度的执行情况,作为考核乡村干部政绩的重要内容,并将考核结果记入个人档案,作为评选先进和奖惩的依据。

村务公开和民主管理工作,由组织、民政部门牵头,纪检监察、人事、农业等有关部门积极配合,各司其职,各负其责,齐抓共管,使村务公开和民主管理有计划、有步骤地全面推开。已实行村务公开和民主管理制度的,要完善、充实、巩固、提高;没有建立的,要尽快建立起来,并长期坚持下去。

要采取多种措施,加强推行村务公开和民主管理的宣传教育工作,使乡村干部增强民主意识和法制观念,树立群众观点,澄清各种疑虑和模糊认识,提高自觉性,增强主动性,认真负责地搞好这项工作。要总结推广这方面的成功经验,运用典型引路的方法,分类指导,全面推开,不断完善。要把发扬民主同依法办事统一起来,既要保证农民群众依法享有广泛的民主权利,又要加强民主法制教育,引导他们在实践中学会正确行使民主权利。要防止宗族势力和非法宗教活动干扰农村基层民主的健康发展。

要在推行村务公开和民主管理的同时,积极探索在乡镇机关建立政务公开的途径,先行试点,培植典型,逐步推广,要以乡镇机关的政务公开,促进村务公开和民主管理的广泛深入开展。

各地可根据本通知精神,结合实际,制定具体实施办法。

# 中共中央组织部关于在深化国有企业改革中党组织设置和领导关系等有关问题的通知

(1998 年 7 月 7 日)

党的十五大以来,各地国有企业改革的步伐加快。在建立现代企业制度,实行鼓励兼并、规范破产、下岗分流、减员增效和再就业工作中,企业党组织发挥政治核心作用,推动和促进了企业的改革和发展。但也出现了一些新问题:有些企业实施资产重组时,党组织的设置、调整跟不上;有的企业改制后,党组织的领导关系不明确;有的企业党组织对下岗职工党员的教育管理工作薄弱,等等。这些问题亟待解决。为了在深化国有企业改革中加强和改进企业党的建设工作,现就企业党组织设置和领导关系等有关问题通知如下:

**一、企业党组织的设置和调整要与企业改组、改制同步进行。**国有企业实行改组、改制、联合、兼并或其他形式改革后,企业的组织形式发生变化,企业党组织要按照党章规定,根据企业的规模、党员人数和工作需要,经上级党组织批准,同步组建、改建或更名党的基层委员会(总支部委员会、支部委员会),选配好党组织负责人。企业内部的党组织设置,也要随着企业组织结构和党员分布状况的变化,及时进行调整。

跨地区、跨行业、跨所有制和跨国经营的大企业集团一般应设立党的基层委员会。大企业集团需成立党组的,必须经党中央或省、自治区、直辖市党委批准。设党组的企业集团的成员企业,应成立党的基层组织。

**二、依法申请破产的企业,在进入破产程序至破产终结期间,党组织要认真履行职责,继续发挥政治核心作用。**在特殊情况下,经企业上级党组织批准,可以设置临时党组织并指定负责人,明确职责任务,开展党的活动。企业破产终结时,报上级党组织批准,撤销原企业党组织。

**三、企业改组后,党组织的领导关系要按照有利于加强党的领导和开展党的工作,有利于促进企业改革和发展的原则,根据不同情况确定。**企业实行兼并,同一地区内被兼并企业党组织一般由兼并企业党组织领导。实行跨地区兼并的,被兼并企业党组织一般由所在地党组织领导;需要由兼并企业党组织领导的,由兼并企业党组织与被兼并企业所在地党组织协商确定。

国有企业实行承包、租赁或股份合作制的,企业党组织领导关系一般保持不变;需要改变领导关系的,由有关方面与原企业上级党组织协商确定。

**四、加强对企业下岗职工党员的教育管理。**企业党组织要教育下岗职工党员与党组织保持密切联系,参加党组织活动,遵守党的纪律,积极参加培训,努力提高政治和业务素质,在带头再就业和带领职工再就业中发挥先锋模范作用。

企业下岗职工党员仍由企业党组织管理。下岗职工党员较多的企业,可在企业下岗职工再就业服务中心单独建立党组织,实行集中管理。短期外出务工经商的下岗职工党员,应办理《流动党员活动证》。下岗职工党员再就业时,要及时接转党组织关系。

企业党组织要建立下岗职工党员登记制度、专人联系和教育培训制度、查验《流动党员活动证》制度等,加强对下岗职工党员的教育、管理和监督。

**五、各级党委和有关部门党组要高度重视国有企业在改组、联合、兼并和职工下岗分流再就业中的党建工作,按照中发〔1997〕4号文件精神开展工作,发挥党的政治优势,保证深化国有企业改革的顺利进行。**认真落实企业党建工作责任制,加强分类指导,总结推广经验,及时提出切实可行的措施。要以改革的精神,积极研究解决在深化国有企业改革中党的建设出现的新情况、新问题,大胆探索,努力实践,把企业党建工作不断推向前进。

# 中国共产党农村基层组织工作条例

（中共中央1999年2月13日印发）

## 第一章 总 则

**第一条** 为了加强和改进党的农村基层组织建设，加强和改善党对农村工作的领导，推动农村经济发展和社会进步，保证党在农村改革和发展目标的实现，根据《中国共产党章程》制定本条例。

**第二条** 乡镇党的委员会（以下简称乡镇党委）和村党支部（含总支、党委，下同）是党在农村的基层组织，是党在农村全部工作和战斗力的基础，是乡镇、村各种组织和各项工作的领导核心。

**第三条** 党的农村基层组织必须以马克思列宁主义、毛泽东思想、邓小平理论为指导，贯彻党的路线方针政策，坚持党要管党和从严治党，努力成为团结带领群众建设有中国特色社会主义新农村的坚强战斗堡垒。

## 第二章 组织设置

**第四条** 乡镇应当设立党的基层委员会。乡镇党委由党员大会或者党员代表大会选举产生。

**第五条** 有正式党员3名以上的村，应当成立党支部；不足3名的，可与邻近村联合成立党支部。党员人数超过50名的村，或党员人数虽不足50名，但村办企业具备成立党支部条件的村，因工作需要，可以成立党的总支部。党员人数100名以上的村，根据工作需要，经县级地方党委批准，可以成立党的基层委员会；村党委受乡镇党委领导。

村党支部、总支部和党的基层委员会由党员大会选举产生。

**第六条** 县以上有关部门驻乡镇的单位，应当根据党员人数和工作需要建立党的基层组织。这些党组织，除中央另有规定的以外，受乡镇党委领导。

**第七条** 乡镇工作机构设置和人员配备，应当坚持精干高效，加强服务，密切联系群众的原则，严格执行上级的有关规定。村干部误工补贴人数和标准的确定，应当从实际出发，从严掌握。

## 第三章 职责任务

**第八条** 乡镇党委的主要职责是:

(一)贯彻执行党的路线方针政策和上级党组织及本乡镇党员代表大会(党员大会)的决议。

(二)讨论决定本乡镇经济建设和社会发展中的重大问题。需由乡镇政权机关或集体经济组织决定的问题,由乡镇政权机关或集体经济组织依照法律和有关规定作出决定。

(三)领导乡镇政权机关和群众组织,支持和保证这些机关和组织依照国家法律法规及各自章程充分行使职权。

(四)加强乡镇党委自身建设和以党支部为核心的村级组织建设。

(五)按照干部管理权限,负责对干部的教育、培养、选拔和监督工作。协助管理上级有关部门驻乡镇单位的干部。

(六)领导本乡镇的社会主义民主法制建设和精神文明建设,做好社会治安综合治理及计划生育工作。

**第九条** 村党支部的主要职责是:

(一)贯彻执行党的路线方针政策和上级党组织及本村党员大会的决议。

(二)讨论决定本村经济建设和社会发展中的重要问题。需由村民委员会、村民会议或集体经济组织决定的事情,由村民委员会、村民会议或集体经济组织依照法律和有关规定作出决定。

(三)领导和推进村级民主选举、民主决策、民主管理、民主监督,支持和保障村民依法开展自治活动。领导村民委员会、村集体经济组织和共青团、妇代会、民兵等群众组织,支持和保证这些组织依照国家法律法规及各自章程充分行使职权。

(四)搞好支部委员会的自身建设,对党员进行教育、管理和监督。负责对要求入党的积极分子进行教育和培养,做好发展党员工作。

(五)负责村、组干部和村办企业管理人员的教育管理和监督。

(六)搞好本村的社会主义精神文明建设和社会治安、计划生育工作。

**第十条** 党员人数较多的村党支部,可以划分若干党小组。党小组在支部委员会领导下开展工作,组织党员学习和参加组织生活,检查党员履行义务、行使权利和执行支部委员会、党员大会决议的情况,反映党员、群众的意见和要求。

## 第四章 经济建设

**第十一条** 党的农村基层组织应当加强对经济工作的领导，坚持以经济建设为中心，深化农村改革，发展农村经济，增加农民收入，减轻农民负担，提高农民生活水平。

（一）坚持以公有制为主体、多种所有制经济共同发展的基本经济制度，以家庭承包经营为基础、统分结合的经营制度，以劳动所得为主和按生产要素分配相结合的分配制度。

（二）稳定发展粮食生产，积极发展多种经营和乡镇企业。发展多种经营要同支持和促进粮食生产相结合。发展乡镇企业要从实际出发，同促进农副产品流通和建设小城镇相结合。

（三）加强以水利为重点的农业基本建设，改善农业生态环境，实现农业可持续发展。

（四）领导制定本地经济发展规划，组织、动员各方面力量保证规划实施。

村党支部领导和支持集体经济组织管理集体资产，协调利益关系，组织生产服务和集体资源开发，逐步壮大集体经济实力。

（五）组织党员、群众学习农业科学技术知识，应用科技发展经济。

## 第五章 精神文明建设

**第十二条** 党的农村基层组织应当制定社会主义精神文明建设规划，保证社会主义物质文明建设和精神文明建设协调发展，促进农村经济和社会的全面进步。

**第十三条** 对群众进行爱国主义、集体主义和社会主义教育，党的基本路线和方针政策教育，思想道德和民主法制教育，引导农民正确处理国家、集体、个人三者之间的利益关系，培养有理想、有道德、有文化、有纪律的新型农民。

**第十四条** 搞好村镇规划，改善村镇面貌，创造文明卫生的生活环境；加强农村文化设施建设，开展健康有益的文体活动；改善办学条件，普及义务教育；开展创建文明村镇、文明户活动，破除封建迷信，移风易俗，树立社会主义新风尚。

**第十五条** 加强思想政治工作。宣传好人好事，弘扬正气。了解群众的思想状况，帮助解决群众的实际困难，及时疏导和化解人民内部矛盾，保持农村社会稳定。

## 第六章　干部队伍和领导班子建设

**第十六条**　不断提高农村基层干部队伍的素质。农村基层干部要认真学习马克思列宁主义、毛泽东思想特别是邓小平理论,坚决贯彻党的基本路线和党在农村的方针政策,坚持全心全意为人民服务的根本宗旨,增强带领群众发展经济、搞好两个文明建设的本领。

**第十七条**　加强农村基层干部队伍的思想作风建设。坚持实事求是,不准虚假浮夸;坚持依法办事,不准违法乱纪;坚持艰苦奋斗,不准奢侈浪费;坚持说服教育,不准强迫命令;坚持廉洁奉公,不准以权谋私。

**第十八条**　党的农村基层组织的领导班子,应当由认真贯彻执行党的路线方针政策,清正廉洁,公道正派,群众拥护,能够带领群众完成各项任务的党员组成。乡镇党委书记还应具有一定的理论和政策水平,较强的组织协调能力,熟悉党务工作和农村工作。村党支部书记还应具备一定的政策水平,善于做群众工作。

应当重视培养选拔优秀年轻干部,改善领导班子的结构。

**第十九条**　领导班子应当贯彻党的思想路线。反映情况,安排工作,决定问题,必须实事求是,一切从实际出发,说实话、办实事、求实效。

**第二十条**　领导班子应当贯彻党的群众路线。决定重大事情要同群众商量,布置工作任务要向群众讲清道理;经常听取群众意见,不断改进工作;关心群众生活,维护群众的合法权益,切实减轻群众负担。

**第二十一条**　领导班子应当贯彻党的民主集中制。坚持集体领导和个人分工负责相结合的制度。凡属重要问题,必须经过集体讨论决定,不允许个人或者少数人说了算。书记要敢于负责,有民主作风,善于发挥每个委员的作用。委员要积极参与和维护集体领导,主动做好分工负责的工作。

**第二十二条**　乡镇党委和村党支部委员会每半年召开一次以开展批评与自我批评为主要内容的组织生活会,接受党员和群众的监督。

## 第七章　党员队伍建设

**第二十三条**　农村党员应当在社会主义物质文明和精神文明建设中发挥先锋模范作用,带头执行党和国家的各项政策,带领群众共同致富。

**第二十四条**　党的农村基层组织应当组织党员学习马克思列宁主义、毛泽东思想特别是邓小平理论,学习党的基本知识和科学文化知识、社会主义市场经济知识、法律法规知识。

党员教育应当坚持理论联系实际，适合农村特点，贴近党员思想，采取多种形式。发挥乡镇党校、党员活动室和党员电化教育的作用。

乡镇党委每年应当对党员分期分批进行集中培训一次。

**第二十五条** 严格党的组织生活。村党支部每月应当开展一次党员活动，包括学习党的文件，上党课，召开组织生活会等。

**第二十六条** 坚持和完善民主评议党员制度。对优秀党员，要进行表彰；对不合格党员，要依照有关规定，分别采取教育帮助、限期改正、劝其退党、党内除名等方式进行严肃处置。

**第二十七条** 尊重和保障党员的各项权利，教育和监督党员履行义务。要使党员对党内事务有更多的了解和参与。要组织开展党员联系户等活动，给党员分配适当的社会工作和群众工作，为党员发挥作用创造条件。

**第二十八条** 加强和改进对外出党员的教育和管理。对外来党员，有关党组织应当及时将他们编入党的支部和小组，组织他们参加党的活动。

**第二十九条** 严格执行党的纪律。经常向党员进行遵纪守法教育。党员违犯党的纪律，应当及时严肃查处。处分党员必须按照党章和有关规定进行。对受到党的纪律处分的，要加强教育，帮助他们改正错误。

**第三十条** 按照坚持标准、保证质量、改善结构、慎重发展的方针和有关规定，做好发展党员工作。注意吸收优秀青年、妇女入党。

村级党组织发展党员必须经过乡镇党委审批。

## 第八章 附 则

**第三十一条** 省、自治区、直辖市党委可以根据本条例，结合本地区情况制定实施细则。

**第三十二条** 本条例由县(市)党委负责实施。

**第三十三条** 本条例由中共中央组织部负责解释。

**第三十四条** 本条例自发布之日起施行。

# 中共中央组织部关于在实施关闭、破产国有企业中加强党的工作的意见

(2000 年 4 月 30 日)

为深入贯彻党的十五届四中全会精神,保证国有企业改革和发展的顺利进行,现就在实施关闭、破产企业中加强党的工作的有关问题,提出如下意见。

**一、从维护改革、发展、稳定大局的高度,充分认识在实施关闭、破产国有企业中加强党的工作的重要意义**

在建立和完善社会主义市场经济体制过程中,对一些资源枯竭和长期亏损、扭亏无望的国有企业实行关闭、破产是不可避免的。这些企业情况比较复杂,存在的矛盾和问题较多。高度重视并认真解决这些矛盾和问题,关系到国有企业的战略性改组,关系到使国有企业形成适应社会主义市场经济要求的管理体制和经营机制,关系到维护职工的合法权益和社会稳定。

企业党组织是企业的政治核心。实践证明,在实施关闭、破产国有企业中加强党的工作,充分发挥党的政治优势、组织优势和密切联系群众的优势,广泛宣传党的方针政策,深入做好思想政治工作,引导职工转变择业观念,加强对党员和干部的教育管理,是保证企业关闭、破产工作顺利进行的一项重要措施。各级党委和关闭、破产企业原上级主管单位的党组织,应当从维护改革、发展、稳定大局的高度,深刻认识在这些企业中加强党的工作的重要性和紧迫性,切实做好这方面的工作。

**二、实施关闭、破产企业的党组织要坚定地站在工作第一线,保证企业关闭、破产的顺利进行**

企业实施关闭、破产过程中,党的组织不能散,党的工作不能停,要把正确引导职工、保持稳定,保证关闭、破产工作顺利进行作为党组织的中心任务。

1. 认真学习和宣传企业关闭、破产的有关方针政策、法律法规,主动参与关闭、破产方案的制定,并围绕关闭、破产方案的实施积极开展党的工作。工作中的重大问题,要及时向上级党组织请示报告。

2. 大力加强思想政治工作。教育引导党员、干部和职工顾全大局,理解和

支持企业的关闭、破产,耐心细致地做好宣传解释工作。指导企业工会、共青团等群众组织充分发挥各自的作用,做好群众工作。要建立稳定、畅通的信息反馈渠道,及时掌握职工群众的思想动态,有针对性地做好解疑释惑和思想疏导工作。与此同时,要督促落实有关职工群众福利待遇的各项政策,重视职工群众提出的合理要求,并尽力帮助他们解决实际困难。

3. 教育引导职工转变择业观念。宣传社会主义市场经济条件下的社会就业政策,推广下岗职工再就业方面的先进典型,引导职工自强自立。要会同有关方面广开就业门路,积极组织职工参加再就业培训,提高就业技能,为他们早日实现再就业创造条件。

4. 协助有关方面建立健全企业关闭、破产过程中的内部监管制度。要落实党风廉政责任制,严格执行各项纪律规定,防止失职和渎职行为的发生,防止借关闭、破产之机隐匿、转移、私分国有资产。要协助、支持企业经营管理机构对生产设施、设备等国家财产进行保护,对于盗窃、哄抢国家财物等不法行为要采取措施,及时果断地加以制止。

5. 教育党员充分发挥先锋模范作用。认真执行组织生活制度,坚持正常的党内生活。要给党员分配工作任务,并为他们发挥作用创造必要条件。对拒不执行组织决定、不履行党员义务的,要批评帮助,经教育不改的,要进行组织处理。

**三、实施关闭、破产企业中的共产党员,要充分发挥先锋模范作用**

共产党员在任何时候任何情况下,都必须坚定理想信念,保持共产党员的先进性。关闭、破产企业的共产党员尤其要自觉履行义务,以自己的模范行为影响和带动职工群众克服困难。

1. 增强党的观念,严格遵守党的纪律。坚决拥护和执行党和政府关于企业关闭、破产的各项政策、规定。正确处理个人利益和集体利益、国家利益的关系,识大体,顾大局。党员个人有意见和建议,应通过正当渠道向党组织提出,不允许参与或组织集体上访、静坐、示威等活动。

2. 认真学习、宣传党的十五届四中全会精神和企业关闭、破产的有关方针政策、法律法规。主动了解周围职工群众的思想状况,帮助职工群众树立战胜困难的信心和勇气,实事求是地向党组织反映职工的意见和要求。发现不稳定苗头,要及时向党组织报告,并努力做好说服劝阻工作,防止矛盾激化。一旦出现突发事件,要按照党组织的要求,积极协助有关方面做好工作。

3. 带头转变择业观念。努力学习新知识、新技能,积极参加再就业培训,提高再就业本领。发扬不等不靠、自强自立的精神,主动寻找新的就业岗位,带动职工群众再就业。

4. 在企业关闭、破产过程中,党的组织关系仍然留在企业的党员,要积极参加党的组织生活,按时交纳党费,完成党组织交给的任务。与企业解除劳动关系的党员,要按照党组织的要求,及时将组织关系转移到有关党组织,并接受所在党组织的管理和教育。

**四、及时调整关闭、破产企业党组织设置,明确党组织隶属关系,及时转移党员组织关系**

地方党委和关闭、破产企业原上级主管单位党组织,在制定关闭、破产方案时,应将企业党组织的设置、隶属关系调整等问题作为重要内容考虑进去,不允许出现"有党员无组织、有组织无上级"的现象。

1. 企业在开始进入关闭、破产程序至善后工作结束期间,党组织设置和隶属关系一般保持不变。必要时,有的破产企业经上级党组织批准,可以建立临时党组织。关闭、破产企业善后工作全部结束后,由上级党组织宣布原企业党组织撤销。

2. 关闭、破产企业要适时调整党组织设置。启动关闭、破产程序初期,企业内党组织设置原则上不变;随着关闭、破产工作的深入进行,要根据工作需要及时调整所属党组织的设置。有效资产进行重组后组建的新企业,要及时建立党组织并明确隶属关系。

3. 切实做好党员组织关系转移工作。党员与企业解除劳动关系,已有新的就业单位的,要将组织关系及时转到新的就业单位;已办理退(离)休手续的,组织关系要转到本人居住地;党员去向比较集中的,可为这些党员办理党组织关系整体移交。党员组织关系暂时不能转走的,要组建临时党组织,组织党员正常开展活动。

**五、地方党委和企业原上级主管单位党组织,要切实加强对实施关闭、破产企业党的工作的领导和具体指导**

企业的关闭、破产是一项政策性很强、涉及到职工切身利益的重要工作。地方党委和企业上级党组织要把关闭、破产企业党的工作列入议事日程,切实加强领导。

1. 要建立关闭、破产国有企业党的工作责任制。地方党委和企业原上级主管单位党组织,要对本地区本部门关闭、破产企业党的工作情况进行深入调查,摸清存在的问题。关闭、破产企业所在地和企业原上级主管单位党组织主要负责人是第一责任人,直接指导企业关闭、破产的党员领导干部是直接责任人。责任人要切实负起领导责任,组织有关方面共同做好工作,解决实际问题,使企业党组织在困难的时候能够得到有力的支持和有效的指导。

2. 要加强对关闭、破产企业领导班子建设的指导。在企业关闭、破产方案实施前，要对这些企业的领导班子进行全面考察。因资源枯竭而关闭的企业，在实施关闭过程中，领导班子一般保持相对稳定；领导力量薄弱的，可进行调整充实。因经营管理不善导致企业破产的领导班子，要查清问题，分清责任，果断进行调整，对其中有违纪违法行为的企业领导人员，应及时严肃查处。

3. 要指导和帮助关闭、破产企业建立一支以党员、干部为主，善于做群众工作和思想政治工作的骨干队伍。对那些在实施企业关闭、破产工作中坚守岗位，尽职尽责，作出突出成绩的，上级党组织要帮助他们实现再就业或适当安排工作，以解决他们的后顾之忧。

4. 要组织协调社会各方面的力量，为关闭、破产企业加强党的工作创造良好的外部环境。街道、社区既是接收关闭、破产企业党员的重要渠道，也是协助关闭、破产企业化解矛盾、维护稳定的重要阵地，要大力加强街道、社区党建工作。要组织有关方面做好党和国家的方针政策以及职工再就业先进典型的宣传报道，为关闭、破产企业党组织做好工作提供舆论支持。

# 关于加强社会力量举办学校党的建设工作的意见

(中共中央组织部、中共教育部党组
2000 年 6 月 6 日印发)

随着教育体制改革的不断深化,在党和政府“积极鼓励、大力支持、正确引导、加强管理”方针的指导下,越来越多的企业事业组织、社会团体及其他社会组织和公民个人等社会力量投身到教育事业之中。社会力量办学事业快速发展,已成为我国教育事业的组成部分,为我国经济建设和社会发展培养了大批人才。为了加强党对社会力量举办学校及其他教育机构(以下简称社会力量举办学校)工作的领导,促进社会力量举办学校的健康发展,现就加强社会力量举办学校党的建设工作提出以下意见:

**一、及时在社会力量举办学校建立党的组织,理顺党组织的隶属关系**

凡经教育、劳动等有关行政主管部门批准,依照国家有关行政法规登记的社会力量举办学校,已具备建立党组织条件的,必须及时建立党的基层组织。暂不具备建立党组织条件的,要积极创造条件建立党的基层组织。社会力量举办学校党组织的设置形式,根据党员人数和工作需要,按照有关规定确定。

社会力量举办学校党组织的领导成员,按照有关规定选举产生,选出的书记、副书记应报上级党组织批准。暂不具备选举条件的,可先由上级党组织指派或任命党组织的负责人,待条件成熟后,再按规定进行选举。社会力量举办学校党组织的负责人,经选举可由学校行政负责人中的党员担任。设校董会的社会力量举办学校,党组织负责人应进入校董会。学校党组织负责人工作变动时,须征求上级党组织的意见。

企业事业组织、社会团体及其他社会组织举办的高等学校,由举办单位党组织负责学校党组织的建立,并领导其工作。举办单位确有困难或由公民个人及其他形式举办的高等学校,由省(自治区、直辖市)、市党委教育工作部门或政府教育行政部门党组织负责学校党组织的建立,并领导其工作。省(自治区、直辖市)、市党委教育工作部门或政府教育行政部门党组织领导确有困难的,可商同级党委组织部,由党委组织部指定有关党组织负责学校党组织的建立,并领导其工作。

企业事业组织、社会团体及其他社会组织举办的中等教育及其以下的学校，由举办单位党组织负责学校党组织的建立，并领导其工作。举办单位确有困难或由公民个人及其他形式举办的学校，可由学校所在地的教育、劳动等有关行政主管部门或乡镇、街道等基层党组织负责学校党组织的建立，并领导其工作。

社会力量举办学校党组织工作机构的设置和党务工作人员的配备，由学校根据工作需要确定。对兼职党务工作人员所从事的党务工作应计算一定的业务工作量。党组织活动经费应列入学校年度经费预算，党组织活动时间要有保证。

**二、明确社会力量举办学校党组织的主要职责**

社会力量举办学校党组织在教职员工和学生中发挥政治核心作用，贯彻党的教育方针，紧紧围绕培养德、智、体、美等方面全面发展的社会主义事业建设者和接班人的根本任务开展工作。其主要职责是：

（一）宣传和贯彻执行党的路线、方针、政策，执行上级党组织和本组织的决议、决定，监督学校行政管理机构和行政负责人认真执行党的教育方针，遵守国家的法律法规，坚持社会主义办学方向。

（二）对学校教学和行政管理工作中的重大问题提出意见和建议，支持学校行政管理机构和行政负责人依法办学。

（三）加强学校党组织的自身建设。做好党员教育、管理、监督工作和发展党员工作。

（四）领导学校思想政治工作和德育工作。

（五）领导学校工会、共青团、学生会等群众组织和教职工大会（代表大会）。

（六）做好统一战线工作。对学校内民主党派的基层组织实行政治领导，支持他们按照各自的章程开展活动。

每个学校党组织都应结合各自的实际情况，确定具体的职责范围，制定切实可行的工作制度。

**三、加强社会力量举办学校党组织的自身建设和思想政治工作**

要按照江泽民同志提出的“三个代表”的要求，加强党的建设，加强学校党组织领导班子建设，提高领导班子成员的思想政治素质、业务能力和工作水平。贯彻民主集中制原则，增强党组织的凝聚力和战斗力。

严格党的组织生活，教育和监督党员认真贯彻执行党的路线、方针、政策，严格遵守国家的法律法规和学校的规章制度，表彰优秀党员，严肃处置不合格党员。

加强对入党积极分子的教育、培养和考察,有计划、有重点地做好发展党员工作,要特别重视在青年教师和高等学校的学生中发展党员。

在社会力量举办学校中从事专职工作半年以上的党员,应按照规定转移党员组织关系。教职工党员聘任期满后不再续聘的,应及时转移党员组织关系。因特殊情况不能将组织关系转入学校党组织的教职工党员的管理问题,由学校党组织同教职工党员所在单位党组织商定。

社会力量举办学校党组织,要把加强思想政治工作作为重要任务常抓不懈。要切实加强教师队伍的思想道德建设,引导他们用马克思主义理论指导教学工作,全面推进素质教育,把教书与育人结合起来。要切实加强对学生的思想道德教育,引导他们树立正确的世界观、人生观和价值观,做有理想、有道德、有文化、有纪律的社会主义事业建设者和接班人。要充分发挥工会、共青团、学生会等群众组织在思想政治工作中的作用。

**四、加强对社会力量举办学校党的建设工作的领导**

各级党委要把社会力量举办学校党的建设工作摆上议事日程,切实加强领导。党委组织部门要加强调查研究、检查指导,做好组织协调工作,及时总结、推广社会力量举办学校党的建设工作的先进经验。当前,要着力指导有关方面抓好社会力量举办学校党组织的建立工作。

社会力量举办学校比较集中的地方,党委教育工作部门或政府教育、劳动等有关行政主管部门党组织应有专人负责社会力量举办学校党的建设工作。教育、劳动等有关行政主管部门检查、指导、评估学校工作时,应把党的建设和思想政治工作情况作为重要内容。社会力量举办学校的审批部门要把学校党的建设工作作为学校年度工作检查的一项重要内容,发现问题,会同有关部门及时解决。

社会力量举办学校的上级党组织,要把领导和指导学校党的工作,作为一项重要职责和经常性工作,明确领导分工,采取有效措施,认真抓好落实。

# 关于加强和改进科研院所党的建设工作的意见

（中共中央组织部2000年6月30日印发）

科研院所是科学研究和技术开发的基地，是培养高层次科技人才的基地，是促进高科技产业发展的基地。加强和改进科研院所党的建设工作，对于实施科教兴国战略，深化科技体制改革，促进科技事业发展，具有重要意义。

党的十一届三中全会以来，各地、各部门为加强科研院所党的建设，促进科研院所的改革和发展，做了大量工作，积累了不少经验。同时应当看到，新形势下科研院所党的建设工作出现了新的情况，面临着新的问题。为了进一步发挥科研院所党组织在深化科技体制改革和加速科技进步中的政治核心作用，根据《中国共产党章程》、《中共中央、国务院关于加速科学技术进步的决定》和中央有关规定，现就加强和改进科研院所（不含社会科学研究院所，下同）党的建设工作，提出如下意见：

**一、科研院所党的建设工作的指导思想和目标要求**

科研院所党的建设工作要坚持以马列主义、毛泽东思想、邓小平理论为指导，按照江泽民同志提出的“三个代表”的要求，紧紧围绕深化科技体制改革和促进科技发展，加强党的思想、组织和作风建设，充分发挥科研院所党委的政治核心作用、党支部的战斗堡垒作用和党员的先锋模范作用，为推进科研院所两个文明建设提供坚强的组织保证。

充分发挥党组织的政治核心作用，坚持和完善院（所）长负责制，建立科学的科研院所管理体制。科研院所党的建设工作的目标是：（一）建设一个能够总揽全局，党政关系协调，锐意改革，廉洁奉公，得到群众拥护的领导班子；（二）走出一条符合党和国家科技发展战略，能够发挥自身优势，增强科技实力和提高效益的发展路子；（三）培育一支德才兼备，立志报效祖国、服务人民的高素质的科技队伍；（四）形成一套有利于党组织和党员在两个文明建设中发挥作用的工作制度。实现上述目标，是党组织和院（所）长的共同责任。党组织要支持院（所）长按科研院所特点和科学规律管理好科研院所，院（所）长要依靠党组织做好科研院所的各项工作。

**二、科研院所党组织的职责**

科研院所党委(含独立科研院所党总支部委员会、支部委员会,下同)要认真贯彻执行党章规定的党的基层组织的基本任务,发挥政治核心作用。其主要职责是:

1. 宣传贯彻党的路线、方针、政策和国家的法律、法规,执行上级党组织的决议、决定,保证监督党的方针、政策和国家的法律、法规在本单位的贯彻执行。

2. 支持院(所)长依法行使职权,参与本单位重大问题的决策,保证和监督重大决策的实施,促进科研、生产、经营、管理工作的顺利进行。

3. 坚持党管干部原则,保证党的干部路线、方针、政策在本单位的贯彻执行。按照干部管理权限和有关规定,与院(所)长共同做好干部的选拔、教育、培养、考核和监督工作。

4. 加强领导班子建设和党组织的思想、组织、作风建设,做好党员的教育、管理和发展工作,发挥党员的先锋模范作用。

5. 领导本单位的思想政治工作和精神文明建设,做好统战工作,充分发挥科技人员和干部职工的积极性、创造性。

6. 领导工会、共青团等群众组织,支持他们依照国家的法律和各自的章程,独立自主地开展工作。

**三、科研院所党组织参与本单位重大决策的内容、途径和方法**

科研院所党组织参与本单位重大问题决策的内容是:院所发展方向、中长期发展规划和年度计划;重大科研项目和重大合资、合作项目方案;重大技术改造和技术引进方案;财务预决算、资产重组和重大的资金运作方案;重要改革方案和重要管理制度的制定、修改和废除;中层以上管理干部的选拔、任用和奖惩;涉及职工切身利益的重要问题和需要提交职工代表大会审议的重大问题。

科研院所党组织要与院(所)长共同努力,建立健全科学、民主的决策制度和重要问题集体议事的规则及程序。党组织要善于把党和国家的方针政策及上级的要求,结合本单位的实际,体现在各项具体决策和制度中,不断提高参与决策的能力和水平。决策前,要广泛听取党内外群众和专家的意见,为行政领导多提供一些超前性、有价值的意见和建议;决策中,要协助院(所)长组织好讨论,使决策的过程成为集思广益、形成共识的过程;决策后,要动员党员和群众保证决策的实施,并注意收集、反馈决策实施的情况。在决策实施过程中遇有风险和困难时,要与行政领导共同商量,积极主动地做好工作。如果行政领导的决策不符合党和国家的方针政策或不按程序进行,党组织应及时提出意见,如得不到纠正,应向上级党组织报告。

党组织在干部管理工作中的主要职责是：贯彻干部队伍“四化”方针和德才兼备原则，坚持任人唯贤，反对任人唯亲；与院（所）长共同做好干部教育、培养、选拔、考核和监督工作；负责管理和任免本单位的党群干部；按照有关规定，积极推进人事制度改革。院所中层管理干部的任免（聘任、解聘），事先要经过组织人事部门考察，经过党政领导集体讨论后，由院（所）长依法任免（聘任、解聘）。集体讨论的形式可以是党委会或党政联席会议。多数人不赞成的干部不能提名，没有经过考察的不能提交会议讨论，没有经过集体讨论的不能任免。对意见分歧较大或者有重大问题尚未查清的干部，应暂缓决定任免（聘任、解聘）。

**四、科研院所党组织领导班子建设**

适应社会主义市场经济体制和科研院所改革、发展的需要，以思想政治建设为重点，全面提高党组织领导班子的素质，把科研院所党委领导班子建设成为认真贯彻执行党的路线、方针、政策和国家的法律、法规，全心全意为人民服务，团结协作，廉洁务实，开拓创新，能够带领广大科技人员和干部职工搞好科研院所两个文明建设的坚强领导集体。

按照德才兼备的原则，把科研院所党委书记选配好。党委书记应具备较高的马克思主义理论水平和政策水平，有比较丰富的社会主义市场经济知识、现代科技知识和科研管理知识，热心科学技术事业，有较强的组织协调能力，作风民主，办事公道，廉洁自律，勤奋敬业，密切联系群众。根据科研院所的实际情况，党委书记一般应从经过党政两种岗位锻炼的党员中选拔，可以专职，也可以与行政领导交叉任职。规模较小的科研院所，条件具备的，党政主要领导职务可由一人担任。

优化科研院所党委领导班子结构，提高整体素质。为适应工作需要，党员行政领导进入党委班子应有适当的人数。实行股份制的科研院所，要按照党章规定，建立党组织；党委负责人可依法进入董事会、监事会和行政领导班子。实行理事会制度的科研院所，党委负责人可以进入理事会、监事会，使党的建设工作同科研、生产、经营工作有机结合起来。

加强科研院所党委领导班子建设，必须贯彻从严治党的方针，对领导干部严格要求、严格管理、严格监督，教育领导干部自觉讲学习、讲政治、讲正气，自重、自省、自警、自励，不断提高领导班子成员的思想政治素质。认真贯彻执行民主集中制原则，建立健全党委议事规则、中心组理论学习、民主生活会、廉洁自律和联系群众等制度。

运用党内监督、法律监督、职工民主监督、财务审计监督和舆论监督等手段,对领导干部实施有效的监督。建立健全科研院所年度审计和院(所)长离任审计、领导干部收入申报、向职代会报告工作和民主评议领导干部等制度,并认真付诸实施。

**五、科研院所党组织工作机构设置和党支部建设**

科研院所党组织工作机构的设置和专职党务干部的配备,应按照精干、高效,有利于加强党的建设和思想政治工作,促进科研院所改革和发展的原则确定。规模较大的科研院所,可以设置组织、宣传、办公室等工作机构;规模较小的,可以设置一个机构,配备精干的专职党务干部,也可以与职能相近的行政部门合署办公。与行政部门合署办公的,必须明确党组织工作机构的名称,其主要负责人应由党员担任,同时配备一定数量的专、兼职党务干部。根据新形势、新任务的要求,大力培养既善于做党务工作,又熟悉科技工作,德才兼备,一专多能的"复合型"人才。要有组织、有计划地安排党务干部与行政、业务干部之间的双向交流。兼职党务干部要认真负责地履行党务工作职责。要保证他们做党务工作的时间,并把他们的党务工作同业务工作结合起来考核。要充分考虑党务工作的特点,注意解决好专、兼职党务工作人员的职级、职称、待遇等方面的问题。

充分发挥党支部的战斗堡垒作用和党员的先锋模范作用。适应科研院所改革和发展的需要,及时调整党支部设置,选配好党支部书记。党支部要围绕本单位中心工作开展党的活动。坚持组织生活会制度和民主评议党员制度。努力探索适应新形势要求的党员活动方式,积极开展党的活动,切实加强对党员的教育、管理和监督。按照"坚持标准、保证质量、改善结构、慎重发展"的方针,做好发展党员工作,注重在中青年科技人员中培养入党积极分子和发展党员。

**六、科研院所思想政治工作**

科研院所党组织要紧密结合本单位的实际,与院(所)长密切配合,切实加强思想政治工作,充分发挥广大科技人员的积极性、主动性和创造性,努力建设有理想、有道德、有文化、有纪律的职工队伍。

科研院所思想政治工作的主要任务是:用马列主义、毛泽东思想、邓小平理论武装广大科技人员和干部职工;加强党的路线、方针、政策和形势任务教育,引导科技人员和干部职工树立正确的世界观、人生观、价值观,增强科教兴国的责任感;加强爱国主义、集体主义、社会主义教育和科研职业道德教育,激励科技人员自觉用知识报效祖国、服务人民,为发展我国的科技事业作贡献。

要遵循科研工作规律,根据科技人员特点,增强思想政治工作的针对性和实效性，把思想政治工作渗透到科技工作实践中去，做到群众最关心、最容易产生思想问题的环节中去。要重视发挥行政业务领导和学术带头人在思想政治工作中的特殊作用，将深入细致的思想政治工作同严格管理结合起来，同解决实际问题结合起来，充分发挥思想政治工作的威力。

科研院所党组织要认真贯彻执行党的知识分子政策。科技人员是科研、生产和经营中的主力军，对他们要在政治上充分信任，工作上放手使用，生活上热情关心。要认真贯彻执行党的统战政策，做好民主党派成员和党外专家、学者的工作，加强与他们的联系，关心他们的思想、工作和生活，认真听取他们对科研院所改革和发展的意见。对非中共党员担任科研院所领导职务的，党组织要诚心诚意地支持他们的工作，帮助他们解决工作中的困难，充分发挥他们在两个文明建设中的作用。

**七、加强对科研院所党的建设工作的领导和指导**

各级地方党委和有关部门党组（党委），要坚持从严治党的方针，切实加强对科研院所党的建设工作的领导和指导，把这项工作摆上重要议事日程。要建立健全党的建设工作责任制，制定实施加强科研院所党的建设工作的规划，并加强督促检查。要注意选拔德才兼备的中青年科技人员担任科研院所领导职务，尤其要选好配强党政主要负责人，增强领导班子合力。

各级地方党委和有关部门党组（党委）要适应建立社会主义市场经济体制和深化科技体制改革的需要，用改革的精神研究科研院所党的建设工作的新情况，总结新经验，解决新问题，加强分类指导，保证科研院所党的建设工作和科研、生产、经营活动健康发展。

# 关于加强社会团体党的建设工作的意见

(中共中央组织部2000年7月21日印发)

为了加强党对社会团体的领导,促进社会团体健康发展,现就加强社会团体(不包括《社会团体登记管理条例》规定免于登记的社会团体和特定社会团体,下同)党的建设工作提出以下意见:

**一、充分认识加强社会团体党的建设工作的重要性**

改革开放以来,我国的社会团体迅速发展,在政治、经济、文化建设中发挥着越来越广泛的作用。社会团体是党的工作和群众工作的重要阵地。加强社会团体党的建设工作,有利于党的路线、方针、政策在社会团体的贯彻落实,有利于在新形势下扩大党的工作的覆盖面和影响力、渗透力,有利于保证社会团体的健康发展。目前,社会团体管理工作比较薄弱,社会团体党的建设工作也存在一些亟待解决的问题。主要是:绝大多数社会团体没有建立党的基层组织,尤其是有些已具备建立党组织条件的社会团体没有及时建立党的基层组织,在这些社会团体中工作的党员长期不能参加党的组织生活;一些已经建立党组织的社会团体,对党员的教育、管理和监督工作比较薄弱,党员未能充分发挥先锋模范作用;社会团体党组织的设置形式不够完善,难以担负起对社会团体的活动进行有效监督的职责;一些业务主管单位党组织对所属社会团体党的建设和思想政治工作疏于管理,有的甚至不闻不问。对此,各级党委一定要高度重视,采取有力措施,尽快改变社会团体党的建设工作薄弱的状况。

**二、建立健全社会团体党的组织,理顺党组织的隶属关系**

凡按国务院《社会团体登记管理条例》要求,经政府社会团体登记管理机关核准登记的社会团体,其常设办事机构专职人员(包括长期聘用人员,下同)中有正式党员3人以上的,都应及时建立党的基层组织;正式党员不足3人的,可与同一业务主管单位所属的其他社会团体或其他邻近单位建立联合党支部,或将党员组织关系转入其业务主管单位或挂靠单位的党组织,参加党的活动。对暂不具备建立党组织条件的社会团体,上级党组织可向社会团体选派、输送、推荐符合条件的党员,为社会团体单独建立党组织创造条件;或指派党的建设工作联络员,负责社会团体的思想政治工作,做好党员的教育、管理和发展工作及党组织的建立工作。

社会团体党组织的设置形式，根据党员人数和工作需要按照有关规定确定。

社会团体党组织负责人应当认真贯彻执行党和国家的方针、政策，善于做思想政治工作和群众工作，坚持正确的政治方向。社会团体党组织负责人一般应由社会团体行政负责人中的党员担任，按有关规定选举产生。

在社会团体举行会员大会、理事会或其他重要活动期间，应根据工作需要成立社会团体临时党组织。社会团体临时党组织由业务主管单位或挂靠单位党组织批准成立，其设置形式按照有关规定确定。社会团体临时党组织的领导成员，一般应由社会团体领导成员中的党员担任。

社会团体党组织（包括临时党组织）原则上隶属于其业务主管单位党组织。业务主管单位党组织负责社会团体党组织的建立，并领导其工作；业务主管单位党组织领导确有困难的，可商社会团体挂靠单位等有关党组织负责社会团体党组织的建立，并领导其工作。

社会团体党组织工作机构的设置和党务工作人员的配备，由社会团体根据工作需要确定。规模较大、党员人数较多的社会团体，根据工作需要，可设置精干的党组织工作机构或配备专职党务工作人员。社会团体党组织的活动经费要有保证。

**三、明确社会团体党组织的主要职责**

社会团体党组织应全面贯彻执行党章规定的党的基层组织的基本任务，其主要职责是：

（一）宣传和贯彻党的路线、方针、政策，执行上级党组织和本组织的决议、决定。监督社会团体遵守国家法律、法规，坚持正确的政治方向。

（二）支持社会团体及其负责人按照社会团体章程开展工作。

（三）加强党组织自身建设，做好党员的教育管理工作和发展党员工作，发挥党员的先锋模范作用。

（四）领导精神文明建设和思想政治工作。

（五）做好统一战线工作。

社会团体党组织必须自觉接受上级党组织的领导，定期汇报工作。如发现社会团体的活动违反党的方针、政策和国家的法律、法规，应及时向上级党组织或有关部门报告。

社会团体在重要活动期间成立的临时党组织发挥政治核心作用，参与社会团体重大问题的决策，制止和纠正违反党的路线、方针、政策和党中央决定的活动,保证社会团体的活动严格遵守国家法律、法规。活动结束以后,要向主管部门党组织报告有关情况。

**四、做好社会团体党员的教育管理工作**

社会团体已经建立党组织的,其常设办事机构专职人员中的党员,应将组织关系转入社会团体党组织,参加社会团体党的组织生活。

社会团体党组织要结合社会团体业务活动,加强对党员的教育管理工作。党员教育应体现社会团体的特点,贴近党员的实际。要加强理想信念教育,引导党员用马克思列宁主义、毛泽东思想、邓小平理论武装头脑,坚定建设有中国特色社会主义的信念,自觉地贯彻执行党的路线、方针、政策,与党中央保持高度一致。要加强马克思主义唯物论和无神论教育,大力提倡科学精神,自觉抵制各种非无产阶级思想的侵蚀,坚持用马克思主义的世界观和方法论指导社会团体的活动。要进行增强党性,发挥党员作用的教育,引导党员自觉遵守党的纪律,执行党的决定,并以自己的模范带头作用,影响和团结社会团体其他成员做好各项工作。要进行法制教育,引导党员增强法制观念,坚持依法办事、遵纪守法,自觉维护安定团结的政治局面。

机关、企业、事业等单位党组织要对本单位加入社会团体的党员进行登记并切实加强教育管理工作,经常了解党员在社会团体中的情况,发现问题,及时解决。

社会团体会员中的党员要定期向所在单位党组织汇报参加社会团体活动的情况,自觉接受党组织的管理和监督。社会团体领导成员中的党员,凡经常参加社会团体活动的,除应在所在单位参加党的组织生活外,还应参加社会团体党组织的活动,接受社会团体党组织的管理和监督。

**五、加强对社会团体党的建设工作的领导**

各级党委要把社会团体党的工作作为党的建设工作的重要组成部分,列入议事日程,切实加强领导。各级党委组织部门和各级政府民政部门以及社会团体业务主管单位党组织要通力合作,共同做好社会团体党的建设工作。

党委组织部门要指导有关部门和单位党组织做好社会团体党组织的建立工作;指导有关部门和单位党组织加强对社会团体党组织的领导;对社会团体党的建设工作进行调查研究,总结、推广典型经验,及时解决突出问题。

民政部门党组织应要求有关职能机构在社会团体成立、变更的登记中,督促具备条件的社会团体建立党组织;对社会团体实施年度检查时,把社会团体党组织的设置情况作为检查的一项内容,发现问题,会同有关部门及时解决。

社会团体业务主管单位和挂靠单位党组织要切实做好所领导社会团体党

的建设工作，指导和帮助具备建立党组织条件的社会团体及时建立党的组织；根据社会团体的变化，适时调整社会团体党组织的设置；选好配强社会团体党组织负责人，并做好党组织负责人的教育和培训工作；监督指导社会团体党组织认真履行其职责。

# 关于在个体和私营等非公有制经济组织中加强党的建设工作的意见(试行)

(中共中央组织部2000年9月13日印发)

为了加强非公有制经济组织中党的建设,促进非公有制经济健康发展,根据《中国共产党章程》,结合当前实际情况,提出以下意见:

**一、充分认识加强非公有制经济组织党建工作的重要性和紧迫性**

党的十五大明确提出,公有制为主体、多种所有制经济共同发展,是我国社会主义初级阶段的一项基本经济制度。改革开放以来,个体、私营等非公有制经济迅速发展,已经成为我国社会主义市场经济的重要组成部分。据统计,目前全国已有私营企业近158万家,个体工商户3160多万户,从业人员约1.3亿人。非公有制企业在活跃城乡经济、满足社会多方面需要、增加就业、促进国民经济发展等方面发挥着重要的作用。

非公有制经济组织是党的建设工作的一个重要领域。在非公有制经济组织中建立党的组织,开展党的工作,加强党的建设,充分发挥党的思想政治优势、组织优势和密切联系群众的优势,是坚持和完善社会主义初级阶段的基本经济制度,保证监督党和国家的方针政策、法律法规贯彻实施,引导非公有制经济健康发展的需要;是加强党同非公有制企业广大职工的联系,巩固和扩大党的群众基础的需要;从根本上说,是保证我们党始终代表中国先进社会生产力的发展要求、中国先进文化的前进方向、中国最广大人民的根本利益的需要。

近几年来,许多地方在非公有制经济组织中积极开展党的工作,进行了有益探索,取得了一定成效。但是,这项工作的发展还很不平衡,一些地方的党组织对于在非公有制经济组织中开展党的工作的重要性认识不足,主动性不够,采取的措施不力,非公有制企业中党组织的状况不适应形势发展的要求。据统计,截止1999年底,全国私营企业中已建立党组织的仅占私营企业总数的1.5%。许多企业具备建立党组织条件,由于工作不力尚未建立。有的虽然建立了党组织,但由于职责任务不明确,工作方法和活动方式不适应,党组织的作用发挥得不好,在职工群众中的凝聚力不强。各级党委特别是县(市、区)党委要从巩固党的执政地位、保证党的基本路线全面贯彻执行的战略高度，充分认识加强非公有制经济组织党建工作的重要性和紧迫性，增强政治责任感，采取得力措施，切实加强非公有制经济组织党建工作。

**二、在非公有制经济组织中加强党建工作的指导思想和原则**

加强非公有制经济组织中的党建工作，要以马列主义、毛泽东思想、邓小平理论和江泽民同志“三个代表”的重要思想为指导，认真贯彻执行党和国家的方针政策、法律法规，坚持党要管党、从严治党的方针，全心全意依靠职工群众，紧紧围绕党的中心任务和企业生产经营开展工作，积极探索发挥党组织作用的方法和途径，增强党组织的凝聚力、战斗力和影响力，促进非公有制企业健康发展。

在非公有制经济组织中开展党建工作，要坚持以下原则：第一，必须遵循党章规定。凡党员人数符合建立党组织条件的企业都应建立党的组织，按照企业特点开展党的活动，完成党章规定的党的基层组织的基本任务。第二，必须把加强非公有制经济组织党的建设与促进非公有制经济的发展有机结合起来。适应社会主义市场经济的要求，充分发挥党员在企业两个文明建设中的先锋模范作用，提高企业的经济效益，引导、监督企业依法经营，健康发展。第三，必须把关心和维护职工合法权益作为非公有制企业党组织的一项重要工作。密切联系群众，做好群众工作，不断增强党组织在职工中的影响力和凝聚力。第四，必须注重工作实效。从非公有制企业的实际出发，坚持解放思想，大胆探索，勇于创新，不断提高工作水平。

**三、抓紧在非公有制经济组织中建立健全党的组织**

凡是有正式党员 3 名以上的非公有制经济组织，都应当建立党的基层组织。党员人数在 3 名以上、50 名以下的，应建立党支部；党员人数不足 3 名的，可就近与其他组织中的党员建立联合党支部；党员人数超过或接近 50 名、100 名的，可分别建立党的总支部委员会、党的基层委员会。党员人数少、暂不具备建立党组织条件的，应抓紧把工会、共青团组织先建立起来，为建立党组织创造条件。在个体工商户党员相对集中的地方，可就近、就地建立党组织。

国有、集体企业改组为非公有制企业，或者非公有制企业进行组织结构调整时，要根据企业规模、党员人数和工作需要，同步改建或组建党组织，并相应调整和明确党组织的隶属关系和职能。

非公有制经济组织中党组织的领导成员，由党员大会或党员代表大会选举产生。暂不具备选举条件的，可由上级党组织指派或任命，待条件成熟后再进行选举。党组织的负责人，应由企业中认真贯彻党的路线方针政策，党的观念强,思想政治素质好,善于做群众工作的党员担任。具备条件的中、小型企业,党组织负责人和工会主席可由一人担任。

要以有利于党组织开展活动、有利于促进企业发展为原则,明确非公有制经济组织中党组织的隶属关系。非公有制经济组织中的党组织一般由所在地的村、乡镇、城市街道(社区)党组织领导,企业规模较大、党员人数较多的,也可直接由所在地(市)、县(市、区)党委领导。非公有制经济比较发达的地方,根据工作需要,可以成立县(市、区)非公有制经济党的工作委员会,作为县(市、区)委的派出机构,加强对非公有制经济组织党建工作的领导。

**四、进一步明确非公有制经济组织中党组织的地位作用和职责任务**

非公有制经济组织中的党组织执行党章规定的党的基层组织的基本任务,在广大职工中发挥政治核心作用。其具体职责是:

(1)宣传贯彻党和国家的路线方针政策,引导和监督企业遵守国家的法律、法规,依法经营,照章纳税。

(2)关心企业生产经营的重大问题,提出意见和建议,支持和促进企业发展。

(3)加强党员的教育管理,做好发展党员工作,发挥党员的先锋模范作用。

(4)做好职工思想政治工作,团结和依靠职工群众,关心和维护职工的合法权益。

(5)加强社会主义精神文明建设,建设有理想、有道德、有文化、有纪律的职工队伍。

(6)协调企业内部各方面的关系,坚持原则,化解矛盾,维护企业和社会的稳定。

(7)领导工会、共青团等群众组织,支持他们依照法律和各自章程独立自主地开展工作。

(8)完成上级党组织交办的任务。

**五、加强非公有制经济组织中党组织的自身建设**

加强党组织领导班子建设,提高领导班子成员的思想政治素质、工作水平和业务能力。贯彻民主集中制原则,增强党组织的凝聚力和战斗力。

组织党员认真学习马列主义、毛泽东思想特别是邓小平理论,学习党章。教育党员树立正确的理想信念,带头维护党和国家的利益,带头遵纪守法,带头完成生产经营任务,带头学文化、学技术。

严格党的组织生活,加强党员管理。督促流动党员及时接转党的组织关系,按时参加党的组织生活。坚持民主评议党员制度,表彰优秀党员,严肃处置不合格党员。

按照“坚持标准、保证质量、改善结构、慎重发展”的方针，做好发展党员工作。加强对入党积极分子的培养教育，及时吸收符合条件的优秀职工入党。

对已经是私营企业主的党员，党组织要从思想上、政治上关心他们，帮助他们提高自身的政治素质，增强党性。要求他们时刻牢记自己是一名共产党员，教育引导他们不仅应模范地遵守国家的政策法规，依法经营，照章纳税，而且要严格遵守党章，树立正确的理想信念，实践党的根本宗旨，认真履行党员义务，自觉遵守党的纪律和接受党组织的教育、管理、监督。鼓励他们把企业获得的利润，用于扩大再生产，支持社会公益事业。

根据非公有制经济组织的特点，积极探索党组织的活动内容、活动方式和工作方法。企业党建工作和思想政治工作要与搞好企业的生产经营紧密结合，注意灵活多样，讲求实效，使之为党员和广大职工所欢迎，为企业所有者、经营者所理解和支持。开展党员联系职工的活动，教育和帮助职工学政治、学文化、学技术。不断提高职工的思想道德和科学文化素质，发展积极健康的企业文化。

**六、加强对非公有制经济组织党建工作的领导**

各级党委特别是县（市、区）党委要高度重视非公有制经济组织党建工作，列入重要工作日程，及时研究部署，认真抓好落实。组织、宣传、统战以及工商行政管理等有关部门和组织要在党委统一领导下，各司其职，各负其责，加强协调配合，形成工作合力。非公有制经济组织较多的地方，可建立联系会议制度，沟通情况，齐抓共管。党委组织部门要加强调查研究，做好协调工作，及时解决党建工作中出现的新问题。

要根据非公有制经济组织中党员的分布状况和党组织开展活动、发挥作用的情况，进行分类指导。对党员人数少、暂不具备建立党组织条件、但规模较大的非公有制企业，可向企业选派党建工作指导员或联络员，按照有关规定做好培养入党积极分子和发展党员工作，在条件成熟时建立党的组织。

上级党组织要关心爱护在非公有制经济组织中工作的党员，加强对他们的教育、管理和培训。对因坚持原则而在企业遭受不公正待遇的党组织和群团组织负责人以及其他职工，上级党组织和有关部门要及时同企业经营者进行交涉，使问题得到妥善解决，以维护他们的合法权益，保护他们的工作积极性。要切实做好教育、引导私营企业主的工作，把他们团结在党组织的周围，使他们支持在企业中建立党组织和开展党的工作，自觉为建设有中国特色社会主义贡献力量。

非公有制经济组织中党组织的活动经费,可通过多种渠道解决。党员交纳的党费可大部分或全部返还给企业党组织,作为活动经费。活动经费确有困难的,上级党组织应从分管的党费中适当拨补一部分。

各级党委要认真研究非公有制经济组织党建工作的新情况、新问题,坚持正确的舆论导向,及时总结推广好的经验,探索有效的工作方法和途径,不断提高党员素质,增强党组织的凝聚力和战斗力,充分发挥党组织的战斗堡垒作用和党员的先锋模范作用,促进非公有制经济健康发展。

# 关于加强中外合资企业中方国有股权代表及高级经营者管理工作的意见

（中共中央组织部、国家经济贸易委员会、
财政部 2000 年 12 月 4 日印发）

为了贯彻落实党的十五届四中全会精神，建设高素质的中外合资企业中方国有股权代表和高级经营者队伍，根据《中共中央关于国有企业改革和发展若干重大问题的决定》和《中华人民共和国中外合资经营企业法》等法律、法规，现就进一步加强中外合资企业中方国有股权代表及中方推荐的高级经营者的管理工作，提出如下意见：

**一、充分认识加强中方国有股权代表及高级经营者管理工作的重要性**

（1）中外合资企业中方国有股权代表，是指代表中方国有股权、由中方国有投资主体依法委派的合资企业董事长、副董事长、董事。中方高级经营者，是指按照合资企业合同、章程规定，由代表中方国有资产的投资主体向合资企业推荐、合资企业董事会依法聘用的总经理、副总经理等高级经营者（不包括不是中方推荐、直接由合资企业董事会聘用的高级经营者）。加强对中方国有股权代表及高级经营者的管理，对于维护中外双方的合法权益，提高合资企业的运行质量，进一步改善投资环境，促进我国改革开放和现代化建设事业健康发展，都具有重要意义。

（2）近年来，随着中外合资企业的不断发展，各地对做好中方国有股权代表及高级经营者的管理工作进行了积极的探索，积累了有益的经验。从总体上看，中方国有股权代表及高级经营者的素质和履行职责的情况是好的和比较好的。但是，在部分人员中也存在一些亟待解决的问题。有的政治业务素质不高，不能适应合资企业发展的要求；有的不熟悉国际通行规则，不会与外方协作共事；有的缺乏事业心和责任感，没有履行好自身的职责；有的甚至不惜以损害中方的合法权益为代价，谋取个人私利，造成国有资产严重流失。这些问题，需要我们加以重视和认真解决。

（3）加强对中方国有股权代表及高级经营者的管理，重在提高素质和强化激励与约束。按照现代企业制度的要求和合资企业的特点，建立健全对中方国有股权代表和高级经营者的选拔、委派和推荐、培训、考核、管理、监督等办法，逐步实现管理的制度化和规范化。

**二、认真做好中方国有股权代表及高级经营者的选派、推荐工作**

(4)中方国有股权代表及高级经营者应具备以下条件:思想政治素质好,认真执行党和国家的方针政策和法律法规;具有强烈的事业心和责任感,自觉维护国家、企业和劳动者的合法权益;掌握现代企业管理知识,具有金融、外贸、科技和法律等方面的知识;中方国有股权代表应具有较强的经营决策、资本运营能力;高级经营者应具有较强的经营管理、组织实施能力;遵纪守法,廉洁自律,坚持原则,善于与外方协作共事;具有大专以上的文化程度,并有一定的工作经历和经营管理企业的经验。

(5)要把党管干部原则和董事会依法选择经营管理者以及经营管理者依法行使用人权结合起来。选派中方国有股权代表或推荐中方高级经营者,由中方投资主体提出建议人选,按照企业领导人员管理权限,经全面考察后决定委派或推荐人员,由中方国有投资主体依法向合资企业委派或推荐。

(6)选拔中方国有股权代表及高级经营者,要把组织考核推荐和引入市场机制、公开向社会招聘结合起来。按照公开、平等、竞争、择优的原则,拓宽选拔的视野和渠道,尽可能采用企业内部竞聘或通过企业经营管理者人才市场向社会公开招聘等方式选拔人才。积极探索对中方国有股权代表和高级经营者进行素质测评和资质认定的具体办法,逐步建立职业资格认证制度。

(7)推行委托责任书制度。中方国有投资主体在委派中方国有股权代表、推荐高级经营者时,要分别与其签订委托责任书。明确被委派或推荐人员的任期及任职的目标要求、责任和权利,以及严重违约、损害中方国有投资主体利益应承担的法律与经济责任,必要时应经过司法公证。本《意见》下发前已经签订责任书的要根据实际进一步规范和完善,没有签订的必须进行补签。

(8)中方国有股权代表及高级经营者实行任期制。任期根据合资企业的合同、章程确定,期满后经中方国有投资主体继续委派或推荐可以连任。中方国有股权代表在同一企业连任一般不要超过两个任期。要促进中方国有股权代表及高级经营者在合资企业之间、合资企业与国有企业之间的合理交流。

**三、切实加强对中方国有股权代表及高级经营者的培训**

(9)根据《"九五"期间全国企业管理人员培训纲要》的要求,中央组织部、国家经贸委制定符合中方国有股权代表及高级经营者特点的培训大纲,组织编写必要的培训教材。各级经贸委要切实抓好中方国有股权代表及高级经营者培训的组织实施工作。

(10)对中方国有股权代表及高级经营者实行资格培训证书制度。拟任职人员实行岗前脱产培训，培训结束后，由授权的机构组织考试，合格者发给资格培训证书。今后，新任中方国有股权代表及高级经营者，一律实行持证上岗。在“十五”期间，对未取得资格培训证书的在职中方国有股权代表及高级经营者，应抓紧进行培训，经考试合格后发给资格培训证书。在规定期限内仍未取得证书的，中方国有投资主体应按照法定程序予以更换。

（11）健全中方国有股权代表及高级经营者在职培训制度。采取在职学习和脱产培训等方式，加强对中方国有股权代表及高级经营者的培训教育。中方国有股权代表及高级经营者在每个任期内，都要进行必需的脱产培训，并将培训考试考核结果，作为中方国有股权代表及高级经营者奖惩和任用的依据。

（12）充实和完善培训内容。中方国有股权代表及高级经营者培训的基本内容，应包括党和国家的有关方针、政策，社会主义市场经济理论，国家利用外资的法律法规，工商企业经营管理的基本知识，会计法规与财务管理基本知识，企业经济效益分析与评价、国际投融资、企业国际化经营等知识，以及中方国有股权代表及高级经营者的职责、权利、义务等。要改进培训方法，提高培训质量。

**四、强化对中方国有股权代表及高级经营者的激励和约束**

（13）明确中方国有股权代表及高级经营者承担的义务和责任。中方国有股权代表首先要对中方国有投资主体负责，认真贯彻中方国有投资主体的意图，保证中方国有资产安全运营和保值增值。同时要对合资企业负责，保障合资企业的正常运行、健康发展。中方高级经营者要对合资企业董事会负责，按照合资企业章程所赋予的职责，认真组织实施合资企业董事会的决议，搞好合资企业的日常经营管理工作。同时，还要对推荐单位负责，防止损害中方国有投资主体的合法权益。

（14）根据合资企业的特点规范中方国有股权代表及高级经营者的收入分配制度，使其收入与经营业绩挂钩。中方国有股权代表的报酬由中方国有投资主体按照国家有关规定，根据其承担的责任大小和工作成效确定并发放。中方高级经营者的名义工资由合资双方按照公平的原则确定，由合资企业支付；中方国有投资主体可根据高级经营者的经营业绩、风险责任和投资主体的收益情况确定其实际工资水平。要逐步建立健全中方国有股权代表及高级经营者的医疗、养老、失业、住房等社会保障制度。

（15）建立请示报告制度。中方国有股权代表在合资企业召开董事会议之前须将会议议题及时向中方国有投资主体报告，听取意见。在合资企业董事会决策中，中方国有股权代表要准确、完整地贯彻中方国有投资主体的意图。高级经营者要定期向中方国有投资主体报告合资企业生产经营情况。无论是中方国有股权代表还是高级经营者,遇有重要问题,都要及时向中方国有投资主体报告。

(16)强化中方国有股权代表及高级经营者的监督。合资企业中方董事长、总经理任期届满,或在任期内发生撤换、调离、辞职、解聘的,经征得合资企业董事会同意后,要依法进行离任审计。要重视对中方国有股权代表及高级经营者的投诉举报,对于投诉举报的问题认真进行查证处理。充分发挥合资企业党组织、工会和企业员工的监督作用。

**五、完善对中方国有股权代表及高级经营者的考核**

(17)根据委托责任书的约定,对中方国有股权代表及高级经营者实行年度考核和任期考核,由中方国有投资主体组织实施。年度考核一般安排在合资企业年度财务决算后进行,任期考核在中方国有股权代表及高级经营者任期将要结束时进行。考核时由中方国有股权代表及高级经营者向中方国有投资主体写出书面述职报告。中方国有投资主体通过一定的方式了解核实考核对象履行职责的情况及其经营业绩。

(18)探索建立科学的中方国有股权代表及高级经营者的考核评价体系。对中方国有股权代表主要考核其参加合资企业重大问题决策、维护中方国有投资主体合法权益、国有资产保值增值以及投资收益等情况。对高级经营者主要考核合资企业的经济效益、管理水平、技术进步以及维护投资各方权益等情况。

(19)对中方国有股权代表及高级经营者的考核要作出全面、客观的分析评价,并按优秀、称职、不称职分出不同档次,建立业绩档案。要重视考核结果的运用,使之成为奖罚、任用的重要依据。对考核优秀的,要给予适当的物质奖励和精神鼓励;对由于工作不负责任或其他非不可抗拒原因给合资企业或国有资产造成损失的,要视责任大小、情节轻重给予一定的经济处罚;对经考核确认为不称职的,应依法予以撤换;对以损害中方利益为代价换取个人利益的,或因失职、渎职而造成国家重大损失,经查证核实后要依法追究其行政和法律责任。

**六、加强宏观指导,明确管理责任**

(20)在各级党委和政府的领导下,各级组织、经贸、财政部门要密切配合,做好组织、指导和协调工作,督促检查中方国有投资主体对中方国有股权代表及高级经营者的管理工作。各级组织人事部门要把对中方国有股权代表及高级经营者的管理工作纳入企业经营管理者队伍的整体建设中来,加强宏观指导和管理。各级经贸部门要认真贯彻落实各项政策措施,抓好培训工作,不断提高中方国有股权代表及高级经营者的素质。各级财政部门要依法监管中外合资合作企业的国有股东权益行使情况，与有关部门一道制定中方国有投资主体对中方国有股权代表及高级经营者的分配、奖励政策。

(21)坚持谁投资、谁委派(推荐)、谁管理的原则，投资主体要切实负起加强管理的责任，建立健全各项制度，对中方国有股权代表及高级经营者做到严格要求，严格监督，严格管理。同时要支持他们的工作，关心并注意解决他们工作、生活中的实际问题，要通过完善管理来留住和吸纳人才。合资企业较多的，可建立董事局等管理机构，专门负责中方国有股权代表及高级经营者的委派(推荐)和管理工作。

(22)各地接此《意见》后，可结合本地实际情况，制定具体的管理实施办法。要认真调查研究，积极探索加强中方国有股权代表及高级经营者管理的方法，总结经验，及时解决工作中出现的新情况、新问题。

(23)对中外合作经营企业的中方国有股权代表(包括董事会董事长、副董事长、董事，联合管理委员会主任、副主任、委员)及高级经营者(包括总经理、副总经理及其他高级经营管理人员)的管理，参照本《意见》执行。

# 党的干部

## 中共中央组织部关于严格管理干部人事档案的通知

（1996年5月20日）

几年来,各级组织人事部门和广大干部人事档案工作人员,认真落实1990年第三次全国干部档案工作会议提出的各项任务,努力做好干部人事档案工作,为干部人事工作服务,取得了显著成绩。但是,在有些地方的干部人事档案工作中还存在着管理不严密,执行规章制度不严格的问题,有的地方甚至出现了伪造档案材料、涂改档案内容等情况。为了进一步加强干部人事档案管理工作,防止和杜绝上述问题的发生,现作如下通知:

一、上报拟提拔干部的材料,要认真按照《党政领导干部选拔任用工作暂行条例》的规定,将干部人事档案连同其它有关材料一并上报。上报的干部人事档案要严格按照《干部档案整理工作细则》的要求进行整理。有关部门要认真查阅审核干部人事档案。

二、在干部交流、引进人才等工作中,有关部门要认真查阅干部人事档案。需要转递的档案,必须完整齐全地转出,不得扣留材料或分批转出。凡是干部人事档案材料不齐全或不清楚的,要待补齐或弄清楚后,再办理有关手续。

三、对收集的档案材料,要按照《干部人事档案材料收集归档规定》的要求,认真鉴别、严格审查,防止不符合归档要求的材料进入档案。对伪造档案材料,涂改档案内容的,一经发现,要予以清除,并根据情节轻重,对当事人给予党纪政纪处分,构成犯罪的要依法追究刑事责任。

四、转递干部人事档案,要通过机要交通或派专人送取,严禁个人携带。对个人携带档案的,档案管理部门应拒绝接收。对违反转递规定,造成档案丢失或发生抽取、更换档案材料等问题的,要追究当事人和有关管理人员的责任。

五、要进一步加强干部人事档案工作制度建设。各级干部人事档案管理部门,要在建立健全各项工作制度的基础上,教育和要求干部人事档案工作人员,忠于职守,坚持原则,防止和抵制利用干部人事档案谋取个人私利的不正之风。同时要经常对各项制度的执行情况进行检查,发现问题及时解决。

# 老干部信访工作暂行规定

（中共中央组织部办公厅1996年11月6日印发）

老干部信访工作是各级党委组织部门、老干部部门掌握贯彻落实党和国家关于老干部工作方针政策情况的一条重要渠道，是党的组织部门联系老干部的桥梁，是提供老干部工作信息的一个重要来源。为进一步做好这项工作，暂作如下规定：

**一、处理老干部信访的基本原则**

1. 认真贯彻执行党的老干部方针政策，对各地各部门落实老干部政治、生活待遇的情况进行督促检查。

2. 老干部信访工作要在各级党委组织部门、老干部部门的领导下，坚持分级负责，归口办理，就地解决问题的原则，做好政策解释和思想疏导工作，督促有关部门解决政策范围内的实际问题。

3. 对离退休老同志反映的问题，要及时、妥善处理，不得推诿、敷衍、拖延。

4. 各级老干部部门，要以高度负责的精神，认真、慎重地处理每一件信访，做到件件有着落、事事有结果。要热情、耐心、细致地听取老干部反映的意见和要求，及时给予答复和处理，把问题解决在初发阶段。

5. 办理信访的工作人员与信访事项或与信访人有直接利害关系的，应当回避。

6. 老干部部门工作人员在办理信访事项过程中，不得将检举、揭发、控告材料及有关情况透露给被检举、揭发、控告的人员和单位。

**二、受理老干部信访的范围、要求**

1. 反映有关老干部的政策和规定不落实的情况。

2. 老干部政策咨询。

3. 对各级党委、政府的工作及老干部工作提出的建议、意见和要求。

4. 反映所在单位领导和工作人员的违法、违纪、渎职行为。

5. 老同志应当如实反映情况，遵守信访程序，积极配合组织部门、老干部部门解决有关问题。

**三、处理老干部信访的程序**

1. 登记。登记的内容包括信访人的姓名，单位（住址），信访时间，反映的主要问题。对领导批办的和上级交办的信访件要登记批转内容和办文号。

2. 办理。各级老干部部门直接办理的信访事项，一般应当在30日内办理完毕，并将办理结果答复信访人；情况复杂的，时限可以适当延长，但最长不能超过90天。紧急情况应及时办理，不得拖延。

重要信件应及时摘抄，报送有关领导参阅。

遇有可能造成重大影响的紧急信访事项时，应及时向主管领导和有关部门报告，果断处理。

定期将老同志反映的问题集中整理，报有关领导或部门，供指导工作和研究决策人参考。

3. 转办。按照“分级负责，归口办理”的原则，对老同志的信访件可分别转其所在单位或上级主管部门处理，同时给老同志回函，说明办理情况。

4. 报送结果。各级老干部部门对要求报送结果的信访事项，应当自收到之日起90日内办结并报送结果；对上级机关交办、要求限期报送结果的信访事项，应按期办理；不能按期办结的，应向交办机关说明情况。

**四、老干部信访的督查**

1. 各级老干部部门的领导同志应直接处理老干部的重要来信和来访，定期研究解决老干部信访工作中的问题，检查和指导老干部信访工作。

2. 建立健全督查制度。对需要督促检查的事项，由各级老干部部门，及时通知承办部门办理。

3. 日常催办。凡上级交办的信访事项，有关部门应按照规定时限、工作程序办理。对超过时限未报结果，也不说明原因的信访事项，交办单位要及时催办。对推诿、敷衍的，要协调有关上级主管单位，责其办理。

4. 实地督查。对情况特殊、问题复杂和解决难度较大的信访事项，各级老干部部门可派干部进行实地督促检查，协助所在单位妥善处理，并将督促检查情况向本单位领导汇报。

**五、奖励与处罚**

1. 各级老干部部门要关心专职(兼职)信访干部的成长，关心他们的生活，解决他们的实际困难。

2. 各级老干部部门对在信访工作中做出突出成绩的单位或个人，应给予奖励，并以此作为考核政绩的重要内容。

3. 对在信访工作中不履行职责、推诿、敷衍、拖延的，应给予批评教育，不称职的要调离信访工作岗位。

4. 对工作失职造成严重后果的，要追究主管领导和经办人的责任。

**六、本暂行规定自公布之日起执行。**

# 关于加强离退休干部党支部建设的意见

（中共中央组织部1997年3月19日印发）

离退休干部党支部建设是新时期党的基层组织建设的重要组成部分。离退休干部是党的宝贵财富，离退休干部党员在全国党员中占有相当比重，发挥着重要作用。为了加强离退休干部党支部建设，根据《中国共产党章程》的要求，现提出以下意见：

**一、充分认识新时期加强离退休干部党支部建设的重要性**

离退休干部党员长期接受党的培养教育，是一支忠诚于党的事业、政治坚定、作风优良的队伍，在社会主义现代化建设和党的建设中发挥着重要作用。进一步加强离退休干部党支部建设，对于继承和发扬党的优良传统，加强社会主义精神文明建设，维护改革、发展、稳定的大局，保证党的各项任务的完成等方面，都有着十分重要的意义。

加强离退休干部党支部建设，是离退休干部党员自身建设的必然要求。在改革开放和发展社会主义市场经济的新形势、新任务面前，离退休干部党员也需要再学习、再提高。加强离退休干部党支部建设，有利于老同志继续学习马列主义、毛泽东思想，学习贯彻邓小平建设有中国特色社会主义理论和党的基本路线、基本方针和各项政策，有利于加强思想政治工作，有利于他们发挥自身的政治优势，在社会主义物质文明和精神文明建设中做出新贡献。

加强离退休干部党支部建设，是做好老干部工作的重要环节。当前老干部工作任务繁重，许多新问题亟待解决，加强离退休干部党支部建设，对于协助各级党委和政府落实好政治待遇和生活待遇，稳定离退休干部队伍，使离退休干部更好地支持在职干部的工作，都将起到重要的作用。

**二、离退休干部党支部建设工作的基本要求**

离退休干部党支部建设，应以邓小平建设有中国特色社会主义理论和党的基本路线为指导，按照江泽民同志提出的“政治坚定、思想常新、理想永存”的总要求，从新形势下离退休干部工作的特点和实际出发，不断加强和改进。要以思想政治建设为重点，使老同志不断提高思想政治素质，增强党性观念，自觉地关心和支持改革开放与现代化建设，永葆共产党人的革命本色；要重视发挥离退休干部党员不可替代的重要作用,同时又要考虑到离退休干部党员的年龄、身体状况,从实际出发开展各项活动。

**三、离退休干部党支部的主要任务**

离退休干部党支部主要任务是:

1. 宣传贯彻执行党的路线、方针、政策和各级党组织的决议,组织离退休干部党员在维护、关心、支持改革开放和现代化建设的大局中发挥先锋模范作用。

2. 组织离退休干部党员认真学习马列主义、毛泽东思想和邓小平建设有中国特色社会主义理论及党的路线、方针、政策,在思想上、政治上、行动上同以江泽民同志为核心的党中央保持一致。

3. 加强党员教育管理,严格党的组织生活,开展批评和自我批评,使离退休干部党员进一步加强组织观念和党性锻炼。

4. 加强思想政治工作,开展谈心活动,使离退休干部党员保持和发扬党的优良传统,做到退岗不褪色,保持革命晚节。

5. 经常了解、听取并如实向上级党组织和有关部门反映离退休干部的意见、建议和要求,维护广大离退休干部的正当权益,帮助他们排忧解难。

6. 支持离退休干部在社会主义物质文明和精神文明建设中发挥作用,尤其在进行爱国主义教育、革命传统教育、党风廉政建设、关心教育下一代等方面多做贡献。组织开展适合老同志特点的各项活动,丰富他们的晚年生活。

7. 协助党委和有关部门做好落实老干部政治、生活待遇的工作。

**四、加强离退休干部党支部的组织建设**

要按照《党章》和有关规定,本着有利于离退休干部党员参加组织活动和发挥作用的原则,建立离退休干部党支部。

1. 有条件的地方和单位,一般可单独建立离退休干部党支部。离退休干部党员多的单位也可以建立党总支。离退休干部党支部(党总支)受所在单位基层党委领导。安置在农村的离退休党员干部,可以乡镇为单位单独建立党支部。

2. 加强离退休干部党支部委员会建设。离退休干部党支部委员会应以离退休干部党员为主。每两年换届选举一次。党支部委员会成员出现空缺时,应及时补选,以保证支部委员会的组织健全。要把那些党性强、威信高、作风正派、身体较好、有一定党务工作经验的同志充实到党支部委员会中来。

3. 切实选配好党支部书记。离退休干部党支部书记应由离退休干部党员中组织能力强、民主作风好、有奉献精神、敢于负责、身体较好、有威望、公道正派、表率作用好的同志担任。

**五、加强离退休干部党员的思想政治工作**

加强新时期离退休干部党员的思想政治工作，是各级党组织及组织部门、老干部工作部门的一项重要任务。离退休干部党支部要在加强离退休干部党员思想政治工作中发挥应有的作用。

可采用报告会、座谈会、学习讨论会、组织生活会、读书班、政治理论讲座、谈心活动等灵活多样的方法，紧紧围绕离退休干部党员的思想实际对他们进行教育。对党员的思想认识问题要进行正面引导，坚持自我教育，自我提高。思想政治工作要与解决实际问题相结合，普遍的思想政治工作与个别的思想政治工作相结合。认真抓好落实生活待遇中的思想政治工作，抓好经常性的思想政治工作。

离退休干部党员的思想政治工作，各级党委领导要做，组织部门、老干部工作部门以及其他有关部门要做，离退休干部党支部要做，离退休干部党员之间也要互相做，各方面密切配合，共同做好。

离退休干部党员要坚持讲学习、讲政治、讲正气，树立正确的世界观、人生观，坚定共产主义信念，认真按党员标准严格要求自己，自觉参加党的组织生活，主动向党组织汇报思想情况，正确处理个人及家庭问题，正确处理国家、集体、个人三者之间的关系。

离退休干部党支部要用《党章》规范离退休干部党员的言论和行动。对违反党的纪律，经教育又不改正的党员，要按《党章》和有关规定处理。做好在离退休干部中发展新党员的工作。

**六、加强离退休干部党支部的制度建设**

要从离退休干部党员的实际情况出发，建立健全各项行之有效的制度。

1. 组织生活制度。根据《党章》规定，定期召开离退休干部党支部委员会、党小组会和党员大会，定期上党课。同时，要根据离退休干部的年龄、身体等实际情况，不断研究离退休干部党支部开展活动的新形式，以保证组织活动的正常开展。

2. 学习制度。离退休干部党支部要把政治理论学习作为支部工作的一项重要任务，每月至少要坚持学习一次。在组织学习时，方式应多样，次数要适当。要经常组织形势报告会和情况通报会。

3. 报告工作制度。离退休干部党支部应定期向上级党组织汇报工作，支部委员会应定期向支部党员大会报告工作。党小组要及时向党支部汇报党员的思想、学习情况；党员应定期向党小组长或支部委员汇报自己的学习、思想情况。

4. 联系党员制度。支委会成员要分工联系本支部的离退休干部党员,党员要分工联系非党离退休干部。离退休干部党支部要及时了解离退休干部的情况,听取他们的意见和建议,关心他们的思想、学习和生活,经常登门走访慰问,及时帮助他们解决实际困难。

5. 外出外来党员管理制度。离退休干部党员外出时间在六个月以上的,应把组织关系转到临时居住单位或居住地党组织;对外来离退休干部党员,离退休干部党支部要主动安排他们参加党的活动和组织生活。

**七、加强对离退休干部党支部建设的领导**

各级党委和组织部门要根据党的十四届四中全会《决定》提出的党的基层组织建设的指导方针,把离退休干部党支部建设纳入党建规划,经常研究离退休干部党支部工作,并在组织活动场地、经费、学习资料等方面给予保证。

老干部工作部门要把加强离退休干部党支部建设作为一项重要任务,配合党委组织部门认真抓好。要根据离退休干部党支部建设的实际情况,制定阶段性目标;针对离退休干部党支部的特点,进行分类指导;按照党委的统一安排部署,搞好党支部书记培训;总结推广离退休干部党支部建设的经验。

各级组织部门、老干部工作部门,要根据本地区、本部门的实际情况,建立责任制,一级抓一级,拓宽工作思路,探索工作规律,加大工作力度,把离退休干部党支部建设抓紧抓实抓好。

# 关于地方各级党委机关非领导职务设置工作有关问题的意见

（中共中央组织部1997年4月15日印发）

为了做好地方各级党委机关非领导职务设置工作，现就有关问题提出如下意见：

1. 地方各级党委机关非领导职务职数的比例限额按以下标准掌握：

省（自治区、直辖市）党委机关设置的巡视员、助理巡视员职数，为厅级领导职务职数的40—50%，副省级城市党委机关设置的巡视员（副厅级）、助理巡视员（正处级）职数，为同级领导职务职数的40—50%，其中巡视员不超过巡视员和助理巡视员总数的三分之一；调研员、助理调研员职数，为处级领导职务职数的60—70%。

地（市、州、盟、直辖市的区和副省级城市的区）党委机关设置的调研员、助理调研员职数，为处级领导职务职数的40—50%，其中调研员不超过调研员和助理调研员总数的三分之一；主任科员、副主任科员职数，为科级领导职务职数的60—70%。

县（市、旗、省辖市的区）党委机关设置的主任科员、副主任科员职数，为科级领导职务职数的65—75%。

原配备的非领导职务职数超过新确定的职数比例限额的，要采取措施逐步消化解决。

2. 地方各级党委机关设置非领导职务的原则、规格和任职条件，根据中发〔1993〕8号和中组发〔1993〕8号文件精神，参照《国家公务员非领导职务设置办法》（国发〔1993〕78号）的有关规定执行。

非领导职务设置的规格，不得高于所在部门的领导职务。巡视员、助理巡视员在省级党委机关和副省级城市党委机关设置；调研员、助理调研员在地（市）级以上地方党委机关设置；主任科员、副主任科员在县级以上地方党委机关设置。

各级党委组织部门要严格掌握非领导职务的任职条件，不得违反规定，搞照顾性安排。

3. 地方各级党委组织部门要认真研究制定非领导职务设置方案，并按规定程序报批。省(区、市)党委机关非领导职务设置方案,经省(区、市)党委审批同意后,报中组部审核备案;副省级城市党委机关非领导职务设置方案,经市委审批同意,由所在省(区、市)党委组织部审核,并报中组部备案。地(市)及以下地方党委机关非领导职务设置办法的审批和备案,由各省(区、市)党委研究确定。

地方各级党委机关非领导职务的具体人选按干部管理权限报批。

# 中共中央组织部办公厅关于执行《关于地方各级党委机关非领导职务设置工作有关问题的意见》几个具体问题的意见

（1997年11月4日）

为了贯彻执行组通字〔1997〕17号文件，保证省、区、市党委机关非领导职务设置工作顺利进行，现对列入参照管理范围的省、区、市党委直属事业单位设置非领导职务的有关问题和省、区、市党委机关非领导职务设置方案报中央组织部审核备案的具体办法，提出如下意见：

**一、关于列入参照管理范围的省、区、市党委直属事业单位设置非领导职务的有关问题**

列入参照管理范围的省、区、市党委直属事业单位，可以在《国家公务员制度实施方案》规定的比例限额内适当设置非领导职务。设置原则、规格和任职资格条件等，根据中发〔1993〕8号和中组发〔1993〕8号文件精神，参照《国家公务员非领导职务设置办法》（国发〔1993〕78号）的有关规定执行；首次任命非领导职务的数量要从严控制，不要一次配满；设置方案审批和备案的程序，由各省、区、市党委研究决定；具体人选按干部管理权限报批。

**二、省、区、市党委机关非领导职务设置方案报中组部审核备案的具体办法**

1. 审核备案内容

（1）设置范围；（2）设置原则；（3）任职资格条件；（4）设置规格；（5）现编制数、各层次领导职数和非领导职务职数；（6）新确定的职数比例及按新比例核定的各层次非领导职务职数；（7）首次拟配备人数；（8）对原配备的非领导职务超过新确定的职数比例限额时所采取的消化解决措施和时限；（9）实施方法和步骤；（10）省级党委机关非领导职务设置情况表。

2. 审核备案程序

各省、区、市党委组织部在有关部门机构改革“三定”的基础上，提出非领导职务设置方案，报中组部审批。中组部根据各省、区、市行政区划的实际情况、经济发展状况、党委机关的机构、干部队伍规模和历史沿革等情况，提出审核意见。

各省、区、市党委组织部根据中组部的审核意见，修改设置方案，经省、区、市党委审批同意后组织实施，同时报中组部备案。

**附:**

# 省级党委机关非领导职务设置情况表

| 设置范围 | 总编制 | 干部编制 | 正副厅级领导职数 | 按核定比例可配巡视员助理巡视员 | 首次配备人数 | 现有正副厅级非领导人数 | 超限数 | 正副处级领导职数 | 按核定比例可配调研员助理调研员 | 首次配备人数 | 现有正副处级非领导人数 | 超限数 |
|---|---|---|---|---|---|---|---|---|---|---|---|---|
| | | | | | | | | | | | | |
| | | | | | | | | | | | | |
| | | | | | | | | | | | | |
| | | | | | | | | | | | | |
| | | | | | | | | | | | | |
| | | | | | | | | | | | | |
| | | | | | | | | | | | | |
| | | | | | | | | | | | | |
| | | | | | | | | | | | | |
| | | | | | | | | | | | | |
| | | | | | | | | | | | | |
| | | | | | | | | | | | | |
| | | | | | | | | | | | | |
| | | | | | | | | | | | | |
| | | | | | | | | | | | | |
| | | | | | | | | | | | | |
| 合　计 | | | | | | | | | | | | |

# 党政领导干部考核工作暂行规定

（经中共中央批准，中共中央组织部
1998年5月26日印发）

## 目　录



## 第一章　总　则

**第一条**　为全面、客观、公正、准确地考核党政领导班子和领导干部政治业务素质和履行职责的情况，加强对领导班子和领导干部的管理与监督、激励与约束，根据《党政领导干部选拔任用工作暂行条例》和国家有关法律、法规，制定本规定。

**第二条**　本规定所称的考核工作，是指考核机关按照一定的程序和方法，对领导班子和领导干部的政治业务素质和履行职责的情况所进行的考察、核实、评价，并以此作为加强对领导班子的管理和领导干部任用、奖惩等的依据。

**第三条**　考核工作必须坚持以下原则：

（一）党管干部原则；

（二）客观公正原则；

（三）注重实绩原则；

（四）群众公认原则。

**第四条**　本规定适用于考核中共中央、国务院的工作部门（含派出机构）、全国人大常委会、全国政协的有关工作机构的领导班子和领导干部；最高人民法院、最高人民检察院的领导班子和领导干部;地方县以上(含县级)党委、人大常委会、政府、政协、纪委、法院、检察院的领导班子和领导干部;地方县以上(含县级)党委、政府的工作部门(含派出机构)和人大常委会、政协的有关工作机构的领导班子和领导干部。

县级以上党委、政府的直属事业单位和工会、共青团、妇联等人民团体的领导班子和领导干部的考核,参照本规定有关内容执行。

纪委、法院、检察院的内设机构的领导班子和领导干部,党委、政府工作部门(含派出机构)的内设机构的领导班子和领导干部,人大常委会、政协工作机构的内设机构的领导班子和领导干部,按照或参照《国家公务员暂行条例》的有关规定进行年度考核。

## 第二章 考核方式

**第五条** 对领导班子和领导干部的考核,包括平时考核、任职前考核、定期考核。

**第六条** 平时考核是对领导班子和领导干部所进行的经常性考核。考核机关通过检查工作、个别谈话、专项调查、派人参加领导班子民主生活会和年度总结工作会等多种形式和渠道,了解考核对象的有关情况。

**第七条** 任职前考核按《党政领导干部选拔任用工作暂行条例》的有关规定进行。

**第八条** 定期考核采取届中、届末考核的形式进行。

没有明确届期的,每两年或三年进行一次定期考核。

## 第三章 考核内容

**第九条** 领导班子考核内容:

(一)思想政治建设

包括理论学习、政治表现、贯彻执行党的路线方针政策、全心全意为人民服务、执行民主集中制、维护中央权威、团结协作、选人用人、廉政建设等情况。

(二)领导现代化建设的能力

包括总揽全局、科学决策、求实创新、开拓进取和处理复杂问题等能力。

(三)工作实绩

在经济建设、社会发展和精神文明建设、党的建设等方面所取得的成绩和效果,在推进改革、维护稳定方面取得的成绩和效果。地方县以上党委、政府领导班子的工作实绩主要包括:各项经济工作指标的完成情况,经济发展的速度、效益与后劲,以及财政收入增长幅度和人民生活水平提高的程度;教育、科技、文化、卫生、体育事业的发展,环境与生态保护、人口与计划生育、社会治安综合治理等状况;党的思想、组织、作风、制度建设的成效等。

对部门领导班子,还要重点考核其发挥职能作用,完成各项工作任务,为经济建设服务的情况等。

**第十条** 领导干部考核内容:

(一)思想政治素质

理论素养和思想水平。学习马列主义、毛泽东思想特别是邓小平理论,学习党和国家的方针政策,掌握基本原理和精神实质,学以致用,不断提高理论和政策水平的情况;

政治方向和政治立场。执行党的基本路线,在事关方向、原则问题上的立场、观点、态度,在政治、思想和行动上与中央保持一致,增强法制观念,严格依法办事的情况,贯彻执行《党政领导干部选拔任用工作暂行条例》的情况;

群众观点和群众路线。实践全心全意为人民服务的宗旨,正确行使人民赋予的权力,联系群众,自觉为人民群众谋利益的情况;

政治品德和道德品质。襟怀坦白,公道正派,坚持原则,严守纪律,谦虚谨慎,克己奉公,遵守社会主义道德,在精神文明建设中发挥表率作用的情况。

(二)组织领导能力

运用马克思主义的立场、观点和方法,分析、研究、解决实际问题的能力;

组织协调、科学决策、开拓创新的能力;

发现人才、培养干部、知人善任的能力。

对党政正职领导干部,还要重点考核其驾驭全局、处理复杂问题的能力。

(三)工作作风

执行民主集中制,维护领导班子团结,发扬民主,虚心听取不同意见,勇于开展批评与自我批评的情况;

坚持从群众中来、到群众中去的工作方法,深入实际,调查研究,求真务实的情况;

勇于改革,敢于负责,坚持原则,严格管理,严谨细致,勤奋敬业的情况。

(四)工作实绩

在完成任期目标和履行岗位职责过程中所提出的工作思路、采取的措施、发挥的具体作用以及所取得的绩效等。

(五)廉洁自律

保持和发扬艰苦奋斗的优良传统,遵守中央关于党政领导干部廉洁自律的

有关规定,清正廉洁,以身作则,自重、自省、自警、自励的情况;

执行党风廉政建设责任制的情况;

对亲属及身边工作人员加强教育、严格要求的情况。

**第十一条** 逐步建立健全领导班子任期目标和领导干部岗位职责规范,以此作为考核党政领导班子和领导干部的重要根据。

各级考核机关可会同有关部门根据不同地区、不同层次、不同部门的特点,结合考核工作的实际需要,对考核内容进一步分解细化,制定具体的考核指标体系。

## 第四章 考核程序

**第十二条** 定期考核的基本程序:

(一)考核准备;

(二)述职;

(三)民主测评;

(四)个别谈话;

(五)调查核实;

(六)撰写考核材料;

(七)综合分析,评定考核结果;

(八)反馈。

**第十三条** 考核准备:

(一)拟定考核方案;

(二)组成考核组;

(三)组织考核人员进行学习或培训;

(四)考核组与被考核单位商定考核工作的实施计划。

**第十四条** 召开述职会议:

进行考核动员。

领导班子主要负责人代表领导班子述职,同时作个人的述职报告,领导班子其他成员作本人的述职报告。根据实际情况,有的也可以进行书面述职。述职报告应根据考核内容实事求是地汇报领导班子或个人的情况,不扩大成绩,不隐瞒缺点或错误,事实清楚,简明扼要。

**第十五条** 参加述职会议的人员由考核组参照如下范围确定:

(一)考核党委、政府的领导班子和领导干部时,参加述职会议的人员应包括同级党委、人大常委会、政府、政协、纪委、法院、检察院的领导干部;所属工作部门(含派出机构)的主要领导干部;下一级党政领导班子的主要领导干部;有关企业、事业单位的主要负责人;工会、共青团、妇联等人民团体和民主党派负责人;其他需要参加的人员。

(二)考核党委、政府各工作部门的领导班子和领导干部时,参加述职会议的人员应包括考核对象所在单位的中层干部,受该工作部门领导或指导的下级单位的负责人,其他需要参加的人员。人数较少的单位可扩大到全体干部、职工。

**第十六条** 民主测评包括民意测验和民主评议。

民意测验应根据考核内容列出评价项目和评价等次,由参加民意测验的人员填写评价意见。民意测验表由考核组回收,并对不同层次人员填写的民意测验票分别进行统计。参加民意测验人员的范围应与参加述职会议人员范围基本一致。

民主评议由考核组主持,采取召开小型座谈会或书面评议的方式进行。

**第十七条** 个别谈话要选择了解情况的人员,并注意代表性,具体人选由考核组确定,一般包括:

(一)考核对象所在地区或部门的同级领导干部、下一级的领导干部,组织人事部门、纪检监察机关和机关党组织的有关人员;

(二)考核对象所分管的下级单位、部门、内设机构的负责人和机关工作人员代表;

(三)考核对象本人;

(四)其他熟悉和了解情况的人员。

个别谈话时,考核组应有两名以上人员参加,并做好谈话记录。

**第十八条** 考核组根据需要可采取下列方法调查核实考核对象的有关情况:

(一)查阅资料。查阅考核对象的人事档案材料、年度工作总结、党委(党组)会议记录、民主生活会记录、中心组学习记录、培训记录、主持制定的文件、重要会议上的讲话稿、发表的文章及研究成果、读书笔记、个人重大事项报告表、收入申报表等。

(二)采集核实有关数据。从统计部门和有关业务部门采集、核实有关考核对象工作实绩的数据。

(三)审计。委托审计机关进行任期经济责任审计或请审计机关提供考核对象的有关审计情况。

(四)实地考察。通过现场察看、访问群众,了解、印证和核实考核对象某一方面的工作情况。

(五)专项调查。对一些群众反映大、情况比较复杂或意见分歧较大的问题,由考核组进行专项调查,也可责成所在单位党委(党组)进行调查,写出专题报告。

(六)征求意见。采取面谈或发函的方式征求上一级分管领导同志、相关部门、执纪执法机关和同级有关部门的意见。

(七)理论学习情况测试。在与考核对象个别谈话时,可以测试了解领导干部掌握理论知识的情况和运用理论知识分析、解决实际问题的能力。

**第十九条** 考核组在考核对象所在的地区或单位工作结束时,应就干部和群众反映的问题和意见与被考核的领导班子成员集体或个别交换意见。

**第二十条** 考核组在综合分析的基础上,写出考核材料,并向考核机关报告考核情况。

**第二十一条** 领导班子考核材料应包括以下内容:

(一)考核工作的简要情况和领导班子的基本情况;

(二)考核情况,包括领导班子取得的成绩和存在的问题及其原因;

(三)民意测验和民主评议的情况;

(四)考核组的评价和建议,包括对领导班子的总体评价,调整领导班子和加强领导班子建设的建议。

**第二十二条** 领导干部考核材料应包括以下内容:

(一)考核情况。包括优点和取得的成绩、存在的不足、问题,要实事求是地反映干部的情况;

(二)民意测验和民主评议的情况;

(三)考核组对评定等次的建议。

**第二十三条** 评定考核结果由考核机关提出意见,报党委(党组)决定。

**第二十四条** 考核结果应正式通知考核对象,考核对象对考核结果若有异议,可以提出申诉。

## 第五章 考核结果的评定和运用

**第二十五条** 定期考核时,对领导班子的整体评价和对领导干部考核结果的评定,应采取定性与定量分析相结合的方法进行。评价工作实绩要进行定量分析,要把握好个人与集体、局部与全局、当前与长远、显绩与潜绩的关系。

**第二十六条** 对领导班子的考核要作出整体评价,并提出加强领导班子建设的具体建议。对存在问题应督促其进行整改,问题严重的应责令整顿,限期改进,必要时采取组织措施予以调整。

领导班子的考核结果是否划分等次,由考核机关根据实际情况决定。

**第二十七条** 领导干部考核结果分为优秀、称职、基本称职、不称职四个等次。

**第二十八条** 评定领导干部的考核结果要把民意测验的结果作为重要依据。考核机关可根据实际情况制定不同等次的得票率标准。

**第二十九条** 领导干部经考核全部项目达到下列标准者,应评定为优秀等次:

(一)思想政治素质高;

(二)组织领导能力强;

(三)密切联系群众,工作作风好;

(四)工作实绩突出;

(五)清正廉洁。

评定为优秀等次的,民意测验优秀和称职票的得票率要达到考核机关规定的标准。

**第三十条** 领导干部经考核多数项目符合下列标准者,应评定为称职等次:

(一)思想政治素质较高;

(二)组织领导能力较强;

(三)联系群众,工作作风较好;

(四)工作实绩比较突出;

(五)能做到廉洁自律。

评定为称职等次的,民意测验称职和优秀票得票率要达到考核机关规定的标准。

**第三十一条** 领导干部经考核多数项目符合下列情况者,应评定为基本称职等次:

(一)思想政治素质一般;

(二)组织领导能力较弱;

(三)工作作风方面存在某些不足;

(四)能基本完成年度工作目标,但工作实绩不突出;

(五)能基本做到廉洁自律,但某些方面还有差距。

民意测验基本称职和不称职票得票率超过考核机关规定标准的,一般应评定为基本称职。

**第三十二条** 领导干部经考核存在下列情况之一者,应评定为不称职等次:

(一)思想政治素质方面存在突出问题;

(二)组织领导能力差,不能胜任现职领导岗位;

(三)在领导班子中闹无原则纠纷,严重影响班子团结或工作作风存在严重问题;

(四)有以权谋私行为,存在不廉洁问题;

(五)工作不负责任,给党和人民的事业造成较大损失;

(六)连续两年未完成年度工作目标,工作实绩差。

民意测验不称职票的得票率超过考核机关规定标准的,除特殊情况外,一般应评为不称职。

**第三十三条** 考核结果应作为领导干部选拔任用、职务升降、奖惩、培训、调整级别和工资等的重要依据。

选拔担任上一级领导职务的人选,应从考核中被评定为优秀、称职的干部中产生。

**第三十四条** 领导干部在考核中被评定为优秀、称职、基本称职等次的,按有关规定晋升级别和工资。

**第三十五条** 领导干部在考核中被评定为基本称职的,考核机关应对其提出诫勉,限期改进。视具体情况,也可以调整其领导职务。

**第三十六条** 领导干部在考核中被评定为不称职的,应视具体情况,按干部管理权限和法定程序作如下处理:

(一)免去现任领导职务;

(二)责令辞去领导职务;

(三)降职。

领导干部被免去现任领导职务或责令辞去领导职务后,可另行分配适当工作。

**第三十七条** 考核意见反馈后,领导班子应及时召开民主生活会,开展批评和自我批评,研究整改措施,并向考核机关报告。同时将有关内容在一定范围内通报。

考核机关应根据考核结果,加强对领导班子和领导干部的管理和监督。

**第三十八条** 考核工作结束后,领导干部综合评价材料存入本人档案。

**第三十九条** 考核中发现领导干部有违纪问题的,应建议纪检、监察机关查处。

## 第六章　考 核 机 关

**第四十条**　本规定所称的考核机关，是指党委的干部主管部门。

干部主管部门在党委（党组）领导下，按照干部管理权限考核党政领导班子和领导干部。

**第四十一条**　对双重管理的领导班子和领导干部，以主管方为主，协管方协助，共同组织实施考核工作。在评定考核结果时，主管方应征求协管方的意见。

**第四十二条**　考核组由考核机关组建并派出，对考核机关负责。

需要时，考核机关可约请或抽调其他单位的人员，参加考核组的工作。

**第四十三条**　考核人员应具备下列条件：

（一）具有较高的思想政治素质，公道正派；

（二）熟悉或了解组织人事工作；

（三）具有胜任考核工作所需要的政策水平和业务知识；

（四）具有一定的综合分析能力和文字表达能力。

考核组组长应由具有较高的组织领导能力和政策水平的领导干部或担任过一定领导职务的同志担任。

## 第七章　考核的纪律与监督

**第四十四条**　考核人员要认真履行考核职责，按照规定的程序和要求实施考核，要全面、准确、细致地了解和客观公正地反映考核对象的情况。

实行考核工作责任制。考核人员和考核组组长要在考核材料上签名，对考核材料和考核报告的客观性、真实性负责。

**第四十五条**　实行考核工作回避制度。回避对象包括：与自己有夫妻关系、直系血亲关系、三代以内旁系血亲关系、近姻亲关系及其他原因需要回避的人员。

对考核人员还应实行一定范围的地域回避。

**第四十六条**　考核对象要正确对待组织考核，如实汇报工作和思想，客观反映有关情况。

**第四十七条**　有关部门和人员应客观、负责地向考核组提供真实情况和数据。

**第四十八条**　在考核工作中，考核人员和考核对象必须遵守以下纪律：

（一）不准凭个人好恶了解或反映情况；

(二)不准借考核之机谋取私利;

(三)不准泄露考核机密;

(四)不准故意夸大、缩小、隐瞒、歪曲事实;

(五)不准搞非组织活动;

(六)不准设置障碍、干扰或妨碍考核工作;

(七)不准弄虚作假、向考核组提供虚假数据;

(八)不准对反映其问题的人打击报复。

**第四十九条** 对违反第四十八条规定的,视其性质、情节轻重和造成的后果,进行批评教育,或给予党纪、政纪处分。造成考核结果失实的,宣布考核无效。

**第五十条** 加强对考核工作的监督。党委(党组)、组织(人事)部门、纪检(监察)机关对考核工作实施监督;支持、鼓励群众监督,认真受理下级机关、干部、群众的检举、申诉,并按职权范围及时进行核查和处理。

## 第八章 附 则

**第五十一条** 乡(镇、街道)党政领导干部的考核,由省、自治区、直辖市党委根据本规定制定相应的办法。

**第五十二条** 各省、自治区、直辖市党委可根据本规定,结合本地实际,制定实施细则。

**第五十三条** 本规定由中共中央组织部负责解释。

**第五十四条** 本规定自发布之日起施行。凡过去规定与本规定不符的,按本规定执行。

# 关于党政机关推行竞争上岗的意见

(中共中央组织部、人事部1998年7月23日印发)

近年来,许多地方和部门围绕党中央提出的建设高素质干部队伍的目标,在运用竞争上岗的方式做好干部的选拔任用、职位轮换和人员分流等项工作方面,进行了大量探索和实践,取得了显著成效。实践证明,实行竞争上岗是干部选拔任用方式的一项改革,是构建干部竞争激励机制的重要组成部分,对于促进机关干部能上能下、能进能出和优秀人才脱颖而出,克服选人用人方面的不正之风,提高干部队伍的整体素质,具有积极作用。为进一步推进和规范竞争上岗,并配合机构改革做好机关工作人员的选配定岗工作,现对党政机关推行竞争上岗提出如下意见:

**一、指导思想**

推行竞争上岗,要以邓小平理论和党的十五大精神为指导,以《党政领导干部选拔任用工作暂行条例》和《国家公务员暂行条例》为依据,认真贯彻执行干部队伍革命化、年轻化、知识化、专业化的方针,坚持公开、平等、竞争、择优的原则,在机关干部人事工作中引入竞争机制,进一步拓宽选人用人渠道,促使德才兼备、实绩突出、群众拥护的优秀人才脱颖而出,激励机关工作人员爱岗敬业、恪尽职守、开拓进取、奋发向上,努力建设高素质机关干部队伍。

**二、适用范围**

本意见适用于县以上各级党委、政府的工作部门和人大、政协、纪委、法院、检察院机关。

上述部门和机关内设机构的领导职位及非领导职位,遇有下列情况,可通过公开竞争确定人选:(一)职位出现人员空缺;(二)机构调整、重组或现有人员超出职数限额,需要进行人员调整或分流的;(三)按规定进行职位轮换,有必要通过竞争确定有关职位人选的;(四)其他需要实行竞争上岗的。

竞争上岗原则上在机关内部实施。对某些专业性较强,本机关无合适人选的职位,可面向本系统或有关部门以及社会公开选拔。

涉及党和国家重要机密的职位;法律、法规规定不宜公开竞争的职位,不列为竞争上岗的范围。

实行竞争上岗的职位层次、数量以及具体范围,按照干部管理权限,由党委

(党组)及组织人事部门确定。

**三、基本条件和资格**

参加竞争上岗人员,应具备以下条件:

(一)机关内部参加竞争上岗的人员,应具有国家公务员或机关工作者身份;企业、事业单位人员参加党政机关竞争上岗,应符合调任条件;机关工作人员跨部门竞争上岗,应符合转任条件。

(二)应具备《党政领导干部选拔任用工作暂行条例》和《国家公务员暂行条例》规定的基本条件。

通过公开竞争晋升职务者,原则上还应具备党和国家规定的职务晋升的资格条件。为鼓励竞争,促使优秀人才脱颖而出,必要时可适当放宽参加竞争上岗的资格条件。德才表现和工作实绩特别突出的,可越一级参加公开竞争。

(三)具备竞争职位规定的其他任职资格条件。

**四、程序和方法**

实施竞争上岗,一般应按照下列程序和方法进行:

(一)公布职位。通过一定形式宣传竞争上岗的目的和意义,公布竞争职位、任职条件以及竞争上岗的程序、办法等事项。

(二)公开报名。一般由符合竞争上岗条件的人员个人报名,也可采取个人报名、群众举荐、组织推荐相结合的办法报名。

(三)资格审查。按照干部管理权限,依据竞争上岗的条件,由组织人事部门对报名者进行资格审查。

(四)考试。组织资格审查合格者进行考试。考试的内容主要是履行竞争职位职责所必备的基本知识和能力。

(五)演讲答辩。考试成绩合格者,在一定范围内进行演讲,介绍自己工作经历、德才情况和做好竞争职位工作的设想,就有关问题进行答辩。

(六)民主测评。应在一定范围内对考试成绩合格者进行民主测评,充分听取群众意见。得不到多数人拥护的,不能选拔任用。

(七)组织考察。根据竞争人员考试和演讲答辩成绩以及民主测评结果,按考察对象人数多于拟任职务人数的原则,择优确定考察对象并进行考察。考察内容包括干部的德、能、勤、绩。

(八)决定任命。按照干部管理权限,由党委(党组)集体讨论决定干部的任用。其中需报上级备案、审批的干部,按有关规定办理。

**五、组织领导**

按照干部管理权限,在党委(党组)的领导下,由组织人事部门组织实施。

各级党委和政府要高度重视此项改革，切实加强领导，结合各自的实际情况，在党政机关积极推行竞争上岗。目前尚未开展竞争上岗的，要通过试点，有计划、有步骤地加以实施；已经开始实施的，要进一步扩大竞争上岗的范围。尤其是在机构改革中，要运用竞争上岗的方式做好机关工作人员的选配定岗工作。各级组织人事部门要积极组织、支持和具体指导各地、各部门实施竞争上岗，总结推广好的经验和做法，及时发现和解决工作中遇到的问题，使之逐步规范化、制度化。

推行竞争上岗，要注重实效，保证质量，力戒形式主义和简单化。要加强宣传教育，引导机关干部正确认识竞争上岗的目的和意义，鼓励符合条件的干部特别是优秀年轻干部积极参与竞争。对通过公开竞争上岗的人员，要放手使用，加强管理；对竞争中发现的德才素质较好，因职数限制等原因未能上岗的人员，可作为后备人选积极加以培养；对不能继续担任原领导职务的落岗人员，区别不同情况另行分配适当工作，并注意做好思想工作。

各级组织人事部门要切实加强对各部门竞争上岗的监督，严明干部人事工作纪律，坚决防止和纠正各种与《党政领导干部选拔任用工作暂行条例》、《国家公务员暂行条例》精神不相一致的行为，确保竞争上岗健康、顺利进行。对竞争上岗中出现的违纪行为，要按照《中华人民共和国行政监察法》和《中国共产党纪律处分条例》、《关于对违反〈党政领导干部选拔任用工作暂行条例〉行为的处理规定》等有关法律和规定给予严肃处理。

工会、共青团、妇联等人民团体机关和事业单位实施竞争上岗，可参照本意见执行。

乡镇（街道）机关实施竞争上岗，由各地结合实际情况，参照本意见制定具体实施办法。

# 中共中央组织部、最高人民检察院关于进一步加强地、县两级人民检察院领导班子组织建设有关问题的通知

(1998 年 12 月 18 日)

为贯彻中央领导同志对政法工作的重要批示精神,今年 6 月,中央组织部和最高人民检察院联合下发了《关于对地、县两级人民检察院和反贪局领导干部进行普遍考察的通知》(组通字〔1998〕25 号),并联合召开了电话会议,作了专门部署。几个月来,各级党委及其组织部门和检察机关对此项工作普遍十分重视,采取一系列有效措施贯彻落实文件和会议精神,使考察工作取得了一定的成果。目前,全国地、县两级人民检察院及其反贪局领导干部考察工作已基本结束,但两级人民检察院领导班子面临的组织调整和人员处理等方面的任务还十分艰巨,领导班子成员配备不齐、年龄偏大、结构不合理等问题也亟待解决。为全面提高地、县两级人民检察院领导干部的素质,切实加强领导班子建设,现就充分运用考察成果,认真做好考察后期组织调整工作等问题通知如下:

**一、严肃认真地查清考察中发现的问题,积极慎重地做好组织调整工作。**对在这次考察工作中发现的问题,要认真进行调查核实。考察中一时难以查清的,要移交纪检监察部门继续核查,绝不允许因考察工作结束而草草了事。已经查清的问题,要区别不同情况作出处理。有一般问题的要批评教育,限期改正;违反党纪政纪的,要给予党纪政纪处分;触犯刑律构成犯罪的,要依法追究刑事责任。领导干部精神状态不佳、工作长期打不开局面、不适合担任现领导职务,或班子成员不团结、长期扯皮,影响工作,以及因疏于管理,机关内部连续发生问题,干警中违法违纪突出、查处不力的,等等,要坚决采取措施,尽快进行组织调整。一定要把那些不讲政治、不顾大局、骄横霸道、滥用职权、以案谋私、违法办案、徇私舞弊、道德败坏的人从领导岗位上撤换下来,问题严重的要清除出检察机关。

**二、积极选拔优秀人才,尽快配好配强领导班子。**选配领导班子必须认真执行干部队伍革命化、年轻化、知识化、专业化的方针,坚持德才兼备、任人唯贤的原则。对领导成员配备不齐的班子,要在坚持标准的前提下,尽快把领导班

子成员选好配齐。要把检察长人选的选拔放在特别重要的位置，尤其是近期将要换届的地方，要注意结合考察工作，把检察长人选选准配强。要从领导班子长远建设考虑，注意选配政治上比较强、业务素质好的优秀年轻干部进入领导班子。检察分院和州、市人民检察院行政领导班子成员中，应有一名40岁以下的干部；基层人民检察院行政领导班子成员中，应有一名35岁以下的干部。

要严格按照《检察官法》和《党政领导干部选拔任用工作暂行条例》的要求，本着提高素质、优化结构的原则，对素质不高、不适合继续担任现职或不符合有关法律政策规定的任职条件的领导干部，必须调整。今后，凡不具有大专以上文化程度和法律专业知识的，不能推荐担任检察机关领导职务（实行民族区域自治的地方，目前尚不具备条件的，可根据本地区实际情况，参照执行）。地方各级党委组织部门和上级检察院要切实负起责任，认真把好关。对目前尚不具备法律专业知识的正、副检察长，各省、区、市党委组织部要会同省级人民检察院，按照分级负责的原则，尽快组织培训。对个别年龄偏大、学历偏低的领导干部，可结合机构改革，改任非领导职务。

**三、进一步加大领导干部交流的力度。**要结合领导班子调整，扩大干部交流的范围。检察长在同一职位上任职满10年的，必须交流；基层人民检察院检察长一般不得在原籍任职，已经人民代表大会选举担任检察长的，在原籍任职满一年后，应当进行交流；副检察长分管同一工作满5年的，应当调整分工。需要交流的，按干部管理权限由党委组织部商人民检察院党组提出意见，报同级党委决定。反贪局正、副局长担任同一职务满5年的，应当进行轮岗。

**四、做好后备干部的培养和使用工作。**这次考察工作中，各地推荐了一批优秀年轻干部。要加强对他们的培养，并根据工作需要，及时提拔使用。一是强化培养措施，注重素质的提高。要本着“全面锻炼提高”和“缺什么补什么”的原则，多形式、多渠道地培养锻炼，使年轻干部尽快成长。二是大胆提拔使用，将德才兼备、群众公认、实绩突出的优秀年轻干部充实到领导班子中来。各级党委组织部门和各级人民检察院党组要按照干部管理权限，根据党委的统一安排，落实好后备干部的培养、使用措施，使检察机关培养选拔优秀年轻干部工作有一个较大的发展。同时还要加强对检察系统少数民族干部和妇女干部的培养；在后备干部队伍中，少数民族干部和妇女干部应有适当比例。

**五、大力宣传、表彰先进集体和优秀领导干部。**对这次考察中发现的那些群众公认、政治坚定、勤政廉政、团结务实、开拓进取的先进集体和品格高尚、克己奉公、秉公执法、锐意进取、成绩优异的优秀领导干部，应大力宣传和表彰。可通过讲演、巡回报告、新闻媒体等形式，广泛宣传他们的经验和事迹，在检察机关内部形成学习先进、争当先进、赶超先进的热潮,用先进典型带动班子建设和队伍建设。

**六、提高认识,加强领导,精心组织,狠抓落实。**认真搞好组织调整,加强领导班子建设,是全面实现这次考察工作目标要求的关键。这次考察工作涉及对干部的调整、任免、交流和处理等方面的问题,政策性很强,必须在党委的统一领导下,有计划、有组织、有步骤地进行。省、地两级党委组织部门和人民检察院要提高对做好这项工作重要性的认识,积极配合开展工作。各级党委组织部门和人民检察院党组要把这项工作列入重要议事日程,主要领导干部要亲自听取考察情况汇报,全面了解掌握地、县两级人民检察院及其反贪局领导干部考察工作和组织调整、班子建设的情况,对工作中出现的问题及时协调、解决。整个组织调整和人员处理工作争取在1999年2月底前完成。

# 中共中央组织部关于进一步做好公开选拔领导干部工作的通知

（1999年3月3日）

改革开放以来，特别是党的十四大以来，全国绝大多数省、区、市和一些中央、国家机关在一定范围内面向社会，采取公开推荐与考试考核相结合的办法选拔领导干部，取得了明显成效，产生了积极的社会影响，得到了广大干部、群众的支持和拥护。实践证明，这项改革是成功的。为深入贯彻党的十五大精神，加快干部制度改革步伐，进一步做好公开选拔领导干部工作，现就有关问题通知如下。

**一、进一步提高认识，加大公开选拔领导干部工作的力度**

公开选拔领导干部是新时期干部选拔任用方式的一项重要改革，是公开、平等、竞争、择优原则在干部选拔任用工作中的有效运用。公开选拔领导干部，有利于把坚持党管干部原则与充分走群众路线结合起来；有利于拓宽识人选人视野，在更大范围内择优选拔人才；有利于形成正确的用人导向，激发广大干部的进取精神；有利于扩大干部工作中的民主，加强群众监督，防止和克服选人用人上的不正之风。这项改革对于加强领导班子和干部队伍建设具有重要的作用。

各级党委（党组）及其组织（人事）部门，要进一步提高认识，积极推进这项改革。已开展这项工作的，要在总结经验的基础上继续努力实践，逐步使之规范化和制度化；凡没有开展公开选拔领导干部工作的地方和中央、国家机关，都应根据本地区本部门的实际，努力创造条件，积极稳妥地推行。今后，在党政职能部门出现职务空缺时，凡适用于公开选拔的岗位，应逐步采用公开选拔的方式选人。特别是在年轻干部比较少的地方，在群众关注的热点部门，在出现领导职位空缺比较多的时候，更应积极主动地开展这项工作。各地、各部门要因地制宜，区别不同职位，将公开选拔与严格考核基础上的内部晋升和调配交流等任用方式结合使用，并与实行试用期制、任期制等改革措施结合起来，推动干部制度改革深入发展，创造公开、平等、竞争、择优的用人环境，使更多优秀人才脱颖而出。当前，尤其要注意结合机构改革的进程，根据实际需要，积极运用这种方法选拔优秀领导干部，促进人才资源的优化配置。

**二、正确把握公开选拔领导干部的适用范围**

公开选拔方式主要适用于选拔中央、国家机关的正副司局长和地方省(区、市)、地(市)和县(市)党委、政府工作部门的副职领导干部。此外,还可以运用这一方式选拔事业单位、国有和国家控股企业的领导干部。运用这一方式选拔的领导干部,凡需要依法任命的职务,要严格按照有关法律的规定办理。

涉及国家重要机密和国家安全等特殊职位,不宜用这种方式选拔领导干部。

**三、逐步规范公开选拔的工作程序**

为保证选拔工作的公正性和科学性,根据各地经验,公开选拔工作一般应按如下基本程序进行:(1)公布选拔职位和报名条件;(2)公开推荐报名与资格审查;(3)统一考试;(4)组织考察;(5)党委(党组)集体讨论决定任用人选;(6)公布选拔结果。

公开选拔前,要对拟选拔职位所需人才资源进行充分的分析预测,合理确定报名范围和资格条件。报名人员的资格条件,应符合《党政领导干部选拔任用工作暂行条例》的有关规定。选拔方案确定后,要通过党报、电视等新闻媒体向社会公布拟选拔职位、报名资格条件、选拔程序和方法,并广泛宣传发动,动员符合条件的人员参与竞争。

公开推荐报名采取组织推荐、群众推荐和个人自荐的方式进行。同时,要严格按照公布的职位条件要求,对报考者进行资格审查。

考试应由组织(人事)部门统一组织实施。考试包括笔试和面试。笔试主要测试应试者的政治理论和政策水平、行政管理知识和专业知识等。笔试分为公共科目和专业科目。公共科目内容一般应包括马克思主义基本原理、邓小平理论、党和国家的方针政策、社会主义市场经济理论、行政管理学与领导科学、党史党建、法律知识、现代科学技术基础知识等;专业科目内容包括拟选拔职位所要求的业务知识和相关的重要政策法规等。面试主要测试在笔试中不易测试的拟选拔职位所要求的领导能力和素质。

决定任用或决定推荐提名人选要严格按干部管理权限和有关程序、方法进行,并严格执行有关法律的规定。凡属破格提拔的,应在作出决定前征求上级党委组织部门的意见。公开选拔上来的领导干部,上岗前要进行任职培训。其中属于委任制和聘任制的,要实行一年的试用期。试用期满,经过考察,胜任者正式任用,不胜任者取消任用资格,按干部的原职级安排适当工作。

公开选拔领导干部过程中,每道程序的人员筛选要掌握好一定的比例。资格审查合格参加笔试的人数与拟选拔职数的比例一般不低于10:1左右,经笔试进入面试的人数与拟选拔职数的比例一般在5∶1左右，经面试合格进入考察范围的人数与拟选拔职数的比例一般在3∶1左右。筛选比例应根据报考人数事前设定，严格按成绩确定参加下一轮竞争的人选。

在公开选拔过程中，要严肃纪律，加强监督，保证选拔工作的公正性。

**四、着力提高考试的科学化水平**

考试是公开选拔领导干部工作的一个关键环节，考试的科学化水平直接关系着公开选拔的公正性和准确性。

考试前要对拟选拔职位的要求和特点作出具体分析，合理确定考试内容和所用题型，据此命制试题。考试分数要能真实反映应试者的知识水平和应用能力，确保考试的筛选作用。考试结束后，要根据考试结果对所用试题进行质量分析，为今后命制试题提供依据。为切实提高试题质量，增强考试的科学性和权威性，中组部将建立全国公开选拔领导干部考试题库，以便为各地各部门的考试工作服务。

面试工作应注意吸收借鉴现代人才测评技术，采用多种有效的方法进行。面试测评小组一般应由党政领导、组织人事部门和相关部门的领导、熟悉拟选拔职位业务的专家组成。

要逐步提高考务管理水平。对考试的程序和考务纪律等要作出明确规定，并严格执行，保证考试工作严密有序地进行。为切实履行职责，努力做好公开选拔领导干部考试这项新的工作，组织人事部门要注意培养一批熟悉公开选拔考试工作业务的人才。

**五、认真做好组织考察工作**

组织考察是公开选拔领导干部的重要环节。考察要严格按照《党政领导干部选拔任用工作暂行条例》、《党政领导干部考核工作暂行规定》进行。考察中要坚持走群众路线，广泛听取各方面的意见，全面、客观、准确地了解考察对象的德才表现、工作实绩和群众公认程度。要重视考察干部的思想政治素质，深入了解考察对象的理论素养和思想水平、政治方向和政治立场、政治品德和道德品质、群众观点和执行群众路线的情况以及是否廉洁，深入了解考察对象的实际领导水平、政策水平、工作能力、工作作风等。对思想政治素质较差、群众公认程度较低或存在其它较严重问题的干部，即使考试成绩好，也不能作为拟任用人选。对参与同一职位竞争的人选应由同一个考察组考察，以便统一评价比较。

**六、切实提高公开选拔领导干部的工作成效**

要在坚持基本程序的前提下，减少不必要的工作环节，以降低选拔成本，提高工作成效。全国统一试题库建成后,各地各部门开展公开选拔所需试卷,应从题库中提取。对公开选拔的成果可根据需要进行多层次开发利用,在公开选拔中发现的优秀人才,因职数所限未被任用的,相隔一定时间后也可根据工作需要和本人情况选拔到其他相关岗位上任职,或作为备用人选。

各地、各部门党委(党组)要切实加强对公开选拔领导干部工作的领导,根据领导班子和干部队伍建设的实际,统筹部署本地本部门的公开选拔工作。对选拔工作的重要程序和关键环节要加强指导,认真审查把关。各级组织(人事)部门要认真履行职责,与相关部门密切配合,做好公开选拔的具体实施工作。各级党委(党组)及其组织(人事)部门要采取得力措施,坚决抵制不正之风的干扰。要及时总结经验,认真研究公开选拔工作中出现的新情况、新问题,不断改进和完善这项工作,保证公开选拔工作持续健康地发展。

# 中共中央组织部关于
# 加强农村基层干部队伍建设的意见

（中共中央办公厅1999年3月20日转发）

为了贯彻落实党的十五大和十五届三中全会精神，坚持党在农村的基本政策，发展农村经济、提高农业生产力水平，进一步加强党对农业和农村工作的领导，保证农村改革和发展目标的实现，现就大力加强农村基层干部队伍建设提出以下意见：

**一、充分认识加强农村基层干部队伍建设的重要性和紧迫性**

农村基层干部是贯彻执行党在农村各项方针政策的骨干，是团结带领广大农民脱贫致富奔小康、建设有中国特色社会主义新农村的带头人。全国600多万农村基层干部，长期工作在农业生产第一线，勤勤恳恳，任劳任怨，为农村的改革、发展和稳定作出了重要贡献。改革开放二十年来的实践证明，这支队伍总体上是好的、有战斗力的，是完全可以信赖的。同时也要看到，这支队伍的整体素质同新形势新任务的要求还不完全适应。有的干部不能正确领会党的农村政策，执行中随意性较大，一些年轻干部不熟悉农村改革进程和政策；有的文化水平低，思想观念陈旧，带领群众发展经济缺少办法；有的思想作风不正，办事不公，作风简单粗暴，少数人甚至以权谋私，违法乱纪。这些问题必须认真加以解决。建设高素质的农村基层干部队伍，是把十五届三中全会精神真正贯彻落实到基层的需要，是全面、深入、扎实、持久地推进农村基层组织建设的需要，是深化农村改革、发展农村经济、维护农村社会稳定、推动农村社会全面进步的需要。各级党委必须从全局和战略的高度，充分认识加强农村基层干部队伍建设的重要性，采取有力措施，切实把这项工作抓紧抓好。

加强农村基层干部队伍建设总的要求是：组织广大农村基层干部深入学习马克思列宁主义、毛泽东思想，特别是邓小平理论和党的十五大、十五届三中全会精神，坚定走有中国特色社会主义道路的信念，提高贯彻执行党的路线方针政策、遵守国家法律法规的自觉性；认真实践全心全意为人民服务的根本宗旨，学会在新的历史条件下做好农民工作的方法；努力掌握社会主义市场经济知识、科技文化知识、法律知识，增强带领农民发展经济，搞好两个文明建设的本领。

**二、进一步明确农村基层干部的职责和任务**

农村基层干部要把团结带领群众深化农村改革,发展农村经济,增加农民收入,实现共同富裕,建设社会主义新农村作为根本任务,主要职责是:

1. 坚决执行党在农村的各项政策,稳定和完善以家庭承包经营为基础、统分结合的双层经营体制;解放思想、实事求是,根据本地的优势确定经济发展思路;稳定发展粮食生产,积极发展多种经营和乡镇企业,推广农业科技,推动农村经济的持续发展和农民收入的稳定增长;在积极发展公有制经济的同时,鼓励和引导农村个体、私营等非公有制经济有更大发展。通过建立健全农村社会化服务体系,为农民提供产前、产中、产后服务,不断发展壮大集体经济实力。

2. 加强农村社会主义精神文明建设,促进农村经济发展和社会全面进步。加强思想政治工作,不断对农民进行爱国主义、集体主义和社会主义教育,党的基本路线和方针政策教育,思想道德和民主法制教育,引导农民正确处理国家、集体、个人三者利益关系;要大力发展农村教育事业,搞好计划生育,深入开展创建"文明村镇"、"文明户"活动,破除封建迷信,移风易俗,开展健康的文化体育活动,树立社会主义新风尚。

3. 坚持党的群众路线,密切与农民群众的联系。决定重大事情要同群众商量,布置工作任务要向群众讲清道理;坚持乡镇政务公开、村务公开和乡村集体企业厂务公开,加强民主管理,接受群众监督;转变工作方法和工作作风,方便群众办事,关心群众疾苦,维护群众合法权益;正确处理新形势下的人民内部矛盾,善于用法律的、行政的、经济的和思想教育的手段调解纠纷,化解矛盾,促进农村安定团结。乡镇领导干部每年下村工作的时间不应少于50%,切实帮助村干部解决问题,开展工作,不要增加群众负担。

4. 严格执行党中央、国务院关于减轻农民负担的各项规定。农民的合理负担要坚持定项限额,保持相对稳定;集体兴办生产和社会公益事业,要坚持量入为出、勤俭节约的原则,充分考虑群众的意愿和承受能力;严禁乱收费、乱集资、乱罚款和各种摊派及用公款大吃大喝、请客送礼;要根据农村人口数量、经济发展状况等,合理确定村里享受补贴的干部人数和标准。村党支部委员会成员和村民委员会的成员可以交叉兼职,村组干部也可交叉兼职。

**三、注重培养选拔优秀人才,改善农村基层干部队伍结构**

农村基层干部的选拔,必须坚持干部队伍"四化"方针和德才兼备的原则。要把那些认真贯彻执行党的路线方针政策,清正廉洁,公道正派,群众拥护,有文化、有本领、真心诚意为群众办事的人,选进乡、村领导班子,特别要选准配强乡镇党委书记和村党支部书记。

发扬民主,扩大视野,多渠道地培养选拔农村基层干部。要有计划地从机关和企事业单位选派党性强、作风正、有能力的优秀年轻干部到乡镇担任领导职务。要重视从优秀村干部中选拔乡镇干部。继续选调优秀大中专毕业生到乡镇工作,表现突出的应及时充实进乡镇领导班子。要重点从农村知识青年、退伍军人、乡村企业骨干、外出务工经商回乡的优秀党员中选拔村党支部书记。对一时没有合适党支部书记人选的村,可从外面选派优秀党员去任职。要支持和鼓励机关干部、军队转业干部和大中专毕业生到农村工作。对一些地方引入竞争机制,采取公开报名、群众推荐、组织推荐和考试、考核、评议相结合的方法,确定村党支部委员候选人,由党员大会选举的做法,要在总结经验的基础上积极推行。

加强农村基层干部后备力量的选拔培养。加强对农村青年的教育培训,发展优秀青年农民入党,培养农村基层干部后备力量。要有计划地选送农村优秀青年接受各种职业、专业培训,参加实践锻炼,培养初、中级经营和管理人才。要重视农村年轻妇女和少数民族干部的培养和使用。

**四、切实抓好农村基层干部队伍的思想作风建设,密切党群干群关系**

农村基层干部队伍思想作风建设的基本要求是“五坚持五不准”:坚持实事求是,不准虚假浮夸;坚持依法办事,不准违法乱纪;坚持艰苦奋斗,不准奢侈浪费;坚持说服教育,不准强迫命令;坚持廉洁奉公,不准以权谋私。思想作风建设要在加强学习、提高理论和政策水平上下功夫,在认真贯彻民主集中制、增进团结上下功夫,在改进作风、真心诚意为群众办实事上下功夫。广泛开展向优秀农村基层干部吴金印等同志学习的活动,在广大农村基层干部中形成学先进、赶先进的良好氛围。

对那些问题多、群众意见大的乡村领导班子,要进行集中整顿。县乡党委要在认真调查研究的基础上,制定具体整顿方案。在整顿中,要组织党员、干部深入学习党的十五大和十五届三中全会精神,突出党的宗旨和政策、法制教育;要发扬民主,认真听取党员、群众对乡村领导班子和领导成员的评议意见;要通过组织生活会,认真开展批评与自我批评,制定整改措施,建立健全规章制度;要坚持思想教育为主、正面教育为主、自我教育为主,注重解决存在的突出问题。对经教育仍不能改正的,要果断进行组织调整。对违法违纪的,要严肃查处。

加强农村基层干部思想作风建设,要坚持经常抓,建立健全制度。坚持和完善乡镇党员代表大会或党员大会制度、村党员大会制度,健全党组织集体领导和个人分工负责相结合的制度,制定乡镇党委和村党支部的议事规则、决策程序。建立健全村民委员会的民主选举制度,以村民会议或村民代表会议为主要形式的民主议事制度,以村务公开、民主评议和村民委员会定期报告工作为主要内容的民主监督制度。

**五、加大培训力度,不断提高农村基层干部的思想政治素质和工作能力**

培训内容要适应农村改革和发展的需要,增强针对性和实用性。重点是学习邓小平理论和党在农村的各项方针政策,同时要有计划地进行党的基本知识、社会主义市场经济知识、科技文化知识、法律知识的培训。通过学习和培训,帮助农村基层干部了解邓小平理论的精神实质,能够结合本地实际贯彻执行党的方针政策,并帮助他们提高带领群众发展经济、建设社会主义新农村的本领;帮助他们增强民主意识和法制观念,提高依法办事的能力。中共中央组织部组织编写的《农村基层干部读本》,可作为培训的基本教材之一。

培训要坚持理论联系实际的原则,方法灵活多样,讲求实效。每年对农村基层干部轮训一遍,每次培训要集中解决一二个突出问题。还可根据需要组织农村基层干部进行实用技术培训、岗位培训和各种专题培训。有条件的地方,可采取与大中专学校联合办班、鼓励农村基层干部参加自学考试和函授学习等方法,提高农村基层干部素质。一些地方组织贫困落后地区的乡、村干部,到上级经济管理部门或经济较发达地区跟班学习锻炼等经验,可进一步总结推广。

建立培训工作分级负责的责任制。市(地)委负责培训乡镇领导干部,县(市)委负责培训乡镇干部和村党支部书记、村委会主任,乡镇党委负责培训农村党员和其他基层干部。培训工作要在党委统一领导下进行,有关部门各负其责,密切配合。充分发挥县(市)、乡党校的作用。党员领导干部要带头在培训班上讲课。要认真研究解决培训工作中的实际问题,加强培训基地、师资、教材等基础建设。按照《中共中央、国务院关于做好1999年农业和农村工作的意见》(中发〔1999〕3号)规定,农村基层干部培训经费列入地方财政预算。各地掌握的党费可用作培训经费的补充。

**六、严格对农村基层干部的管理和监督**

认真贯彻落实《中国共产党农村基层组织工作条例》和《中华人民共和国村民委员会组织法》,积极探索村干部管理和监督办法,逐步实行村级干部规范化管理。认真推行任期目标责任制,建立健全年度考评和离任审计制度。根据乡镇干部的工作特点,把对乡镇干部实行工作目标责任制、党风廉政建设责任制和离任审计制度与公务员年度考核结合起来。

建立和完善乡村干部激励机制。上级组织和有关部门要关心、爱护、支持农村基层干部,为他们开展工作创造良好的条件和环境。对实绩突出、群众拥护的干部,要大力宣传、表彰,给予鼓励和奖励;对农村基层干部工作和生活上的困难,要予以关心和照顾。坚决制止各种打击报复乡村干部的行为,触犯刑律的,必须依法处理。村干部的报酬,应随着经济发展和村级集体经济实力增强逐步提高,其标准应经过村民大会或村民代表大会讨论后报上级批准。有条件的地方,对正常离任的村干部可给予适当生活补贴。

乡镇要转变职能,精简机构,减员增效,加强服务,做到依法行政,规范管理。乡镇工作人员的配备应严格执行国家的编制,坚决防止和纠正私招滥聘的错误做法,采取切实措施,坚决把编外人员精减下来。各地要按照地方机构改革的统一部署,制定工作方案,认真贯彻实施。严格控制乡镇领导职数,不得超职数配备,超配的,要予以精减。注意乡镇党委、政府领导成员的相对稳定,保持工作的连续性。

**七、加强对农村基层干部队伍建设工作的领导**

加强农村基层干部队伍建设,县(市)委是关键。要把农村基层干部队伍建设列为县(市)委工作的重要内容,做到责任明确,措施得力。每年要对这项工作有部署,有检查,有总结,向上级专题报告工作情况。县(市)委书记要认真履行抓基层组织建设第一责任人的职责,带动一班人共同抓。建立县级领导干部抓农村基层组织建设联系点制度,以点带面,推动工作。省委、市(地)委要深入调查研究,制定工作规划,定期督促检查,加强对农村基层干部队伍建设的宏观指导。

各级党委要加强对农村基层干部队伍建设的领导,各有关部门通力协作,各负其责。党委组织部门要切实做好统筹协调工作,并建立工作联系制度,经常了解情况,及时发现和解决存在的问题。尤其要把计划安排、督促检查、教育培训、集中整顿、宣传典型等工作落到实处。共青团、妇联等群众组织要加强和指导各自的基层组织搞好自身建设。要用改革的精神研究新情况,解决新问题,总结新经验,探索新路子,不断提高抓农村基层干部队伍建设的水平。

# 党政领导干部交流工作暂行规定

(经中共中央批准,中共中央办公厅
1999年4月22日印发)

为进一步推进干部交流工作,加强领导班子和干部队伍建设,现就党政领导干部交流工作作如下规定:

**一、干部交流的指导思想**

以邓小平理论和党的基本路线为指导,坚持干部队伍"四化"方针和德才兼备原则,正确执行党的干部政策,着眼于培养锻炼干部,优化领导班子结构,加强党风廉政建设和党的统一领导,促进地区、部门之间的联系和发展。

**二、干部交流的对象**

干部交流的对象主要是县(市、区)以上党委、政府领导班子成员和部分职能部门的主要负责人。具体交流对象按以下情况确定:

(一)需要通过交流丰富领导经验、提高领导水平的:

1. 拟提拔担任县(处)级以上党政领导职务,凡没有两年以上基层工作经历的干部,应有计划地交流到基层工作两年以上。

2. 拟提拔担任县(处)级以上党政领导职务,凡没有在下一级两个以上职位任职经历的干部,应在同级职位之间进行交流。

3. 新提拔担任县(市、区)以上党委和政府领导班子成员,应有计划地安排一部分易地交流任职;新提拔担任各级纪检监察、审判、检察机关和组织、人事、公安、财政、审计等部门的主要负责人,一般要易地交流任职。

(二)在一个地方或部门工作时间较长的:

1. 现任县(市、区)以上党委和政府领导班子的成员,在同一职位上任职满10年的,必须交流(实行民族区域自治地方的少数民族党政领导干部参照执行);在同一地区、同级党政领导班子任职满10年的,应有计划地进行交流。

2. 现任各级纪检监察、审判、检察机关和组织、人事、公安、财政、审计等部门的主要负责人,在同一领导班子任职满10年的,应有计划地进行交流。

3. 实行双重管理、以业务部门为主管理的部门的主要负责人,在同一领导班子任职满10年的,应有计划地进行交流。

(三)按照有关规定需要回避的:

1. 新提拔担任县(市)委书记、县(市)长职务的以及县(市)纪检监察、审判、检察机关和组织、人事、公安、财政、审计等部门的主要负责人,一般不得在其原籍、出生地、生长地所在的县(市)任职。已在其原籍、出生地、生长地所在的县(市)任职满一届的,必须交流(民族自治县参照执行)。

2. 有夫妻关系、直系血亲关系、三代以内旁系血亲以及近姻亲关系等亲属关系的,如双方在同一领导班子里任职,或在同一机关担任直接隶属于同一领导人员的职务,或有直接上下级领导关系职务的,其中一方必须交流;在其中一方担任领导职务的机关从事组织、人事、纪检、监察、审计、财务工作的干部,必须交流。上述避亲交流不受任职时间限制。

(四)因工作需要、改善领导班子结构、发挥干部特长及其他原因需要交流的。

有以下情况之一的,不进行交流:

1. 县(处)级党政领导干部年龄超过50岁,地(厅)级以上(含地厅级)党政领导干部年龄超过55岁(任职年龄上限规定为65岁的,交流年龄上限可延至58岁),一般不易地交流。属于必须交流的对象,已超过上述年龄的,可区别不同情况对其工作进行调整。

2. 因健康原因影响正常工作的。

3. 经考核考察被确定为不称职的。

4. 因涉嫌违纪违法正在接受组织审查而尚未作出结论的。

5. 其他原因不适合交流的。

**三、干部交流的范围**

干部交流应当有计划地在地区之间、部门之间、地区与部门之间、上下级机关之间、党政机关与企事业单位及社会团体之间进行。地(厅)级干部一般应在本省(自治区、直辖市)内交流,根据工作需要,也可跨省(自治区、直辖市)交流。县(处)级干部一般应在地(市、州)范围内交流,根据工作需要,也可跨地(市、州)交流;县(市)委书记、县(市)长应跨地(市、州)交流。

实行双重管理、以业务部门为主管理的领导干部,一般在本系统内交流,根据工作需要,也可与地方或其他系统相互交流。

**四、干部交流的组织实施**

干部交流工作由各级党委(党组)及组织(人事)部门按照干部管理权限,分级负责。

开展干部交流工作,应按照以下程序组织实施:

1. 组织(人事)部门拟定干部交流方案。

2. 组织(人事)部门征求干部调出、调入单位意见,研究提出交流人选,必要时应听取本人意见。

3. 党委(党组)集体讨论决定,由组织(人事)部门办理。

跨地区、跨系统交流干部,经党委(党组)集体讨论提出人选后,报上级组织(人事)部门审批办理。必要时上级组织(人事)部门也可提出交流意见,并组织实施。

4. 在干部调出前,党委(党组)或组织(人事)部门的领导干部须与本人谈话,做好思想工作,并要求他们按时到新岗位工作。

领导班子换届或届中调整时,应有计划地进行干部交流。每次交流干部的数量,一般不应超过领导班子成员的三分之一。同一地方或部门的党政正职一般不同时交流。需按法定程序选举或任免的干部,交流时应按照法定程序办理。按有关规定需作离任审计的,应进行审计。

干部交流应严格执行领导班子职数的有关规定,不得超职数配备。

中央、国家机关司(局)级干部交流到地方工作的,须报中央组织部审批办理。

**五、干部交流的纪律**

为保证干部交流工作顺利进行,防止和克服干部交流工作中的不正之风,应严格执行以下纪律:

1. 任何地区和单位必须坚决执行上级关于干部交流的决定,干部须服从组织作出的交流安排。

2. 各级党组织必须严格履行干部交流的程序,集体研究确定交流对象,不准个人或少数人指定交流对象,不准借干部交流突击提拔干部。

3. 调出单位的组织(人事)部门应负责地向调入单位的组织(人事)部门提供被交流干部的有关材料,不准弄虚作假;调入单位的组织(人事)部门对有关材料应认真审核,并严格按组织程序办理。

4. 干部接到交流通知后,须尽快办理工作交接手续,在主管部门限定的时间内到新的工作单位报到,并同时将行政关系、组织关系、工资关系转到新的工作单位。调出单位应尽快将被交流干部的档案转到调入单位。

5. 干部调离后,不准干预原地区或原单位的工作,不准从原单位随带工作人员和携带交通、通讯工具及其他公共物品。

对违反上述干部交流纪律的当事人和责任者,应根据《中国共产党纪律处分条例》(试行)和《关于对违反〈党政领导干部选拔任用工作暂行条例〉行为的处理规定》,视情节予以处理。

**六、干部交流的配套措施**

1. 把干部交流与干部使用结合起来,形成有利于干部健康成长的政策导向。对那些在基层和艰苦地方工作并取得突出成绩的干部,应优先提拔使用。

2. 凡属组织确定交流的干部,任何地区不得征收国家规定以外的费用。

3. 被交流的干部,其配偶子女是否随调、随迁,可尊重干部本人意愿。配偶子女随调、随迁的,对其工作、就业、上学、住房等应优先安排。

4. 被交流的干部,可按住房改革有关政策购买一处住房。

5. 被交流的干部退休时,可根据本人意愿,到已购住房所在地或家庭生活基础所在地进行安置和管理。

本规定自印发之日起施行,由中共中央组织部负责解释。

# 中共中央办公厅、国务院办公厅关于印发《县级以下党政领导干部任期经济责任审计暂行规定》和《国有企业及国有控股企业领导人员任期经济责任审计暂行规定》的通知

(1999年5月24日)

《县级以下党政领导干部任期经济责任审计暂行规定》和《国有企业及国有控股企业领导人员任期经济责任审计暂行规定》,已经中共中央、国务院批准,现印发给你们,请遵照执行。

## 县级以下党政领导干部任期经济责任审计暂行规定

**第一条** 为了加强对党政领导干部的管理和监督,正确评价领导干部任期经济责任,促进领导干部勤政廉政,全面履行职责,根据《中华人民共和国审计法》和其他有关法律、法规,以及干部管理、监督的有关规定,制定本规定。

**第二条** 本规定所称县级以下党政领导干部,是指县(旗)、自治县、不设区的市、市辖区直属的党政机关、审判机关、检察机关、群众团体和事业单位的党政正职领导干部,乡、民族乡、镇的党委、人民政府正职领导干部(以下简称领导干部)。

**第三条** 本规定所称领导干部任期经济责任,是指领导干部任职期间对其所在部门、单位财政收支、财务收支真实性、合法性和效益性,以及有关经济活动应当负有的责任,包括主管责任和直接责任。

**第四条** 领导干部任期届满,或者任期内办理调任、转任、轮岗、免职、辞职、退休等事项前,应当接受任期经济责任审计。

**第五条** 根据干部管理、监督工作的需要和党委、人民政府的意见,由组织人事部门、纪检监察机关向审计机关提出对领导干部进行任期经济责任审计的委托建议,审计机关依法实施审计。

**第六条** 审计机关在审计中应当客观公正,实事求是,廉洁奉公,保守秘

密,并遵守审计回避制度的规定。

**第七条** 审计机关依法实施领导干部任期经济责任审计时,被审计的领导干部及其所在部门、单位不得拒绝、阻碍,其他行政机关、社会团体和个人不得干涉。

**第八条** 审计机关应在实施审计三日前,向被审计的领导干部所在部门、单位送达审计通知书,同时抄送被审计的领导干部本人。

**第九条** 审计通知书送达后,被审计的领导干部所在部门、单位应当按照审计机关的要求,及时如实提供有关资料;领导干部本人应当按照要求,写出自己负有主管责任和直接责任的财政收支、财务收支事项的书面材料,并于审计工作开始后五日内送交审计机关。

**第十条** 审计机关实施领导干部任期经济责任审计,应当通过对其所在部门、单位财政收支、财务收支的真实、合法、效益情况审计,分清领导干部本人应当负有的主管责任和直接责任。

对领导干部所在部门、单位财政收支、财务收支审计的主要内容是:预算的执行情况和决算或者财务收支计划的执行情况和决算;预算外资金的收入、支出和管理情况;专项基金的管理和使用情况;国有资产的管理、使用及保值增值情况;财政收支、财务收支的内部控制制度及其执行情况;其他需要审计的事项。

在审计的基础上,查清领导干部任职期间财政收支、财务收支工作目标完成情况,以及遵守国家财经法规情况等,分清领导干部对本部门、本单位财政收支、财务收支中不真实,资金使用效益差以及违反国家财经法规问题应当负有的责任;查清领导干部个人在财政收支、财务收支中有无侵占国家资产,违反领导干部廉政规定和其他违法违纪的问题。

**第十一条** 审计组实施审计后,应当向审计机关提交审计报告。审计报告报送审计机关前,应当征求被审计的领导干部所在部门、单位和本人的意见。

**第十二条** 审计机关审定审计报告后,对被审计的领导干部所在部门、单位违反财经法规的问题,认为需要依法给予处理、处罚的,应在法定职权范围内作出审计决定或者向有关主管机关提出处理、处罚意见,同时对领导干部本人任期内的经济责任作出客观评价,向本级人民政府提交领导干部任期经济责任审计结果报告,并抄送同级组织人事部门、纪检监察机关和有关部门。

**第十三条** 组织人事部门应当将审计机关提交的领导干部任期经济责任审计结果报告,作为对领导干部的调任、免职、辞职、退休等提出审查处理意见时的参考依据。应当给予党纪政纪处分的,由任免机关或纪检监察机关处理。

应当依法追究刑事责任的,移送司法机关处理。

**第十四条** 审计机关按照本规定对领导干部任期经济责任实施审计所必需的经费,应当列入本级人民政府专项财政预算,由本级人民政府予以保证。

**第十五条** 审计机关依法独立开展领导干部任期经济责任审计工作;上级审计机关负责对下级审计机关执行本规定的情况实行监督、检查;上级组织人事部门、纪检监察机关负责对下级组织人事部门、纪检监察机关执行本规定、利用审计机关审计结果的情况实行监督、检查。

纪检监察机关、组织人事部门、审计机关等有关部门应当建立联席会议制度,交流、通报领导干部任期经济责任审计情况,研究、解决领导干部任期经济责任审计中出现的问题。

**第十六条** 各地对县级以上党政领导干部已经规定实行任期经济责任审计的,可根据各地党委、人民政府的部署,结合本地实际,按本规定执行。

**第十七条** 本规定由审计署负责解释。

**第十八条** 本规定自发布之日起施行。

# 国有企业及国有控股企业领导人员任期经济责任审计暂行规定

**第一条** 为了加强对国有企业及国有控股企业领导人员(以下简称企业领导人员)的管理和监督,正确评价企业领导人员任期经济责任,促进国有企业加强和改善经营管理,保障国有资产保值增值,根据《中华人民共和国审计法》以及其他有关法律、法规,制定本规定。

**第二条** 本规定所称企业领导人员,是指企业的法定代表人。

**第三条** 本规定所称任期经济责任,是指企业领导人员任职期间对其所在企业资产、负债、损益的真实性、合法性和效益性,以及有关经济活动应当负有的责任,包括主管责任和直接责任。

**第四条** 企业领导人员任期届满,或者任期内办理调任、免职、辞职、退休等事项前,以及在企业进行改制、改组、兼并、出售、拍卖、破产等国有资产重组的同时,应当按国家现行规定进行审计。

**第五条** 企业领导人员任期经济责任审计应当由企业领导人员管理机关报本级人民政府批准,由人民政府下达审计指令。审计机关可以直接进行审计,也可以由社会审计组织或上级内部审计机构进行审计。

**第六条** 审计机关应当遵照人民政府的指令，按照审计管辖范围，依法派出审计组实施审计。审计中应当客观公正，实事求是，廉洁奉公，保守秘密，并遵守审计回避制度的规定。

**第七条** 审计机关依法实施企业领导人员任期经济责任审计时，被审计的企业领导人员及其所在企业不得拒绝、阻碍，其他行政机关、社会团体和个人不得干涉。

**第八条** 审计机关应在实施审计三日前，向被审计的企业领导人员所在企业送达审计通知书，同时抄送被审计的企业领导人员。

**第九条** 审计通知书下达后，被审计的企业领导人员所在企业应当按照审计机关的要求，及时如实提供有关资料；被审计的企业领导人员应当按照要求，写出自己负有主管责任和直接责任的企业资产、负债、损益事项的书面材料，并于审计工作开始后五日内送交审计组。

**第十条** 审计机关实施企业领导人员任期经济责任审计，应当通过对其所在企业资产、负债、损益的真实、合法和效益情况审计，分清企业领导人员本人应当负有的主管责任和直接责任。

企业资产、负债、损益审计的主要内容是：企业资产、负债、损益的真实性；国有资产的安全、完整和保值增值；企业对外投资和资产的处置情况；企业收益的分配；与上述经济活动有关的内部控制制度及其执行情况；其他需要审计的事项。

在审计的基础上，查清企业领导人员在任职期间与企业资产、负债、损益目标责任制有关的各项经济指标的完成情况，以及遵守国家财经法规情况，分清企业领导人员对本企业资产、负债、损益不真实、投资效益差，以及违反国家财经法规问题应当负有的责任；查清企业领导人员个人有无侵占国家资产，违反与财务收支有关的廉政规定和其他违法违纪的问题。

**第十一条** 审计组实施审计后，应当向审计机关提交审计报告。审计报告报送审计机关前，应当征求被审计的企业领导人员所在企业及本人的意见。审计组应对其提出的审计报告承担有关责任。

**第十二条** 审计机关审定审计报告后，对被审计的企业领导人员所在企业违反财经法规的问题，认为需要依法给予处理、处罚的，应在法定职权范围内作出审计决定或者向有关主管机关提出处理建议，同时对企业领导人员本人任期内的经济责任作出客观评价，向本级人民政府提交企业领导人员任期经济责任审计结果报告，并抄送企业领导人员管理机关及有关部门。

**第十三条** 承办企业领导人员任期经济责任审计的社会审计组织、上级内部审计机构,也要依照规定的程序和要求实施审计,并接受审计机关的监督。

**第十四条** 企业领导人员管理机关应当将审计机关提交的企业领导人员任期经济责任审计结果报告,作为对该企业领导人员的调任、免职、辞职、解聘、退休等提出审查处理意见时的参考依据。应当给予党纪政纪处分的,由企业领导人员管理机关或纪检监察机关处理。应当依法追究刑事责任的,移送司法机关处理。

**第十五条** 对企业领导人员任期经济责任实施审计所必需的经费,应当列入本级人民政府专项财政预算,由本级人民政府予以保证。

**第十六条** 各级审计机关依法独立开展企业领导人员任期经济责任审计工作;上级审计机关负责对下级审计机关执行本规定的情况实行监督、检查;上级企业领导人员管理机关负责对下级部门执行本规定、利用审计机关审计结果的情况实行监督、检查。

纪检监察机关、企业领导人员管理机关、审计机关等有关部门应当建立联席会议制度,交流、通报企业领导人员任期经济责任审计情况,研究、解决企业领导人员任期经济责任审计工作中出现的问题。

**第十七条** 已列入稽察特派员稽察的企业领导人员的管理和监督,按照《国务院稽察特派员条例》和有关规定执行。

**第十八条** 实行企业化管理的事业单位的领导人员的任期经济责任审计,参照本规定执行。

**第十九条** 本规定由审计署负责解释。

**第二十条** 本规定自发布之日起施行。

# 深化干部人事制度改革纲要

（中共中央办公厅2000年6月23日印发）

我们即将跨入新世纪。国际形势已经和正在发生广泛而深刻的变化，世界多极化趋势不可逆转，经济全球化进程加快，科技进步日新月异，综合国力竞争和人才竞争日趋激烈。在今后10年中，为实现我们党和国家确定的经济、政治、文化发展目标，抵御前进道路上的各种风险，战胜各种困难，把建设有中国特色社会主义事业不断推向前进，关键在于我们党要按照代表中国先进社会生产力的发展要求、代表中国先进文化的前进方向、代表中国最广大人民的根本利益的要求，努力建设一支包括党政干部、企业经营管理干部、科学技术干部和其他战线干部在内的高素质的干部队伍，以提供坚强的组织保证。

深化干部人事制度改革，是建设高素质的干部队伍，培养造就大批优秀人才的治本之策。改革开放以来，在邓小平理论和党的基本路线指引下，干部人事制度改革逐步展开，并取得了重大进展：提出和实行干部队伍革命化、年轻化、知识化、专业化的方针；废除领导职务终身制；下放干部管理权限；建立公务员制度；颁布《党政领导干部选拔任用工作暂行条例》；推进以“扩大民主、完善考核、推进交流、加强监督”为主要内容的党政干部制度改革，有力地推进了新时期各级领导班子和干部队伍建设。为了适应新的形势和任务的要求，进一步加快干部人事制度改革步伐，特制定2001—2010年深化干部人事制度改革纲要。

**一、基本目标和方针原则**

1. 深化干部人事制度改革的基本目标

通过不断推进和深化干部人事制度改革，到2010年，要建立起一套与建设有中国特色社会主义经济、政治、文化相适应的干部人事制度，为建设一支符合“三个代表”要求的高素质干部队伍提供制度保证。基本目标是：

——建立起能上能下、能进能出、有效激励、严格监督、竞争择优、充满活力的用人机制；

——完善干部人事工作统一领导、分级管理、有效调控的宏观管理体系；

——形成符合党政机关、国有企业和事业单位不同特点的、科学的分类管理体制，建立各具特色的管理制度；

——健全干部人事管理法规体系,努力实现干部人事工作的依法管理,有效遏制用人上的不正之风和腐败现象;

——创造尊重知识,尊重人才,有利于优秀人才脱颖而出、健康成长的社会环境,实现人才资源的整体开发与合理配置。

2001年至2005年"十五"期间的干部人事制度改革,要以推进干部能上能下、能进能出为重点,以初步建立起一套与建设有中国特色社会主义经济、政治、文化相适应的干部人事制度为目标,为实现国民经济和社会发展"十五"规划提供组织保证和人才支持。

2. 深化干部人事制度改革的指导方针和原则

——必须坚持以马列主义、毛泽东思想和邓小平理论为指导,服从和服务于党的基本路线。与建立社会主义市场经济体制和发展社会主义民主政治、建设社会主义精神文明相适应,服从改革、发展、稳定的大局。

——必须坚持解放思想、实事求是的思想路线。以"三个代表"和"三个有利于"作为衡量改革成败与得失的根本标准。坚持继承与创新相统一,坚持和发扬我们党长期形成的干部人事工作的优良传统,勇于改革一切不适应新形势新任务要求的制度和方式方法。坚持自上而下和自下而上的改革相结合,积极鼓励和支持各地区、各部门探索创新。

——必须坚持干部队伍"四化"方针和德才兼备原则。坚持任人唯贤,反对任人唯亲。以素质论人才,重实绩用干部。促进年轻干部健康成长,实现领导班子成员新老交替制度化。

——必须坚持党管干部的原则。同时,适应新的情况积极改进党管干部的方法。坚持群众公认和公开、平等、竞争、择优原则,扩大群众对干部工作的参与和监督。

——必须坚持依法办事的原则。通过加强立法和健全制度不断巩固改革成果,引导和推动改革逐步深入。

**二、党政干部制度改革**

3. 党政干部制度改革的重点和基本要求

推进党政干部制度改革,重点是深化党政领导干部选拔任用制度改革,推进党政领导干部能上能下。通过扩大民主,引入竞争机制,促使优秀人才脱颖而出;健全相关制度措施,形成正常的更新交替机制;逐步实现领导干部选拔任用、考核、交流、监督等工作的规范化,从制度上防止和克服用人上的不正之风和腐败现象。

进一步完善国家公务员制度及法官、检察官制度,提高党政机关干部人事管理法制化、科学化水平。

4. 深化党政领导干部选拔任用制度改革

(1)完善民主推荐、民意测验、民主评议制度。把民主推荐作为确定考察人选的必经程序,适当扩大参与人员的范围,改进民主推荐的方法,提高民主推荐的质量。在干部考核中,普遍运用民意测验、民主评议的方法,并在实践中进一步完善。探索将民主推荐、民意测验、民主评议的结果适时适度公开的做法。凡是多数群众不赞成的,不能提拔任用。

(2)推行党政领导干部任前公示制。在3至5年内,地厅级以下领导干部(特殊岗位除外)的选拔任用,普遍实行任前公示制。在总结实践经验的基础上,对这项改革逐步进行规范。

(3)推行公开选拔党政领导干部制度。逐步提高公开选拔的领导干部在新提拔同级干部中的比例。规范程序,改进方法,降低成本。加快全国统一题库建设,完善公开选拔工作的配套措施。实现公开选拔党政领导干部工作的规范化、制度化。

(4)健全党政领导干部选举制度。正确处理加强党的领导、充分发扬民主和严格依法办事的关系,改进党代表大会、人民代表大会的选举工作。积极探索在差额选举的条件下坚持党管干部原则、充分发扬民主的方式方法。保护代表参加选举的权利和热情,提高代表参与的能力和水平。总结和推广一些地方扩大基层民主,做好选举工作的成功经验。

(5)实行党政领导职务任期制。抓紧制定任期制法规。在严格执行《中国共产党章程》和有关法律规定的基础上,完善选任制干部的任期制。县以上党委、政府工作部门和其他工作机构的委任制领导干部,也要逐步实行任期制。

(6)实行党政领导干部任职试用期制度。对新提拔担任党政领导职务的委任制干部,逐步实行试用期制。试用期满,经考核胜任者正式任职,不胜任者解除试任职务。

(7)实行党政领导干部辞职制度。制定实施办法,建立和完善党政领导干部自愿辞职、责令辞职、引咎辞职等制度。坚持和完善退(离)休制度。完善对退(离)休干部政治、生活待遇保障和服务管理的办法。

(8)进一步完善调整不称职、不胜任现职干部的制度和办法。制定和细化有关标准、程序,加大调整不称职、不胜任现职干部工作的力度。对不称职、不胜任现职或相形见绌的干部,除按规定免职、降职外,可实行待岗制,或采取改任非领导职务、下岗学习、离职分流等多种办法予以调整,妥善安置。研究制定相关政策,努力拓宽渠道,做到人尽其才,各得其所。

(9)根据各类干部不同特点,建立和完善培养选拔妇女干部、少数民族干部、非党干部的相关制度。

(10)修订《党政领导干部选拔任用工作暂行条例》,制订配套法规或实施细则,逐步形成党政领导干部管理的法规体系。

5. 完善党政领导干部考核制度

建立健全党政领导干部定期考核制度。普遍实行届中和届末考核。在建立党政领导班子任期目标责任制和党政领导干部岗位职责规范的基础上,研究制定以工作实绩为主要内容的考核指标体系。建立考核举报、考核申诉、考核结果反馈等制度。改进实绩考核方法,加大考核结果运用的力度。

研究制定防止干部考察失真失实的对策。拓宽考察渠道,广泛听取意见,不仅了解干部工作方面的情况,而且要了解干部思想、生活、社交等方面的有关情况。重视核查知情人提供的情况。对在考察中群众反映强烈、情况复杂或意见分歧较大的问题,要深入进行专项调查。根据实际情况试行考察预告制。探索思想政治素质的评价标准及其考察方法。

6. 推进党政领导干部交流工作

各地区、各部门要结合实际,制定具体办法,对培养锻炼性交流、回避性交流、任职期满交流,逐步规范化和制度化。对一些重要岗位的领导干部,实行跨地区、跨部门交流。

逐步健全党政领导干部交流的激励机制和保障机制。把干部交流同培养使用结合起来,形成正确的政策导向,引导干部向艰苦地区和艰苦岗位交流。妥善解决干部交流工作中的各种实际问题,完善配套政策。严肃干部交流工作纪律。

配合实施西部大开发战略,逐步加大东西部干部交流的力度。制定和实施与西部大开发相配套的干部交流规划,有计划地选派西部地区的干部到中央、国家机关和东部经济发达地区挂职锻炼。

7. 加强对党政领导干部和干部选拔任用工作的监督

建立和完善干部谈话制度、诫勉制度、回复制度、领导干部报告个人重大事项制度、廉政鉴定制度、任职经济责任审计制度,以及组织部门和纪检、监察部门联席会议制度。加强上级党委对下级领导干部的监督。建立领导班子内部监督制度,改进和完善党员领导干部民主生活会制度。拓宽监督渠道,积极支持人大代表、政协委员的评议监督和人民群众、新闻媒体等各方面的监督。研究制定有关法规和制度,明确各有关监督主体的权利、责任,规范监督行为,实行依法监督。

加强对党政领导干部选拔任用工作的监督。认真贯彻《党政领导干部选拔任用工作暂行条例》,并加强督促检查。试行巡视员制度,严肃查处用人中的违纪违法案件。

建立干部选拔任用工作责任制,探索实行用人失察失误责任追究制度。明确选拔任用工作过程中推荐、考察、决定等各个环节的责任主体和责任内容。对干部选拔任用工作中的失职、渎职行为,依照有关纪律和法律规定追究责任。

8. 进一步完善国家公务员制度及法官、检察官制度

加强对《国家公务员暂行条例》、《中华人民共和国法官法》、《中华人民共和国检察官法》等法律法规执行情况的监督检查,坚决防止和纠正有法不依、执法不严的现象。抓紧研究制定《国家公务员法》、《国家机构和编制法》等法律法规,逐步健全党政机关干部人事管理的法规体系。

坚持和完善党政机关干部考试录用制度,改进考试考核方法。积极推行竞争上岗,党政机关内设机构中层领导职务出现空缺,提倡采用竞争上岗的方式确定任职人选。对部分领导职位试行职务聘任制,对技术性、操作性、辅助性的职位试行聘用制。严格执行奖惩、降职、辞退等制度,实行优胜劣汰。

根据党政机关不同职位的特点,制定分类管理办法。严格按照核定的编制员额和职数合理设置职位,规范职位管理。改进年度考核工作,运用定性和定量分析相结合的方法,客观、公正地评价机关工作人员,并运用考核结果对工作人员实行奖惩、升降。加大党政机关干部轮岗的力度。

9. 改进和完善干部培训制度

完善干部脱产学习、在职自学和中心组学习制度。建立领导干部理论学习考试考核制度。坚持办好各级领导干部进修班、培训班和专题研究班,推进党校、行政学院的教学改革,提高办班质量。有计划地选拔有发展潜力的中青年干部出国培训和到高等院校进修,培训后备人才。

在重点抓好任职前培训和脱产培训的基础上,开展多种形式的培训。建立培训考核档案。增强培训的针对性、适用性,着力提高机关工作人员的素质和能力。

10. 探索符合党政机关特点的工资福利制度

根据国民经济发展水平和社会生活费用价格指数的变动,相应提高机关工作人员的工资水平,建立动态增长机制。加强对工资分配的宏观管理,保障退(离)休人员退(离)休费和有关待遇的落实,防止地区之间、行业之间工资分配差距过大。

探索和完善符合党政机关特点的工资分配方法。改善工资结构。充分发

挥工资分配的激励作用。

结合机关后勤管理制度的改革和住房、养老、医疗、保险等制度的改革,逐步将福利分配货币化、工资化。加快建立机关工作人员的医疗、养老、待业保险制度。

**三、国有企业人事制度改革**

11. 国有企业人事制度改革的重点和基本要求

深化国有企业人事制度改革,以建立健全适合企业特点的领导人员选拔任用、激励、监督机制为重点,把组织考核推荐和引入市场机制、公开向社会招聘结合起来,把党管干部原则和董事会依法选择经营管理者以及经营管理者依法行使用人权结合起来,完善体制,健全制度,改进方法,建立与社会主义市场经济体制和现代企业制度相适应的国有企业领导人员管理制度。深化国有企业内部人事制度改革,形成具有生机与活力的选人用人新机制。

12. 完善国有企业领导人员管理体制

中央和地方党委要对关系国家安全和国民经济命脉的重要骨干企业领导班子加强管理,制定具体办法。各级政府授权的投资机构(包括授权经营国有资产的大企业、企业集团、资产经营公司、控股公司,下同)的领导人员,原则上由哪一级政府授权,就由哪一级党委管理。政府授权的投资机构所属企业的领导人员,由投资机构管理。明确管理企业领导班子和领导人员的职责,避免一个班子多头管理。

取消国有企业和企业领导人员的行政级别,研究制定国有企业领导人员享受有关待遇的相关办法。

13. 改进国有企业领导人员选拔任用方式

实行产权代表委任制和公司经理聘任制。各级政府授权的投资机构及所属企业的产权代表,由政府和投资机构按照法律和有关规定任命,经理由董事会聘任。

通过组织推荐、公开招聘、民主选举、竞争上岗等多种方式产生国有企业领导人员人选,择优任用。按照《中国共产党章程》、《中华人民共和国工会法》,进一步完善企业党组织和工会组织负责人选举制度。

加快培育企业经营管理者人才市场。逐步建立企业经营管理人才评价推荐中心等中介机构。组织、人事等部门要加强对人才评价推荐机构的指导,发挥人才评价推荐机构在国有企业人力资源配置中的重要作用。

14. 完善国有企业领导人员考核办法

对国有企业领导人员实行年度考核和任期考核。根据岗位职责的特点,确定考核指标和考核标准，重点考核经营业绩和工作实绩。改进考核方法，研究制定国有企业领导人员业绩考核评价指标体系，在国有企业中逐步推广。建立国有企业领导人员的业绩档案。

15. 健全国有企业领导人员激励机制

研究制定经营管理者收入与企业经营业绩挂钩的具体办法。对经营业绩和工作实绩突出，为企业发展作出重要贡献的领导人员，给予物质和精神奖励。

探索年薪制、持有股权等分配方式。选择具备条件的企业先行试点，取得经验后逐步推开。有关部门要加强对推行年薪制、持有股权等分配方式改革的指导和监督。

16. 强化国有企业领导人员监督约束机制

加强党组织监督和职工民主监督。坚持和完善民主评议企业领导人员和厂务公开等制度。

按照《中华人民共和国公司法》和《国有企业监事会暂行条例》建立健全监事会，依法行使职权。推行财务总监委派制度。建立国有企业重大决策失误追究制度。实行国有资产经营责任制和国有企业领导人员任期经济责任审计。凡是由于企业领导人员失职、渎职给企业造成重大损失的，要依法追究其责任，并不得继续担任或易地担任国有企业领导职务。

17. 健全国有企业领导人员培训培养制度

制定国有企业领导人员教育培训规划。改进培训内容和方法，提高培训质量。加强对企业领导人员培训工作的管理，明确培训管理部门的职责任务，避免多头培训。加强培训基地的建设，形成科学的培训网络。

建立国有重要企业后备领导人才培养制度。对后备人才实行动态管理。

18. 完善国有企业内部用人机制

深化国有企业内部人事制度改革，落实企业用人自主权。完善劳动合同制度。全面推行管理人员和专业技术人员聘任制。改革分配制度，按实绩和贡献多劳多得，易岗易薪。加强教育培训，全面提高员工素质。研究制定具体办法，吸引各类优秀人才到国有企业工作。

**四、事业单位人事制度改革**

19. 事业单位人事制度改革的重点和基本要求

围绕实施科教兴国战略，适应事业单位管理体制改革的要求，以推行聘用制和岗位管理制度为重点，逐步建立适应不同类型事业单位特点的人事管理制度，形成有利于优秀人才成长和发挥作用的用人机制和重实绩、重贡献的分配机制，建设高素质的科学技术干部队伍。

20. 推行聘用制度

破除事业单位目前实际存在的干部身份终身制,全面推行聘用制度。单位与职工按照国家有关法律法规,在平等自愿、协商一致的基础上,签订聘用合同,明确双方的责任、义务和权利。制定《事业单位聘用制条例》。保障单位用人权和职工择业权的落实,保护单位和职工双方的合法权益。合理安置未聘人员。

21. 建立和推行岗位管理制度

对不同类型的事业单位领导人员,区别情况分别实行聘任、选任、委任、考任。在事业单位领导人员的选拔任用中引进竞争机制。建立健全事业单位领导人员的任期目标责任制,加强对任期目标完成情况的考核。

合理设置专业技术岗位,明确岗位职责、任职条件和聘任期限,竞聘上岗,择优聘用。逐步实现专业技术职务的聘任和岗位聘用的统一。对教师、医师等专业技术岗位,推行执业资格注册管理制度,建立政府宏观指导和管理下的公开、公平、公正的社会化评价机制。以岗位职责和聘用合同为依据,建立适合不同专业技术工作特点和岗位特点的考核指标体系。

事业单位的管理人员实行职员制度。制定职员条例,规范职员的聘用和管理。

22. 改革事业单位的收入分配制度

根据"效率优先,兼顾公平"的原则,实行按岗定酬、按任务定酬、按业绩定酬的分配办法,将职工的工资收入与岗位职责、工作业绩、实际贡献以及成果转化中产生的社会效益和经济效益直接挂钩。积极进行按技术、管理等生产要素分配的试点,认真总结经验,逐步形成重实绩、重贡献,向优秀人才和关键岗位倾斜的分配激励机制。

23. 建设高素质的专业技术人才队伍

适应知识经济、新科技革命发展趋势和我国现代化建设的需要,大力培养各类专业技术人才,提高整体素质,优化队伍结构。以培养优秀拔尖人才、高新技术人才、年轻创新型人才为重点,加大人才培养投入,推动人才培养投入主体多元化和市场化。全面推行以提高业务素质和创新能力为主要目的的专业技术人才继续教育制度。完善专业技术人才奖励表彰制度。

大力发展并规范人才市场,建设全国性的人才信息网络,逐步实现人才资源配置的社会化。采取有效措施,吸引海外留学人员回国工作或为国服务。制定优惠政策,在稳定西部地区现有人才队伍的同时,鼓励和吸引各类人才向西部合理流动。

## 五、加强对干部人事制度改革的领导

24. 加强领导,落实责任

各级党委、政府要加强对干部人事制度改革的领导。各级组织、人事部门要切实履行职责,加强对干部人事制度改革的宏观指导,组织部门要做好牵头和协调工作。各有关部门要根据自身的职能,充分发挥作用,形成推进干部人事制度改革的合力。各地区、各部门要按照本纲要的要求,结合实际,制定分阶段的实施方案,有计划、有步骤地推进干部人事制度改革。

25. 加强对改革的分类指导

对已经出台的各项改革措施,要认真贯彻执行,并加强监督检查;通过试验和实践已经成熟的经验,要及时加以规范,形成制度;尚无经验和需要探索的,要尊重基层和群众的首创精神,鼓励大胆试验和探索;及时总结推广各地好的经验,发挥典型示范作用。认真研究和解决改革中遇到的新情况、新问题,提出对策和办法,推动改革不断深入发展。

26. 为深化干部人事制度改革创造良好的社会条件

加强干部人事制度改革的舆论宣传,为推进改革创造良好的社会舆论环境。正确处理改革、发展和稳定的关系,发挥各级党组织的作用,做好思想政治工作,引导干部群众积极支持和参与改革。统筹协调,搞好配套改革,妥善解决深化干部人事制度改革中遇到的实际问题,保证各项改革措施的贯彻落实。

# 中共中央关于面向21世纪加强和改进党校工作的决定

(2000年6月5日)

面对21世纪国际国内形势发展和建设有中国特色社会主义伟大事业对我们党各级领导干部素质提出的新要求,中央认为,全党必须进一步提高对党校教育重要性的认识,大力加强和改进党校工作。为此,作出如下决定。

**一、进一步加强和改进党校工作,是党的事业全局和党的自身建设的迫切需要**

(一)我们党历来十分重视党校工作。延安时期和建国以后,以毛泽东同志为核心的中央领导集体,充分利用党校这个阵地,坚持以马列主义基本原理与中国具体实际相结合的方针教育干部,培养了大批领导骨干,为新民主主义革命、社会主义革命和建设的胜利提供了有力保证。十一届三中全会前后和进入社会主义现代化建设新时期以来,在以邓小平同志为核心的中央领导集体的领导下,党校为发动真理标准问题讨论、推动实事求是思想路线重新确立和党的指导思想的拨乱反正做了大量工作,为干部队伍的革命化、年轻化、知识化、专业化建设作出了重要贡献。十三届四中全会以来,特别是1992年邓小平南方谈话和十四大以来,在以江泽民同志为核心的中央领导集体领导下,党校在用马列主义、毛泽东思想特别是邓小平理论武装全党、教育干部方面,做出了新的成绩。近十年来,中央在中央党校先后举办省部级主要领导干部学习《邓小平文选》第三卷研讨班、十五大新进中央委员学习邓小平理论研究班和一系列省部级主要领导干部专题研究班,江泽民同志和中央其他领导同志多次到中央党校作报告,为全党重视党校教育、发挥党校作用,作出了榜样。特别是十四大和十五大前夕,江泽民同志在中央党校发表的重要讲话,为这两次党代表大会作了重要的思想理论准备。1995年中央还颁发了《中国共产党党校工作暂行条例》,使党校工作进一步走上规范化、制度化的轨道。

(二)当前,我国的改革和发展正处在关键时期,面临着实现社会主义现代化建设第三步战略目标的艰巨任务。国际格局多极化趋势不可逆转,经济全球化态势日益明显,包括经济实力、科技实力、国防实力和民族凝聚力在内的综合国力的较量日趋激烈。国际国内形势发展带来的新的机遇和挑战,要求我们围绕在改革开放和现代化建设条件下“建设一个什么样的党、怎样建设党”这个根本问题，按照党的建设新的伟大工程的总目标，把党建设成为用邓小平理论武装起来，全心全意为人民服务、思想上政治上组织上完全巩固、能够经受住各种风险、始终走在时代前列、领导全国人民建设有中国特色社会主义的马克思主义政党。这项伟大工程的一个重要组成部分，就是努力建设好一支不仅有知识、懂业务、胜任本职工作，而且忠诚于马克思主义、坚持走有中国特色社会主义道路、会治党治国治军的高素质的领导干部队伍。

江泽民同志最近指出，我们党要始终成为中国先进社会生产力的发展要求、中国先进文化的前进方向、中国最广大人民的根本利益的忠实代表。这是我们党的立党之本、执政之基、力量之源。这一重要思想，是对我们党的性质、宗旨和根本任务的新概括，是对马克思主义建党学说的新发展，是新形势下对各级党组织和党员干部提出的新要求，是面向新世纪党的建设的伟大纲领，也是面向新世纪党校教育改革与发展的重要指导思想。

（三）党的干部队伍，正处在整体性新老交替的重要时期。20 年前，党中央提出了干部队伍革命化、年轻化、知识化、专业化的方针，使大批德才兼备、年富力强的中青年干部走上了各级领导岗位。十一届三中全会以来我国改革开放和社会主义现代化建设新局面的开创，是同这个条件分不开的。十四大以后，各级党组织继续贯彻干部队伍“四化”方针，一大批优秀干部走上了党和国家各级领导岗位，整个干部队伍和各级领导班子的年龄结构、知识结构和整体素质有了明显改进和提高。但是，必须看到，干部队伍的新老交替与合作是一个动态的历史过程，随着时间的推移和形势的发展，在这方面又出现了新的不适应。因此，抓紧培养和造就数以万计的年轻的高中级领导干部，包括通过党校大力加强领导干部的培训轮训工作，就成为当前各级党委面临的一项重大而又紧迫的任务。

我们的中青年干部队伍总体上是好的。现在 50 岁以下特别是 45 岁以下的各级领导干部，他们在 20 世纪已经工作了 20 年左右，还将在 21 世纪工作十几、二十几年。而新世纪前期的这十几、二十几年，对于我们党、国家、民族来说，无疑将是至关紧要的历史时期。这些同志，大多有较高的文化水平，有开拓进取精神，积累了改革开放的实践经验，许多人在工作中取得了出色成绩。但是也有相当一部分同志，缺乏对马克思主义理论的系统学习，缺乏对党的历史和优良传统的深入了解，缺乏严格的党内生活和群众工作的锻炼，缺乏驾驭复杂局面、解决复杂矛盾的能力。尤其是在深化改革和扩大开放的新形势下，在发展社会主义市场经济以及国际经济、政治、军事复杂斗争和各种思潮激荡的新考验中,他们更加需要从理论、战略和党性的高度加强学习,提高自身的整体素质。这样才能确保老一辈无产阶级革命家开创的社会主义事业代代相传,确保我国改革开放和现代化建设顺利进行,确保党和国家长治久安。

(四)干部的成长,根本途径在于实践。同时,党校作为学习、研究、宣传马列主义、毛泽东思想、邓小平理论的重要阵地和党性锻炼的熔炉,在用集中培训轮训方式提高领导干部素质方面,具有不可替代的重要作用。必须进一步明确,党校教育是全国各级党政领导干部培训轮训的主渠道。全党同志首先是各级党委,必须充分认识面向新世纪加强和改进党校工作的重要性和紧迫性。各级党校首先是中央党校和省级党校,必须进一步提高政治责任感和历史使命感,努力加强和改进自己的工作,卓有成效地肩负起光荣而艰巨的任务。

**二、加大各级领导干部特别是跨世纪中青年领导干部的培训轮训力度,适度扩大党校办学规模**

(五)按照中央关于干部教育的规划和有关规定,现职的省部、地厅、县处级领导干部特别是党政主要领导干部,每5年必须到党校轮训一次;县级以上(含县级)中青年党政后备干部,在被提升或提名选举到上一级领导岗位之前,必须经过相应的党校培训。但是,由于认识上、制度上的种种原因,不少地方和部门实际上并没有严格执行,加上党校办学条件的客观限制,致使上述范围的相当一部分干部没有能够按规定进党校学习。这个问题,一定要下决心切实加以解决。各级党委必须按照中央规定,加大领导干部培训轮训力度,适度扩大党校办学规模,并作出相应的规划。

(六)中央党校要进一步落实好现职省部级领导干部和地厅级主要领导干部的轮训任务。省级党校要进一步落实好地厅级副职和县处级领导干部的轮训任务。地、县级党校要进一步落实好县处级副职、乡(镇)科级和基层党员干部的轮训任务。

与此同时,中央党校和省级党校还要把中青年后备干部的培训作为工作重点,更好地贯彻执行"加强领导、强化培训、严格管理、注重实效"的方针,配备较强的教学力量,下大力气抓紧抓好。

(七)鉴于县(市)一级在我们党的组织结构和国家政权结构中处于直接面向城乡基层的重要地位,是党的路线方针政策能否真正贯彻落实到基层的一个关键环节,有必要把全国县(市)委书记纳入中央党校的培训轮训范围,以保证他们能够受到更高质量的教育。中央党校要在国民经济和社会发展"十五"计划期间,基本上做到对全国县(市)委书记培训轮训一遍。

(八)造就一支能够坚持正确的政治方向和良好学风,具有比较扎实的理论功底，善于运用邓小平理论研究新情况、回答新问题的马克思主义理论队伍，是关系到党的思想理论建设和党在意识形态领域领导地位的重大问题。中央党校和省级党校要把培训理论骨干作为一项重要任务更好地承担起来，相应地适度扩大规模，加强培训力度。

（九）为适应实施西部大开发战略的需要，中央党校应当同西部地区党校合作，加强西部地区各级领导干部和理论骨干的培训工作，并继续办好少数民族干部培训班。东部地区省市党校也要通过帮助培训师资和派遣教师支教等方式，加强同西部地区党校的合作。

此外，党校还要同有关部门配合，进一步落实好国有大中型企业、高等院校、文化系统、统一战线等方面领导干部和理论骨干的培训轮训任务。

（十）中央近几年在中央党校举办了一系列省部级主要领导干部参加的、以关系全局的重大战略问题为主题的研究班，效果很好，对全党学习产生了重大示范和推动作用。今后每年都要在中央党校举办一次这样高层次的专题研究班。

**三、以全面培养领导干部政治家素质为目标，建立和完善党校教学新布局，深化教学改革，提高教学质量**

（十一）根据十五大提出的用邓小平理论武装全党的任务，党校教学改革的方向和布局，应是紧紧围绕学习邓小平理论这个中心，建设好既坚持马克思主义又充分适应世界大转折和中国新发展要求的，主要包含“理论基础”、“世界眼光”、“战略思维”和“党性修养”这几个方面内容的教育课程。

（十二）按照这个布局，首要的是抓好“理论基础”，即“马列主义基本问题”、“毛泽东思想基本问题”和“邓小平理论基本问题”的教学。实践证明，作为毛泽东思想的继承和发展的邓小平理论，是当代中国的马克思主义，是马克思主义在中国发展的新阶段。因此在教学中，要重点学习《邓小平文选》第二、三卷，以及十一届三中全会以来党和国家的重要文献、江泽民同志的重要讲话，同时精读马列和毛泽东同志的部分重要著作。

在理论武装的基础上，还要把理论、历史、现状的学习和研究结合起来，抓好“世界眼光”，即对“当代世界经济”、“当代世界科技”、“当代世界法制”、“当代世界军事和我国国防”、“当代世界思潮”等方面的了解和把握；抓好“战略思维”，即对国际国内若干重大现实和战略问题的研究和讨论；抓好“党性修养 ”，即在教学全过程贯穿增强党性的要求，同时专门进行党史、党建教学，开展党性党风党纪教育。

（十三）中央党校和省、地级党校要按照新的教学布局，明确省部级、地厅级、县处级领导干部在理论武装和知识掌握方面分层次、规范化的要求,并作出相应的教学安排,逐步形成新的统一的不同层次的党校教材体系。县级党校,则主要是加强对乡、村基层干部的理想信念教育、党性党风党纪教育、群众路线教育和政策法制教育。

(十四)各级党校要形成浓厚的学习和研究空气,切实发扬理论联系实际的马克思主义学风,不断提高教学质量。中央党校和省级党校,要坚持自学为主、读原著为主和加强研讨的方法,坚持联系国内大局和国际大局深化理论学习的方法,坚持结合个人工作实际和思想实际促进主观世界改造的方法,以利于学员牢固树立马克思主义的科学世界观,坚定共产主义理想和建设有中国特色社会主义信念,不断提高政治素质和领导水平,增强辨别是非和拒腐防变的自觉性。

(十五)各级党校要更加自觉地坚持从严治校的方针,加强教学和学员管理。要严肃政治纪律,不为错误思想提供讲坛。要根据不同对象和学习班次,制定相应的考试、考查制度和考核标准。要严格党内生活,严肃校规校纪。干部进党校学习,不论什么级别,都要以普通学员的身份,认真遵守考勤制度、请假制度、生活管理制度、考试考核制度和廉政建设的各项规定,以高度的自觉努力完成学习任务。

(十六)各级党委要把对干部的培训轮训,同对干部的使用更好地结合起来。学员在党校学习期间理论素质的提高和党性修养状况,应当成为干部使用的重要依据之一。

**四、加强重大现实和战略问题的调查研究,充分发挥党校的马克思主义理论阵地作用**

(十七)党校系统是思想理论战线的重要阵地,加强科学研究是提高党校教学水平的基础一环。党校科研一定要坚持以马列主义、毛泽东思想特别是邓小平理论为指导,以研究建设有中国特色社会主义的重大现实和战略问题为重点;坚持解放思想、实事求是、理论联系实际的思想路线,努力发扬创新精神;坚持为人民服务、为社会主义服务的方向和百花齐放、百家争鸣的方针,树立认真学习、民主讨论、积极探索、求真务实的风气。要把出成果和出人才结合起来,为不断提高党校教学质量服务,为党委和政府决策服务,为社会主义物质文明和精神文明建设服务。

(十八)党校要大兴调查研究之风,紧密结合国际国内形势的发展变化,深入研究和准确把握我国改革和建设中带全局性、战略性、前瞻性的重大问题。当前特别要加强关于党的建设问题的研究,关于新形势下思想政治工作问题的研究,关于经济体制改革和经济发展问题的研究,关于政治体制改革和社会主义民主法制问题的研究,关于民族和宗教问题的研究,关于"走出去"的开放战略问题的研究,关于祖国统一问题的研究,关于社会政治稳定以及国际战略问题的研究,等等。各级党委要创造条件,积极支持党校教研人员和学员参加不同形式的社会调查和社会实践活动。

(十九)在加强现实和战略问题研究的同时,党校还要注意加强马克思主义基本理论问题的研究。要从邓小平理论开创的马克思主义新境界的历史高度,研究和总结马克思主义发展的历史经验,研究和总结世界社会主义运动的历史经验,研究和总结建设有中国特色社会主义的规律、特点和历史经验,研究和总结我们党的建设的历史经验。同时加强学科建设,努力从哲学、政治经济学、科学社会主义等方面,研究和阐述马列主义、毛泽东思想、邓小平理论的一系列基本问题。只有这样,才能根据新的形势和新的实践,以新的思想、观点去认识、继承和发展马克思主义。

(二十)党校科研工作还要注意加强同实际工作部门及政策研究部门,同自然科学和社会科学研究部门及高等院校之间的密切联系与合作。同时,努力拓宽党校对外学术交流渠道,以多种适当方式加强同国外、境外学术研究机构的交流。

各级党校要加强对所属报刊、出版单位的领导。党校报刊和出版单位,要坚持正确导向,活跃学术思想,努力提高质量,充分发挥学习、研究和宣传马列主义、毛泽东思想特别是邓小平理论的重要作用。

**五、从造就马克思主义理论家教育家的高度,努力建设一支政治强、业务精、作风正的高素质党校教师和干部队伍**

(二十一)全国党校系统已经拥有一支政治业务素质都比较好的教师和干部队伍,为党的干部教育事业作出了重要贡献。但是,这支队伍在数量上和质量上都还不能适应形势发展的要求,尤其缺乏中青年拔尖人才。因此,要切实加强队伍建设,力争在今后几年内,逐步建立起一支规模适当、结构合理、素质优良、能够满足分级培训轮训干部需要并在思想理论战线上发挥更大影响的党校教师队伍,这已成为党校教育事业进一步发展的基础性工程和最紧迫任务之一。

党校教师必须做到:忠诚于马列主义、毛泽东思想、邓小平理论,自觉地同以江泽民同志为核心的党中央在思想上政治上保持高度一致;具有扎实的马克思主义理论功底和对时代发展的政治敏感,能够深入实际,调查研究,以科学态度探索建设有中国特色社会主义新问题;热爱党校教育事业,学风严谨,勤奋工作,有高度的敬业精神。

(二十二)要积极创造条件,有计划地通过教学工作、科学研究和社会实践的途径,不断提高党校现有教师的素质。在充分发挥现有教师特别是老教师作用的同时,尤其要重视对中青年教研骨干和学术带头人的培养。

与此同时,各级党委还要支持和帮助党校认真做好优秀人才的选调工作,并且逐步建立党政领导干部和党校教师双向交流的制度。一方面要有计划地安排党校中青年教研骨干到实际工作中挂职锻炼,另一方面还要选择一批有志于从事理论教学和科研、年纪较轻的优秀党政领导干部,到党校做一段时间(两年左右)的教学和科研工作。此外,还可以选聘少量对某个领域有专门研究、能够承担相对固定教学科研任务的优秀党政领导干部和高等院校、科研机构的专家学者,到党校任兼职教授。

(二十三)大力加强党校机关党的建设和思想政治工作,以保证队伍建设和各项任务的顺利完成。大力推进党校组织人事制度改革,实行有效的竞争激励机制和科学的选人用人制度,以进一步调动教职工的积极性和创造性。大力做好党校的行政管理和后勤服务工作,按照管理科学化和服务社会化的方向进行各项必要的改革,以提高服务质量、管理水平和后勤保障能力。

**六、努力改善党校办学条件,积极推进教学手段和基础设施的现代化建设**

(二十四)各级党委和政府要重视党校教学基础设施建设,加大基本建设经费投入,以满足教学、科研工作的需要。同时努力改善党校学员和教职工的学习、工作和生活条件,适当提高教职工待遇。党校教师应享受国家规定的国民教育部门教师的有关待遇。

各级财政必须保证党校正常运转所需要的经费,各级计划部门要根据党校发展需要安排必要的基本建设经费。

(二十五)加强党校教学设备和教学手段的现代化建设,包括积极推进各级党校信息化建设,逐步在全国党校系统建成远程教学体系。

**七、明确党校教育的重要地位,进一步发展和完善党校教育体系**

(二十六)"科教兴国"的"教",包括党校教育。在我国这样的社会主义国家,党校教育事业作为以全国党政领导干部为主要对象的继续教育事业(包括以党政干部和理论骨干为对象的学位教育,以及依托党校力量举办的函授教育),是整个有中国特色社会主义教育事业的重要组成部分。应当根据形势发展的要求,继续完善和规范以中央、省、市(地)、县(市)四级党校为主体的全国党校教育体系,并且加强各级党校之间的协调与合作。此外,现有各党政部门党校、高等院校党校、国有大型企业党校以及其他基层单位党校,也应根据各自情况改进工作,继续办好。

(二十七)各级各类党校都应当按照《中国共产党党校工作暂行条例》,规范党校建制,明确办学标准,提高办学质量,进一步实现党校教育的规范化和制度化。要制定科学的办学质量评估指标和评估体系,定期开展党校办学质量和综合条件的评估工作。面向社会办学的各类学历教育,如函授教育和在职研究生教育,要严格把关,保证质量,注意防止和克服不正之风的侵袭。

(二十八)加强和规范党校学历制度建设。党校学历是一种包含马克思主义理论水平、文化和业务知识、党性要求、领导素质和实践能力等多种因素的综合反映。党校主体班次的学员,按教学计划要求完成学习任务,经考试考核合格者,取得党校学历,作为干部被推荐、任命担负一定领导职务的必备条件之一。

处级以上具有大学本科学历的党员干部,经过入学考试,在党校拥有硕士学位授予权的专业脱产学习2年或在职学习3年,学完硕士研究生规定课程并通过论文答辩,取得党校学历,待遇参照国民教育相应学历的有关规定。

(二十九)党校博士、硕士学位研究生教育,对培养高层次的马克思主义理论骨干具有重要作用,应当积极稳妥发展。在国家学位和研究生教育部门指导下,加强党校系统的学位管理,适当增加党校系统学位授予点,扩大培养规模,提高教学质量。我们党作为执政党,要重视和加强"党的学说与党的建设"的学科建设,做好专业学位点的评审工作,并充分发挥中央党校在这方面的作用。

(三十)中央党校函授教育要参照成人高等教育的基本要求,结合党校干部教育的特点,严格把握招生、教学、考试等环节,进一步搞好规范化管理,不断提高教学质量。学员学完规定课程,并经过以中央党校为主体,吸收组织、人事、教育部门参与组织的考试、考核,成绩合格者,取得党校函授教育学历,待遇参照国民教育相应学历的有关规定。

省级党校举办的函授教育,在省委、省政府的领导下由组织、人事、教育、党校等部门研究解决有关学历问题。

(三十一)加强上级党校对下级党校的业务指导工作。重点对下级党校执行中央有关党校工作的方针、政策,教学科研工作和师资队伍建设等方面,进行调查研究,协调指导。这项业务指导工作所必需的经费,应予保证。

**八、切实加强和改善各级党委对党校工作的领导**

(三十二)党校是在党委直接领导下培养党员领导干部和理论干部的学校,是党委的一个重要部门。实践证明,切实加强和改善党委对党校工作的领导,是办好各级党校的根本保证。各级党委要在"三讲"教育基础上,总结党校教育工作实践和基本经验,研究和解决党校改革和发展的重大问题,进一步从思想上、政治上、组织上加强和改进对党校工作的领导,重点抓好党校的办学方向、学风建设、领导班子建设、教师队伍建设和学员选调,并组织协调党和政府有关部门从各方面支持党校工作。

各级党委都要坚持由党委书记或副书记兼任党校校长的制度,从组织上保证党委对党校工作的强有力领导。

(三十三)各省、自治区、直辖市党委要结合本地实际,制定贯彻执行本决定的具体措施。

# 关于中央管理的国有重要骨干企业纪检监察机构主要领导干部任免审批程序的规定

（中共中央纪律检查委员会2000年6月29日印发）

根据《中共中央关于成立中央企业工作委员会及有关问题的通知》精神，有42户国有重要骨干企业领导人员列入中央管理。经中央纪委常委会议研究，这些企业纪检监察机构主要领导干部的任免，按以下程序办理：

一、纪检组（纪委）组长（书记）由企业党组（党委）提出人选，或中央纪委商中央组织部、中央企业工委提出人选，由中央纪委和中央组织部进行考察。经中央纪委常委会议研究同意后，由企业党组（党委）按规定程序报批。

二、纪检组（纪委）副组长（副书记）、监察机构领导干部，由企业党组（党委）向中央纪委、监察部备案后任免，任免通知抄送中央纪委、监察部和中央企业工委。

中央管理的其他国有企业纪检监察机构领导干部任免工作，由中央企业工委、纪工委负责。

# 党政领导班子后备干部工作暂行规定

(中共中央组织部2000年9月2日印发)

## 第一章 总 则

**第一条** 为认真贯彻执行干部队伍革命化、年轻化、知识化、专业化的方针,建立科学规范的党政领导班子后备干部工作制度,培养造就一支素质优良、数量充足、门类齐全、结构合理,能够担当社会主义改革开放和现代化建设重任的、年轻优秀的党政领导班子后备干部(以下简称后备干部)队伍,加强各级党政领导班子建设,保证建设有中国特色社会主义事业后继有人和国家的长治久安,根据《党政领导干部选拔任用工作暂行条例》和各级党政领导班子建设的实际需要,特制定本规定。

**第二条** 选拔后备干部,必须坚持以下原则:

(一)党管干部的原则;

(二)德才兼备、任人唯贤的原则;

(三)民主集中制的原则;

(四)群众公认、注重实绩的原则;

(五)公开、平等、竞争、择优的原则;

(六)注重发展潜力、重视培养提高的原则;

(七)备用结合、动态管理的原则;

(八)统一调配使用的原则。

**第三条** 本规定适用于选拔省(自治区、直辖市)、市(地、州、盟)、县(市、区、旗)党政领导班子,中央、国家机关各部门领导班子,省、市(地)两级党委、政府工作部门领导班子的后备干部。

## 第二章 后备干部的条件和资格

**第四条** 后备干部应当具备《党政领导干部选拔任用工作暂行条例》规定的党政领导干部的基本条件。

**第五条** 后备干部应当具备以下资格:

（一）正职后备干部，一般应是同级副职。特别优秀、发展潜力大的下一级正职，也可列为上一级正职的后备干部；

（二）副职后备干部，一般应是下一级正副职；

（三）国有重要企事业单位的主要领导人员，根据其从事领导工作的资历，可列为一定层次的后备干部；

（四）一般应具有大学专科以上学历，其中省部级后备干部一般应具有大学本科以上学历；

（五）有基层领导工作的经历；

（六）身体健康。

## 第三章　后备干部的数量和结构

**第六条**　后备干部一般按领导班子职数正职1∶2、副职1∶1的数量确定。

**第七条**　后备干部队伍应形成合理结构：

（一）省部级后备干部一般应以45岁至50岁的干部为主体，45岁以下的干部，部委要有1至2名，省、自治区、直辖市要有3至5名；市（地）级后备干部一般应以40岁至45岁的干部为主体，40岁以下的干部要有相应数量；县（市）级后备干部一般应以35岁至40岁的干部为主体，35岁以下的干部要有相应数量。

（二）后备干部名单中，比较成熟、近期可进领导班子的人选，一般不少于同级后备干部总数的三分之一。

（三）省、市、县三级党政领导班子后备干部队伍中的女干部，应分别不少于10%、15%和20%。中央、国家机关各部门领导班子后备干部队伍中，也要有一定数量的女干部。需要配备少数民族干部的党政领导班子，其后备干部中应有少数民族干部；民族自治地方后备干部队伍中少数民族干部的数量，根据领导班子建设的需要确定。政府领导班子的后备干部中，应有适当数量的非中共党员干部。

（四）后备干部队伍应形成合理的专业和知识结构。

## 第四章　后备干部的选拔

**第八条**　选拔后备干部，应充分发扬民主，广开推荐渠道，扩大选人视野。不仅要从党政机关挑选，还应从国有大中型企业和高等院校、科研院所挑选。不仅要从国内培养的各类人才中挑选，还要注意从优秀留学回国人员中挑选。市（地）级以上党政机关各部门的后备干部，可以在全系统范围内选拔。

**第九条** 选拔后备干部的程序是:民主推荐,确定考察对象;组织(人事)部门考察;党委(党组)讨论提出建议人选名单并在一定范围内公示;报上级党委组织(人事)部门考察认定。正职后备干部由上级党委组织(人事)部门在民主推荐和认真考察的基础上,报党委(党组)讨论认定。

**第十条** 选拔后备干部要按照规定的资格条件严格把关,特别是把好政治关。

**第十一条** 选拔后备干部的工作可以单独进行,也可以结合领导班子换届、届中考察、调整工作一并进行。对在公开选拔领导干部和在竞争上岗中发现的优秀年轻干部,一时不能提拔使用的,可按规定程序列入后备干部名单。

**第十二条** 县(市)级以上党政领导班子与市(地)级以上党政机关各部门的后备干部有的可以交叉。

**第十三条** 按照公开、平等、竞争、择优的原则,积极探索选拔后备干部的新方法、新途径。

## 第五章 后备干部的培养

**第十四条** 后备干部选定后,要确定培养方向,制定培养计划,落实培养措施。

**第十五条** 培养后备干部要立足当前,着眼长远。按照"缺什么补什么"、把提高思想政治素质摆在首位的原则,有计划地加强对后备干部的理论培训和实践锻炼,特别是要加强对后备干部的思想政治教育,使他们增强党性,拓宽视野,提高战略思维能力和理论素养。尤其要重视做好党政正职和比较成熟、近期可进领导班子的后备干部的培养工作。

**第十六条** 对后备干部主要进行较为系统的马列主义、毛泽东思想特别是邓小平理论培训;党的路线、方针、政策培训;党的基本知识和党规党法培训;社会主义市场经济理论以及现代科技、法律、历史知识和相关业务知识培训。

培训主要采取以下形式:选送到党校、行政学院和高等院校学习深造,组织到经济相对发达地区、艰苦贫困地区、国有大中型企业或国外、境外考察和办班培训,组织对改革、发展和稳定中的重要问题进行调查研究或理论研讨。

后备干部在党校、行政学院和高等院校或其他培训机构的理论培训时间,不得少于三个月。其他形式的培训时间,根据具体情况确定。

**第十七条** 必须加强后备干部的实践锻炼。实践锻炼可根据实际情况,分别采取实行岗位轮换,安排分管常务工作或其他与培养方向相关的重要职务,分配急、难、险、重的工作任务,选派到基层特别是艰苦贫困地区或经济相对发达地区任职、挂职，选调到上级党政机关挂职，交流任职等方式进行。

后备干部挂职锻炼的时间一般为一至二年。

## 第六章 后备干部的管理

**第十八条** 后备干部的管理包括对后备干部的考察、调整、档案管理等内容。

**第十九条** 对后备干部要定期考察。考察的主要内容包括：政治立场、政治观点、思想品德、工作表现和廉洁自律情况；政治理论、社会主义市场经济理论、现代科技、法律、历史知识和相关业务知识的学习情况；理论政策水平和组织领导能力的提高情况；与培养目标的距离以及原有缺点、不足的改正情况等。要全面考察后备干部，不仅要了解他们工作思想方面的情况，而且要了解他们生活、社交等方面的有关情况。要特别注意考察后备干部的思想政治素质、工作实绩、廉政情况和发展潜力。

在定期考察的同时，应做好经常性的考察了解工作。考察结果作为后备干部培养、使用、调整的依据。

**第二十条** 对后备干部要实行动态管理。在考察的基础上，应适时对后备干部队伍进行调整充实，使后备干部队伍始终保持充足的数量、较高的素质和合理的结构。

后备干部凡有下列情形之一的，应调整出后备干部名单：

（一）政治思想、道德品质、党风廉政等方面出现问题；

（二）工作实绩不突出，发展潜力不大；

（三）工作失职，造成较大损失或不良影响；

（四）群众意见较大、威信不高；

（五）由于健康原因，不能担负繁重工作任务；

（六）年龄偏大；

（七）因其他原因，不适宜作为后备干部。

下级党委（党组）每年要向上级党委组织（人事）部门上报后备干部调整名单。

**第二十一条** 建立后备干部档案。后备干部档案的主要内容包括：后备干部简要情况表、考察材料及培养方案、民主推荐和公示情况、民主评议情况、年度考核情况、培养和奖惩情况等。要按照干部管理权限，对后备干部档案实行统一管理。

**第二十二条** 后备干部因组织需要调动工作时，如管理主体发生变化，原负责管理的组织(人事)部门应当将后备干部档案与其干部档案一起转交新的管理部门,可否列为调入单位的后备干部,按干部管理权限和后备干部选拔程序重新研究确定。

**第二十三条** 实行干部双重管理单位的后备干部的管理权限,与干部管理权限一致。

## 第七章 后备干部的任用

**第二十四条** 对德才兼备、实绩突出、群众公认的后备干部,根据工作需要,适时任用。上级党委(党组)应根据领导班子建设的需要,对后备干部统一调配使用。

**第二十五条** 提拔干部一般要从后备干部中挑选。需要从后备干部名单以外提拔的,呈报单位应在报告中说明情况。

**第二十六条** 鼓励和支持后备干部参与由组织批准进行的公开选拔领导干部和竞争上岗等活动。

## 第八章 后备干部工作的组织领导

**第二十七条** 后备干部的选拔、培养、管理和任用工作,按照干部管理权限,由党委(党组)及其组织(人事)部门负责。

**第二十八条** 建立后备干部工作责任制。党政领导班子主要领导干部对后备干部工作负有主要责任,领导班子的其他成员,也负有相应责任。党委(党组)每年要听取一至二次后备干部工作的汇报,研究解决后备干部工作中的问题。要把选拔培养后备干部工作的情况作为考察领导班子和领导干部的一项重要内容。

**第二十九条** 后备干部工作的综合管理和督促检查由组织(人事)部门具体负责。

## 第九章 后备干部工作的纪律

**第三十条** 后备干部工作必须严格执行《党政领导干部选拔任用工作暂行条例》第四十七条、第四十九条的纪律规定。

**第三十一条** 后备干部工作必须按照本规定进行。各级党委(党组)及组织(人事)部门,对违反本规定选定后备干部的行为,应坚决予以制止和纠正。

## 第十章　附　　则

**第三十二条**　各地各部门可按照本规定，结合本地区、本部门的实际情况，制定具体的实施细则。

**第三十三条**　国有重点大型企业和重点高等院校、科研院所也要建立后备干部名单，并参照本规定制定具体的实施办法。

**第三十四条**　本规定由中共中央组织部负责解释。

**第三十五条**　本规定自印发之日起施行。

# 中共中央组织部关于<br>进一步做好培养选拔优秀<br>年轻干部工作的意见

(中共中央办公厅2000年9月5日转发)

为了更好地贯彻落实《中共中央关于抓紧培养选拔优秀年轻干部的通知》(中发〔1995〕2号)和全国培养选拔年轻干部工作座谈会精神,不断加强各级领导班子和干部队伍建设,现就进一步做好培养选拔优秀年轻干部工作提出如下意见:

**一、培养选拔优秀年轻干部,是一项十分重要而紧迫的战略任务**

当前,我们正处在世纪之交的重要历史时刻。我们党正带领全国人民把建设有中国特色社会主义事业全面推向21世纪,改革进入攻坚阶段,发展处于关键时期。世界多极化和经济全球化趋势加速发展,科技进步日新月异,综合国力竞争日趋激烈。以美国为首的西方敌对势力加紧对我实施"西化"、"分化"的战略图谋。面向新世纪,我们要抓住机遇、迎接挑战,发展壮大自己,努力增强我国的经济实力、科技实力、国防实力和民族凝聚力;要坚持党的基本理论和基本路线不动摇,保证党和国家的长治久安,把改革开放和社会主义现代化建设不断推向前进;要把我们党建设成为始终代表中国先进社会生产力的发展要求、代表中国先进文化的前进方向、代表中国最广大人民的根本利益的党;要把各级领导班子建设成为坚决贯彻党的基本理论和基本路线、全心全意为人民服务、具有领导现代化建设能力、团结坚强的领导集体,必须进一步加紧做好培养选拔优秀年轻干部工作,努力造就大批忠诚于马克思主义、坚持走建设有中国特色社会主义道路、能够跨世纪担当重任的合格接班人。这是党的建设新的伟大工程的一项重点工程,是关系党和国家前途命运的战略任务。

《中共中央关于抓紧培养选拔优秀年轻干部的通知》下发以来,全国培养选拔优秀年轻干部工作取得很大成绩。同时必须看到,这项工作与新形势、新任务的要求相比,还存在着较大差距。一些地方和部门选拔年轻干部工作力度不大,部分领导班子特别是省部级领导班子中年轻干部偏少,年龄结构没有达到中央提出的目标要求;后备干部队伍建设还没有普遍引起足够的重视,后备干部工作制度还不够健全和完善，后备干部的数量和质量难以满足领导班子建设的需要；对年轻干部的培养教育工作抓得不紧，措施不力，不少年轻干部的思想政治素质、科学文化水平和组织领导能力还不适应新的形势和任务的要求。培养选拔优秀年轻干部的任务十分繁重，十分紧迫，刻不容缓。

各级党委及其组织部门，一定要从确保老一辈无产阶级革命家开创的社会主义事业能够代代相传，确保我国社会主义现代化建设目标的胜利实现，确保党和国家长治久安的高度，充分认识培养造就一大批适应新世纪要求的优秀年轻干部的极端重要性和紧迫性，加大工作力度，认真按照中央的要求，把这项关系大局、关系长远的工作抓紧抓好。

**二、解放思想，加大力度，务求选拔优秀年轻干部工作取得新突破**

今后两年，是选拔优秀年轻干部，实现领导班子合理配备的特殊重要时期。必须全面落实《中共中央关于抓紧培养选拔优秀年轻干部的通知》和《1998—2003 年全国党政领导班子建设规划纲要》提出的有关目标要求，并取得突破性进展。

中央、国家机关部委（局）领导班子，凡没有 45 岁左右干部的，要抓紧配备；50 岁左右正职干部的数量要有所增加。省、自治区、直辖市党政领导班子，凡 50 岁以下的干部没有达到 5 名（其中 45 岁左右的各 1 名）的，要抓紧配备；50 岁左右正职干部的数量要有所增加。

市（地、州、盟）党政领导班子，凡 45 岁以下的干部没有达到 4 名（其中 40 岁左右的各 1 名）的，要抓紧配备。在省、自治区、直辖市范围内，40 岁左右正职干部的数量要有所增加。中央、国家机关司局和省、自治区、直辖市厅局级领导班子，凡没有 40 岁左右干部的，要抓紧配备，45 岁左右正职干部的数量要有所增加。

县（市、区、旗）党政领导班子，凡 35 岁以下的干部没有达到各 1 名的，要抓紧配备。在省、自治区、直辖市范围内，35 岁左右正职干部的数量要有所增加。

金融、科技、外经外贸、外交、法律等部门和条件艰苦地区，选拔配备年轻干部的力度要更大一些，以适应激烈的国际竞争和艰苦环境工作的需要。

省部级、市地级党政领导班子，要抓紧充实一定数量的具有较高马克思主义理论素养、熟悉意识形态工作的干部，熟悉现代经济管理、金融和外经外贸工作的干部，熟悉法律工作的干部。

今后，省部级、市地级和县（市）级党政领导班子，必须按照上述要求配备年轻干部。凡换届人事安排方案中年轻干部的数量达不到规定要求的，上级党委及其组织部门不予考察审批；届中调整领导班子成员，要优先选配年轻干部。

一时没有适当人选的,要空出名额,积极物色人选。本地区、本部门一时难以产生适当人选的,要通过交流选配。职数已满但缺年轻干部的领导班子,按照干部管理权限经主管部门批准,可以采取“先进后出”的办法充实年轻干部,待换届和班子自然减员时再恢复到规定职数。领导班子中年轻干部出现空缺时,未达到配备年轻干部数量要求的,必须补充年轻干部。

今后两年,要抓紧选拔一批45岁以下的优秀年轻干部进入省部级领导班子。要特别重视党政正职领导干部的选拔。及时将那些政治上强,能够总揽全局,善于带班子的优秀年轻干部选拔到县级以上党政正职岗位。要抓紧选拔一批50岁左右、40岁左右、35岁左右的优秀年轻干部担任省、市、县三级党政正职。

要进一步解放思想,更新用人观念,不拘一格选人才。要坚持任人唯贤,反对任人唯亲;既要德才兼备,又不求全责备;既要坚持标准,又要不拘一格。要坚决抛弃论资排辈、迁就照顾,以及凭个人好恶选人等妨碍识别和使用优秀年轻干部的种种陈旧观念和偏见。要全面、正确、客观地看待年轻干部。要讲台阶而不拘泥台阶,论资历而不唯资历。对那些德才兼备、政绩突出、群众公认的优秀年轻干部,要敢于打破常规,大胆选拔使用,可不受任职年限的限制,及时使用;后进领导班子的,可以往前排或直接放到常务副职岗位;个别特别优秀、发展潜力大的干部,经上一级党委组织部门同意,可越级提拔。

要放开视野,拓宽选人渠道。不仅要从党政机关选拔,也要注意从国有大中型企业、高等院校和科研院所选拔;不仅要从经济相对发达地区选拔,也要注意从经济欠发达地区以及边远贫困地区选拔;不仅要从国内培养的各类人才中选拔,也要注意从优秀留学回国人员中选拔人才。

要深化干部制度改革,建立健全有利于优秀年轻干部脱颖而出和人才辈出的选人用人机制。要贯彻公开、平等、竞争、择优的原则,加大公开选拔领导干部的力度。在公开选拔一定层次的委任制领导干部的同时,积极探索公开选拔选任制领导干部提名人选的程序和办法。积极推进各级党和国家机关内部中层干部竞争上岗工作。要扩大民主,充分走群众路线,坚持和完善民主推荐、民意测验、民主评议制度和党政领导干部任前公示制度。要下决心解决干部任职只能上不能下的问题,为选拔优秀年轻干部创造条件。要严格执行干部退(离)休制度。要研究建立党政领导职务任期制、党政领导干部职务聘任制、试用期制。要建立健全领导干部个人申请辞职、引咎辞职、责令辞职等制度。对那些经组织考核被认定为不称职、不胜任现职的干部,要坚决调整;对身体状况不适应领导工作需要的干部,要予以调整。对年轻干部更要坚持能上能下。

要保持领导班子的梯次年龄结构，不要在任职年龄上搞层层递减，防止“一刀切”。既要大胆选拔任用优秀年轻干部，又要合理使用其他年龄段的优秀干部，充分发挥他们的作用。同时，重视选拔优秀年轻的女干部、少数民族干部和非中共党员干部。

选拔任用优秀年轻干部，一定要严格按照《党政领导干部选拔任用工作暂行条例》的规定执行。要尽快研究建立用人失察失误责任追究制度，对违反党的干部政策，不按规定程序办事造成失误的，要严肃追究责任。要坚决反对选拔任用干部工作中的不正之风，对那些搞以权谋私、权钱交易、受贿卖官的，一经发现就要坚决查处，严惩不贷。

**三、选拔优秀年轻干部，必须坚持高标准、严要求，重点把好政治关**

选拔优秀年轻干部，要全面正确地贯彻执行干部队伍“四化”方针和德才兼备原则，坚持高标准、严要求，把那些思想政治素质好、科学文化水平高、组织领导能力强、政绩突出、群众公认的优秀年轻干部选拔进各级领导班子。

要坚持把革命化放在首位。年轻干部接班，最重要的是接老同志坚持革命斗争方向的英勇精神的班。要重点看他们是否忠诚于马列主义、毛泽东思想和邓小平理论，具有坚定正确的理想信念；是否坚持按“三个代表”的要求指导自己的思想和行动，讲学习、讲政治、讲正气；是否坚持党的基本路线，坚定地走建设有中国特色社会主义道路，自觉维护以江泽民同志为核心的党中央的权威；是否解放思想，实事求是，具有改革创新和开拓进取精神；是否知难而进、百折不挠，具有抵制各种歪风邪气的勇气；是否具有良好的思想意识和道德品质，廉洁自律，经受住金钱、名利、权位、人情、美色的考验。

要逐步提高对科学文化知识水平的要求。提任市（地）、县（市）两级党政领导职务，一般应具有大专以上学历，其中具有大学本科以上学历的应达到一定比例，提任省部级领导职务一般应具有大学本科以上学历；有较宽的知识面，有与履行岗位职责相适应的专业知识和管理知识；善于学习，不断更新知识，能够适应经济、政治、科技、文化发展对本职工作的新要求；注重理论联系实际，具有运用理论和有关知识解决实际问题的能力。

要重视对领导才能的全面考察。要看他们是否能够正确理解和贯彻执行党的路线方针政策，创造性地开展工作；是否能够坚持民主集中制原则，团结协作，知人善任；是否具有统揽全局、宏观决策的能力，能够坚持两手抓，善于从实际出发，研究解决改革、发展、稳定中出现的新问题；是否具有一定的实践经验和抵御各种风险、驾驭复杂局面的能力；是否具有担任更高层次领导职务的发展潜力。

要注重工作实绩。要看他们是否认真履行岗位职责,真心实意为人民群众办事,既重视当前,又考虑长远,勤奋工作,注重实效,不急功近利,不做表面文章,不虚报浮夸,在本职工作中做出突出成绩。

要坚持群众公认。要看他们能否坚持党的全心全意为人民服务的宗旨,发扬密切联系群众的作风,深入实际,深入基层,深入群众;是否在群众中有较高威信,在个别谈话和民主推荐、民意测验、民主评议中得到多数群众的认可和拥护。

要按照上述标准和要求,严格考察,精心挑选。对那些背离党的路线或者阳奉阴违的人;那些贪图私利,贪图享乐,只考虑个人得失,不关心群众疾苦,不顾党和人民利益,甚至以权谋私的人;那些不顾大局、不守纪律、争名争利、闹不团结的人;那些只说不做,弄虚作假,欺上瞒下,热衷于搞形式主义、摆花架子的人;那些不讲原则、回避矛盾、吹捧逢迎、见风使舵的人;那些缺少积极进取的事业心和责任感,得过且过、敷衍塞责的人;那些投机钻营、拉拉扯扯、搞小圈子、热衷于跑官要官的人,以及那些搞假经历、假学历的人,决不能选拔到领导岗位上来。已经在领导岗位上的,要坚决调整下来。问题严重的,要坚决查处。

**四、坚持和完善后备干部制度,加强和改进后备干部工作**

后备干部工作是领导班子建设的一项基础性工作,是培养选拔优秀年轻干部的重要措施。要认真贯彻执行经中央批准由中央组织部印发的《党政领导班子后备干部工作暂行规定》,使这项工作制度化、规范化。县(市)级以上党政领导班子和市(地)级以上党委、政府工作部门,都要建立后备干部名单。国有重点大型企业和重点高等院校、科研院所,也要建立后备干部名单。今后两年,中央组织部要在普遍考察的基础上,重点掌握1000名左右省部级党政领导班子后备人选,其中近期可进领导班子的后备人选300名左右,党政正职后备人选100名左右。省、自治区、直辖市党委及其组织部门,要抓紧做好市(地)、县(市)两级后备干部的调整充实工作,重点考察掌握一批比较成熟的党政领导班子后备人选,特别是党政正职后备人选。

选拔后备干部,必须坚持群众路线,充分发扬民主,在一定范围内进行民主推荐,坚决防止和克服由少数人圈定或在少数人中圈定人选的现象。要打破封闭式和神秘化的传统选拔方式,按照公开、平等、竞争、择优的原则,积极探索选拔后备干部的新方法、新途径。对后备干部人选,要加强群众监督,推行公示制。要加强对后备干部的培养教育。对后备干部要定期考察,不仅要考察他们在本单位的工作表现,也要注意了解他们在8小时工作以外社会交往等情况,防止和克服考察失实、失真现象。对后备干部要实行动态管理。要在严格考察的基础上，将那些不适合继续作为后备干部培养的调整出后备干部队伍，同时将新发现的优秀分子，及时补充到后备干部队伍中来。对已经成熟的后备干部，要适时选拔到各级领导岗位。使用后备干部，要打破地方和部门的界限，由上级党委统一调配使用。提拔领导干部，一般要从后备干部中挑选。

各省、自治区、直辖市党委组织部要会同有关部门，每年选调一定数量的应届毕业的优秀大学生和研究生到基层重点培养锻炼，并把这项工作纳入培养选拔优秀年轻干部工作的整体规划。要对他们加强培养教育，严格要求，严格管理，使他们健康成长。对德才素质好、有发展潜力的，要列入后备干部名单。条件成熟的，要及时提拔到基层领导岗位。适合做机关工作的，有计划地补充进县级以上党政机关。

要扩大选人用人视野，从各条战线上发现选拔优秀年轻干部。

**五、以提高思想政治素质为重点，大力抓好年轻干部的培养教育**

切实加强对年轻干部的理论培训和思想政治教育。要组织年轻干部深入、系统地学习马列主义、毛泽东思想特别是邓小平理论，掌握理论的科学体系和精神实质。要学习党的基本知识，学习中共党史、中国近现代史，使他们懂得党内政治生活的基本准则和要求，了解中国的过去和党的优良传统。要引导他们发扬理论联系实际的马克思主义学风，树立正确的世界观、人生观、价值观，学会运用马克思主义的立场、观点、方法，解决改革开放和现代化建设中的实际问题。要以各级党校为依托，用 5 年左右的时间，把县处级以上、45 岁以下的干部普遍轮训一遍，时间一般不少于 3 个月。各级党校要把干部的理论培训作为主要任务，继续办好中青年干部培训班。要健全培训与使用相结合的制度，把经过党校培训的情况作为选拔优秀年轻干部的重要依据。要规定年轻干部理论学习的必读篇目，鼓励和支持他们自学。要针对年轻干部的特点，重点对他们进行国情教育、理想信念教育、全心全意为人民服务的宗旨教育和廉洁自律教育，使他们增强政治责任感和历史使命感，按照“三个代表”的要求提高自己，自觉地为实现党的目标任务而奋斗。尤其要引导年轻干部及时了解国际形势，善于观察世界大势，正确把握时代要求，注重研究和思考一些关系我国现代化建设全局的重大问题，养成结合实际想大事、议大事的习惯，不断提高政治敏锐性和政治鉴别力，提高驾驭全局的领导水平。通过上述措施，使年轻领导干部增强党性，拓宽视野，提高战略思维能力和理论素养，成为忠诚于马克思主义、坚持走建设有中国特色社会主义道路的新一代领导人才。同时，要通过各种途径加强对年轻干部的业务培训。要有计划地选派年轻干部到高等院校学习深造。要重视选派县处级以上优秀年轻干部到国外、境外学习进修。中央组织部每年要选派一定数量的市(地)级优秀年轻干部到国外、境外学习进修。

加大年轻干部实践锻炼的力度。要加强对省部级后备干部的培养,对近期可进领导班子的人选,要抓紧放到中心城市、党政重要综合部门、国有大型企业、重点高等院校和科研院所党政主要领导岗位上锻炼考验,放到艰苦的地方和完成急、难、险、重任务中锻炼考验。要重视党政正职后备干部的培养,把他们放到地方党委或政府的常务副职、下一级党政正职、部委综合部门等关键岗位上锻炼,使他们得到全面提高。要大力支持和鼓励年轻干部到环境比较复杂和条件比较艰苦的地方去经受磨炼。要把培养年轻干部同实行和扩大干部交流、轮岗结合起来。对各级党政机关中有培养前途,但缺乏基层工作经验的年轻干部,应把他们调到基层工作。要从国有大中型企业和高等院校、科研院所选派一定数量的高学历、高职称的年轻干部到基层任职,从中培养党政领导人才。对长期在基层工作的优秀年轻干部,要注意选派他们到上级机关工作。要结合西部大开发战略的实施,有计划地从中央、国家机关和经济相对发达地区选派年轻干部到西部地区工作,同时从西部地区选派年轻干部到中央、国家机关和经济相对发达地区挂职锻炼。在各级党政机关内部,对长期从事行政工作或长期从事党务工作的年轻干部,要有计划、有步骤地进行岗位轮换。今后选拔优秀年轻干部,要把基层工作经历作为重要条件,不愿意到基层或艰苦的地方工作的,不能提拔重用。

加强对年轻干部的监督管理。各级党组织对年轻干部既要关心爱护,又要严格要求,加强管理,加强监督,以利于他们健康成长。要建立健全年轻干部思想政治素质现状定期分析、干部个人重大事项报告、定期谈话和诫勉等制度,把他们经常置于党组织的监督之中。要严格党内民主生活,引导和帮助年轻干部开展认真的批评和自我批评。要教育年轻干部正确对待组织,正确对待同志,正确对待群众,正确对待自己。要经常检查指导他们的工作,帮助他们总结经验,发扬成绩,克服缺点。发现年轻干部出现不良苗头,要及时打招呼,敲警钟,使问题消除在萌芽状态。对群众意见大、本人又缺乏认识的,要严肃批评,促其改正。对有违法乱纪行为的,要坚决查处,切不可姑息迁就。

培养选拔优秀年轻干部,必须着眼于整个年轻一代的健康成长。各级党委要组织动员全社会的力量,齐心协力做好年轻一代的培养教育工作。各级领导同志要经常深入到青年中去,了解和熟悉他们,热情帮助他们,有针对性地加强对广大青年的思想政治工作,促使他们尽快成才。

**六、加强领导,精心组织,把培养选拔优秀年轻干部工作落到实处**

培养选拔优秀年轻干部,既是一项长期的战略任务,又是当务之急。各级党委要切实加强对培养选拔优秀年轻干部工作的领导，把这项工作列入重要议事日程，经常分析研究，及时解决存在的问题。要建立以党委主要负责同志负总责的工作责任制，一级抓一级，一级带一级，逐级负责，层层抓落实。要把培养选拔优秀年轻干部工作的情况，作为考核各级党委主要负责同志的一项重要内容。对完不成规定目标要求的，下一级党委要负责地向上一级党委作出说明。各级领导干部特别是主要领导干部，要像老一辈领导同志当年帮助年轻干部健康成长那样，以高度的政治责任感和历史使命感，悉心做好培养选拔优秀年轻干部工作。要坚持“三支队伍”一起抓，在抓好培养选拔年轻优秀的党政领导干部工作的同时，重视年轻优秀的科技干部、企业经营管理干部的培养选拔工作。

各级党委组织部门要在党委的领导下，把培养选拔优秀年轻干部工作作为一项主要任务，明确责任，切实抓紧抓好。要加强调查研究和督促检查，进行具体指导，把各项措施落到实处。各省、自治区、直辖市党委组织部要有相应的机构并挑选政治素质好、业务能力强的干部负责这项工作。

在各级党委的统一领导下，有关部门要密切配合，共同做好培养选拔优秀年轻干部工作。要大力宣传党的培养选拔优秀年轻干部工作的方针、政策，宣传优秀年轻干部的典型，在全社会形成有利于优秀年轻干部脱颖而出的舆论环境。各级工会、共青团、妇联组织，要发挥各自的作用，积极向党组织推荐优秀年轻干部，配合党委组织部门做好培养选拔优秀年轻干部工作。

各省、自治区、直辖市党委和中央各部委、国家机关各部委党组（党委），都要按照本意见的要求，结合本地区、本部门实际，制定培养选拔优秀年轻干部工作规划，并认真组织实施。今后，各地区、各部门要定期对培养选拔优秀年轻干部工作情况进行检查。中央组织部也将定期对各地区、各部门培养选拔优秀年轻干部工作情况进行检查。

# 中共中央组织部、中共中央宣传部关于建立县级以上党政领导干部理论学习考核制度的若干意见

(2000 年 10 月 13 日)

根据《中共中央关于在全党深入学习邓小平理论的通知》要求,为促进领导干部的理论学习,现就建立县级以上党政领导干部理论学习考核制度提出如下意见。

**一、充分认识建立领导干部理论学习考核制度的重要性**

1. 领导干部理论学习考核制度,是规范领导干部学习,增强学习自觉性的必要措施,也是提高理论学习质量,检验理论学习效果的有效手段。建立这一制度,对于全党高举邓小平理论伟大旗帜,深入学习贯彻江泽民同志“三个代表”的重要思想,全面提高领导干部素质,巩固和扩大“三讲”教育成果,进一步兴起理论学习的新高潮,有着重要的意义。

2. 理论上成熟是政治上成熟的基础。马克思主义理论素养是各级领导干部素质的核心和灵魂。加强和改进领导干部的理论学习,是适应新形势、迎接新挑战,全面推进社会主义现代化建设事业的必然要求。这些年,全党重视理论学习的风气得到很大加强。同时,也要看到当前在一部分领导干部中,忽视理论学习的现象仍然存在,理论学习的激励和约束机制还不健全。实践证明,建立和完善领导干部理论学习考核制度,有利于增强领导干部学习的自觉性,有利于保证学习质量和效果,有利于加强领导班子思想政治建设。

**二、考核工作的指导思想和基本原则**

3. 指导思想。以马列主义、毛泽东思想和邓小平理论为指导,按照江泽民同志“三个代表”的要求,在总结实践经验的基础上,继续弘扬理论联系实际的优良作风,不断探索行之有效的考核方法,建立健全科学的考核标准和考核体系,逐步实现领导干部理论学习考核制度的科学化、规范化,进一步完善领导干部理论学习的激励和约束机制,调动学习积极性,促进领导干部理论水平和思想政治素质的不断提高,推动改革开放和社会主义现代化建设。

4. 基本原则。注重实效原则。既要考核干部掌握基本理论和基本知识的

情况，又要考核干部理论联系实际的情况，把考核重点放在学以致用上。考用结合原则。把干部理论学习情况作为对领导班子和领导干部考核的重要内容，把理论学习的考核结果作为选拔任用干部的重要依据。便于操作原则。要根据不同层次、不同类型领导干部的特点，确定具体考核方案，增强考核工作的针对性和可操作性，防止形式主义。

**三、考核的主要内容**

5. 学习态度。重点考核领导干部理论学习的自觉性。看其能否真正把理论学习摆上重要位置，能否遵守领导干部脱产培训制度、党委（党组）中心组学习制度和在职自学制度，做理论学习的表率。

6. 基本理论和基本知识。重点考核领导干部对马列主义、毛泽东思想特别是邓小平理论，江泽民同志重要论述和党中央路线方针政策的理解和掌握程度。同时考核履行工作职责所应具备的理论知识。

7. 运用理论指导改造主客观世界的情况。重点考核领导干部能否用马克思主义理论武装头脑，加强党性锻炼，牢固树立正确的世界观、人生观、价值观，增强拒腐防变和抵御风险的能力；能否运用马克思主义的立场、观点、方法去观察、分析、解决改革开放和社会主义现代化建设以及本地区、本部门工作中的重点和难点问题，创造性地开展工作。

**四、考核的基本方法**

8. 脱产理论学习的考核。县级以上党政领导干部凡是在党校、干部院校进修学习的，学习结束时，都要进行必要的考核，并作出写实性的书面鉴定。学习一个月以上的，还应进行考试，根据不同层次、不同班次和课程内容的要求，可相应采取闭卷、开卷或撰写论文、学习总结等考试方式。鉴定和考试成绩应记入学员学习登记表。

9. 党委（党组）中心组学习的考核。重点检查党委（党组）中心组组长职责的履行情况、中心组成员学习计划及落实情况、集中学习的出勤情况、结合理论学习开展调查研究的情况、集中研讨的发言质量、运用理论改造主客观世界的实际效果和撰写理论文章或调研报告等情况。上级党委（党组）根据需要派人参加下级党委（党组）中心组的集中学习。每年年底前，县级以上党委都要进行认真检查，并将自查情况报上级组织、宣传部门备案。在自查的基础上，按照干部管理权限，上级党委要对领导干部参加中心组学习的情况进行抽查。

10. 在职自学的考核。主要了解干部对上级和党委（党组）规定的必读书目研读情况、根据工作需要和本人实际所选其他书籍的学习情况，以及本人撰写的调研文章、读书笔记、心得体会等情况。

11. 理论学习考核要成为干部考核的重要内容。可采用述学、评学、考学的方法进行。述学,即把本人参加理论培训、党委(党组)中心组学习、在职自学的情况作为述职的重要内容。评学,即在群众民主评议领导班子和领导干部时,对其理论学习情况一并进行评议。考学,即干部主管部门对领导干部考察、考核时,对其学习态度、理论素养、学习效果等情况进行全面的考核和评价。

各级党委(党组)对领导干部理论学习的考核,可结合干部平时考核、年度考核或届中、届末考核进行。根据需要,在适当时候按照不同层次、不同类型干部学习的特点,由上级党委(党组)组织必要的考试,对领导干部理论学习的有关情况进行评估。

12. 建立县级以上党政领导干部政治理论水平任职资格考试制度。有关部门要抓紧制定试行方案,并选择一些具备条件的地方和部门,先行试点,在试点的基础上逐步推开。从2001年起,对新拟任县处级党政领导职务的干部,要进行政治理论水平任职资格考试,未能获得资格证书的,不能任新职。政治理论水平任职资格考试也可结合公开选拔领导干部和党政机关干部竞争上岗的考试一并进行。

**五、考核结果的运用**

13. 做好考核结果的反馈。考核结束后,考核部门要将考核结果及时反馈给干部所在单位党组织和干部本人,肯定成绩,指出不足,提出要求,充分运用考核结果,不断提高领导干部理论学习的质量和自觉性。

14. 建立干部学习档案。按照干部管理权限和职责分工,分级建立干部学习培训档案。对干部脱产进修、党委(党组)中心组学习和在职自学情况以及理论学习的考核结果及时记入本人档案。

15. 建立健全领导干部理论学习的约束和激励机制。要严格执行《党政领导干部选拔任用工作暂行条例》和《党政领导干部考核工作暂行规定》等文件中有关理论学习考核工作的规定,在干部考核时,应查阅拟使用干部的学习档案,并把理论学习的考核结果作为衡量干部思想政治素质的重要内容和干部升降、奖惩的重要依据。在干部考察材料中,要把领导干部理论学习的情况作为评价干部思想政治素质的重要内容。呈报干部任免审批表时,必须填写干部参加学习培训情况。未达到《条例》规定培训时间要求的,应视情况作出暂缓讨论或先培训后上岗的处理。

**六、考核的组织领导**

16. 各级党委(党组)要切实加强对理论学习考核工作的领导。党委(党组)一把手要亲自抓,分管领导要具体抓,按照考核制度和有关规定,严格要求,对照检查，确保领导干部理论学习的任务和措施落实到位。各地各部门每年要对领导干部理论学习考核制度的执行情况进行抽查或检查，总结经验，不断推进领导干部理论学习考核工作。

17. 领导干部在党校、干部院校脱产培训期间的考核，一般由党校、干部院校为主组织实施；对党委（党组）中心组学习的考核，由上级党委宣传部门会同组织部门实施；在职自学的考核，按照干部管理权限，由各级党委组织实施。党委组织部门要认真做好各种考核结果的综合与使用工作。

各省、自治区、直辖市党委，中央直属机关工委、中央国家机关工委要根据本意见精神，结合实际，制定具体实施意见。国有和国有控股企业以及事业单位领导干部的理论学习考核工作，可参照本意见精神，制定相应办法。

# 关于推行党政领导干部任前公示制的意见

（中共中央组织部2000年12月14日印发）

实行党政领导干部任前公示制，是干部人事制度改革中出现的新事物，它源于基层的实践与创造。近几年来，各地普遍开展了推行任前公示制的试点工作，收到了积极的效果。为进一步推行并完善、规范任前公示制，根据《深化干部人事制度改革纲要》（中办发〔2000〕15号）要求，现提出如下意见。

**一、充分认识实行党政领导干部任前公示制的意义和作用**

任前公示制，就是将党委（党组）集体讨论研究确定拟提拔或调整的干部的有关情况，通过一定的方式，在一定范围和期限内进行公布，广泛听取群众的反映和意见，再正式实施对干部的任用。这种做法把扩大民主从干部推荐、考察环节延伸到任用决策阶段，把民主参与的范围由部分干部扩展到广大群众，体现了坚持党管干部原则与充分发扬民主、走群众路线的有机结合。

任前公示制对改进干部选拔任用工作具有重要作用。它作为干部考察工作的延伸和补充，可以使党组织在更大范围内听取各方面的意见，更全面、更准确地了解干部，减少用人失察失误，提高选人用人质量。任前公示制将干部选拔任用工作置于广大群众的监督之下，强化对干部选拔任用工作的监督和对党政领导干部的监督，不仅有助于遏制选人用人上的不正之风和腐败现象，而且有利于形成正确的用人导向，增强干部的公仆观念和自律意识。

**二、进一步完善党政领导干部任前公示制的操作规范**

经过近年来的探索和实践，各地在实行党政领导干部任前公示制方面，积累了有益的经验。当前，要在总结实践经验的基础上逐步加以完善和规范。

公示对象　提拔担任地厅级以下（含地厅级）委任制党政领导职务的拟任人选，除特殊岗位外，都应列为公示对象。选任制干部的推荐提名人选、非领导职务改任同级领导职务的人选、平级转任重要职务的人选，根据实际情况，也可列为公示对象。

公示范围　党政领导班子及党政工作部门领导成员的选拔任用应向社会公示；部门内设机构中层领导干部的选拔任用，原则上在其所在的工作部门（单位）或系统内进行公示，也可根据岗位特点在更大范围内公示；易地交流提拔任职的干部,在原工作所在地或单位公示。

公示内容　公示内容一般包括公示对象的姓名、性别、出生年月、籍贯、学历学位、政治面貌、现任职务等自然情况和工作简历。对拟任职务是否公示,各地、各部门可根据实际情况自行掌握。

公示方式　需向社会公示的,一般通过报纸、电视、广播等新闻媒体发布公告;在部门(单位)或系统内公示的,可采取发公示通知或会议公布、张榜公告等形式进行。无论采取哪种方式,都要让群众及时了解公示内容,并为群众广泛参与创造条件。

公示时间　确定公示时间既要有利于群众反映意见,又要有利于提高工作效率,一般以7—15天为宜。具体时间视实际情况确定。

公示程序　公示程序为四个步骤:(1)党委(党组)研究确定拟任人选后,以一定方式予以公示;(2)以组织(人事)部门为主受理群众意见;(3)调查核实群众反映的问题,并向署名或当面反映问题的群众反馈调查核实结果;(4)根据调查核实情况提出处理意见,决定是否实施对干部的任用,并予以公布。

**三、认真做好群众反映意见的调查处理工作**

对群众反映问题的调查、处理,是实施任前公示制的关键环节。公示期间,组织(人事)部门应设立专门电话和信箱,指定专人负责接待群众来访。对群众反映的意见要登记建档。组织上已经掌握的问题,不再重复调查;没有掌握的,要分类处理。一般要求署名或当面反映问题,逐件进行调查核实。对匿名反映的问题,要作分析,性质严重、内容具体、线索清楚的,也要调查核实。对经调查核实,确认反映的问题与事实出入较大或并不存在的,反馈时要耐心细致地向有关人员讲清调查过程和结果。

调查核实工作要深入细致,讲究方法。具体调查核实工作,由组织(人事)部门进行。对于群众举报涉嫌违纪违法的重大问题,可由组织(人事)部门会同纪检监察部门共同进行调查。要注意调查核实的方式,在保证查清问题的前提下,尽量控制范围,做好保密工作。既要注意保护反映情况的群众,防止出现打击报复现象,又要注意保护干部,反对诬告和无理纠缠,防止在作出正式调查结论前由于问题扩散而对干部造成不良影响。对故意诬告陷害公示对象的,应视情节轻重,对有关责任人严肃处理。

对调查核实结果的处理,主要分四种情况:(1)所反映问题不存在的,予以任用;(2)属于一般性缺点、不足,不影响提拔任用的,按预定的方案任用,并在任用谈话时向干部指出存在的问题,督促改正;(3)对政治立场、思想品质、廉洁自律等方面存在严重问题的,经党委(党组)复议后不予任用,对其中属于违纪违法的,应移交纪检监察机关或司法机关按照有关规定处理;(4)反映的问题性质比较严重,一时难以查实但又不能轻易否定的,暂缓任用。暂缓任用的时间一般不应超过三个月。三个月内仍未查实的,由公示对象本人作出负责任的书面说明,经党委(党组)研究认为不影响任职的,可履行任职手续。此后,如经查实发现有影响任职问题的,解除现职并依照有关规定从严处理。也可结合实行领导干部任职试用期制度,在试用期内作进一步的考察。

对调查核实结果的处理,要坚持实事求是、客观公正的原则。对那些基本素质好、有发展潜力的干部,敢抓敢管、勇于开拓创新的干部,要看本质、看主流,不能因为工作中有缺点和不足而影响对他们的使用。对那些思想政治素质差,特别是以权谋私、为政不廉的人,坚决不予任用。对跑官要官、买官卖官的,一经发现,坚决查处。

**四、加强对推行党政领导干部任前公示制的领导,加大工作力度**

各级党委(党组)及组织(人事)部门要重视推行任前公示制工作,统一思想,提高认识,加大工作力度。2001 年各地继续试行一年。从 2002 年起,地厅级以下领导干部(特殊岗位除外)的选拔任用,都要实行任前公示制。少数民族地区,可以根据当地的实际情况自行掌握。

实行任前公示制,对干部选拔任用工作提出了更高的要求,要进一步增强贯彻执行《党政领导干部选拔任用工作暂行条例》的自觉性。不能因实施任前公示制而简化《条例》规定的干部选拔任用程序和方法,也不能用任前公示制代替对干部的民主推荐、组织考察,要严格地按《条例》办事,进一步提高各个环节的工作质量。

实行任前公示制,要与建立健全领导干部回复制度、谈话制度、诫勉制度、试用期制度、领导干部报告个人重大事项制度、任职经济责任审计制度,与积极探索建立干部选拔任用工作责任制、用人失察失误责任追究制等工作结合进行,使各项制度衔接配套,产生整体效应。

推行任前公示制,必须有广大群众的支持和热情参与。各级组织(人事)部门要通过各种形式做好宣传发动工作,使群众了解公示制,关注公示制,积极参与到这项改革中来。同时,要注意加强对干部和群众的教育,做好思想政治工作,使每个公示对象以有则改之、无则加勉的态度正确对待群众意见,使广大群众以认真负责、实事求是的态度对待公示对象,保证任前公示制的顺利实施。

# 中共中央组织部关于
# 加强组织部门干部监督工作若干意见(试行)

(2000 年 12 月 25 日)

加强干部监督是改革开放条件下执政党建设的一项重要而紧迫的任务。我们党是建设有中国特色社会主义事业的领导核心。党要始终代表中国先进社会生产力的发展要求,代表中国先进文化的前进方向,代表中国最广大人民的根本利益,关键在于建设一支能够忠诚实践“三个代表”重要思想的高素质领导干部队伍。当前,从总体上看,领导干部队伍的主流是好的,干部选拔任用工作是健康的。同时也要看到,在改革开放和发展社会主义市场经济条件下,一些消极的甚至腐朽的东西经常侵蚀着我们的干部队伍和干部工作,各种不正之风和腐败现象时有发生,有的还相当严重,败坏党在人民群众中的形象,损害党的凝聚力和战斗力,必须坚决克服。出现这些问题的原因是多方面的,其中,很重要的是,一些党组织对干部特别是领导干部疏于教育、疏于管理、疏于监督,对干部选拔任用工作监督检查不力。实践证明,越是改革开放、发展社会主义市场经济,越要加强干部监督;越是领导机关、领导干部,越要有严格的监督。组织部门的干部监督是党内监督的重要组成部分。加强组织部门干部监督工作,对于加强领导班子和干部队伍建设,保证中国社会主义事业的巩固和发展,具有极其重要的意义。

为了进一步加强组织部门干部监督工作,现提出如下意见:

**一、组织部门干部监督工作的指导思想和主要任务**

1. 组织部门干部监督工作的指导思想是:以马列主义、毛泽东思想、邓小平理论和江泽民同志“三个代表”重要思想为指导,以《中国共产党章程》、《党政领导干部选拔任用工作暂行条例》(以下简称《条例》)等党内法规以及党中央对领导干部和干部工作的要求为依据,按照从严治党的方针,坚持以正面教育为主、预防为主、事前监督为主,把干部监督贯穿于干部培养教育、考察考核、选拔任用、日常管理的各个环节,促进干部健康成长,防止和纠正用人上的不正之风,加强高素质领导干部队伍建设,为社会主义现代化建设提供坚强的组织保证。

2. 组织部门干部监督工作的主要任务:一是对领导班子和领导干部的监

督,重点是对县(处)级以上领导班子和领导干部的监督。主要是监督能否全面正确地贯彻执行党的路线方针政策,在政治上、思想上、行动上与党中央保持高度一致;能否结合实际学习政治理论,坚定理想信念,树立和坚持正确的世界观、人生观和价值观;能否严格遵守民主集中制的各项制度,坚持"集体领导,民主集中,个别酝酿,会议决定"的工作方针;能否坚持实事求是的原则和群众路线,经常深入基层,深入实际,密切联系群众,为群众办实事;能否正确运用人民赋予的权力,遵纪守法,勤政廉政,全心全意为人民服务。二是对各级党委(党组)和组织(人事)部门贯彻执行党的干部路线方针政策的监督,重点是对党政领导干部选拔任用工作的监督。主要是监督党委(党组)和组织(人事)部门能否全面正确地贯彻执行干部队伍"四化"方针和德才兼备的原则;能否严格执行《条例》,按照规定的原则、标准和程序选拔任用干部,自觉遵守组织人事工作纪律;能否严格执行中央和中央组织部关于干部工作的法规和政策;能否严肃查处违反党的干部路线方针政策、不按《条例》规定选拔任用干部的行为。

**二、切实加强对领导班子和领导干部的监督**

3. 认真监督检查领导班子执行民主集中制的情况。各级组织(人事)部门要结合干部考察考核和日常管理工作,对下级领导班子执行民主集中制情况进行深入了解,主要看在重大问题的决策,特别是干部任免、重要建设项目的安排、大额度资金的使用等方面,是否正确贯彻执行民主集中制原则,严格按照有关规定和程序办事,是否存在个人专断或无人负责的现象。发现苗头性问题,要及时提醒,督促纠正;对问题比较突出的,要及时向党委(党组)报告,提出解决的意见和建议。各级党委组织部门要按照一级抓一级的原则,督促下级党委认真执行《中国共产党地方委员会工作条例(试行)》,在每届领导班子任期内至少进行一次检查,并将检查情况报上一级党委组织部门。

4. 加强对下级领导班子民主生活会的指导。各级组织(人事)部门要按照中央纪委、中央组织部《关于改进县以上党和国家机关党员领导干部民主生活会的若干意见》的要求,切实履行对领导班子民主生活会管理、指导的职责。借鉴"三讲"集中教育的经验,重点督促和帮助他们找准党性党风以及工作方面存在的突出问题,认真开展批评和自我批评,进行积极健康的思想斗争,切实增强民主生活会的原则性、针对性和有效性。对不符合要求的民主生活会,要责令重开,必要时可在一定范围内通报批评。

5. 强化对领导班子和领导干部的日常管理和监督。实行省部级领导干部家庭财产报告制度,坚持和完善领导干部个人重大事项报告制度、任期经济责任审计制度、干部谈话和诫勉制度、回复组织函询制度等,发现问题及时督促纠正,防微杜渐。要引导和鼓励领导班子成员从对党的事业负责和关心爱护同志出发,加强相互之间经常性的监督和帮助。对那些坚持党的原则、敢于开展批评和自我批评的,要给予表扬和鼓励;对搞庸俗关系、好人主义的,要给予批评教育;对拨弄是非,闹无原则纠纷,损害班子团结,经批评教育不改的,要进行必要的组织处理。

6. 突出抓好对领导班子正职的监督。各级党委(党组)和组织(人事)部门,对管理范围内领导班子正职贯彻党的路线方针政策、理论学习、民主作风、选人用人、廉洁自律、抓班子自身建设等方面的情况,要进行全面监督。上级党委(党组)及组织(人事)部门的主要负责同志和分管领导,要与下一级领导班子正职每年至少进行一次谈心谈话。组织(人事)部门在对领导班子进行全面考察时,要切实加强对正职的考察。要经常分析研究通过干部考察、民主评议、领导班子民主生活会和信息信访等渠道所反映的下一级领导班子正职的情况,发现苗头性问题及时谈话进行诫勉;对干部群众反映比较强烈的问题,要认真分析,必要时进行专项调查,提出处理意见。建立党政领导班子正职年度总结报告制度。正职每年要将本人的思想、工作、作风、廉洁自律、执行党风廉政建设责任制以及抓班子自身建设的情况,向上一级党委(党组)写出报告。

7. 加大对领导干部问题的查核力度。各级党委组织部门要按照干部管理权限,建立领导干部问题分级调查核实和督办制度,对来信来访和举报等反映的领导干部的问题,认真调查核实。对确有问题的,区别情况给予相应的组织处理;对构成违纪违法的,及时移交执纪执法机关查处。对经过调查确实没有问题的,应采取适当方式予以澄清。各地调查处理的重点案件,特别是涉及中央管理及报中央备案的领导干部的案件,要及时将有关情况向中央组织部干部监督局报告。

8. 建立和完善巡视制度。中央组织部与中央纪委联合派出巡视组,重点对省(部)级党政领导班子特别是党政正职执行党的路线方针政策包括对中央批示、交办的各项工作落实情况和坚持民主集中制、选人用人、廉政勤政情况进行监督检查。

9. 把加强对领导干部的监督与鼓励干部大胆探索、开拓创新结合起来。要严格掌握政策,既依据有关法规和要求,规范和约束领导干部行使权力的行为,又注意调动和保护干部的工作积极性创造性,充分体现党组织对干部的信任和关怀。注意发现和表彰优秀干部,并根据工作需要和本人条件,提出予以重用的意见和建议。

**三、切实加强对干部选拔任用工作的监督检查**

10. 选拔任用领导干部要严格把关。坚持任人唯贤的干部路线,对思想政治素质好、政绩突出、廉洁自律、群众公认的优秀年轻干部,要大胆提拔使用。要防止思想品质不好、弄虚作假、跑官要官的人得到提拔或进入各级领导班子。选拔任用党政领导干部,必须经过民主推荐提出考察对象,改进民主推荐的方法,提高民主推荐的质量;必须依据干部选拔任用条件和不同领导职务的要求,全面考察其德、能、勤、绩和廉洁自律情况,不仅了解干部工作方面的情况,而且要深入了解干部思想、生活、社交等方面的情况,还应注意了解其配偶、子女从业等方面的情况;必须按照干部管理权限由党委(党组)集体研究作出任免决定,或者决定提出推荐、提名意见。

11. 严格禁止违反规定突击提拔干部。在机构变动和主要领导已经明确工作即将变动时,不得提拔调整干部。确因工作需要提拔调整干部的,要与上一级组织(人事)部门沟通,说明提拔调整的人员数量、理由、涉及单位的职数设置等情况,经同意后,方可研究决定。

12. 加强对党政领导干部选拔任用工作情况的检查。中央组织部每两年对各省、自治区、直辖市和中央、国家机关部委干部选拔任用工作进行一次检查,并不定期派出巡视组进行监督检查。各级党组织每年要对本地本部门的干部选拔任用工作情况进行一次自查和检查,并向上一级党委组织部门专题报告。加强对干部双重管理部门干部选拔任用工作的监督,督促这些部门严格按照干部双重管理的有关规定选拔任用干部。积极探索,建立和完善党政领导干部选拔任用工作评价体系。

13. 严肃查处违反《条例》的行为。严格执行《关于对违反〈党政领导干部选拔任用工作暂行条例〉行为的处理规定》,坚决纠正违反《条例》规定任免干部的行为。对严重违反《条例》的问题,上级党组织可直接查核,责成下级党组织撤销任免决定,或撤销下级党组织的任免决定,并依据有关规定对责任人作出处理。

14. 建立用人失察失误责任追究制度。按照权责一致的原则,明确干部选拔任用工作过程中推荐、考察、决定等各个环节和有关人员的责任。对选拔任用干部违反政策、不按规定行事造成失误的,要严肃追究责任。对在干部任用上搞以权谋私、弄虚作假的,不管涉及什么人,一经发现,都要坚决查处。对典型案件,要认真剖析,总结教训,并在一定范围内通报,必要时可通过新闻媒体公开曝光。

15. 充分发挥人民群众的监督作用。改进和完善民主推荐、民意测验、民主评议制度，扩大群众在干部选任上的知情权、参与权、选择权和监督权。拟提拔的领导干部人选，必须在民主推荐和民意测验得票较多的干部中产生，多数人不赞成的，不能提拔任用。对年度考核、届中届末考察中民主评议不称职票达三分之一以上的领导干部，应免去现职。逐步实行干部考察预告制度、差额考察制度和考察结果通报制度，推行和完善干部任前公示制，加大公开选拔党政领导干部工作的力度。

**四、充分发挥组织部门干部监督机构的作用**

16. 组织部门干部监督机构的主要职责是：负责组织部门干部监督工作的统一协调和宏观指导；对领导干部和选拔任用干部工作实施监督，对《条例》及《组织人事干部行为若干规范》贯彻执行情况进行监督检查；研究和参与制定有关干部监督的制度、规定；督办和直接查办严重违反《条例》、严重违反组织人事纪律的行为；受理并调查核实群众举报的领导干部的问题。

17. 党委组织部门主管干部选拔任用工作的机构在考察拟提拔、调动干部人选过程中，应听取干部监督机构的意见。地方党委组织部门干部监督机构负责人参加本部门研究讨论干部任用的会议。根据工作需要，上级党委组织部门干部监督机构可调阅下级党委和组织部门讨论任免干部的会议记录和其他有关材料，可约请有关人员谈话了解情况。

18. 加强与执纪执法机关的经常性联系。坚持和完善组织部门与执纪执法机关和审计、信访等有关部门的联系会议制度。联系会议每半年召开一次，必要时可随时召开，就群众反映和组织上调查处理的有关领导干部和干部选拔任用工作等方面的问题，互通情况，交流信息，研究对策。发挥审计监督作用，注意运用领导干部任期经济责任审计的成果。

19. 加强干部监督信息工作。党委组织部门内部各工作机构通过调查研究、参加民主生活会、干部考察考核、受理来信来访等掌握的反映领导干部和干部工作问题的信息，应及时送干部监督机构，以便加强对监督信息的统一管理和综合分析；干部监督机构应将掌握的有关情况，及时向其他干部工作机构提供，充分发挥干部监督信息在干部工作中的作用。可聘请一定数量的干部监督信息员，通过多种渠道及时了解领导干部政治思想、道德品质、工作实绩、工作作风及遵纪守法等方面的情况，了解社会各方面对干部选拔任用工作的反映。逐步建立一个覆盖面广、渠道畅通、反映灵敏的干部监督信息网络。

20. 加强组织部门干部监督机构自身建设。地方党委组织部门要建立健全干部监督机构，强化职能，充实力量。中央和国家机关部委干部（人事）部门，应确定有关机构负责干部监督工作。加强干部监督工作队伍建设，改善结构,提高素质。做干部监督工作的同志,要政治坚定,刚直不阿,清正廉洁,敢于同违反党的原则的行为作坚决斗争。对从事干部监督工作的同志,既要严格要求,又要注意保护好他们的积极性,支持他们大胆开展工作。

**五、切实加强对组织部门干部监督工作的领导**

21. 各级党委(党组)要把加强干部监督工作作为党的建设的一项重要任务,摆上议事日程,切实加强领导。要建立干部监督工作责任制,党委(党组)的主要负责同志对所在地区或部门的干部监督工作负总责,班子其他成员对所分管部门和联系单位的干部监督工作负有领导责任。凡本地区、本部门发生重大腐败案件以及用人上的不正之风严重,得不到及时治理的;凡对群众反映较大的问题不及时调查处理或瞒案不报、执纪不严的,要按照党风廉政建设责任制的要求,追究有关领导机关和领导干部的责任。党委(党组)要定期听取组织(人事)部门干部监督工作情况的汇报,提出指导意见。积极支持人大、政协按照有关规定加强对领导干部的监督,重视发挥群众监督和舆论监督的作用,加强对承担干部监督职能的各有关机关和部门的协调,使之相互沟通,密切协作,齐抓共管,形成干部监督工作的合力。

22. 各级组织(人事)部门要增强创新意识,以改革的精神不断改进和加强干部监督工作。要认真贯彻《深化干部人事制度改革纲要》,加大干部制度改革的力度,通过改革进一步完善干部选拔任用工作制度,逐步建立健全与社会主义市场经济相适应的干部监督工作的制度体系。党委组织部门内部各工作机构,在干部监督方面都负有重要责任,要进一步理顺工作关系,相互协调,相互配合,把对干部的监督融入干部工作的各个环节之中。要加强对下级党委组织部门干部监督工作的宏观指导和督促检查,经常分析干部监督工作中的新情况新问题,有针对性地提出解决的措施和办法。重视干部监督工作的理论和政策研究,从理论和实践的结合上,探索一套行之有效的干部监督工作的方式、方法、手段和机制。

# 党的纪律

## 中共中央纪律检查委员会<br>关于对党章第四十条第一款<br>所称的“特殊情况”如何理解的答复

（1996年3月5日）

《中国共产党章程》第四十条第一款规定：“在特殊情况下，县级和县级以上各级党的委员会和纪律检查委员会有权直接决定给党员以纪律处分。”几年来，不断有一些地方和部门的党委、纪委和党员个人来信来电询问，这里所说的“特殊情况”应如何理解。根据这些年来纪检工作的实践，经研究，现答复如下：

这里所说的“特殊情况”，是指以下几种情况：一、确有违纪问题应给予党纪处分的党员，其工作的秘密程度较高，或其违纪问题涉及的秘密程度较高，不宜由基层党组织讨论的；二、确有违纪问题应给予党纪处分的党员，其所在的基层党组织瘫痪，或该基层党组织领导人同违纪问题有直接牵连的；三、已查明某党员确有违纪问题应给予党纪处分，而其所在的基层党组织拒不处理或故意拖延不作处理的；四、确有违纪问题应给予党纪处分的党员，原来所在的基层党组织被撤销或合并，无法由原基层党组织和新单位党组织作出处理的；五、跨地区、跨单位的集团性违纪案件中确实需要由这些地区、单位共同的上级党组织一并作出处理的；六、遇到各种紧急情况，需要迅速作出处理的；七、其他省级或省级以上党组织认为必须直接作出处分决定的情况。

# 中共中央办公厅、国务院办公厅关于严格控制评比活动有关问题的通知

(1996 年 3 月 20 日)

《国务院关于停止对企业进行不必要的检查评比和不干预企业内部机构设置的通知》(国发〔1991〕65 号,以下简称《通知》)发出后,对企业不必要的评比活动一度得到控制。但是近年来,一些地区、部门、社会团体、新闻单位、企事业单位及民间组织无视《通知》的规定,擅自以各种名义举办名目繁多的对企业的评比或变相评比活动(包括对企业、企业经营管理者、企业产品进行的评比、评选、评价、评奖、评优、展评等活动,以下简称各种评比活动),严重干扰了企业的生产经营,增加了企业负担。许多评比活动以谋取小团体或个人经济利益为目的,缺乏客观性和公正性,影响公平竞争环境的形成,助长了沽名钓誉、弄虚作假等不正之风,社会各界对此反映强烈。根据 1995 年中央经济工作会议精神,为维护正常的社会经济秩序,促进国民经济和各项社会事业健康发展,必须严格控制评比活动。经党中央、国务院领导同志同意,现就有关问题通知如下:

一、清理整顿正在举办的对企业的各种评比活动。除按法律规定和经党中央、国务院批准外,目前各地区、各部门、社会团体、新闻单位、企事业单位及民间组织正在举办的对企业的各种评比活动一律立即停止,并认真搞好清理整顿。对已收取的费用要立即如数退还。新闻单位对上述评比活动不得进行宣传报道。

二、今后,除按法律规定和经党中央、国务院批准外,不得再举办全国性或行业性的对企业的各种评比活动。确有必要举办的个别评比活动,须经有关主管部门或单位严格审核同意,然后统一归口国家经贸委从严审查,报国务院审批。

国家经贸委要会同中央宣传部等有关部门,尽快制订加强对企业进行的各种评比活动管理的具体规定,对包括归口审查办法、评比项目设置条件、主办单位资格认定、申报审批程序、评比或评价范围以及宣传报道等提出严格、明确的要求,报经党中央、国务院批准后实施。

三、对企业以外其他全国性或行业性的各类评比活动,也要严格控制。确有必要举办的,须经有关主管部门严格审批。对那些增加地方政府负担、基层

反映强烈的全国性或行业性评比活动，如全国百强县评比等活动要立即停办。

四、全国性或行业性的各类评比活动(包括对企业的各种评比活动)，一律不得向企事业和基层单位及个人收费或变相收费。

五、各级党委和政府要充分认识过多过乱的评比活动的危害性及严格控制各类评比活动的必要性，要根据上述原则和本通知精神制订出相应的管理规定，严格控制本地区的各类评比活动。

六、凡违反本通知精神，继续举办、宣传未经批准的评比活动的，上级党政机关要立即予以制止，并追究主办单位领导的责任。对继续以各类评比活动为名谋取私利的有关人员要严肃查处，情节严重的要给予党纪、政纪处分，触犯刑律的要依法追究其刑事责任。对未经批准举办的评比活动，有关企事业单位或个人应当予以抵制，并及时向有关方面举报。

中央和国家机关各部门、各单位要带头贯彻执行本通知精神。各地区、各部门、各单位要根据本通知要求，对本地区、本部门、本单位举办的各类评比活动立即进行清理整顿和自查自纠。中央纪委、监察部要对清理情况进行抽查。

# 中央宣传部、文化部<br>关于举办党和国家主要领导人<br>生平图片展览的规定

(中共中央办公厅、国务院办公厅<br>1996年5月19日印发)

近几年来,一些地方和单位为了对人民群众进行党的基本理论、基本路线教育,进行爱国主义、集体主义、社会主义和革命传统教育,宣传建国以来特别是改革开放以来取得的辉煌成就,举办了反映毛泽东、周恩来、刘少奇、朱德、邓小平、陈云等党和国家主要领导人生平图片(包括摄影、美术作品)展览,在社会上产生了很大的影响。但是,在举办展览的过程中也出现了一些问题。为保证此类展览的质量和严肃性,进一步加强管理,特作如下规定:

一、本规定所称党和国家主要领导人,是指现任和曾任中共中央政治局常委、国家主席、全国人大常委会委员长、国务院总理、全国政协主席和中央军委主席的同志。

二、党和国家主要领导人生平图片展览,是指系统反映党和国家主要领导人光辉业绩或在某一历史时期、某一重大历史事件中所起重要作用的图片展览。

三、反映党和国家主要领导人生平的图片展览,必须由省、部级党政机关或全国性人民团体主办。展出的图片必须符合党中央《关于若干历史问题的决议》、《关于建国以来党的若干历史问题的决议》以及中央有关文件的精神和国家法律、法规的规定,必须准确、全面反映历史事实。

四、严格履行审批制度。各地举办反映党和国家主要领导人生平图片展览,必须经省、自治区、直辖市党委和政府同意后,连同展出图片小样一起报文化部审批。中央和国家机关各部委以及全国性人民团体举办此类展览,也须报文化部审批。文化部审批过程中,对一些重要事项,应送中央宣传部、中央文献研究室、中央党史研究室等部门审核。展出未公开发表过的党和国家主要领导人的照片,必须先征得中央文献研究室、中央党史研究室和中央档案馆的同意。凡是举办健在的党和国家主要领导人生平图片展览,须报送本人审定。

在境外举办党和国家主要领导人生平图片展览，文化部还须征得外交部、国务院外事办公室和中央外宣办公室同意后审批。

五、各展览场馆（包括展览馆、博物馆、纪念馆、美术馆、画廊等）承办此类展览，要加强责任心，严格把关。凡未经批准，任何展览场馆都不得接受或承办党和国家主要领导人生平图片展览。

六、任何单位和个人都不得擅自举办党和国家主要领导人生平图片展览。违反的，要追究举办单位领导人和承办展览当事人的责任。

七、各省、自治区、直辖市党委、政府，中央和国家机关各部委以及全国性人民团体党组，各展览机构的主管部门，要负起责任，切实加强管理，对重要情况和问题要及时报告。

八、军队系统举办此类展览，参照本规定执行。

九、本规定自发布之日起实施。

# 中共中央纪律检查委员会办公厅、监察部办公厅关于禁止对普通轿车进行豪华装修的通知

(1996年6月27日)

清理党政机关及党政领导干部超标准用车的工作已取得阶段性成果,受到群众的拥护和好评。但是,有些地方出现了将普通轿车进行豪华装修的现象,所花费用几万元、十几万元,有的甚至超过购置该车的价格,严重地违反了中央关于清理豪华小轿车有关规定的精神。为此,特通知如下:

党政机关领导干部的工作用车及国有企业事业单位领导干部的工作用车一律不得进行豪华装修,即购车时不得要求售车单位高于原车配置设计进行装修,也不得借修车之机进行高于原车配置的装修,如增改天窗、电动门窗;调换真皮座椅;增设车载冰箱、电视、CD音响,以及其它与汽车行驶性能无关的设备。中央纪委第三次全会后,对党政领导干部的工作用车进行豪华装修,以及中央纪委第五次全会后,对国有企业事业单位的领导干部的工作用车进行豪华装修的,必须追究有关人员的责任。情节较轻的,责令作出检查;情节较重的,按照有关规定给予党纪政纪处分。本通知下发后继续违反的,从重处分。对严重超出原车配置设计进行装修的车辆,比照清理豪华小轿车的有关规定处理。

# 中共中央办公厅、国务院办公厅关于举办已故党和国家领导同志诞辰纪念活动的通知

（1996年7月27日）

中国共产党是经过长期艰苦卓绝的斗争取得政权的执政党。在我们党和国家历史上，出现了许多对我国革命和建设事业做出过重大贡献并产生广泛影响的领导同志。这些党和国家领导同志逝世后，在他们诞辰的一定时期举办适当的纪念活动，缅怀老一辈无产阶级革命家的丰功伟绩，对于教育人民群众特别是青少年一代继承和发扬先辈们的光荣传统和优良作风，加强社会主义精神文明建设，具有重要的意义。为使已故党和国家领导同志诞辰纪念活动适量有度，富有实际意义，经党中央、国务院同意，现就有关问题通知如下：

一、对毛泽东同志的诞辰纪念活动，在逢十、逢五十、逢百周年时由中共中央主办。

二、对周恩来、刘少奇、朱德、陈云等在党的历史上处于核心领导地位的党和国家主要领导人的诞辰纪念活动，在逢十、逢五十、逢百周年时举办。逢十周年，发表纪念文章；中央有关部门召开纪念座谈会，中央领导同志出席并讲话；诞生地召开纪念座谈会。逢五十周年，中共中央召开纪念座谈会，中央主要领导同志出席并讲话。逢百周年，中共中央召开纪念大会，党和国家领导同志出席，中央主要领导同志讲话。

三、对已故的曾任中共中央政治局常委、国家主席、全国人大常委会委员长、国务院总理、全国政协主席、中央军委主席和国家副主席的同志，诞辰纪念活动可以在逢十、逢五十、逢百周年时举行。逢十周年，发表纪念文章。逢五十周年，诞生地举办纪念座谈会。逢百周年，中共中央召开纪念座谈会。

四、对已故的曾任中共中央政治局委员和候补委员、国务院副总理、中顾委副主任、中央军委副主席、中共中央书记处书记和候补书记、中顾委常委、全国人大常委会副委员长、国务委员和全国政协副主席的同志，诞辰纪念活动可以在逢五十、逢百周年时举行。逢五十周年，发表纪念文章。逢百周年，中央有关部门召开纪念座谈会，诞生地举办小型纪念活动。

五、对已故知名人士的诞辰纪念活动,根据其在我国革命和建设事业中的贡献和影响,参照上述精神举办。

六、举办已故党和国家领导同志以及知名人士的诞辰纪念活动,要重点宣传他们的生平业绩和崇高革命精神。纪念活动要力求简朴,讲求实效,不搞形式主义,要有利于维护已故党和国家领导同志和知名人士的形象,有利于加强以爱国主义、集体主义、社会主义为核心内容的思想道德教育。

七、已故党和国家领导同志的诞辰纪念活动,按照他们生前担任的最高职务,分别由有关部门提出意见,经中央宣传部会同中央文献研究室、中央党史研究室审核后,报中央审批。发表纪念文章和在诞生地召开纪念座谈会,由主办单位分别提前三个月和一年,向中央宣传部申报,并由中央宣传部审批。已故知名人士的纪念活动,由全国政协办公厅或中央统战部组织安排。需要请中央领导同志出席并讲话的,由主办单位报批。

八、已故党和国家领导同志的逝世忌辰,不举办纪念活动。

# 关于党政机关县(处)级以上党员领导干部违反廉洁自律规定购买、更换小汽车行为的党纪处理办法

(中共中央纪律检查委员会1996年8月26日印发)

为保证党政机关县(处)级以上领导干部廉洁自律有关规定的贯彻执行,正确处理违反规定购买、更换小汽车的行为,依据《中共中央办公厅、国务院办公厅关于党政机关汽车配备和使用管理的规定》、中央纪委第三次全体会议重申和提出的"新五条规定"及其《实施意见》,制定本办法。

本办法发布施行前对违反规定购买、更换小汽车的行为已作了处理的,不再重新处理;未作处理的和本办法发布施行后违反规定购买、更换、装修小汽车的,依照本办法处理。

一、违反中央有关规定,购买供县(处)级以上领导干部乘坐的进口豪华小轿车,或者追求享受更换进口豪华小轿车,不主动检查纠正的,以及在中央纪委第三次全体会议后违反规定购买和更换小轿车的,小轿车予以收缴,并给予有关领导干部警告或严重警告处分;情节严重的,给予撤销党内职务处分。

购买、更换奔驰、林肯、卡迪拉克、公爵王等高档进口豪华小轿车,不主动检查纠正的,以及在中央纪委第三次全体会议后违反规定的,依照前款规定处理。

二、利用职权向企业、下属单位调换、借用和摊派款项购买各种机动车辆,不主动检查纠正的,以及在中央纪委第三次全体会议后向企业、下属单位调换、借用和摊派款项购买机动车辆的,责令其限期纠正,并给予有关领导干部警告或严重警告处分;情节严重的,给予撤销党内职务处分。

三、用贷款、集资款和专项资金购买小汽车供领导干部使用,不主动检查纠正的,以及在中央纪委第三次全体会议后违反规定的,给予有关领导干部和责任者严重警告或撤销党内职务处分。其中,挪用救灾款、救济款、扶贫款、教育基金等专项资金购买的,从重或加重处分。

四、非法购买走私车供领导干部使用的,车辆予以没收,并给予有关领导干部和责任者严重警告或撤销党内职务处分;情节严重的,给予留党察看或开除党籍处分。触犯刑律的,由司法机关依法处理。

五、拖欠职工工资(由财政负担的部分)的县(市)的县(市)党政领导机关购买小汽车,或拖欠职工工资的其他单位购买小汽车,不主动检查纠正的,以及在中央纪委第三次全体会议后违反规定的,责令其限期纠正,并给予有关领导干部警告、严重警告或撤销党内职务处分。

六、在中央纪委第三次全体会议后,对党政机关县(处)级以上领导干部使用的普通轿车进行豪华装修,情节较轻的,责令有关领导干部和责任者作出检查;情节较重的,给予警告或严重警告处分;情节严重的,给予撤销党内职务处分。

在中央纪委第五次全体会议后,对国有企业事业单位的领导干部使用的普通轿车进行豪华装修的,依照前款规定处理。需要给予行政处分的,由其任免机关或监察机关参照本办法和有关规定处理。

七、对党政机关县(处)级以上领导干部违反廉洁自律规定购买、更换、装修小汽车的行为,需要给予行政处分的,由其任免机关或监察机关参照本办法和有关规定处理。

对国有企业领导干部违反廉洁自律规定购买、更换小汽车的行为,依照《中共中央纪委关于国有企业领导干部廉洁自律“四条规定”的实施和处理意见》的规定处理。

八、各地各部门制定的有关规定与本办法有抵触的,以本办法为准。

九、本办法由中共中央纪律检查委员会负责解释。

# 中共中央纪律检查委员会对《关于对党和国家机关工作人员在国内交往中收受的礼品实行登记制度的规定》中几个问题的答复

(1996 年 10 月 9 日)

《关于对党和国家机关工作人员在国内交往中收受的礼品实行登记制度的规定》(以下简称《规定》)发布后,一些地方和部门提出了一些问题,经研究,答复如下:

一、本《规定》所称礼品,是指礼物、礼金、礼券以及以象征性低价收款的物品。

二、本《规定》第二条第二款所称"其他礼品",不包括礼金和礼券。因为按照 1993 年 4 月 27 日中央办公厅、国务院办公厅发布的《关于严禁党政机关及其工作人员在公务活动中接受和赠送礼金、有价证券的通知》,礼金、礼券是严禁收受的,如果收受了,不论价值大小,必须一律登记上交。

三、凡属可能影响公正执行公务的即使是亲友馈赠的礼品,也不能收受,收受的必须登记上交。

四、对违反《规定》者,按照 1990 年 7 月 1 日中央纪委发布的《关于共产党员在经济方面违法违纪党纪处分的若干规定(试行)》给予党纪处分;需要给予政纪处分的比照上述规定处分。

# 中共中央纪律检查委员会办公厅关于对公安、安全、金融系统在中央纪委三次全会后购买超标准小汽车进行处理的有关政策性问题给浙江省纪委的答复

(1996年10月14日)

中央纪委《关于转发中共中央国家机关工委、国务院机关事务管理局〈关于中央国家机关部级领导干部超标车处理中几个政策性问题规定的通知〉的通知》(中纪发〔1995〕9号)所规定的公安、安全部门可以将超标车转为本机关业务用车,是指这些单位已配备的除奔驰、林肯、卡迪拉克、公爵王、奥迪V8、奥迪V6等高级豪华车以外的供领导干部乘坐的超标车,可以转为本机关的业务用车,并不是说这些部门可以新购置超标准小汽车作为业务用车。公安、安全部门应依据汽车配备和使用管理方面的规定配备小汽车,违反规定配备小汽车的,应依据有关规定严肃处理。金融系统也应照此办理。

# 中共中央办公厅、国务院办公厅关于加强全国性文艺新闻出版评奖管理工作的通知

（1996 年 10 月 23 日）

近几年来，全国性文艺、新闻、出版评奖（以下简称全国性评奖）发展很快，目前各类常设的全国性评奖就有 300 多项。总的看，评奖活动对繁荣文艺、新闻、出版事业发挥了积极作用，但也存在奖项过多、重复设置以及评奖不规范、不公正、质量不高、乱收费等问题。为加强管理，进一步做好全国性评奖工作，经党中央、国务院同意，现就有关问题通知如下：

一、全国性评奖要坚持以邓小平建设有中国特色社会主义理论和党的基本路线为指导，坚持“为人民服务、为社会主义服务”的方向和“百花齐放、百家争鸣”的方针，弘扬主旋律，提倡多样化，把社会效益放在首位，为全党全国工作大局服务。要努力提高评奖的科学性和权威性，发挥正确导向和示范作用，有利于多出精品、多出人才，繁荣宣传文化事业。

二、在全国范围内对文艺、新闻、出版领域的人物、作品进行跨省（自治区、直辖市）、跨行业、跨系统评奖，或冠以“全国”、“中国”、“中华”等名称的评选活动，为全国性评奖，其奖项管理由中央宣传部负责。举办全国性评奖须报中央宣传部审批立项。未经批准立项不得举办，宣传媒体不予报道。

三、中央宣传部、文化部、广播电影电视部、新闻出版署、国务院新闻办公室、中国文学艺术界联合会、中国作家协会、中华全国新闻工作者协会可主办全国性评奖。其他部门和单位认为确有必要举办的，须按评奖内容与可主办全国性评奖的有关部门或单位联合申报、举办，特殊情况个案处理。各行业系统内人物、作品的评奖，由该行业系统的主管部门负责审批管理。

四、可主办全国性评奖的部门和单位，要本着必要、精简的精神，对现有的全国性评奖项目进行清理，于今年 11 月底前将需要继续举办的常设全国性评奖项目向中央宣传部进行申报。逾期未申报或申报后未予批准的评奖项目即行取消。

五、全国性和国际性艺术节、影视节文艺评奖的立项，分别由文化部、广播

电影电视部归口申报。国际性艺术节、影视节文艺评奖,须先征得国务院外事办公室同意,然后再申报立项。

六、与港、澳、台机构合作举办全国性评奖,须先征得国务院港澳事务办公室、国务院台湾事务办公室同意,然后再申报立项。

七、有外国人员、作品参加的全国性评奖,须先征得国务院外事办公室同意,然后再申报立项。

八、举办一次性全国性评奖,须由可主办全国性评奖的部门和单位在6个月前申报立项。未经批准不得举办。

九、主办全国性评奖的部门、单位要制定评选办法,对评奖宗旨、范围、标准和评选机构的组成、评选程序、奖项设置、资金来源、奖励形式等事项作出明确规定,并对评奖结果负责。

十、组织全国性评奖,不得向参评者收取报名费、参评费等费用。主管部门要对评奖活动的经费来源与使用情况进行监督检查。评奖工作要遵守规定,公正廉洁,严禁不正之风。对以评奖为名谋取私利的要严肃查处。

# 中共中央办公厅、国务院办公厅关于转发《中央统战部、国务院宗教局关于制止乱建庙宇和露天佛像的意见》的通知

（1996 年 12 月 13 日）

《中央统战部、国务院宗教局关于制止乱建庙宇和露天佛像的意见》已经党中央、国务院领导同志同意，现转发给你们，请认真贯彻执行。

目前，不少地方乱建庙宇和露天佛像成风，且有继续蔓延之势，必须坚决制止。各地区、各部门要从政治上着眼，按照有利于全面、正确地贯彻执行党的宗教政策，有利于依法加强对宗教事务的管理，有利于保持社会稳定，有利于社会主义精神文明建设的原则，对乱建庙宇和露天佛像的问题，认真调查研究，区别情况，进行坚决、稳妥的专项治理。

## 中央统战部、国务院宗教局关于制止乱建庙宇和露天佛像的意见

党的十一届三中全会以来，随着宗教政策的进一步落实，各地合理安排宗教活动场所，恢复和开放了相当数量的佛道教寺观，基本满足了信仰佛道教群众进行正常宗教活动的需要。在各级政府宗教工作部门的行政领导下，这些寺观建立了管理组织，制定了各项内部管理制度，开展正常宗教活动，举办社会公益事业，在保护文物、维护社会稳定、支援经济建设和开展对外友好交往等方面进行了有益的工作。1994 年国务院颁布《宗教活动场所管理条例》之后，各地普遍开展了宗教活动场所登记等工作，使政府对宗教事务的管理逐步走上了法制的轨道。然而，近几年来，不少地方出现了乱建庙宇、滥造露天佛像（包括神像）之风，形成了一批在政府宗教工作部门管理之外的、非法的宗教活动场所。据 18 个省、直辖市统计，目前经批准开放佛道教活动场所 5000 余处，而乱建的庙宇已达 40000 余处，露天佛像 120 余座。在一些大中城市和风景名胜区，出现了规模庞大的庙宇群或露天佛像。这些乱建的庙宇和佛像，大多是海内外企

业或个人,有的甚至是国内地方政府部门以各种名义兴建的以赢利为目的的游览设施,其中不少建筑不伦不类,非佛非道,文化品位低劣。一些地方为了招揽游客,大搞开光庆典和所谓的宗教活动,借机敛财,甚至雇用假僧假道公开从事抽签、卜卦等迷信活动。这种只图经济利益不顾社会影响的错误做法,严重违背了国家有关法规和政策,扰乱了正常的宗教活动,亵渎了信教群众的宗教感情,损害了我国宗教的声誉和形象,在社会上造成了不良影响,引起了佛道教界人士的强烈不满。同时也造成了人力、物力、财力和资源的巨大浪费,十分不利于依法对宗教事务的管理,更不利于社会主义精神文明建设。鉴于上述情况,现对制止乱建庙宇和露天佛像提出以下意见:

**一、对乱建庙宇和露天佛像进行一次专项治理。**各级党委、政府要从政治上着眼,从加强社会主义精神文明建设和维护社会稳定的高度看待这一问题,加强领导,认真贯彻党和国家的有关政策、法规,采取有力措施,坚决制止这股乱建庙宇、滥造露天佛像之风。要继续认真贯彻执行国务院宗教局、建设部、国家旅游局下发的《关于制止滥建露天佛像的通知》(国宗发〔1994〕116 号)和国务院宗教局《关于制止乱建佛道教寺观的通知》(国宗发〔1994〕123 号)的精神。各级党委和政府要组织力量,对乱建庙宇和露天佛像情况进行一次认真、彻底的调查,摸清底数,研究具体处理方案,确定目标责任,有计划有步骤地对乱建庙宇和露天佛像进行专项治理,争取在近期内取得明显的成效。

在专项治理中,要加强对党政干部的马克思主义宗教观的教育,全面理解和正确执行党的宗教信仰自由政策,依法加强对宗教事务的管理。要重申党的纪律,共产党员不能信教,不能带头乱建庙宇和露天佛像。“宗教搭台、经济唱戏”的口号是错误的。各地党政领导不得再以任何理由支持、参与乱建庙宇和露天佛像的活动,违者应追究责任,按党纪政纪严肃处理。

在专项治理中,既要坚决果断,积极工作,又要慎重稳妥,切忌简单急躁;既要坚决制止和治理乱建庙宇和露天佛像成风的问题,又要防止违反宗教政策,任意拆毁寺庙。要做好信教群众的思想工作,争取信教群众的理解和支持,防止引发新的矛盾。按规定程序批准修建的佛道教寺观和露天佛像,不属清理范围。各地有关的宣传报道稿件应经省级党委统战部门或政府宗教工作部门审查。

**二、严格控制新建寺观和露天佛像。**按照国务院颁布的《宗教活动场所管理条例》和国家有关政策,设立宗教活动场所必须由宗教团体申请,经政府宗教工作部门审核同意,报县级以上人民政府批准。鉴于现有佛道教寺观已基本满足了信教群众进行正常宗教活动的需要,今后一般不再新建寺观。如因合理安排宗教活动场所需新建寺观，须从严掌握，由县级人民政府审核，报省级人民政府批准。在城市规划区内建造庙宇和露天佛像，必须依据《城市规划法》的规定，向所在城市的城市规划行政主管部门提出申请，并依法办理有关手续。任何部门、单位和个人都不得擅自建造庙宇。各地要在宗教活动场所登记过程中，对现有寺庙进行甄别，凡属乱建的庙宇，一般不予登记。

原则上禁止任何部门为吸引游客修建露天佛像。佛道教界确需修建露天佛、神像的，须由省、自治区、直辖市宗教事务部门报省级人民政府审核同意后，报国务院宗教局审批。在风景名胜区内建露天佛像，还必须按照建设部1993年12月20日下发的《风景名胜区建设管理规定》，由省级政府建设主管部门和宗教工作部门，核报省级人民政府同意后，由建设部和国务院宗教局审批，并应按基本建设审批程序报有关主管部门审批立项。凡不按政策申报的，要追究有关负责人的责任，并由省级人民政府负责撤销该项目。

各地应坚持宗教与经济技术合作相分离的原则，不得批准以附加修建庙宇和佛像为条件的引资开发项目。

**三、妥善处理未按规定批准已建成的庙宇和露天佛像。**未按规定程序批准已建成的大规模庙宇群，应首先停止一切形式的宗教活动，然后由省、自治区、直辖市人民政府组织有关部门研究妥善处置的办法。

未按规定程序批准已建成的具有一定规模的庙宇，原则上不得塑佛、神像，不得置功德箱，不得开展宗教活动，可改作他用，如博物馆、文化馆、图书馆、群艺馆、学校等。如果当地没有批准开放的佛道教活动场所，而群众有迫切要求，该庙宇又符合合理安排宗教活动场所原则的，由省级人民政府主管部门商同级宗教工作部门审核，经省级人民政府批准并报国务院宗教局备案后，可作为宗教活动场所开放，在当地政府宗教工作部门的行政领导下，由僧道人员管理使用。

未按规定程序批准已建成的露天佛像，或者只作为人文景观使用，必须停止一切形式的宗教活动；或者交由当地寺庙宫观管理。严禁利用佛、神像从事亵渎信教群众宗教感情的游艺娱乐活动和封建迷信活动。

对近几年来建成的为数众多的农村小庙，要在调查研究的基础上，区别对待。其中少数符合佛道教仪轨，符合合理安排宗教活动场所原则的，由县级以上人民政府审核后，可办理批准手续，作为宗教活动场所开放、管理；由企业和个人管理的小庙，不得进行宗教活动，可改作他用；对由神汉、巫婆和其他迷信职业者控制的小庙坚决取缔；对属于当地民间信仰的小庙，应由当地党委、政府组织有关部门认真调查研究，采取切实可行的解决办法。

凡上述明确为宗教活动场所的寺观,都必须依法进行登记。

**四、保障宗教界合法权益,争取僧道人员支持、配合专项治理工作。**对属于落实政策范围的寺观要由党政领导牵头,协调各方抓紧解决。对于信教群众要求强烈,拖了多年的老大难问题,各地要从政治上着眼,下决心解决好。同时要坚决纠正侵犯佛道教寺观合法权益的现象,切实保障公民宗教信仰自由的权利。在专项治理中,要注意发挥爱国宗教团体和宗教界人士的作用。教育僧道人员遵纪守法,自觉抵制乱建庙宇和露天佛像的不正之风,不得为乱建的庙宇和露天佛像工程搞募捐、化缘活动;不得为其开光、剪彩、题词、挂匾;不得以任何方式参与"股份制"、"外商投资"、"租赁承包"寺观的活动。

# 关于领导干部报告个人重大事项的规定

（经中共中央、国务院批准，中共中央办公厅、国务院办公厅1997年1月31日印发）

**第一条** 为加强对领导干部的管理和监督，促进党风廉政建设和领导干部思想作风建设，制定本规定。

**第二条** 本规定所称领导干部包括：

各级党的机关、人大机关、行政机关、政协机关、审判机关、检察机关担任领导职务和非领导职务的副县（处）级以上（含副县〔处〕级，下同）干部。

社会团体、事业单位中相当于副县（处）级以上干部，国有大型、特大型企业中层以上领导干部，国有中型企业领导干部，实行公司制的大中型企业中由国有股权代表出任或由国有投资主体委派（包括招聘）的领导干部、选举产生并经主管部门批准的领导干部、企业党组织的领导干部。

**第三条** 报告人应报告下列重大事项：

（一）本人、配偶、共同生活的子女营建、买卖、出租私房和参加集资建房的情况；

（二）本人参与操办的本人及近亲属婚丧喜庆事宜的办理情况（不含仅在近亲属范围内办理的上述事宜）；

（三）本人、子女与外国人通婚以及配偶、子女出国（境）定居的情况；

（四）本人因私出国（境）和在国（境）外活动的情况；

（五）配偶、子女受到执法执纪机关查处或涉嫌犯罪的情况；

（六）配偶、子女经营个体、私营工商业，或承包、租赁国有、集体工商企业的情况，受聘于三资企业担任企业主管人员或受聘于外国企业驻华、港澳台企业驻境内代办机构担任主管人员的情况。

本人认为应当向组织报告的其他重大事项，也可以报告。

**第四条** 本规定第三条所列事项，应由报告人在事后一个月内以书面形式报告。因特殊原因不能按期报告的，应及时补报，并说明原因。按照有关规定需要事前请示批准的，应按规定办理。本人认为需要事前请示的事项，也可事前请示。

**第五条** 各级党委及其纪委,各级人大、政府、政协、法院、检察院党组,以及上述领导机关所属的部门和单位(包括事业单位,下同)的党组(党委),负责受理本级领导干部的报告(不设党组、党委的部门和单位,由相应的机构受理,下同)。各部门和单位内设机构的领导干部的报告,由本部门、本单位的组织人事部门负责受理。

本规定第二条中社会团体、企业事业单位的领导干部个人重大事项的报告,由本单位党委(党组)负责受理。

**第六条** 对于需要答复的请示,受理报告的党委(党组)或组织人事部门应认真研究,及时答复报告人。报告人应按组织答复意见办理。

**第七条** 对报告的内容,一般应予保密。组织认为应予公开或本人要求予以公开的,可采取适当方式在一定范围内公开。

**第八条** 领导干部不按本规定报告或不如实报告个人重大事项的,其所在组织应视情节轻重,给予批评教育、限期改正、责令作出检查、在一定范围内通报批评等处理。

**第九条** 各级党委、政府及纪检监察机关、组织人事部门要加强对本规定执行情况的监督检查。组织人事部门和纪检监察机关,要把领导干部执行本规定的情况作为考核干部的一项内容。负责受理领导干部报告的党委(党组)及相应机构每年要将执行本规定的情况向上级党委、纪委综合报告一次。

**第十条** 各省、自治区、直辖市,中央直属机关工委和中央国家机关工委,实行系统管理的部门、单位,可根据本规定结合实际制定具体办法。

**第十一条** 本规定由中共中央纪律检查委员会、中共中央组织部负责解释。

**第十二条** 本规定自发布之日起施行。

# 中国共产党纪律处分条例(试行)

(中共中央1997年2月27日印发)

## 第一编 总 则

### 第一章 指导思想、任务和适用范围

**第一条** 中国共产党纪律处分条例,以马克思列宁主义、毛泽东思想和邓小平建设有中国特色社会主义理论为指导思想,依据党章和宪法、法律,结合党的建设的实践制定。

**第二条** 本条例的任务,是维护党的章程,严肃党的纪律,纯洁党的组织,发扬党的优良作风,保护党员民主权利,教育党员遵纪守法,维护全党在政治上、思想上、行动上的高度统一,保证党的基本路线、方针、政策、决议和国家法律、法规的贯彻执行。

**第三条** 中国共产党的各级组织和党员,凡违犯党的纪律应当给予党的纪律处分的,都适用本条例。

### 第二章 实施党纪处分的原则

**第四条** 坚持实事求是的原则。处理违犯党纪的行为,应当以事实为依据,准确地认定错误性质,区别不同情况,依照本条例的规定,恰当地给犯错误的党员和党组织以纪律处分。

**第五条** 坚持从严治党的原则。党的各级组织必须维护党的纪律。对于违犯党的纪律的党员和党组织,必须依照本条例严肃处理,不得姑息迁就。

**第六条** 坚持民主集中制的原则。对违犯党纪行为的处理,必须经党委或者纪委集体讨论决定,不允许任何个人或者少数人决定和批准。

**第七条** 坚持党员在党的纪律面前人人平等的原则。党内不允许有不受纪律约束的特殊党员。任何党员违犯了党的纪律,都必须受到追究;应当受到党的纪律处分的,都必须依照本条例给予相应的处分。

**第八条** 坚持惩前毖后、治病救人的原则。处理违犯党纪的党员和党组织,要实行惩戒与教育相结合。

## 第三章　违犯纪律与纪律处分

**第九条**　党的纪律是党的各级组织和全体党员共同遵守的行为规范。党的组织和党员违反党章、党内法规、党的政策,违反国家法律、法规、政策和社会主义道德规范,危害党、国家和人民的利益的行为,依照本条例应当给予党的纪律处分的,都必须受到追究。

**第十条**　对党员的纪律处分种类:

(一)警告;

(二)严重警告;

(三)撤销党内职务;

(四)留党察看;

(五)开除党籍。

**第十一条**　对党组织的纪律处分种类:

(一)改组;

(二)解散。

**第十二条**　警告。受到警告处分的党员,一年内不得在党内提升职务和向党外组织推荐担任高于原任职务的党外职务。

**第十三条**　严重警告。受到严重警告处分的党员,一年内不得在党内提升职务和向党外组织推荐担任高于原任职务的党外职务。

**第十四条**　撤销党内职务。指撤销受处分党员的由党内选举或者组织任命担任的党组织及其工作部门的领导职务。对于在党内担任两个以上领导职务的,党组织在作处分决定时,应当明确撤销其一切职务还是某个职务。如果决定撤销某个职务,则必须从其担任的最高职务开始依次撤销。对于在党外组织担任领导职务的,可以建议党外组织撤销其党外职务。

受到撤销党内职务处分的党员,在受处分后二年内,不得在党内担任和向党外组织推荐担任与其原任职务相当或者高于原任的职务。

对于应当受到撤销党内职务处分,但是本人没有担任党内职务的,一般给予其严重警告处分,并可以建议党外组织撤销其党外职务。

**第十五条**　留党察看。留党察看处分,分为留党察看一年、留党察看二年。对于受到留党察看处分一年的党员,可以视其具体表现情况,再延长一年留党察看期限。留党察看期限最长不得超过二年。

受到留党察看处分的党员,在留党察看期间,没有表决权、选举权和被选举权。留党察看期间,确已改正错误的,期满后按期恢复其党员的权利;坚持错误不改的，开除其党籍；又犯有其他应受党纪处分的错误的，也应当开除党籍。

受到留党察看处分的党员，党内职务自然撤销。对于在党外组织担任领导职务的，应当建议党外组织撤销其党外职务。受到留党察看处分的党员，恢复党员权利后二年内，不得在党内担任和向党外组织推荐担任与其原任职务相当或者高于原任的职务。

**第十六条** 开除党籍。受到开除党籍处分的，五年内不得重新入党。另有规定不准重新入党的，按照有关规定执行。

**第十七条** 改组。适用于严重违犯党的纪律，本身又不能纠正的党组织的领导机构。受到改组处分的党组织领导机构中的成员，除应当受到撤销党内职务以上（含撤销党内职务）处分者外，均作为自然免职。由上级党组织任命或者由相应的党员大会、党员代表大会选举新的领导机构成员。

**第十八条** 解散。适用于全体或者多数党员严重违犯党的纪律的党组织。对于受到解散处分的党组织中的党员，应当逐个审查。错误严重，丧失共产党员条件的，开除党籍；不起党员作用，不符合共产党员条件的，不予登记，宣布除名；符合共产党员条件的，应当予以重新登记，对其中犯有错误的，还应当根据其错误性质、情节，依照本条例的规定，给予处分。

**第十九条** 对于违犯党纪应当给予警告或者严重警告处分，但是具有免予处分条件的党员，可以免予处分。对犯错误党员免予处分，要作出书面结论。

**第二十条** 对于犯有本条例分则中规定的错误行为，情节显著轻微的，可以进行批评教育，不予处分。

## 第四章　纪律处分运用规则

**第二十一条** 故意违纪受处分后又故意违纪应当受到党纪处分的，应当从重处分。

**第二十二条** 二人以上（含二人）共同故意违纪的，对为首者，除分则中另有规定的以外，从重处分；对其他成员，根据其在共同违纪中所起的作用和应负的责任，分别给予党纪处分。

对于经济方面共同违纪的，按照个人所得数额及其所起作用，分别处分。对违纪集团的首要分子，按照集团违纪的总数额处分；对其他共同违纪的为首者，情节严重的，按照共同违纪的总数额处分。

**第二十三条** 一人犯有本条例分则中规定的两种以上（含两种）应当受到党纪处分的错误，应当合并处理，按所犯数种错误中应当受到的最高处分加重一档给予处分；如果其中一种错误应当受到开除党籍处分的，即给予开除党籍处分。

**第二十四条** 从轻、从重处分,是指在本条例分则中规定的所犯错误应当受到的处分的幅度以内,给予较轻或者较重的处分。

**第二十五条** 减轻、加重处分,是指在本条例分则中规定的所犯错误应当受到的处分的幅度以外,减轻或者加重一档给予处分。

**第二十六条** 有下列情节之一的,可以从轻或者减轻处分:

(一)主动交代错误的;

(二)主动检举同案人的问题经查证属实的;

(三)主动挽回损失或者有效地阻止危害结果发生的;

(四)有其他立功表现的;

(五)本条例分则中另有规定的。

**第二十七条** 党员在经济方面违法、违纪后,主动退赔、退赃的,可以从轻处分。

**第二十八条** 有下列情节之一的,可以从重或者加重处分:

(一)伪造、销毁、藏匿证据的;

(二)包庇同案人的;

(三)强迫、唆使他人违犯纪律的;

(四)串供或者阻止他人揭发检举、提供证据材料的;

(五)有其他干扰、妨碍组织审查的行为的;

(六)本条例分则中另有规定的。

**第二十九条** 犯有本条例分则中没有规定的错误,比照最相类似的条款处理。需要比照处理的案件,按照处分党员批准权限,应当由省(部)级党委、纪委批准的案件,报中央纪委批准;其他案件由省(部)级纪委批准并报中央纪委备案。

## 第五章 对违法犯罪的党员的党纪处分

**第三十条** 有下列情形之一的,一律开除党籍:

(一)因危害国家安全被依法判处刑罚的;

(二)因经济方面犯罪,被依法判处《刑法》规定的主刑的;

(三)因其他故意犯罪,被依法判处有期徒刑、无期徒刑、死刑的;

(四)因过失犯罪,被依法判处三年以上(不含三年)有期徒刑的;

(五)单处或者附加剥夺政治权利的;

(六)畏罪逃往国外、境外、外国驻华使(领)馆的。

前款第三项不包括被判处三年以下(含三年)有期徒刑并宣告缓刑的。

**第三十一条** 有下列情形之一的,应当开除党籍;在政治上、工作上一贯表现较好,认真检讨并有悔改表现,在群众中未造成恶劣影响的,可以不开除党籍,但须给予留党察看处分:

(一)除危害国家安全和经济方面犯罪以外的故意犯罪,被判处三年以下(含三年)有期徒刑并宣告缓刑或者被判处管制、拘役,未附加剥夺政治权利的;

(二)过失犯罪,被判处三年以下(含三年)有期徒刑或者其他较轻刑罚的。

符合本条第一款第(一)、(二)两项的规定受到留党察看处分的党员,在服刑期间,停止过党的组织生活,留党察看期限从刑满之日起计算。

**第三十二条** 依法被劳动教养的,一律开除党籍。

## 第二编 分 则

### 第六章 政治类错误

**第三十三条** 组织和参加反对党的基本路线为目的的集会、游行等活动的,对策划者、组织者,给予开除党籍处分;对于起骨干作用的,给予留党察看或者开除党籍处分。

对其他参加者,情节较轻的,给予警告或者严重警告处分;情节较重的,给予撤销党内职务或者留党察看处分。

对不明真相被裹挟参加,经批评教育后有悔改表现的,不予处分或者免予处分。

**第三十四条** 坚持资产阶级自由化立场,公开发表文章、演说、宣言、声明等,反对四项基本原则的,给予开除党籍处分。公开发表违背四项基本原则言论的,给予警告或者严重警告处分;情节严重的,给予撤销党内职务或者留党察看处分;经批评教育后仍坚持错误不改的,给予开除党籍处分。

**第三十五条** 拒不执行党中央关于改革开放和其他重大方针、政策,或者作出与中央方针、政策相违背的决定的,对直接责任者,给予严重警告或者撤销党内职务处分;情节严重的,给予留党察看或者开除党籍处分。

**第三十六条** 进行分裂党的活动,在党内组织秘密集团的,给予开除党籍处分。

参加秘密集团的,给予开除党籍或者留党察看处分。

**第三十七条** 参加旨在反对党的领导和社会主义制度的非法组织的,对策划者、组织者和骨干分子,给予开除党籍处分。对其他成员,情节较重的,给予开除党籍或者留党察看处分;情节较轻,能检讨错误并有悔改表现的,给予撤销党内职务、严重警告或者警告处分。

**第三十八条** 逃往国外、境外不归或者滞留国外、境外不归,并有反对党和社会主义祖国的言行或者申请政治避难的,给予开除党籍处分。

故意为叛逃人员提供方便条件的,给予留党察看或者开除党籍处分。

**第三十九条** 参加反动会道门并在该组织中进行反动活动的,给予开除党籍处分;未进行反动活动并有悔改表现的,给予警告、严重警告或者撤销党内职务处分。

**第四十条** 参加国外、境外情报组织,或者向国外、境外机构、组织、人员非法提供情报的,给予开除党籍处分。

**第四十一条** 投敌叛变的,给予开除党籍处分。

向敌人自首的,给予开除党籍处分。

**第四十二条** 违反党和国家有关规定,刊登、广播有严重政治问题的文章或者出版有严重政治问题的出版物的,对决定刊登、广播、出版的负责人和其他主要责任者,给予警告、严重警告或者撤销党内职务处分;情节严重的,给予留党察看或者开除党籍处分。

**第四十三条** 违反党的民族、宗教政策,造成恶劣影响的,给予警告、严重警告或者撤销党内职务处分。

挑拨民族关系制造事端,或者利用宗教煽动骚乱闹事的,对策划者、组织者,给予开除党籍处分。积极参与上述活动,情节严重的,给予开除党籍处分,其中有悔改表现的,给予留党察看处分;情节较轻的,给予撤销党内职务或者严重警告处分。不明真相被裹挟参加上述活动,经批评教育后有悔改表现的,不予处分或者免予处分。

**第四十四条** 在涉外活动中,其行为在政治上造成恶劣影响,损害党和国家尊严和利益的,给予撤销党内职务或者留党察看处分;情节严重的,给予开除党籍处分。

## 第七章 组织、人事类错误

**第四十五条** 违反党章规定,弄虚作假或者采取其他手段,把明显不符合党员条件的人拉入党内的,对主要责任者,给予警告或者严重警告处分;情节严重的,给予撤销党内职务处分。

**第四十六条** 违反民主集中制原则,拒不执行或者擅自改变党组织的决定,或者独断专行,个人或者少数人决定重大问题,给工作造成较大损失的,给予警告或者严重警告处分;造成重大损失的,给予撤销党内职务或者留党察看处分。

**第四十七条** 在重大问题上,下级党组织拒不执行上级党组织决定的,对主要责任者,给予警告或者严重警告处分;情节严重的,给予撤销党内职务或者留党察看处分。

**第四十八条** 在党内搞非组织活动,破坏党的团结统一的,给予严重警告或者撤销党内职务处分;情节严重的,给予留党察看或者开除党籍处分。

**第四十九条** 在干部选拔任用工作中,违反干部选拔任用规定,将不符合条件的人安排到领导岗位或者其他重要岗位,情节较重的,给予警告或者严重警告处分;情节严重的,给予撤销党内职务处分。

在干部选拔任用工作中,有其他违反规定的行为,情节较轻的,批评教育;情节较重的,给予警告或者严重警告处分;情节严重的,给予撤销党内职务处分。

**第五十条** 拒不执行组织的分配、调动、交流决定的,给予警告、严重警告或者撤销党内职务处分。

**第五十一条** 在干部、职工的考试、招聘、录用、考核、评定职称、晋升职务、工资以及在征兵、安置复转军人等方面的工作中,违反党和国家的人事、劳动、干部制度和有关规定,利用职权或者隐瞒、歪曲事实真相,为本人、配偶、子女及其他亲友谋利益的,给予警告或者严重警告处分;情节严重的,给予撤销党内职务或者留党察看处分。

**第五十二条** 在招生考试工作中,违反有关规定,有泄露试题、考场舞弊、涂改考卷和考生其他档案材料等行为的,给予严重警告或者撤销党内职务处分;造成恶劣影响或者其他严重后果的,给予留党察看或者开除党籍处分。

**第五十三条** 以不正当的方式或者手段,谋求本人、配偶、子女及其他人出国、出境的,给予警告或者严重警告处分;情节较重的,给予撤销党内职务或者留党察看处分;严重损害国家利益的,给予开除党籍处分。

**第五十四条** 临时出国、出境团(组)或者人员中的共产党员,擅自延长在国外、境外期限,或者擅自变更路线,造成不良影响或者经济损失的,给予主要责任者警告或者严重警告处分;情节严重的,给予撤销党内职务处分。

**第五十五条** 驻外机构或者临时出国、出境团(组)中的共产党员,擅自脱离组织的;从事外事、机要、军事等工作的共产党员,违反规定同外国机构、外国人联系和交往的,给予警告、严重警告或者撤销党内职务处分。

**第五十六条** 驻外机构或者临时出国、出境团(组)中的共产党员,脱离组织出走不归,但是没有反对党和社会主义祖国的言论或者行动的,停止其党籍;出走时间超过六个月的,按照自行脱党处理,党内予以除名;不满六个月又自动回归的,根据情节轻重,给予严重警告、撤销党内职务或者留党察看处分。

故意为出走人员提供方便条件的,给予警告、严重警告或者撤销党内职务处分;情节较轻并作出检查的,免予处分。

## 第八章　经济类错误

**第五十七条** 党和国家工作人员或者经手、管理国家财物的人员中的共产党员,利用职务上的便利,侵吞、窃取、骗取或者以其他手段贪污公共财物,情节较轻的,给予警告或者严重警告处分;情节较重的,给予撤销党内职务或者留党察看处分;情节严重的,给予开除党籍处分。

贪污党费、救灾、抢险、防汛、优抚、救济、扶贫、防疫、支前款物的,从重或者加重处分,直至开除党籍。

**第五十八条** 有限责任公司、股份有限公司的董事、监事或者职工以及其他企业职工中的共产党员,利用职务或者工作上的便利,侵占本企业(公司)的财物,情节较轻的,给予警告或者严重警告处分;情节较重的,给予撤销党内职务或者留党察看处分;情节严重的,给予开除党籍处分。

前款所列人员中的国家工作人员有前款规定的行为的,依照本条例第五十七条处理。

**第五十九条** 利用职务或者工作上的便利,非法占有非本人经管的国家、集体、个人财物,或者以购买物品时象征性地付少量钱款等方式非法占有国家、集体、个人财物,或者无偿、象征性地付少量报酬使用劳动力,情节较轻的,给予警告或者严重警告处分;情节较重的,给予撤销党内职务或者留党察看处分;情节严重的,给予开除党籍处分。

利用职务或者工作上的便利,将本人或者亲属应当由个人支付的费用,到下属单位或者其他单位报销的,依照前款处理。

**第六十条** 党和国家工作人员、集体经济组织工作人员或者其他从事公务的人员中的共产党员,利用职务上的便利,占用公物归个人使用,时间超过六个月,情节较重的,给予警告或者严重警告处分;情节严重的,给予撤销党内职务处分。

占用公物进行营利活动或者非法活动,情节较轻的,给予警告或者严重警告处分;情节较重的,给予撤销党内职务或者留党察看处分;情节严重的,给予开除党籍处分。

**第六十一条** 党和国家工作人员或者其他从事公务的人员中的共产党员，利用职务上的便利，为他人谋利益，收受贿赂，情节较轻的，给予警告或者严重警告处分；情节较重的，给予撤销党内职务或者留党察看处分；情节严重的，给予开除党籍处分。

索取贿赂的，从重或者加重处分。

公司董事、监事或者职工以及其他企业职工中的共产党员，收受贿赂，情节较轻的，给予警告或者严重警告处分；情节较重的，给予撤销党内职务或者留党察看处分；情节严重的，给予开除党籍处分。其中属于国家工作人员的，依照第一款处理。

因受贿给国家、集体或者人民利益造成重大损失的，加重处分，直至开除党籍。

因索取财物未遂而刁难报复对方，给对方造成损失，情节较重的，给予撤销党内职务或者留党察看处分；情节严重的，给予开除党籍处分。

退（离）休人员，利用原职务的影响，为他人谋利益，收受他人财物的，以受贿论处。

机关、团体、企业、事业单位中的共产党员，在经济往来中，在帐外暗中收受回扣的，以受贿论处。

**第六十二条** 机关、团体、国有企业、事业单位，索取财物，或者非法收受财物为他人谋利益的，追究负直接责任的主管人员和其他直接责任人员中的共产党员的责任，情节较轻的，给予警告或者严重警告处分；情节较重的，给予撤销党内职务或者留党察看处分；情节严重的，给予开除党籍处分。

机关、团体、企业、事业单位，在经济往来中，在帐外暗中收受对方单位或者个人回扣的，追究负直接责任的主管人员和其他直接责任人员中的共产党员的责任，情节较轻的，给予警告或者严重警告处分；情节较重的，给予撤销党内职务或者留党察看处分；情节严重的，给予开除党籍处分。

因索取财物未遂而对下属单位、用户、客户刁难报复，给对方造成损失，情节较重的，给予撤销党内职务或者留党察看处分；情节严重的，给予开除党籍处分。

将索取、非法收受的财物合伙私分的，以个人受贿论，根据个人所得数额和所起作用，依照本条例第六十一条处理。

**第六十三条** 党和国家工作人员或者其他从事公务的人员中的共产党员，接受可能影响公正执行公务的礼品馈赠，不登记交公，情节较轻的，给予警告或者严重警告处分;情节较重的,给予撤销党内职务或者留党察看处分;情节严重的,给予开除党籍处分。

党和国家工作人员或者其他从事公务的人员中的共产党员,接受其他礼品,按照党和国家规定应当登记、交公而不登记、交公,情节较轻的,给予警告或者严重警告处分;情节较重的,给予撤销党内职务或者留党察看处分,情节严重的,给予开除党籍处分。

在对外交往中接受礼品,按照国家规定应当交公而不交公的,根据其数额和情节,依照本条例第五十七条处理。

**第六十四条** 党和国家机关违反党和国家规定,在对内对外活动中接受礼品应当上交而不上交的,追究负直接责任的主管人员和其他直接责任人员中的共产党员的责任,情节较重的,给予警告或者严重警告处分;情节严重的,给予撤销党内职务处分。

将接受的礼品隐瞒私分的,以贪污论,根据个人所得数额和所起作用,依照本条例第五十七条处理。

**第六十五条** 党和国家工作人员或者其他从事公务的人员中的共产党员,利用职务上的便利,为他人谋利益,其父母、配偶、子女及其配偶以及其他共同生活的家庭成员接受对方财物,应当追究该党员的责任,情节较轻的,给予批评教育;情节较重的,给予警告或者严重警告处分;情节严重的,给予撤销党内职务或者留党察看处分。

查实本人知道的,依照本条例第六十一条处理。

**第六十六条** 向党和国家工作人员或者其他从事公务的人员行贿,情节较轻的,给予警告或者严重警告处分;情节较重的,给予撤销党内职务或者留党察看处分;情节严重的,给予开除党籍处分。

在经济往来中,在帐外暗中给予对方单位或者个人回扣的,以行贿论,依照前款处理。

因行贿给国家、集体或者人民利益造成重大损失的,加重处分,直至开除党籍。

**第六十七条** 机关、团体、企业、事业单位行贿,或者在帐外暗中给予对方单位或者个人回扣的,追究负直接责任的主管人员和其他直接责任人员中的共产党员的责任,情节较重的,给予警告、严重警告或者撤销党内职务处分;情节严重的,给予留党察看或者开除党籍处分。

**第六十八条** 盗窃公私财物,情节较轻的,给予警告或者严重警告处分;情节较重的,给予撤销党内职务或者留党察看处分;情节严重的,给予开除党籍处分。

**第六十九条** 诈骗公私财物,情节较轻的,给予警告或者严重警告处分;情节较重的,给予撤销党内职务或者留党察看处分;情节严重的,给予开除党籍处分。

**第七十条** 机关、团体、企业、事业单位,诈骗财物的,追究负直接责任的主管人员和其他直接责任人员中的共产党员的责任,情节较轻的,给予警告或者严重警告处分;情节较重的,给予撤销党内职务或者留党察看处分;情节严重的,给予开除党籍处分。

**第七十一条** 用威胁或者要挟的手段敲诈勒索公私财物的,给予开除党籍处分;情节较轻的,给予留党察看处分。

**第七十二条** 进行走私,情节较轻的,给予警告或者严重警告处分;情节较重的,给予撤销党内职务或者留党察看处分;情节严重的,给予开除党籍处分。

走私淫秽物品,情节较轻的,给予警告或者严重警告处分;情节较重的,给予撤销党内职务或者留党察看处分;以牟利或者传播为目的以及有其他严重情节的,给予开除党籍处分。

走私毒品、武器、弹药、伪造的货币、国家禁止出口的珍贵文物、珍贵动物及其制品、黄金、白银或者其他贵重金属的,给予开除党籍处分。

利用职务之便进行走私的,从重处分。

**第七十三条** 机关、团体、企业、事业单位走私,追究负直接责任的主管人员和其他直接责任人员中的共产党员的责任,情节较轻的,给予警告或者严重警告处分;情节较重的,给予撤销党内职务或者留党察看处分;情节严重的,给予开除党籍处分。

机关、团体、企业、事业单位走私毒品、武器、弹药、伪造的货币、国家禁止出口的珍贵文物、珍贵动物及其制品、黄金、白银或者其他贵重金属,或者以牟利或传播为目的走私淫秽物品的,给予负直接责任的主管人员和其他直接责任人员中的共产党员开除党籍处分。

**第七十四条** 违反国家规定扰乱市场秩序,情节较轻的,给予警告或者严重警告处分;情节较重的,给予撤销党内职务或者留党察看处分;情节严重的,给予开除党籍处分。

**第七十五条** 机关、团体、企业、事业单位违反国家规定扰乱市场秩序,追究负直接责任的主管人员和其他直接责任人员中的共产党员的责任,情节较轻的,给予警告或者严重警告处分;情节较重的,给予撤销党内职务或者留党察看处分;情节严重的,给予开除党籍处分。

**第七十六条** 偷税、抗税，情节较轻的，给予警告或者严重警告处分；情节较重的，给予撤销党内职务或者留党察看处分；情节严重的，给予开除党籍处分。

**第七十七条** 纳税单位以及有代扣、代缴税款义务的单位偷税、抗税的，追究负直接责任的主管人员和其他直接责任人员中的共产党员的责任，情节较轻的，给予警告或者严重警告处分；情节较重的，给予撤销党内职务或者留党察看处分；情节严重的，给予开除党籍处分。

**第七十八条** 机关、团体、企业、事业单位，违反国家有关规定隐瞒、截留应当上交国家的财政收入的，追究负直接责任的主管人员和其他直接责任人员中的共产党员的责任，情节较重的，给予警告或者严重警告处分；情节严重的，给予撤销党内职务或者留党察看处分。

将隐瞒、截留款合伙私分的，以贪污论，根据个人所得数额和所起作用，依照本条例第五十七条处理。

**第七十九条** 机关、团体、企业、事业单位，虚报冒领、骗取国家财政拨款、退税款或者补贴的，追究负直接责任的主管人员和其他直接责任人员中的共产党员的责任，情节较轻的，给予警告或者严重警告处分；情节较重的，给予撤销党内职务或者留党察看处分；情节严重的，给予开除党籍处分。

将虚报冒领或者骗取的钱款合伙私分的，以贪污论，根据个人所得数额和所起作用，依照本条例第五十七条处理。

**第八十条** 党和国家工作人员或者经手、管理国家财物的人员中的共产党员，利用职务上的便利，挪用公款归个人使用，时间超过三个月，或者挪用公款进行营利活动，或者挪用公款进行非法活动，情节较轻的，给予警告或者严重警告处分；情节较重的，给予撤销党内职务或者留党察看处分；情节严重的，给予开除党籍处分。

公司董事、监事或者职工以及其他企业职工中的共产党员，利用职务上的便利，挪用本单位资金归本人使用或者借贷给他人，超过三个月未还，或者进行营利活动，或者进行非法活动，情节较轻的，给予警告或者严重警告处分；情节较重的，给予撤销党内职务或者留党察看处分；情节严重的，给予开除党籍处分。其中属于国家工作人员的，依照第一款处理。

挪用公款不退还的，以贪污论，根据其数额和情节，依照本条例第五十七条处理；挪用本企业资金不退还的，以侵占论，根据其数额和情节，依照本条例第五十八条处理。

挪用救灾、抢险、防汛、优抚、救济、扶贫、防疫、支前款物的，或者由于挪用公款给国家、集体或者人民利益造成重大损失的，从重或者加重处分。

**第八十一条** 国家机关、国家拨给经费的团体和事业单位，挪用生产性资金用于非生产性支出，或者将科研、教育、卫生、军工等专项资金挪作他用的，追究负直接责任的主管人员和其他直接责任人员中的共产党员的责任，情节较重的，给予警告或者严重警告处分；情节严重的，给予撤销党内职务处分。

挪用救灾、抢险、防汛、优抚、救济、扶贫、防疫、支前款物的，或者由于挪用经费给国家、集体或者人民利益造成重大损失的，从重或者加重处分。

**第八十二条** 个人借用公款超过六个月不还的，追还所欠公款，情节严重的，给予警告或者严重警告处分。但个别确因生活困难借用公款，到期无力归还的除外。

个人借用公款进行营利活动，情节较轻的，给予警告或者严重警告处分；情节较重的，给予撤销党内职务或者留党察看处分。

个人借用公款进行非法活动的，根据其数额和情节，依照本条例第五十七条处理。

**第八十三条** 利用职权用公款超标准建房、买房、装修住房，供个人居住的，给予警告或者严重警告处分；情节严重的，给予撤销党内职务或者留党察看处分。

**第八十四条** 违反廉洁自律规定购买、更换进口豪华小轿车，情节较重的，给予警告或者严重警告处分；情节严重的，给予撤销党内职务处分。

违反规定对所乘坐的小轿车进行豪华装修的，依照前款处理。

**第八十五条** 在同国内的单位和个人的交往中，接受可能影响公正执行公务的宴请，情节较轻的，进行批评教育；情节较重的，给予警告或者严重警告处分；情节严重的，给予撤销党内职务或者留党察看处分。

**第八十六条** 违反规定，用公款旅游，参与用公款支付的营业性歌厅、舞厅、夜总会等的娱乐活动，或者以其他方式挥霍浪费国家、集体资财，情节较重的，给予警告或者严重警告处分；情节严重的，给予撤销党内职务处分。

**第八十七条** 机关、团体、企业、事业单位，违反规定，用公款旅游、送礼、请客或者以其他方式挥霍浪费国家、集体资财的，追究负直接责任的主管人员和其他直接责任人员中的共产党员的责任，情节较重的，给予警告或者严重警告处分；情节严重的，给予撤销党内职务处分。

**第八十八条** 党和国家机关、人民团体中的党员干部，违反规定，经商办企业，或者参与其他营利性的经营活动，或者利用职务上的便利为亲友经商办企业谋利益的，给予警告、严重警告或者撤销党内职务处分。

党和国家机关、人民团体中的党员干部,从事有偿中介活动的,依照本条前款处理。

国有企业、集体所有制企业(公司)、事业单位中的党员干部,利用职务上的便利为亲友经商办企业谋利益的,依照本条第一款处理。

**第八十九条** 县和县级以上党和国家机关的党员干部,未经批准在各类经济实体中兼职(包括名誉职务)的,以及兼职领取报酬的,给予警告、严重警告或者撤销党内职务处分。

国有大型、特大型企业中层以上(含中层)领导干部、国有中小型企业负责人中的共产党员,国有资产占控股地位或主导地位的公司中由政府主管部门委派或者招聘的领导干部、企业职工代表大会选举产生并报政府主管部门批准的领导干部中的共产党员、企业党组织的领导干部,违反规定领取兼职职务的工资、奖金及其他酬金的,给予警告、严重警告或者撤销党内职务处分。

**第九十条** 党和国家机关违反规定经商办企业的,给予负直接责任的主管人员和其他直接责任人员中的共产党员警告或者严重警告处分;情节严重的,给予撤销党内职务处分。

**第九十一条** 违反廉洁自律规定买卖股票的,给予警告或者严重警告处分。经批评教育后仍拒不悔改的,给予撤销党内职务处分。

违反国家规定购买或者利用职务上的便利为他人购买企业内部职工股的,给予警告、严重警告或者撤销党内职务处分。

**第九十二条** 在股票发行与交易过程中,与证券从业人员等互相串通,根据内幕信息直接或者间接地买卖股票、办理过户或者有其他违法行为的,给予撤销党内职务或者留党察看处分;情节严重的,给予开除党籍处分。

**第九十三条** 党和国家工作人员、集体经济组织工作人员或者其他从事公务的人员中的共产党员,其财产或者支出明显超过合法收入,差额较大的,可以责令其说明来源,本人不能说明其来源是合法的,差额部分以非法所得论,情节较轻的,给予警告或者严重警告处分;情节较重的,给予撤销党内职务或者留党察看处分;情节严重的,给予开除党籍处分。

**第九十四条** 税务、海关及其他有关部门的共产党员,违反规定超越权限擅自为纳税人减免税收,情节较重的,给予警告或者严重警告处分;情节严重的,给予撤销党内职务或者留党察看处分。

**第九十五条** 地方各级政府及其所属部门,超越权限擅自为纳税人减免税收,或者擅自动用国库款项,情节严重的,给予负直接责任的主管人员和其他直接责任人员中的共产党员警告、严重警告或者撤销党内职务处分。

**第九十六条** 金融工作人员中的共产党员，违法贷款造成贷款损失，情节较轻的，给予警告或者严重警告处分；情节较重的，给予撤销党内职务或者留党察看处分；情节严重的，给予开除党籍处分。

由于行政机关非法干预，致使金融工作人员犯前款错误的，对金融工作人员可以从轻或者减轻处分；其中金融工作人员进行了抵制的，不予处分。

**第九十七条** 地方各级政府及其所属部门，违法强迫金融机构贷款造成损失的，对负直接责任的主管人员和其他直接责任人员中的共产党员，给予警告、严重警告或者撤销党内职务处分。

**第九十八条** 破坏公私财产或者哄抢公私财产的组织者、为首者和骨干分子，给予撤销党内职务或者留党察看处分；情节严重的，给予开除党籍处分。

**第九十九条** 非法查封、扣押、冻结、没收公共财产或者私人财产的，给予警告或者严重警告处分；情节严重的，给予撤销党内职务、留党察看或者开除党籍处分。

**第一百条** 在财政金融方面有其他违法行为，情节较轻的，给予警告或者严重警告处分；情节较重的，给予撤销党内职务或者留党察看处分；情节严重的，给予开除党籍处分。

## 第九章 失职类错误

**第一百零一条** 有下列情形之一，造成重大损失或者恶劣影响的，对负有主要领导责任者，给予严重警告或者撤销党内职务处分；负有重要领导责任者，给予警告或者严重警告处分。造成巨大损失或者特别恶劣影响的，加重处分。

（一）对党和国家的方针、政策，不传达贯彻，不检查督促落实，或者在方针、政策方面作出错误决策的；

（二）对本地区、本部门、本单位发生的公开反对党的基本路线的行为，不报告、不批评、不制止的；

（三）对本单位存在的问题不认真解决，致使矛盾激化，造成闹事、罢工、罢课或者其他重大事件，严重影响生产、工作、教学、科研和社会正常秩序的，或者在发生重大事件时不及时解决，造成严重后果的；

（四）对本地区、本部门、本单位发生的严重违法乱纪行为不制止、不查处的。

**第一百零二条** 在发生反对党的基本路线的集会、游行等活动的情况下放任不管，致使本单位的多数党员、群众参加集会、游行等活动的，对负主要领导责任者，给予严重警告或者撤销党内职务处分；负有重要领导责任者，给予警告或者严重警告处分。

**第一百零三条** 在决定基本建设项目的立项、设计、施工、投产工作中,由于失职,给国家、集体造成较大损失的,对负有直接责任者,给予警告或者严重警告处分。造成重大损失的,对负有直接责任者,给予撤销党内职务或者留党察看处分;负有主要领导责任者,给予严重警告或者撤销党内职务处分;负有重要领导责任者,给予警告或者严重警告处分。造成巨大损失的,加重处分。

**第一百零四条** 在生产、经营、管理工作中,有下列情形之一,给国家、集体或者人民利益造成重大损失的,对负有主要领导责任者,给予撤销党内职务或者留党察看处分;负有重要领导责任者,给予警告、严重警告或者撤销党内职务处分。造成巨大损失的,加重处分。

(一)对下属企业生产、销售假冒产品,发现后不采取措施处理或者措施不力的;

(二)对下属企业生产、销售假劣药品、有害食品或者其他危害人民健康的商品,发现后不采取措施处理或者措施不力的;

(三)对所辖地区、单位发生的破坏国家自然资源的行为,发现后不采取措施处理或者措施不力的;

(四)对本单位或者直属单位违反财政、金融、工商管理、海关、会计、统计等方面的法律、法规的行为长期失察或者发现后不纠正的。

**第一百零五条** 在生产、经营、管理工作中,由于严重不负责任,造成严重质量、技术事故,或者使国家、集体财物被盗窃、诈骗、浪费,造成较大损失的,对直接责任者,给予严重警告或者撤销党内职务处分。造成重大损失的,对直接责任者,给予留党察看或者开除党籍处分;负有主要领导责任者,给予撤销党内职务或者留党察看处分;负有重要领导责任者,给予警告、严重警告或者撤销党内职务处分。造成巨大损失的,加重处分。

由于管理混乱,致使国家、集体财物被大量贪污,造成重大损失的,对负有主要领导责任者,给予撤销党内职务或者留党察看处分;负有重要领导责任者,给予警告、严重警告或者撤销党内职务处分。造成巨大损失的,加重处分。

**第一百零六条** 在对内、对外经济贸易活动中,有下列情形之一,给国家、集体造成较大经济损失的,给予直接责任者严重警告或者撤销党内职务处分。造成重大损失的,对直接责任者,给予留党察看或者开除党籍处分;负有主要领导责任者,给予撤销党内职务或者留党察看处分;负有重要领导责任者,给予警告或者严重警告处分。造成巨大损失的,加重处分。

(一)工作不负责任,购进假冒伪劣商品的;

（二）不了解对方资信情况，盲目与之签订合同，或者擅自改变合同，或者未签订合同即预付货款，或者为对方担保贷款以及以其他形式交易而被骗的；

（三）发现购进的商品质量不合格或者不符合合同规定的标准，不采取措施，以致延误索赔期的；

（四）工作不负责任，不履行合同，以致被对方索赔或者退货的；

（五）在对内、对外经济贸易活动中有其他失职行为的。

**第一百零七条** 在物资储藏、运输工作中，由于工作失职，致使物资丢失、损坏、变质，造成较大损失的，给予直接责任者严重警告或者撤销党内职务处分。造成重大损失的，对直接责任者给予留党察看或者开除党籍处分；负有主要领导责任者，给予撤销党内职务或者留党察看处分；负有重要领导责任者，给予警告或者严重警告处分。造成巨大损失的，加重处分。

**第一百零八条** 在安全工作方面，有下列情形之一，造成较大损失的，给予直接责任者严重警告或者撤销党内职务处分。造成重大损失的，对直接责任者，给予留党察看或者开除党籍处分；负有主要领导责任者，给予撤销党内职务或者留党察看处分；负有重要领导责任者，给予警告、严重警告或者撤销党内职务处分。造成巨大损失的，加重处分。

（一）不认真执行劳动保护、安全生产和消防方面的法规，致使发生爆炸、火灾、翻车、沉船、飞机失事、工程倒塌以及其他事故的；

（二）在灾害面前，未采取必要和可能的措施，贻误时机，使本来可以避免的损失未能避免的；

（三）在组织群众性活动时，缺乏周密布置，对可能发生的问题未采取有效的防范措施，发生恶性事故的。

**第一百零九条** 丢失秘密文件资料或者泄露党和国家秘密，情节较轻的，给予警告、严重警告或者撤销党内职务处分；情节较重的，给予撤销党内职务、留党察看或者开除党籍处分。

在保密工作方面失职，致使发生重大失密泄密事故，造成或者可能造成较大损失的，对负有主要领导责任者，给予警告或者严重警告处分；造成或者可能造成重大损失的，对负有主要领导责任者，给予撤销党内职务处分。

**第一百一十条** 因工作失职，致使所属人员叛逃的，给予警告或者严重警告处分；情节严重的，给予撤销党内职务处分。

因工作失职，致使所属人员出走，情节较轻的，免予处分；情节较重的，给予警告或者严重警告处分；情节严重的，给予撤销党内职务处分。

**第一百一十一条** 在经济监督、执纪执法和行政管理工作中失职，情节较重的,给予警告或者严重警告处分;情节严重的,给予撤销党内职务或者留党察看处分。

**第一百一十二条** 具有执纪执法职责的党和国家工作人员中的共产党员,在工作中徇私舞弊的,给予严重警告或者撤销党内职务处分;情节严重的,给予留党察看或者开除党籍处分。

**第一百一十三条** 由于工作失职,致使文教卫生、邮电通信、环境保护、社会福利、社会服务、社会管理等某一方面发生严重事故或者遭受较大损失的,给予直接责任者严重警告或者撤销党内职务处分。造成重大损失的,对直接责任者,给予留党察看或者开除党籍处分;负有主要领导责任者,给予撤销党内职务或者留党察看处分;负有重要领导责任者,给予警告、严重警告或者撤销党内职务处分。造成巨大损失的,加重处分。

**第一百一十四条** 对因工作失职,所造成的后果虽不够较大损失的标准,但是给本地区、本单位造成严重不良影响的直接责任者,以及所造成的后果虽不够重大损失的标准,但给本地区、本单位造成严重不良影响的主要领导责任者,根据损失数额及影响程度,给予警告、严重警告或者撤销党内职务处分。

## 第十章　侵犯党员权利、公民权利类错误

**第一百一十五条** 对批评、检举、控告进行阻挠、压制,或者将检举、控告材料转给、泄露给被检举人、被控告人,致使检举人、控告人遭受打击报复的,给予警告或者严重警告处分;情节严重的,给予撤销党内职务处分;造成严重后果的,给予留党察看或者开除党籍处分。

对批评人、检举人、控告人、证人、执纪执法人员打击报复的,给予严重警告或者撤销党内职务处分;情节严重的,给予留党察看或者开除党籍处分。

**第一百一十六条** 对党员或者公民的申辩、辩护、申诉、作证,压制或者无故扣押,造成不良后果的,给予警告或者严重警告处分;情节严重的,给予撤销党内职务处分。

**第一百一十七条** 侵犯党员或者公民的选举权、被选举权,情节较重的,给予警告或者严重警告处分;在选举中伪造事实,篡改选举结果,或者以威胁、贿赂、欺骗以及其他手段,妨害选民或者代表自由行使选举权和被选举权的,给予撤销党内职务、留党察看或者开除党籍处分。

**第一百一十八条** 侵犯公民的通信自由权利,隐匿、毁弃或者非法开拆他人邮件,情节较重的,给予警告或者严重警告处分;情节严重的,给予撤销党内职务、留党察看或者开除党籍处分。

利用职务上的便利侵犯他人通信自由的，加重处分。

**第一百一十九条** 侮辱、诽谤他人，破坏他人名誉，情节较重的，给予警告或者严重警告处分；情节严重的，给予撤销党内职务、留党察看或者开除党籍处分。

**第一百二十条** 对他人进行殴打、体罚、非法拘禁、刑讯逼供、非法搜查或者采取其他方法侵犯他人人身自由的，给予警告、严重警告或者撤销党内职务处分；情节严重的，给予留党察看或者开除党籍处分。

**第一百二十一条** 非法侵入或者非法搜查他人住宅，情节较重的，给予警告、严重警告或者撤销党内职务处分；情节严重的，给予留党察看或者开除党籍处分。

**第一百二十二条** 干涉他人婚姻自由，情节较重的，给予警告或者严重警告处分；情节严重的，给予撤销党内职务、留党察看或者开除党籍处分。

**第一百二十三条** 诬告陷害他人的，根据所诬陷的事实，参照被诬陷者受到或者可能受到的处分，给予相应的党纪处分；造成其他严重后果的，从重或者加重处分。

错告或者检举失实的，不适用前款规定。

**第一百二十四条** 在检查处理违法违纪案件过程中，故意提供虚假证据，意图陷害他人，情节较轻的，给予警告或者严重警告处分；情节较重的，给予撤销党内职务、留党察看或者开除党籍处分。

**第一百二十五条** 对于经过查证确属冤假错案，而以种种借口不予纠正的，对主要责任者给予警告或者严重警告处分；情节严重的，给予撤销党内职务处分。

**第一百二十六条** 侵犯他人的著作权、专利权、商标权以及其他知识产权，情节较重的，给予警告或者严重警告处分；情节严重的，给予撤销党内职务、留党察看或者开除党籍处分。

## 第十一章 严重违反社会主义道德类错误

**第一百二十七条** 弄虚作假，骗取荣誉的，给予警告或者严重警告处分；情节较重的，给予撤销党内职务或者留党察看处分；情节严重的，给予开除党籍处分。

**第一百二十八条** 利用职权，大办婚丧喜庆事宜，在社会上造成不良影响的，给予警告或者严重警告处分；情节严重的，给予撤销党内职务处分。

在大办婚丧喜庆事宜中，侵犯国家、集体和群众的经济利益或者其他利益的,从重或者加重处分,直至开除党籍。

**第一百二十九条** 不承担抚养教育未成年子女或者不承担赡养父母义务,情节较重的,给予警告或者严重警告处分;情节严重的,给予撤销党内职务处分。

虐待家庭成员情节较重或者遗弃家庭成员的,给予撤销党内职务或者留党察看处分;情节严重的,给予开除党籍处分。

**第一百三十条** 遇到国家财产和人民生命财产受到严重威胁时,临危退缩,能救而不救,情节较重的,给予警告、严重警告或者撤销党内职务处分;情节严重的,给予留党察看或者开除党籍处分。

**第一百三十一条** 与他人通奸,造成不良影响的,给予警告或者严重警告处分;造成严重后果的,给予撤销党内职务、留党察看或者开除党籍处分。

与现役军人配偶通奸的,从重或者加重处分。

重婚或者包养情妇的,给予开除党籍处分。

**第一百三十二条** 利用职权、教养关系或者诱骗等其他手段与他人发生性关系的,给予撤销党内职务处分;情节严重的,给予留党察看或者开除党籍处分。

## 第十二章 违反社会管理秩序类错误

**第一百三十三条** 违反规定参加集资建房、建私房,情节较重的,给予警告或者严重警告处分;情节严重的,给予撤销党内职务处分。

**第一百三十四条** 嫖娼、卖淫,或者强迫、介绍、教唆、引诱、容留他人嫖娼、卖淫,或者故意为嫖娼、卖淫提供方便条件的,给予开除党籍处分。

**第一百三十五条** 接受色情性异性按摩的,给予严重警告或者撤销党内职务处分;情节严重的,给予留党察看或者开除党籍处分。

在接受色情性异性按摩中,与按摩人员发生性关系的,依照第一百三十四条处理。

**第一百三十六条** 宾馆、旅店、招待所等单位,由于管理混乱,多次发生嫖娼、卖淫活动的,对负有直接领导责任者,给予警告、严重警告或者撤销党内职务处分。

**第一百三十七条** 制作、复制、出售、出租、传播淫秽影视书画或者其他淫秽物品,情节较轻的,给予严重警告处分;情节较重的,给予撤销党内职务或者留党察看处分;情节严重的,给予开除党籍处分。

**第一百三十八条** 观看淫秽影视书画,情节较重的,给予警告或者严重警告处分;情节严重的,给予撤销党内职务处分。

观看淫秽表演的,给予撤销党内职务、留党察看或者开除党籍处分。

**第一百三十九条** 以营利为目的聚众赌博或者以赌博为业的,给予开除党籍处分。

参加赌博屡教屡犯,或者赌资较大,或者在工作时间赌博的,给予警告、严重警告或者撤销党内职务处分;情节严重的,给予留党察看或者开除党籍处分。

故意为赌博活动提供场所或者其他方便条件,情节较重的,给予警告、严重警告或者撤销党内职务处分;情节严重的,给予留党察看或者开除党籍处分。

党员领导干部参加赌博,影响生产、工作秩序的,从重或者加重处分。

在国外、境外参与赌博活动的,从重处分。

**第一百四十条** 违反国家规定,吸食、注射毒品、精神药品的,给予严重警告或者撤销党内职务处分;情节严重的,给予留党察看或者开除党籍处分。

**第一百四十一条** 以营利为目的,违反国家规定,种植毒品原植物,或者制造、运输、贩卖毒品的,给予开除党籍处分。

**第一百四十二条** 猥亵、侮辱妇女或者进行淫乱活动的,给予严重警告或者撤销党内职务处分;情节较重的,给予留党察看或者开除党籍处分。

**第一百四十三条** 搞封建迷信活动,扰乱生产、工作、社会生活秩序或者骗取财物的,给予严重警告或者撤销党内职务处分;情节严重的,给予留党察看或者开除党籍处分。

**第一百四十四条** 故意破坏公用设备、设施、国家保护的文物、名胜古迹,情节较轻的,给予严重警告或者撤销党内职务处分;情节较重的,给予留党察看或者开除党籍处分。

**第一百四十五条** 违反计划生育政策,超计划生育的,给予严重警告或者撤销党内职务处分;情节严重的,给予留党察看或者开除党籍处分。

破坏计划生育政策贯彻实施的,给予撤销党内职务或者留党察看处分;情节严重的,给予开除党籍处分。

**第一百四十六条** 以暴力、威胁或者其他手段,妨碍党和国家工作人员依法执行公务的,给予严重警告或者撤销党内职务处分;情节严重的,给予留党察看或者开除党籍处分。

**第一百四十七条** 盗伐、滥伐森林或者其他林木,或者破坏国家的动物、植物资源的,给予警告或者严重警告处分;情节严重的,给予撤销党内职务、留党察看或者开除党籍处分。

**第一百四十八条** 非法占用、买卖或者以其他形式非法转让土地,情节较重的,给予警告或者严重警告处分;情节严重的,给予撤销党内职务、留党察看或者开除党籍处分。

**第一百四十九条** 擅自进入国家规划矿区以及对国民经济具有重要价值的矿区采矿,破坏矿产资源的,给予警告或者严重警告处分;情节严重的,给予撤销党内职务、留党察看或者开除党籍处分。

**第一百五十条** 生产、销售假劣药品、有害食品,危害人民健康的,给予撤销党内职务或者留党察看处分;情节严重的,给予开除党籍处分。

生产、销售其他伪劣商品,损害消费者利益、危害社会的,给予警告或者严重警告处分;情节较重的,给予撤销党内职务或者留党察看处分;情节严重的,给予开除党籍处分。

**第一百五十一条** 破坏生产、交通、工作、营业、教学、科研秩序的,对煽动者、组织者给予开除党籍处分。对其他参加者,情节较轻的,给予警告或者严重警告处分,其中认真检讨并有悔改表现的,可免予处分;情节严重的,给予撤销党内职务、留党察看或者开除党籍处分。

**第一百五十二条** 抢夺、盗窃、窝藏、倒卖枪支、弹药、军用和警用武器装备或者私自制造枪支、弹药的,给予开除党籍处分。

**第一百五十三条** 在户籍工作中违反规定,利用职权或者弄虚作假,为配偶、子女及其他人谋利益的,给予警告或者严重警告处分;情节严重的,给予撤销党内职务或者留党察看处分。

**第一百五十四条** 伪造户口,伪造、变造身份证、护照或者出卖户口、身份证、护照的,给予开除党籍处分。

**第一百五十五条** 抢夺国家机关、企业事业单位、人民团体公文、证件、印章的,给予开除党籍处分。

伪造、变造、盗窃、毁灭国家机关、企业事业单位、人民团体公文、证件、印章的,给予严重警告或者撤销党内职务处分;情节较重的,给予留党察看或者开除党籍处分。

**第一百五十六条** 被犯罪分子蒙骗,丧失原则,为犯罪分子的犯罪活动提供方便条件的,给予警告或者严重警告处分;情节严重的,给予撤销党内职务或者留党察看处分。

**第一百五十七条** 包庇犯罪分子,情节较轻的,给予严重警告或者撤销党内职务处分;情节较重的,给予留党察看或者开除党籍处分;情节严重的,给予开除党籍处分。

包庇犯有严重错误应受党纪、政纪处分人员的,给予警告或者严重警告处分;情节严重的,给予撤销党内职务处分。

**第一百五十八条** 驻外机构或者临时出国、出境团(组)中的共产党员,触犯驻在国家、地区法律、法令,或者不尊重驻在国家、地区宗教习俗,造成不良影响,损害我国利益的,给予警告或者严重警告处分;情节严重的,给予撤销党内职务处分。

**第一百五十九条** 偷越国(边)境的,给予开除党籍处分。

**第一百六十条** 在社会管理方面有其他违法行为,情节较重的,给予警告或者严重警告处分;情节严重的,给予撤销党内职务、留党察看或者开除党籍处分。

## 第三编 附 则

### 第十三章 有关问题的解释及其他规定

**第一百六十一条** 党组织的领导成员集体作出错误决定或者采取错误行动,违犯党的纪律,属于故意违纪的,按共同违纪处理;属于过失违纪的,按照党员干部在集体违纪中所起的作用和应负的责任分别给予党纪处分。

对于严重违犯党的纪律,本身不能纠正的党组织,除对其中负有责任人员予以追究外,还要根据不同情况,给予党组织改组或者解散处分。

**第一百六十二条** 违纪党员在党组织未作出处分决定前死亡,或者在死亡之后发现其曾犯有严重错误的,对于应当受到开除党籍处分的,应当开除;对于应当受到留党察看以下(含留党察看)处分的,应作出书面结论,不再给予党纪处分。

**第一百六十三条** 失职错误,是指在党和国家的各级机关、军队、人民团体、国有企业、国有资产占控股地位或者主导地位的公司、集体所有制企业、事业单位中的共产党员,由于严重不负责任,不履行或者不正确履行自己的工作职责,致使国家、集体和人民利益遭受损失的行为。

**第一百六十四条** 有关责任人员的区分:

(一)直接责任者,是指在其职责范围内,不履行或者不正确履行自己的职责,对造成的损失起决定性作用的党员。

(二)主要领导责任者,是指在其职责范围内,对直接主管的工作不负责任,不履行或者不正确履行职责,对造成的损失负直接领导责任的党员。

(三)重要领导责任者,是指在其职责范围内,对应管的工作或者参与决定的工作,不履行或者不正确履行职责,对造成的损失负次要领导责任的党员。

**第一百六十五条** 直接经济损失,是指与直接责任者的行为有直接关系而造成财产毁损的实际价值。由直接经济损失引起和牵连的其他损失是间接经济损失。计算经济损失主要计算直接经济损失。

直接经济损失数额,是指到立案时为止的实际损失数额。通过办案挽回的经济损失部分仍计算为直接经济损失,在量纪时可作为从轻的情节考虑。

**第一百六十六条** 本条例所称的主动交代,是指犯错误党员在组织初核前向有关组织交代自己的问题,或者在组织检查其问题期间交代组织未掌握的问题。

**第一百六十七条** 本条例所称的情节显著轻微、情节较轻、情节较重、情节严重以及较大损失、重大损失、巨大损失的标准,另作具体规定。

**第一百六十八条** 对于违犯纪律的党员实施违纪行为所获得的经济利益,应当责令退赔或者收缴;非经济利益应当予以取消或者纠正。

**第一百六十九条** 党员违犯纪律需要给予行政处分的,党的组织和纪律检查机关可以提出建议;触犯刑律的,应当移送司法机关。

**第一百七十条** 中央军委可根据本条例,结合中国人民解放军的实际情况,制定补充规定。

**第一百七十一条** 本条例由中共中央纪律检查委员会负责解释。

**第一百七十二条** 本条例自发布之日起试行。

本条例发布前,已结案的案件如需进行复查复议,适用原处理时的规定或政策;尚未结案的案件,依照本条例处理。

# 中国共产党党员领导干部廉洁从政若干准则(试行)

(中共中央1997年3月28日印发)

执政党的党风关系党的生死存亡。党员领导干部廉洁从政是新时期从严治党、端正党风的重要前提,是贯彻落实党的路线、方针、政策,促进改革开放和经济建设,维护政治、社会稳定的重要保证。保证党员领导干部廉洁从政,要立足于教育,着眼于防范,筑起思想道德防线。党员领导干部必须在党员和人民群众中发挥表率作用,自重、自省、自警、自励;必须坚定共产主义信念,身体力行共产主义道德;必须清正廉洁,艰苦奋斗,全心全意为人民服务。

为进一步促进党员领导干部廉洁从政,根据《中国共产党章程》,结合近几年中央作出的领导干部廉洁自律的若干规定,制定《中国共产党党员领导干部廉洁从政若干准则(试行)》。

## 第一章　廉洁从政行为规范

**第一条**　党员领导干部要廉洁奉公,忠于职守。禁止利用职权和职务上的影响谋取不正当利益。不准有下列行为:

(一)索取管理、服务对象的钱物;

(二)接受可能影响公正执行公务的礼物馈赠和宴请;

(三)在公务活动中接受礼金和各种有价证券;

(四)接受下属单位和其他企业、事业单位或者个人赠送的信用卡及其他支付凭证;

(五)以虚报、谎报等手段获取荣誉、职称及其他利益;

(六)用公款公物操办婚丧喜庆事宜和借机敛财。

**第二条**　党员领导干部要严防商品交换原则侵入党的政治生活和国家机关的政务活动。禁止私自从事营利活动。不准有下列行为:

(一)个人经商、办企业;

(二)违反规定在经济实体中兼职或者兼职取酬,以及从事有偿中介活动;

(三)违反规定买卖股票;

(四)个人在国(境)外注册公司或者投资入股。

**第三条** 党员领导干部要遵守公共财物管理和使用的规定。禁止假公济私、化公为私。不准有下列行为：

（一）用公款报销或者用本单位的信用卡支付应由个人负担的费用；

（二）借用公款逾期不还；

（三）公费出国（境）旅游或者变相出国（境）旅游；

（四）用公款参与高消费娱乐活动和获取各种形式的俱乐部会员资格；

（五）以个人名义存储公款。

**第四条** 党员领导干部要遵守组织人事纪律，严格按照干部选拔任用工作的制度办事。禁止借选拔任用干部之机谋取私利。不准有下列行为：

（一）采取不正当手段为本人谋取职位；

（二）泄露酝酿讨论干部任免的情况；

（三）在工作调动、机构变动时，突击提拔干部，或者在调离后干预原地区、原单位的干部选拔任用；

（四）在干部考察工作中隐瞒或者歪曲事实真相；

（五）在干部选拔任用工作中封官许愿，打击报复，营私舞弊。

**第五条** 党员领导干部对涉及与配偶、子女、其他亲友及身边工作人员有利害关系的事项，应当奉公守法。禁止利用职权和职务上的影响为亲友及身边工作人员谋取利益。不准有下列行为：

（一）要求或者指使提拔配偶、子女、其他亲友及身边工作人员；

（二）用公款支付配偶、子女及其他亲友学习、培训的费用；

（三）为配偶、子女及其他亲友出国（境）旅游、探亲、留学向国（境）外个人或者组织索取资助；

（四）妨碍涉及配偶、子女、其他亲友及身边工作人员案件的调查处理；

（五）为配偶、子女及其他亲友经商、办企业提供便利和优惠条件。

省（部）级以上领导干部的配偶、子女及其配偶，不准在该领导干部管辖的地区及管辖的业务范围个人经商办企业和在外商独资企业任职。

**第六条** 党员领导干部要艰苦奋斗，勤俭节约。禁止讲排场、比阔气、挥霍公款、铺张浪费。不准有下列行为：

（一）在国内公务活动中接受超过规定标准的接待；

（二）违反规定用公款装修、购买住房；

（三）擅自用公款包租或者占用客房供个人使用；

（四）违反规定配备、使用小汽车；

（五）擅自用公款配备、使用通信工具。

## 第二章 实施与监督

**第七条** 各级党委(党组)负责本准则的贯彻实施。党员领导干部要以身作则,模范遵守本准则,同时抓好主管地区、部门和单位的贯彻实施。

党的纪律检查机关协助同级党委(党组)抓好本准则的落实,并负责对实施情况进行监督检查。

**第八条** 贯彻实施本准则,要发挥民主党派、人民团体、人民群众和新闻舆论的监督作用。

**第九条** 党员领导干部参加民主生活会,要对照本准则进行检查,认真开展批评和自我批评。

**第十条** 党员领导干部组织实施和执行本准则的情况,应列入干部考核的重要内容,考核结果作为对其任免、奖惩的重要依据。

**第十一条** 党员领导干部违反本准则的,依照有关规定给予批评教育、组织处理或者纪律处分。

## 第三章 附 则

**第十二条** 本准则适用于党的机关、人大机关、行政机关、政协机关、审判机关、检察机关中县(处)级以上党员领导干部;人民团体、事业单位中相当于县(处)级以上党员领导干部;国有大型、特大型企业中层以上党员领导干部,国有中型企业党员领导干部,实行公司制的大中型企业中由国有股权代表出任或者由国有投资主体委派(包括招聘)的党员领导干部、选举产生并经主管部门批准的党员领导干部、企业党组织的领导干部。

县(市)直属机关的科级党员领导干部,乡(镇)党员领导干部,基层站所的党员负责人参照执行本准则。

**第十三条** 本准则由中共中央纪律检查委员会负责解释。

**第十四条** 本准则自发布之日起施行。

# 中共中央办公厅、国务院办公厅关于对编辑出版集中介绍党政领导干部情况出版物加强管理的通知

(1997年4月12日)

近年来,集中介绍党政领导干部,尤其是中央管理干部情况的出版物较多较滥。这些出版物所涉及的内容,有的属国家秘密不得泄露,有的属内部事项不宜对外公开,有的不准确甚至是错误的,已在社会上造成了不良影响。为了切实加强对这类出版物的管理,经党中央、国务院领导同志同意,现就有关问题通知如下:

一、严禁擅自将介绍党政领导干部的工作简历、职务任免时间、职责范围、家庭情况及个人兴趣爱好等资料集中编辑出版。

二、不准将登载在各类出版物(包括国外及港、澳、台地区出版物)上的有关党政领导干部的资料汇编出版。

三、以出版为目的提供党政领导干部的有关资料,须按干部管理权限进行审批,并经有关保密部门保密审查;未经审批和保密审查,任何单位及个人(包括党政领导干部本人和家属)均不得提供。

四、确因工作需要,编辑出版党政领导干部的名录、年鉴、年谱、年表及机构的组织序列等出版物(包括图书、期刊、音像制品及电子出版物),出版单位应按国务院颁发的《出版管理条例》和新闻出版署制定的重大选题备案程序办理有关手续。

五、编辑出版集中介绍党政领导干部情况出版物的出版社由新闻出版署限定。

六、各级党委(党组)要加强对这项工作的领导,出版管理部门要加强对这类出版物的管理。对违反上述规定,擅自提供资料的,有关部门要追究当事人、有关单位负责人的责任;对擅自编辑出版的,由新闻出版管理部门对出版单位进行行政处罚,同时追究当事人、编辑出版单位主要负责人的责任;对泄漏国家秘密的,由保密部门会同有关部门依法追究当事人、有关单位负责人的责任。

七、本通知所列"党政领导干部",系指中央、国家机关和地方各级党政机

关县、处级以上(含县、处级)领导干部。编辑出版介绍工会、共青团、妇联等人民团体领导干部情况出版物的管理,参照本通知的有关规定执行。关于编辑出版介绍军队领导干部情况出版物的管理问题,由解放军总政治部作出相应规定。

# 关于对违反《党政领导干部选拔任用工作暂行条例》行为的处理规定

(经中共中央批准,中共中央办公厅
1997年5月16日印发)

**第一条** 为加强对党政领导干部选拔任用工作的监督,严肃党的组织纪律,保证党的干部路线、方针、政策的贯彻执行,根据《中国共产党章程》和《党政领导干部选拔任用工作暂行条例》(以下简称《条例》)、《中国共产党纪律处分条例(试行)》,制定本规定。

**第二条** 违反《条例》规定,不按照党政领导干部选拔任用条件、任职资格、工作程序选拔任用干部和违反《条例》第四十七条所列纪律的,所作出的干部任免决定一律无效,由上级党委(党组)及组织(人事)部门或者同级党委(党组)按照规定程序予以纠正。

**第三条** 以书记办公会、少数人研究或者圈阅等形式,代替党委(党组)会集体讨论决定干部任免的,对主要责任者进行批评教育或者通报批评;情节较重的,给予警告处分。

**第四条** 临时动议决定干部任免的,对提议者给予批评教育,对负责人给予批评教育或者通报批评;情节严重的,给予警告处分。

**第五条** 党委(党组)领导成员个人决定干部任免的,或者个人改变党委(党组)会集体作出的干部任免决定的,对主要责任者给予通报批评;情节较重的,给予警告或者严重警告处分;情节严重的,给予撤销党内职务处分。

**第六条** 部门和单位不执行上级派进、调出干部决定的,对该部门、单位的主要负责人给予批评教育或者通报批评,并责令执行;经批评教育或者通报批评仍不执行的,给予警告或者严重警告处分;情节严重的,给予撤销党内职务处分。

干部本人不服从组织调动和交流决定的,给予批评教育或者通报批评;情节较重的,给予警告或者严重警告处分,并按照程序就地免职或者降职使用;情节严重的,给予撤销党内职务处分。

**第七条** 领导干部违反《条例》有关规定,提拔本人配偶、子女及其他亲属的,给予通报批评;情节较重的,给予警告或者严重警告处分;情节严重的,给予撤销党内职务处分。

领导干部不按照党政领导干部选拔任用条件、任职资格和工作程序，指令或者指使提拔本人的秘书等身边工作人员的，给予批评教育或者通报批评；情节较重的，给予警告处分。

**第八条** 党委（党组）成员及组织（人事）等有关部门工作人员，泄露党委（党组）酝酿、讨论干部任免情况的，给予批评教育或者通报批评；情节较重的，给予警告或者严重警告处分；情节严重的，给予撤销党内职务处分。

**第九条** 领导干部在工作调动、机构变动时突击提拔干部的，或者在调离后干预原地区（单位）干部选拔任用的，给予批评教育或者通报批评；情节较重的，给予警告或者严重警告处分；情节严重的，给予撤销党内职务处分。

**第十条** 党员干部侵犯公民或者党员的选举权、被选举权的，给予批评教育或者通报批评；情节较重的，给予警告或者严重警告处分。在选举中伪造事实，篡改选举结果，或者以威胁、贿赂、欺骗及其他手段妨害公民、党员或者代表自由行使选举权和被选举权的，给予撤销党内职务、留党察看或者开除党籍处分。

党员干部在选举中搞非组织活动的，给予严重警告或者撤销党内职务处分；情节严重的，给予留党察看或者开除党籍处分。

**第十一条** 从事干部考察工作的人员在干部考察工作中隐瞒或者歪曲事实真相的，给予通报批评；情节较重的，给予警告或者严重警告处分；情节严重的，给予撤销党内职务或者留党察看处分。

**第十二条** 领导干部、组织（人事）干部在选拔任用干部工作中，利用职权对他人打击报复或者营私舞弊的，给予严重警告或者撤销党内职务处分；情节严重的，给予留党察看或者开除党籍处分。

**第十三条** 领导干部、组织（人事）干部在选拔任用干部工作中封官许愿的，给予批评教育或者通报批评；情节较重的，给予警告或者严重警告处分。

**第十四条** 领导干部、组织（人事）干部在选拔任用干部工作中收受贿赂的，依照《中国共产党纪律处分条例（试行）》第六十一条规定从重处理。

**第十五条** 党员干部采取行贿手段谋取职务、职级待遇的，依照《中国共产党纪律处分条例（试行）》第六十六条规定从重处理。

党员干部采取行贿以外的其他不正当手段谋取职务、职级待遇，情节较轻的，给予批评教育或者通报批评；情节较重的，给予警告或者严重警告处分；情节严重的，给予撤销党内职务处分。

**第十六条** 组织（人事）干部由于工作失职造成用人失误的，给予批评教育或者通报批评;情节较重的,给予警告或者严重警告处分;情节严重的,给予撤销党内职务处分。

**第十七条** 违反《条例》规定,应受党纪处分,但能够主动纠正、挽回影响的,可以从轻或者减轻处分。

组织(人事)干部犯有本规定第十一条、第十二条、第十三条所列错误受到党纪处分的,应当调离组织(人事)工作岗位。

**第十八条** 违反《条例》规定需要给予行政处分的,党的组织和纪律检查机关可以提出建议;触犯刑律的,由司法机关依法处理。

**第十九条** 本规定由中共中央纪律检查委员会和中共中央组织部负责解释。

**第二十条** 本规定自发布之日起施行。

# 中共中央、国务院关于党政机关厉行节约制止奢侈浪费行为的若干规定

（1997 年 5 月 25 日）

坚持和发扬艰苦奋斗、勤俭节约的优良传统和作风，对于加强党和政府同人民群众的血肉联系，促进党政机关的廉政建设，推动我国改革开放和社会主义现代化建设事业的顺利进行，具有十分重要的意义。近年来，党中央、国务院多次强调，各级党政机关都要厉行节约，反对奢侈浪费，并就此作出过一系列规定。总的看，这些规定的执行情况是好的。但是，讲排场、比阔气、挥霍公款等奢侈浪费现象仍然存在，在有的地区、部门和单位还呈蔓延之势。为了树立艰苦奋斗、勤俭节约的良好风气，进一步制止奢侈浪费行为，党中央、国务院决定重申和制定如下规定：

一、严格控制新建和装修办公楼。党政机关现有办公楼已达到规定建筑面积指标的，不准改扩建、新建或购买办公楼。现有办公楼未达到规定建筑面积指标的，从 1997 年起三年内原则上不准新建或购买办公楼；因危房或新增机构办公用房等确有必要新建或购买办公楼的，须按国务院发布的《楼堂馆所建设管理暂行条例》中的规定程序报批。经批准新建或购买办公楼的，要严格执行规定标准。新建或购买办公楼不准贷款或挪用其他资金。贫困地区的党政机关一律不准新建或购买办公楼。党政机关不得以建业务楼等名义新建办公楼。除正常维修外，现有办公楼从 1997 年起三年内不准进行装修。正常维修不得提高原装修标准。

本规定颁布前已立项尚未动工兴建的办公楼，一律暂停，经重新审查后，根据不同情况作出处理；已经动工的，应严格按规定的建筑标准施工。

党政机关新建的已达到规定建筑面积指标的办公楼投入使用后，应及时交出超面积标准的旧办公楼供调剂使用。

二、严格控制各种会议。党政机关召开会议要坚持务实、节俭、高效的原则，既无明确目的又无实质内容的会议或可开可不开的会议，一律不开。确有必要召开的会议，应严格控制数量、会期和参加会议的人数。要严格控制各种

类型的纪念会、研讨会、表彰会、新闻发布会等。要建立健全会议审批制度。党政机关召开的各类会议,不准赠送礼品和纪念品,不准组织高消费娱乐活动,不准以开会为名游山玩水,不准向企业事业单位摊派会议费。要提倡就地开会,提倡开电话会议。要逐步建立和推行会议费预算总额包干制度。1997 年会议经费的实际支出应比上年至少压缩 10%。要减少对会议的新闻报道。

三、严格控制各种庆典活动。党政机关除经上级批准举办有特殊重大意义的庆典活动外,一律不准举办其他庆典活动。凡举办全国性的庆典活动,须经中共中央办公厅或国务院办公厅审批,必要时报党中央或国务院审批;地方性的庆典活动,须经省、自治区、直辖市党委或政府审批,必要时报党中央、国务院审批。要本着节俭的原则严格控制庆典活动的规模和开支。庆典活动不准发放礼品和贵重纪念品,不准向企业事业单位摊派各种费用。

党政机关领导干部参加庆典活动要由负责安排领导干部活动的部门统一安排,不准擅自应邀参加庆典活动;举办庆典活动的部门对参加庆典活动的人数要严格控制。

四、严禁用公款大吃大喝、挥霍浪费。党政机关召开会议和公务接待要严格执行食宿接待标准,不准超标准接待。各地区、各部门制定的接待标准应当公开。有关部门必须严格执行接待制度,加强管理和监督。不准到上级领导机关所在地宴请领导机关工作人员,不准利用各种学习、培训之机互相宴请,不准参加用公款支付的高消费娱乐活动。对违反规定的要严肃处理,情节严重的还要公开曝光。

五、严格控制用公款安装住宅电话或购买移动电话。党政机关要严格按规定安装住宅电话,住宅电话费实行对个人规定限额、超额自负的制度。党政机关工作人员除工作特殊需要并经部门主管领导批准外,不准配备移动电话;不准占用企业事业单位和其他单位的移动电话。对现已配备和占用的移动电话以及用公款安装的住宅电话,要认真清理,登记注册,对违反规定的一律收缴,并责令补交公款支付的一切费用。

六、严格控制各种检查,禁止形式主义的评比和达标活动。除按法律、法规规定和经党中央、国务院批准外,不准举办全国性或行业性的企业评比活动。经批准举办的活动,不准向被检查、评比、达标单位和个人收费或变相收费,不准借检查、评比、达标活动之机大吃大喝和敛财。

七、严格按规定配备和更换小汽车。党政机关领导干部在任同一职务期间配备的小汽车,五年之内不准更换。使用五年以上,能够使用的要继续使用;按照国家汽车报废更新的有关规定,经交通管理部门鉴定如已达到报废更新标准,可申请更换。有关主管部门要从严审批。领导干部变动工作岗位,能在现有车辆中配备小汽车的,不准配备新车。

党政机关工作人员不得以任何理由私自借用下级机关或企业事业单位的车辆,对现已借用的车辆要一律清退。

八、严格管理公费出国(境)。严禁借考察、学习、培训、研讨、招商、参展等名义用公款变相出国(境)旅游,不准违反规定跨地区、跨部门组织出国(境)活动,不得以任何理由擅自增加访问国家、绕道或延长在国(境)外停留时间。党政机关要严格控制领导干部出访,一般性考察和没有明确目的及实质内容的出国(境)活动要坚决制止。地方党政机关的领导干部一般不得单独组团出国(境)进行立法、司法、财税等领域的考察和交流。党政机关的省(部)级领导干部,未经党中央或国务院批准,不得在国(境)外主持和参加经贸洽谈会、展销会、招商会等经贸活动,不得出国(境)进行股票发行的推介活动,不得参加企业事业单位团组出国(境)。

九、各级党委、政府要认真贯彻执行本规定。对广大党员干部和机关工作人员,要经常进行艰苦奋斗、勤俭节约的教育。各级纪检监察机关要协助党委、政府贯彻落实本规定,并对规定的执行情况进行监督检查。有关业务主管部门应根据本规定精神制定实施细则,建立健全管理制度,严格审批,严格把关。财政、金融、审计等部门对本规定中涉及经费开支的项目要严格管理和监督。各级宣传部门要抓好本规定贯彻落实的宣传报道,积极发挥舆论监督作用。对违反本规定的党政机关,同级财政部门要相应核减其预算经费。对违反本规定的单位和个人,要视情节轻重追究直接责任人的责任和有关领导的责任,直至给予党纪政纪处分。

十、本规定所称党政机关,是指党的机关、人大机关、行政机关、政协机关、审判机关、检察机关。工会、共青团、妇联等各人民团体适用本规定。国有企业事业单位参照执行本规定。

# 中共中央纪律检查委员会、中共中央组织部对《关于领导干部报告个人重大事项的规定》若干问题的答复

(1997年6月9日)

《关于领导干部报告个人重大事项的规定》发布后,一些地方和部门提出了一些问题,经研究,现答复如下:

一、领导干部已到退(离)休年龄,但尚未办理退(离)休手续或虽已办理退(离)休手续,又被返聘担负领导工作的,均适用本规定。

二、本规定第三条第(一)项所称“共同生活的子女”,是指与领导干部同一户籍的子女或居住以领导干部名义分配、购买、营建的住房的子女。

三、本规定第三条第(二)项所称“近亲属”是指夫妻、父母、子女、同胞兄弟姐妹。

四、本规定第三条第(三)项所称“定居”,是指已取得他国国籍或在他国及港、澳、台地区取得长期或永久居留权的。

五、本规定第三条第(五)项所称“受到执法执纪机关查处”,是指受到司法机关、行政执法机关、纪检监察机关和其他有党纪、政纪处分权的机关的侦查、调查和处理。

六、本规定第三条第(六)项所称“主管人员”是指担任企业或代办机构的董事、监事、正副经理(厂长)、正副代表及相当职级的人员。

七、本规定第三条所列事项,规定发布以前发生,发布后仍在延续,以前未报告过的,应按本规定报告。

八、领导干部向同级党委(党组)的书面报告,应在党委(党组)成员中传阅,或在最近一次的党委(党组)会议上作口头说明。

九、纪检监察机关、组织人事部门根据需要可以查阅本地区、本部门领导干部关于个人重大事项的书面报告,以便监督检查。

十、组织部门对本规定执行情况的监督检查,由其干审机构负责。

十一、各级党委(党组)及相应机构每年就本规定执行情况向上级党委、纪委的综合报告,直接报上级纪委(纪检组)和上级党委(党组)组织部门。属于党委和政府直属机关的,同时抄送直属机关工委。

# 中共中央组织部关于印发《组织人事干部行为若干规范》的通知

（1997年8月11日）

《组织人事干部行为若干规范》（以下简称《规范》）已经中央领导同志同意，现印发给你们，请认真贯彻执行。

近年来，各级组织人事部门认真贯彻落实中央关于加强干部队伍建设的指示，在加强自身建设方面做了大量工作，取得了一定成效。但是，应该清醒地看到，当前，组织人事工作中仍然程度不同地存在着不正之风，组织人事干部队伍的整体素质，与中央的要求和做好新时期组织人事工作的需要相比，还有一定的差距。为了建设一支政治坚定、作风优良、纪律严明、工作出色的组织人事干部队伍，坚决防止和纠正组织人事工作中的不正之风，使组织人事工作更好地为贯彻党的基本路线服务，根据《党章》、《关于党内政治生活的若干准则》、《党政领导干部选拔任用工作暂行条例》和近几年中央关于党员领导干部廉洁从政的有关规定，根据江泽民同志关于建设高素质的干部队伍和加强组织部门自身建设的要求，中央组织部在广泛征求意见的基础上，制定了这个《规范》。《规范》是组织人事干部的共同行为准则，也是考核、监督组织人事干部的重要依据。

贯彻好这个《规范》，对于加强组织人事干部队伍建设，做好新形势下的组织人事工作，必将产生巨大的推动作用。各级党委（党组）和组织人事部门接到本通知后，要认真抓好《规范》的学习、宣传和贯彻执行。要联系思想和工作实际，对照检查，针对存在的问题，制定改进措施。学习和对照检查情况，望在12月底前向中组部写出报告。此后每半年检查一次，发现问题及时纠正。

## 组织人事干部行为若干规范

组织人事干部必须讲学习、讲政治、讲正气。努力学习马列主义、毛泽东思想，特别是邓小平建设有中国特色社会主义理论，坚定共产主义理想和社会主义信念,牢固树立马克思主义的世界观、人生观、价值观;自觉地同以江泽民同志为核心的党中央保持一致,坚决贯彻执行党的基本路线,服务中心,顾全大局,按照党中央关于加强党的建设的总目标、总要求,积极认真地做好本职工作。

为实现上述要求,进一步规范组织人事干部的行为,建设一支政治坚定、作风优良、纪律严明、工作出色的组织人事干部队伍,坚决防止和纠正组织人事工作中的不正之风,使组织人事工作更好地为贯彻党的基本路线服务,特制定本规范。

## 第一章　坚持原则,公道正派

组织人事干部要忠于党和人民的事业,坚持党的原则,坚持党的组织路线和组织人事工作的方针、政策,坚持民主集中制,公正无私,唯贤是举。

**第一条**　任人唯贤,搞"五湖四海",不准封官许愿,拉拉扯扯,搞小圈子。

**第二条**　扶正祛邪,自觉抵制以不正当手段谋取职务升迁或者职务变动的行为,不准为跑官要官者提供方便。

**第三条**　秉公办事,刚直不阿,不准在工作中掺杂个人好恶,或者讲人情,看关系。

**第四条**　全面地、历史地、客观公正地看待同志,不准孤立地、静止地、片面地评价干部,重才轻德或者重德轻才。

**第五条**　作风民主,善于听取各种意见,不准搞个人说了算。

## 第二章　严守法纪,按章办事

组织人事干部要严格遵守国家法律法规,严格遵守组织人事纪律和各项规章制度,坚决维护组织人事工作的严肃性。

**第一条**　发展党员严格按照《党章》和有关规定办理,选拔任用干部严格执行《党政领导干部选拔任用工作暂行条例》,不准违反工作程序,擅作主张,随意表态。

**第二条**　如实反映情况,敢讲真话,不准弄虚作假,隐瞒或者歪曲事实真相。

**第三条**　提高政治警觉性,不准玩忽职守,麻痹大意。

**第四条**　严格保守工作秘密,不准泄露有关领导班子和干部的考察情况,干部任免调配的讨论情况和尚未公布的干部任免调配决定,干部和党员的审查情况,干部档案内容以及其他属于组织内部掌握的情况。

## 第三章　牢记宗旨，端正作风

组织人事干部要牢记党的全心全意为人民服务的宗旨，密切联系群众；坚持解放思想，实事求是，一切从实际出发；坚持理论联系实际，做到学与用、知与行的统一；坚持真理，修正错误，勇于开展批评和自我批评；坚持高标准，严要求，以强烈的革命事业心和高度的政治责任感对待工作。

**第一条**　关心群众疾苦，自觉接受监督，做党员和干部的贴心人，不准脱离群众，对群众的要求和意见漠然置之，甚至做损害群众利益的事。

**第二条**　深入实际，讲求实效，不准搞形式主义，做表面文章。

**第三条**　开展积极的思想斗争，勇于同不良倾向做斗争，不准对错误言行熟视无睹。

**第四条**　知过必改，有错必纠，不准文过饰非，或者争功诿过。

**第五条**　积极开拓进取，勇于改革创新，勤奋敬业，严谨细致，不准懈怠懒散，得过且过，敷衍塞责，粗枝大叶。

## 第四章　拒腐防变，廉洁从政

组织人事干部要自重、自省、自警、自励，头脑清醒，意志坚定，始终经受住名位、权力、金钱和美色的考验。

**第一条**　公私分明，严格要求自己，不准利用职权谋取私利，为配偶、子女和亲友就业、录用、调动、提职、晋级、入党、出国、经商等谋求特殊照顾。

**第二条**　谨慎交友，减少应酬，不准参加可能影响公正执行公务的宴请和娱乐活动。

**第三条**　艰苦奋斗，勤俭朴素，不准讲排场，比阔气，贪图享乐，奢侈浪费。

**第四条**　克己奉公，清正廉明，不准违反中央关于廉洁从政的各项规定。

## 第五章　增强党性，保持情操

组织人事干部要自觉加强党性锻炼和思想道德修养，模范遵守社会公德和职业道德，维护团结，互助友爱，始终保持高尚的情操。

**第一条**　言行一致，表里如一，不准口是心非，阳奉阴违。

**第二条**　心胸开阔，宽宏大度，不准嫉贤妒能，压制人才，或者利用职权打击报复。

**第三条**　襟怀坦白，光明磊落，不准搬弄是非，挑拨离间，传播或者听信小道消息。

**第四条** 热情服务,谦虚谨慎,不准盛气凌人,简单生硬,骄傲自大。

## 第六章 附 则

**第一条** 本规范适用于全国党政机关各级组织人事部门的全体干部。各人民团体、事业单位、国有企业中从事组织人事工作的人员,可参照执行。

**第二条** 对违反本规范的组织人事干部,要进行批评教育;情节严重的,要依照《中国共产党纪律处分条例(试行)》和《关于对违反〈党政领导干部选拔任用工作暂行条例〉行为的处理规定》严肃处理。

**第三条** 各级党委(党组)和组织人事部门负责本规范的贯彻实施。组织人事部门的领导干部要带头执行本规范,加强对本规范执行情况的检查监督。

**第四条** 本规范由中共中央组织部负责解释。

**第五条** 本规范自发布之日起施行。

# 中共中央纪律检查委员会关于对犯有贪污、贿赂错误党纪处分的数额界限问题的请示的答复

（1997年9月1日）

《中国共产党纪律处分条例（试行）》（以下简称《条例》）和修订后的《中华人民共和国刑法》（以下简称《刑法》）颁布后，一些地区和部门来电来函请示，《刑法》正式施行后，在实际执纪工作中，对于犯有贪污、贿赂错误的党纪处分的数额界限怎样掌握？经研究，现答复如下：

一、贪污、受贿数额在5000元以上的，给予开除党籍处分。

贪污、受贿在5000元以上，未被判处《刑法》规定的主刑，且具有《条例》第二十六条规定的减轻处分情节的，也可以不开除党籍，须给予留党察看处分；被依法判处《刑法》规定的主刑的，依照《条例》第三十条的规定，一律开除党籍。

二、对于贪污、受贿数额不满5000元的党纪处分标准，在中央纪委未作出具体规定之前，由各地区、各部门根据具体情节酌情掌握。

三、处理贪污、贿赂错误规定的违纪金额标准，只是违纪行为社会危害程度的一个方面，在实际执纪工作中，还应考虑其他情节。

四、中央纪委以前颁布的有关规定与本答复相抵触的，1997年10月1日后以本答复为准。

# 《中国共产党党员领导干部廉洁从政若干准则(试行)》实施办法

(中共中央纪律检查委员会1997年9月3日印发)

## 第一章 总 则

**第一条** 为贯彻实施《中国共产党党员领导干部廉洁从政若干准则(试行)》(以下简称《廉政准则》),正确处理违反《廉政准则》的行为,制定本实施办法。

**第二条** 党员领导干部对违反《廉政准则》的行为,应当主动检查纠正。能够主动检查纠正,情节较轻的,可以不予处分或者免予处分,但应给予批评教育;情节较重的,从轻或者减轻处分。不主动检查纠正的,依照本实施办法处理。

**第三条** 《廉政准则》的适用范围,包括已到退(离)休年龄尚未办理退(离)休手续,以及已办退(离)休手续但返聘后又担任相应领导职务的党员领导干部。

国有小型企业的党员领导干部,参照执行《廉政准则》。

## 第二章 廉洁从政行为规范

### 第一节 禁止利用职权和职务上的影响谋取不正当利益

**第四条** 《廉政准则》第一条第一项所称"管理、服务对象",是指行政机关的工作对象、司法机关和执纪机关查处的案件当事人、组织(人事)部门的工作对象以及其他领导干部所在部门和单位法定职责范围内管理和服务的对象。

利用职权和职务上的影响,索取管理、服务对象钱物的,依照《中国共产党纪律处分条例(试行)》(以下简称《纪律处分条例》)第六十一条的规定处理。

对变相索要物品或者索要物品后象征性地付少量钱款的行为,依照《纪律处分条例》第五十九条的规定处理。

**第五条** 《廉政准则》第一条第二项所称"接受可能影响公正执行公务的礼物馈赠和宴请",是指接受管理和服务对象及其亲属的礼物馈赠和宴请。

接受可能影响公正执行公务的礼物馈赠的，所接受的礼物应当一律登记、交公。不登记、交公的，依照《纪律处分条例》第六十三条的规定处理。

接受可能影响公正执行公务的宴请的，依照《纪律处分条例》第八十五条的规定处理。用公款宴请的，宴请费用由宴请者和受请者个人负担。

**第六条** 《廉政准则》第一条第三项所称“公务活动”，包括国内公务活动和对外公务活动。

《廉政准则》第一条第三项所称“在公务活动中接受礼金和各种有价证券”，包括接受用公款以各种名义赠送的礼金和各种有价证券，以及接受个人赠送的可能影响公正执行公务的礼金和各种有价证券。

在公务活动中接受礼金和各种有价证券的，所接受的礼金、有价证券，一律登记、交公。不登记、交公的，依照《纪律处分条例》第六十三条的规定处理。

**第七条** 《廉政准则》第一条第四项所称“其他支付凭证”包括支票、本票、汇票及各种有价识别磁卡等支付凭证。

利用职权和职务上的影响，接受下属单位和其他企业、事业单位或者个人赠送的信用卡及其他支付凭证的，依照《纪律处分条例》第六十三条的规定处理。所接受的信用卡及其他支付凭证应当退还或者上缴，已经支付的费用由个人负担。

**第八条** 以虚报、谎报等手段获取荣誉的，依照《纪律处分条例》第一百二十七条的规定处理；以虚报、谎报等手段获取职称的，依照《纪律处分条例》第五十一条的规定处理。所获取的荣誉、职称及其他利益予以取消或者纠正。

**第九条** 《廉政准则》第一条第六项所称“喜庆事宜”，包括本人及家庭成员职务升迁、过生日、迁新居等喜庆事宜。

用公款公物操办婚丧喜庆事宜和借机敛财的，依照《纪律处分条例》第一百二十八条的规定处理。所用公款公物应当退赔。

## 第二节 禁止私自从事营利活动

**第十条** 《廉政准则》第二条第一项所称“个人经商办企业”，是指个人独资经商办企业，与他人合资、合股、合作、合伙经商办企业，私自以承包、租赁、受聘等方式经商办企业。

个人经商办企业的，依照《纪律处分条例》第八十八条的规定处理。

**第十一条** 《廉政准则》第二条第二项所称“经济实体”，包括各种企业、公司、营利性的事业单位和民办学校、医院、文艺团体等民办非企业单位。

《廉政准则》第二条第二项所称“违反规定”，是指违反1993年10月5日

《中共中央、国务院关于反腐败斗争近期抓好几项工作的决定》等中共中央、国务院及中共中央办公厅、国务院办公厅制定的有关规定。

违反规定在经济实体中兼职(包括名誉职务)或者兼职取酬的,依照《纪律处分条例》第八十九条的规定处理,并应当辞去一方职务,所领取的报酬(包括各种经济利益)应当上缴。

党和国家机关、人民团体中的县(处)级以上党员领导干部从事有偿中介活动的,依照《纪律处分条例》第八十八条的规定处理。国有企业、事业单位的党员领导干部个人从事有偿中介活动的,比照《纪律处分条例》第八十八条的规定处理。所收取的钱物应当上缴。

**第十二条** 《廉政准则》第二条第三项所称"违反规定",是指违反1993年10月5日《中共中央、国务院关于反腐败斗争近期抓好几项工作的决定》,1993年4月22日国务院发布的《股票发行与交易管理暂行条例》,1993年4月3日《国务院办公厅转发国家体改委等部门〈关于立即制止发行内部职工股不规范做法意见〉的紧急通知》以及国务院有关部门,各省、自治区、直辖市制定的有关规定。

党和国家机关、人民团体以及具有行政管理职能的企业、具有行政管理职能的事业单位的县(处)级以上党员领导干部买卖股票的,依照《纪律处分条例》第九十一条的规定处理。所持有的股票,依照《股票发行与交易管理暂行条例》的规定处理。

党和国家机关、人民团体、事业单位以及具有行政管理职能的企业的县(处)级以上党员领导干部购买企业内部职工股的,或者《廉政准则》第十二条所列企业党员领导干部购买所在企业以外的其他企业内部职工股的,依照《纪律处分条例》第九十一条的规定处理。所持有的企业内部职工股,依照《国务院办公厅转发国家体改委等部门〈关于立即制止发行内部职工股不规范做法意见〉的紧急通知》的规定处理。

**第十三条** 个人在国(境)外注册公司或者投资入股的,依照《纪律处分条例》第八十八条的规定处理,并责令纠正。

擅自以个人名义用公款在国(境)外注册公司或者投资入股,构成贪污的,依照《纪律处分条例》第五十七条的规定处理;构成挪用的,依照《纪律处分条例》第八十条的规定处理。

### 第三节 禁止假公济私、化公为私

**第十四条** 利用自己主管、管理、经手公共财物的权力及其便利条件,用公款报销或者用本单位的信用卡支付应由个人负担的费用的,依照《纪律处分条例》第五十七条的规定处理。

利用职务上的便利,为他人谋取利益,由他人用公款报销应由个人负担的费用的,依照《纪律处分条例》第六十一条第一款的规定处理。

除本条第一款、第二款所列行为之外,利用职务或者工作上的便利,用公款报销或者用本单位的信用卡支付应由个人负担的费用的,依照《纪律处分条例》第五十九条的规定处理。

**第十五条** 借用公款逾期不还,情节严重的,依照《纪律处分条例》第八十二条第一款的规定处理,并追还所欠公款。

借用公款供个人进行营利活动或者非法活动的,依照《纪律处分条例》第八十二条第二款、第三款的规定处理。所借用的公款应当立即归还并按银行同期贷款利率付息,所获利润和其他非法所得,责令上缴。

**第十六条** 公费出国(境)旅游或者变相出国(境)旅游的,依照《纪律处分条例》第八十六条的规定处理。旅游费用由个人负担。

**第十七条** 《廉政准则》第三条第四项所称"高消费娱乐活动",包括营业性的歌厅、舞厅、夜总会和高尔夫球等娱乐活动。

用公款参与高消费娱乐活动和获取各种形式的俱乐部会员资格的,依照《纪律处分条例》第八十六条的规定处理。所用公款由个人负担。国有企业党员领导干部在业务招待中用公款参与高消费娱乐活动,未违反业务招待费使用规定的除外。

**第十八条** 本人或者指使他人以私人名义存储公款的,依照《纪律处分条例》第一百条的规定处理。

### 第四节 禁止借选拔任用干部之机谋取私利

**第十九条** 采取不正当手段为本人谋取职位的,依照《中共中央办公厅关于对违反〈党政领导干部选拔任用工作暂行条例〉行为的处理规定》(以下简称《处理规定》)第十五条的规定处理。

**第二十条** 泄露酝酿讨论干部任免情况的,依照《处理规定》第八条的规定处理。

**第二十一条** 在工作调动、机构变动时,突击提拔干部,或者在调离后干预原地区、原单位的干部选拔任用的,依照《处理规定》第九条的规定处理。

**第二十二条** 在干部考察工作中隐瞒或者歪曲事实真相的,依照《处理规定》第十一条的规定处理。

**第二十三条** 在干部选拔任用工作中打击报复或者营私舞弊的,依照《处理规定》第十二条的规定处理。

**第二十四条** 在干部选拔任用工作中封官许愿的,依照《处理规定》第十三条的规定处理。

**第二十五条** 违反《廉政准则》第四条和第五条第一项的规定,所作出的干部任免决定依照《处理规定》第二条的规定处理。

### 第五节 禁止利用职权和职务上的影响为亲友及身边工作人员谋取利益

**第二十六条** 要求或者指使提拔配偶、子女、其他亲友及身边工作人员的,依照《处理规定》第七条的规定处理。

**第二十七条** 利用自己主管、管理、经手公共财物的权力及其便利条件,用公款支付配偶、子女及其他亲友学习、培训费用的,依照《纪律处分条例》第五十七条的规定处理。

利用职务上的便利,为他人谋取利益,由他人用公款支付配偶、子女及其他亲友学习、培训费用的,依照《纪律处分条例》第六十一条第一款的规定处理。

除本条第一款、第二款所列行为之外,利用职务或者工作上的便利,用公款支付配偶、子女及其他亲友学习、培训费用的,依照《纪律处分条例》第五十九条的规定处理。

**第二十八条** 利用职权和职务上的影响,为配偶、子女及其他亲友出国(境)旅游、探亲、留学向国(境)外个人或者组织索取资助的,依照《纪律处分条例》第六十一条第一款、第二款的规定处理。

**第二十九条** 妨碍涉及配偶、子女、其他亲友及身边工作人员案件调查处理的,依照《纪律处分条例》第一百四十六条的规定处理。

**第三十条** 为配偶、子女及其他亲友经商、办企业提供便利和优惠条件的,依照《纪律处分条例》第八十八条的规定处理。对其配偶、子女及其他亲友获取的经济利益依法予以处理。

**第三十一条** 《廉政准则》第五条第二款所称“个人经商办企业”,除包括本实施办法第十条第一款规定的外,还包括在国(境)外注册公司回国(境)内经商。

《廉政准则》第五条第二款所称“在外商独资企业任职”,是指受聘于外商独资企业或者外商独资企业驻国(境)内的办事机构。

省(部)级以上领导干部的配偶、子女及其配偶,在该领导干部管辖的地区及管辖的业务范围个人经商办企业和在外商独资企业任职的,领导干部应要求其配偶、子女及其配偶限期纠正。拒不纠正的，领导干部应当辞去现任职务或者由组织上调整其职务，并比照《纪律处分条例》第八十八条的规定处理。

### 第六节 禁止讲排场、比阔气、挥霍公款、铺张浪费

**第三十二条** 在国内公务活动中接受超过规定标准接待的，依照《纪律处分条例》第八十六条的规定处理。

**第三十三条** 《廉政准则》第六条第二项所称"违反规定"，是指违反1989年12月19日《国务院机关事务管理局关于中央国家机关部级干部宿舍修缮标准的规定》以及国务院及其有关部门，各省、自治区、直辖市制定的有关规定。

违反规定用公款装修、购买住房的，依照《纪律处分条例》第八十三条的规定处理。超过规定标准的装修费用，由个人负担。所购买的住房依照国家关于住房制度改革的规定处理。

**第三十四条** 擅自用公款包租或者占用客房供个人使用的，依照《纪律处分条例》第八十六条的规定处理。所用公款由个人负担，所包租、占用的客房立即退出。

**第三十五条** 《廉政准则》第六条第四项所称"违反规定"，是指违反1994年9月5日《中共中央办公厅、国务院办公厅关于党政机关汽车配备和使用管理的规定》以及中共中央、国务院，中共中央办公厅、国务院办公厅，国务院有关部门，各省、自治区、直辖市制定的有关规定。

违反规定配备、使用小汽车的，依照《纪律处分条例》第八十四条和《中共中央纪律检查委员会关于党政机关县（处）级以上党员领导干部违反廉洁自律规定购买、更换小汽车行为的党纪处理办法》的规定处理。

**第三十六条** 擅自用公款配备、使用通信工具的，依照《纪律处分条例》第八十六条的规定处理。通信工具应当上缴。

## 第三章 附　　则

**第三十七条** 本实施办法由中共中央纪律检查委员会负责解释。

**第三十八条** 本实施办法自发布之日起施行。

《廉政准则》发布后，本实施办法发布前，违反《廉政准则》行为尚未处理的，也适用本实施办法。

列于本实施办法附件一的规定，已纳入《廉政准则》和本实施办法，自本实施办法施行之日起，予以废止。

列于本实施办法附件二的规定，予以保留，继续有效。

**附件一**

下列规定已纳入《廉政准则》和本实施办法，自本实施办法施行之日起，予以废止：

1. 中共中央纪律检查委员会、中共中央组织部、监察部关于党政机关县(处)级以上领导干部廉洁自律“五条规定”的实施意见(中纪发〔1993〕11号)

2. 中共中央纪律检查委员会关于党政机关县(处)级以上干部违反廉洁自律“五条规定”行为的党纪处理办法(中纪发〔1993〕17号)

3. 中共中央纪律检查委员会关于中央纪委三次全会重申和提出的党政机关县(处)级以上领导干部廉洁自律“五条规定”的实施意见(中纪发〔1994〕5号)

4. 中共中央纪律检查委员会关于党政机关县(处)级以上领导干部廉洁自律补充规定的实施和处理意见(中纪发〔1995〕5号)

**附件二**

下列规定予以保留,继续有效:

1.《中共中央纪律检查委员会关于党政机关县(处)级以上党员领导干部违反廉洁自律规定购买、更换小汽车行为的党纪处理办法》(中纪发〔1996〕15号)

2.《中共中央纪律检查委员会关于国有企业领导干部廉洁自律“四条规定”的实施和处理意见》(中纪发〔1995〕7号),但其中与《廉政准则》及其《实施办法》、《纪律处分条例》有抵触的,应以《廉政准则》及其《实施办法》、《纪律处分条例》的规定为准。

# 关于对违反《关于党政机关厉行节约制止奢侈浪费行为的若干规定》行为的党纪处理办法

(中共中央纪律检查委员会1997年10月15日印发)

一、为了保证《中共中央、国务院关于党政机关厉行节约制止奢侈浪费行为的若干规定》(以下简称《规定》)的贯彻执行,正确处理违反《规定》的行为,根据《中国共产党纪律处分条例(试行)》(以下简称《条例》)及有关规定,制定本办法。

二、违反《规定》第一条,有下列行为之一的,依照《条例》第八十七条的规定,对负直接责任的主管人员和其他直接责任人员中的共产党员给予党纪处分:

(一)党政机关现有办公楼已达到规定建筑面积指标,又改扩建、新建或购买办公楼的;

(二)以建业务楼等名义新建办公楼的;

(三)用贷款或挪用其他资金新建或购买办公楼的;

(四)贫困地区的党政机关新建或购买办公楼的。

三、违反《规定》第二条,有下列行为之一的,依照《条例》第八十七条的规定,对会议主办单位负直接责任的主管人员和其他直接责任人员中的共产党员给予党纪处分:

(一)赠送礼品或纪念品的;

(二)组织高消费娱乐活动的;

(三)以开会为名游山玩水的。

四、违反《规定》第三条,在庆典活动中发放礼品或贵重纪念品的,依照《条例》第八十七条的规定,对庆典主办单位负直接责任的主管人员和其他直接责任人员中的共产党员给予党纪处分。

五、违反《规定》第四条,有下列行为之一的,依照《条例》第八十七条的规定,对负直接责任的主管人员和其他直接责任人员中的共产党员给予党纪处分:

（一）到上级领导机关所在地宴请领导机关工作人员的；

（二）利用各种学习、培训之机互相宴请的；

（三）参加用公款支付的高消费娱乐活动的。

前款属于个人行为的，依照《条例》第八十六条的规定给予党纪处分。

六、违反《规定》第五条，有下列行为之一的，依照《条例》第八十七条的规定，对负直接责任的主管人员和其他直接责任人员中的共产党员给予党纪处分：

（一）单位违反规定为个人安装住宅电话和配备移动电话的；

（二）个人利用职权违反规定安装住宅电话和配备移动电话的；

（三）占用企业事业单位和下属单位等其他单位的移动电话的。

前款属于个人行为的，依照《条例》第八十六条的规定给予党纪处分。

七、违反《规定》第六条，有下列行为之一的，依照《条例》第八十七条的规定，对负直接责任的主管人员和其他直接责任人员中的共产党员给予党纪处分：

（一）向被检查、评比、达标单位和个人收费或变相收费的；

（二）借检查、评比、达标活动之机大吃大喝和敛财的。

八、违反《规定》第七条的，依照《关于党政机关县（处）级以上党员领导干部违反廉洁自律规定购买、更换小汽车行为的党纪处理办法》给予党纪处分；其中县（处）级以下党员干部比照该处理办法给予党纪处分。

九、违反《规定》第八条的，依照《条例》有关条款对负直接责任的主管人员和其他直接责任人员中的共产党员给予党纪处分：用公款变相出国（境）旅游的，依照《条例》第八十七条的规定给予党纪处分；跨地区、跨部门组织出国（境）活动的，依照《条例》第五十三条的规定给予党纪处分；擅自增加访问国家、绕道或延长在国（境）外停留时间的，依照《条例》第五十四条的规定给予党纪处分。

党政机关的省（部）级领导干部违反《规定》在国（境）外主持和参加经贸洽谈会、展销会、招商会等经贸活动的，进行股票发行推介活动的，参加企业事业单位团组出国（境）的，视情节给予警告、严重警告或者撤销党内职务处分。

十、本办法所列违反《规定》的行为，除给予党纪处分外，有的要公开报道。本办法未列的违反《规定》的其他行为，依照有关规定处理。

十一、违反《规定》需要给予行政处分的，由其任免机关或监察机关比照本办法处理。

国有企业事业单位参照执行本办法。

十二、本办法由中共中央纪律检查委员会负责解释。

十三、本办法自发布之日起施行。《规定》发布后,本办法发布前,违反《规定》行为尚未处理的,依照本办法处理。

# 中共中央办公厅、国务院办公厅关于禁止自行制作和使用地方旗、徽的通知

（1997年11月18日）

最近，个别城市自行设计制作市旗、市徽，并公开悬挂。《中华人民共和国国旗法》和《中华人民共和国国徽法》规定，国旗和国徽是我们国家的象征和标志。我国的国旗、国徽代表着国家主权的统一和不可分割。自行制作和使用市旗、市徽，不符合我国国情，是不妥当的。经中央领导同志同意，特作如下通知：

一、各级党委和政府要严格按照《中华人民共和国国旗法》、《中华人民共和国国徽法》和《爱国主义教育实施纲要》的要求，严肃认真地使用国旗、国徽，自觉维护国旗、国徽的尊严。要经常对广大干部群众进行《国旗法》、《国徽法》教育，提倡有助于培养人们对国旗、国徽崇敬感的必要礼仪，增强人们的国家观念和爱国主义情感，激励全国各族人民更加紧密地团结在以江泽民同志为核心的党中央周围。

二、各地一律不得自行制作和使用地方旗、徽。各级党政领导干部特别是高级干部一定要不断提高政治鉴别力和政治敏锐性，深刻认识自行制作和使用地方旗、徽可能产生的消极影响，确保本地区不发生自行制作和使用地方旗、徽的问题。今后，如发现自行制作和使用地方旗、徽，要对所在地的党政主要领导进行严肃处理。

# 中共中央办公厅、国务院办公厅关于坚决反对和制止在统计上弄虚作假的通知

(1998年2月16日)

党的十一届三中全会以来,为适应改革开放和社会主义现代化建设的需要,我国统计工作进行了一系列重大改革,从总体上保障了统计数据的科学性和可靠性,为党和国家实行科学决策和宏观管理发挥了重要作用。但是,近几年来,一些地方和部门违反《中华人民共和国统计法》,在统计上虚报瞒报,弄虚作假,致使有些统计数据与实际情况相差甚远。造成这种现象的原因主要是:有些地方和部门的领导干部背离党的实事求是的原则,订计划、办事情不从实际出发,好大喜功,盲目追求高指标,迫使下级弄虚作假;有的党性原则不强,思想作风不正,法制观念淡薄,本位主义和个人主义严重,利用虚假数据争名谋利;有的工作飘浮,对弄虚作假者不检查、不追究,甚至袒护纵容。各级领导干部要清醒地认识到,在统计上弄虚作假是一个严重的政治问题,是一种危害性极大的腐败行为。这种行为,严重违背党的思想路线,败坏党的优良传统和作风,损害党和政府的形象,助长地方、部门保护主义和极端利己主义,影响国家决策的科学性和中央的权威,妨碍国民经济健康发展,引起了人民群众的强烈不满,必须坚决纠正。经中央领导同志同意,现就坚决反对和制止在统计上弄虚作假的有关问题通知如下:

**一、坚持实事求是,确保统计数据的准确性和科学性。**统计是国家实行科学决策和现代化管理的一项重要的基础工作。准确、及时、全面的统计数据对正确分析国民经济的运行态势,保障社会的健康发展至关重要。统计工作搞不得半点虚假。当前,一些部门和地区搞不切实际的达标升级活动,某些指标订得过高,诱发统计数据不实。各地区、各部门制定经济和社会发展计划,建立目标管理责任制,一定要从实际出发,不能不顾客观条件,急于求成,盲目追求和攀比增长速度,层层压高指标。绝不允许由于实际执行结果与上级下达或者自身制定的指标特别是责任目标不相符合而编造虚假数据,或者强令统计机构、统计人员篡改统计数据。统计机构、统计人员必须坚持实事求是,不得以任何

理由在统计上弄虚作假。

**二、进一步健全统计机构，努力提高统计人员素质。**地方各级人民政府要进一步健全统计机构，切实加强对本行政区域内统计工作的组织领导和综合协调。中央国家机关和地方各级人民政府的有关部门以及企事业组织，也要根据统计任务的需要配备必要的统计人员，并指定统计负责人。要加强各级统计部门领导班子建设，切实把那些政治上强、有事业心和责任感、熟悉业务的同志选进领导班子。要加强对统计人员的思想政治教育、职业道德教育和业务技术教育，提高素质，实行持证上岗制度。

**三、严格执行《统计法》，严肃处理在统计上弄虚作假的行为。**各地区、各部门要采取措施，大力宣传、认真组织学习《统计法》，增强法律意识，提高依法办事的自觉性。各级领导干部要带头执行《统计法》，支持和保证统计机构、统计人员依法独立行使职权，任何人不得篡改统计资料或者编造虚假数据，不得强令或者授意统计机构、统计人员弄虚作假，不得对拒绝、抵制、检举在统计上弄虚作假的人员进行打击报复，不得对本地区、本部门、本单位在统计上的弄虚作假现象放任、袒护或者纵容。对违反者，要依照有关规定，给予党纪、政纪处分。触犯刑律的，要追究刑事责任。要把反对和制止在统计上弄虚作假，作为党员领导干部民主生活会的一项重要内容。各级统计机构和广大统计人员要增强责任感，严格按照《统计法》办事，坚决同各种弄虚作假行为作斗争。

**四、全面客观地考察领导干部的工作实绩，不能单凭统计数据决定干部的任用。**考察领导班子和领导干部的工作实绩，既要看经济发展和社会发展的成效，又要看精神文明和党的建设的成效；既要看发展速度，更要看质量、效益和后劲；既要看近期的、局部的成果，更要看长远的、整体的效益；还要考虑原有的工作条件和基础，看干部主观努力的程度。要正确评价干部个人在一个地方、一个部门取得成果中所发挥的作用，不能把集体的工作成绩简单地归功于个人。绝不能把那些贪图私利，弄虚作假，只顾当前和局部利益，不顾长远和整体利益，热衷于搞短期行为的人选进领导班子，绝不能简单地凭统计数据决定干部的任用和解决干部的职级待遇。对那些靠弄虚作假骗取地位的人，一经发现，就要坚决从领导岗位上把他们调整下来；对所骗取的各种荣誉和奖励，要坚决予以取消。

**五、加强对统计工作的领导，加大监督检查工作的力度。**各省、自治区、直辖市和中央国家机关有关部门，要以查处在统计上弄虚作假为重点，认真组织统计执法检查，做到经常化、制度化。各级统计机构和纪检、监察、司法等机关要依照国家法律和党纪、政纪的有关规定，各司其职，协作配合，扎扎实实地抓好在统计上弄虚作假案件的查处工作。对那些置国家法律和党纪、政纪于不顾,有意逃避或破坏国家统计监督,在统计上顶风作假的,不管涉及什么地方、什么部门、什么单位、什么人,都要一查到底,决不姑息。对于典型案件特别是大案要案的查处工作,各级党委和人民政府必须予以高度重视和大力支持,并适时通过新闻媒介予以曝光,充分发挥舆论监督的作用。

各省、自治区、直辖市党委、人民政府和中央国家机关各部门接到本通知后,要认真组织一次检查,找出本地区或本部门在统计上存在的问题,研究提出贯彻落实本通知的具体措施,并将检查的情况于1998年年底前报告党中央、国务院。

# 关于对《中国共产党党员领导干部廉洁从政若干准则(试行)》第五条第二款的补充规定

(中共中央纪律检查委员会1998年3月3日印发)

《中国共产党党员领导干部廉洁从政若干准则(试行)》明确禁止省(部)级以上领导干部的配偶、子女及其配偶在该领导干部管辖的地区及管辖的业务范围的外商独资企业任职。但据反映,有的省(部)级以上领导干部的配偶、子女及其配偶在该领导干部管辖的地区及管辖的业务范围的中外合资企业中担任外方代理人,干部、群众对此反映强烈,影响领导干部威信,损害党的形象,而且容易发生权钱交易的腐败行为。为从制度上预防领导干部的配偶、子女及其配偶,凭借领导干部的权力和影响谋取私利,经党中央批准,现对《中国共产党党员领导干部廉洁从政若干准则(试行)》第五条第二款补充规定如下:

省(部)级以上领导干部的配偶、子女及其配偶,不准在该领导干部管辖的地区及管辖的业务范围的中外合资企业中接受外方委派或者推荐出任董事长、副董事长、董事及总经理、副总经理等高级职位。如有违反,依照《〈中国共产党党员领导干部廉洁从政若干准则(试行)〉实施办法》第三十一条第三款的规定处理。

# 中共中央纪律检查委员会、中共中央组织部、人事部关于受党纪处分的党政机关工作人员年度考核有关问题的意见

(1998 年 4 月 8 日)

为了进一步完善年度考核制度,做好年度考核工作,现对受党纪处分的党委、人大、政协、法院、检察院、人民团体机关工作人员和政府机关公务员确定年度考核等次的有关问题,提出如下意见:

一、受党内警告处分的当年,参加年度考核,不得确定为优秀等次。

二、受党内严重警告处分的当年,参加年度考核,因与职务行为有关的错误而受严重警告处分的,确定为不称职;因其他错误而受严重警告处分的,只写评语不确定等次。

三、受撤销党内职务处分的当年,参加年度考核,确定为不称职;第二年按其新任职务参加年度考核,按规定条件确定等次。

四、受留党察看处分的当年,参加年度考核,确定为不称职;受留党察看一年处分的第二年,参加年度考核,只写评语不确定等次;受留党察看二年处分的,第二年和第三年参加年度考核,只写评语不确定等次。

五、受开除党籍处分的当年,参加年度考核,确定为不称职;第二年和第三年参加年度考核,只写评语不确定等次。

六、涉嫌违犯党纪被立案检查的,可以参加年度考核,但在其受检查期间不确定等次。结案后,不给予党纪处分的,按规定补定等次;给予党纪处分的,视其所受处分种类,分别按上述一、二、三、四、五条的规定办理。

七、受党纪处分同时又受行政处分的,按受党纪处分的情况确定其考核等次。

企业、事业单位对受党纪处分人员确定年度考核等次,可参照本意见执行。

# 中共中央办公厅、国务院办公厅关于党政机关领导干部不兼任社会团体领导职务的通知

(1998年7月2日)

《国务院办公厅关于部门领导同志不兼任社会团体领导职务问题的通知》(国办发〔1994〕59号)下发后,国务院各部委、各直属机构认真贯彻执行文件精神,已有一批部门领导干部按规定辞去了兼任的社会团体领导职务。实践证明,部门领导干部不兼任社会团体领导职务的做法有利于这些同志集中精力做好所担负的领导工作,也有利于实行政社分开。目前,在党政机关还有相当数量的县(处)级以上党政领导干部在社会团体中兼任领导职务。为了适应我国政治体制改革和经济体制改革以及机构改革工作的需要,加快政府职能的转变,发挥社会团体应有的社会中介组织作用,经党中央、国务院领导同志同意,现就党政机关领导干部兼任社会团体领导职务问题通知如下:

一、县及县以上各级党的机关、人大机关、行政机关、政协机关、审判机关、检察机关及所属部门的在职县(处)级以上领导干部,不得兼任社会团体(包括境外社会团体)领导职务(含社会团体分支机构负责人)。

二、因特殊情况确需兼任社会团体领导职务的,必须按干部管理权限进行审批,并按照所在社团的章程履行规定程序后,再到相应的社会团体登记管理机关办理有关手续。

未经批准已经兼任社会团体领导职务的,应从本通知下发之日起半年内辞去所兼任的社会团体领导职务;已经批准兼任社会团体领导职务并确需继续兼任的,应按上述规定重新办理审批手续。

三、社会团体领导职务是指社会团体的会长(理事长、主席)、副会长(副理事长、副主席)、秘书长,分会会长(主任委员)、副会长(副主任委员),不包括名誉职务、常务理事、理事。

四、各省、自治区、直辖市应按照本通知精神制定本地区的实施办法;军队领导干部兼任社会团体领导职务问题,由中国人民解放军总政治部按照本通知

精神制定相应规定。

具有行政管理职能的事业单位及人民团体参照本通知执行。

五、本通知由中央组织部、民政部负责解释。

# 中共中央办公厅、国务院办公厅关于军队武警部队政法机关不再从事经商活动的通知

（1998 年 7 月 25 日）

中央最近决定：军队、武警部队和政法机关不再从事经商活动。这是加强党的建设、政权建设和军队建设的一项重大决策，是维护社会主义市场经济秩序、保证国民经济持续快速健康发展的一项必要措施，是加强党风廉政建设，进一步从源头上预防和治理腐败的一项重要举措。这项决定，对于密切党、政府和军队同人民群众的血肉联系，维护军队和政法机关作为人民民主专政柱石的形象，促进党风、政风和社会风气的好转，保证国家的长治久安，都具有非常重大的意义。

各级党委、政府和各级领导干部一定要认真学习邓小平同志关于党风廉政建设的重要论述，学习江泽民同志最近几次重要讲话精神，深刻认识这项工作的重要性和紧迫性，以实际行动同党中央保持高度一致，把这项严肃的政治任务摆在重要位置，采取有效措施，切实抓紧抓好。鉴于这项工作事关全局，涉及面广，情况复杂，政策性强，必须切实加强领导。要实行严格的责任制，分级负责。各省、自治区、直辖市党委、政府要对当地政法机关落实中央决定的工作切实负起领导责任。解放军四总部、武警总部和中央政法机关要发挥表率作用，带头落实中央决定。各省、自治区、直辖市，军队各大单位、武警总部和中央各政法机关要分别成立领导小组和办事机构，负责本地区、本系统落实中央决定的协调、指导和督促工作。当前，要抓紧摸清情况，弄清底数，着手调查研究和制定政策，保证这项工作积极、稳妥地向前推进。政法机关要把这项工作同队伍教育整顿和贯彻执行“行政性收费和罚没收入收支两条线”的规定结合起来进行。

为了确保中央决定的顺利实施，在清理经商活动的过程中，必须严明纪律，防止国有资产流失和发生违法违纪行为。为此，特提出以下要求：（一）严禁隐匿、转移、转让、变卖企业资产；（二）严禁以任何名义私分企业财物；（三）严禁弄虚作假，涂改、转移或者销毁帐目；（四）在清理期间停止调动和提拔企业人

员,严防有违法违纪嫌疑的人员出国(境);(五)不准设置障碍,干扰中央决定的贯彻实施。违反上述纪律要求的,要追究主要领导人和直接责任人的责任,并视情节轻重,给予党纪、政纪和军纪处分,直至开除党籍、军籍和开除公职;构成犯罪的,要依法追究刑事责任。

# 中共中央办公厅、国务院办公厅关于中央党政机关与所办经济实体和管理的直属企业脱钩有关问题的通知

(1998年11月8日)

党中央、国务院一直非常重视党政机关与所办经济实体脱钩的问题。《中共中央办公厅、国务院办公厅关于转发国家经贸委〈关于党政机关与所办经济实体脱钩的规定〉的通知》(中办发〔1993〕17号,以下简称《规定》)发出后,在全国范围内开展了党政机关与所办经济实体脱钩的工作,通过各地区、各部门的共同努力,取得了一定成效;但是由于认识不足、体制不顺、法规不健全等种种原因,许多部门与所办经济实体至今未能实现完全脱钩。这不仅影响党政机关公正执行公务,而且损害党政机关的形象,甚至产生腐败现象。根据中央关于军队、武警部队和政法机关一律不再从事经商活动决定的精神,以及政府部门不再直接管理企业的要求,党中央、国务院决定,中央党政机关必须在1998年底以前与所办经济实体和管理的直属企业完全脱钩,不再直接管理企业。为使这项工作顺利进行,现就有关问题通知如下:

一、中央党政机关与所办经济实体和管理的直属企业脱钩,要在《规定》要求实现"四脱钩"(即在职能、财务、人员、名称四个方面与党政机关实现脱钩)的基础上,进一步做到:(一)各部门直属的各类企业,一律与主管部门解除行政隶属关系,各部门不再作为主管部门直接管理这些企业。(二)原由各部门管理的企业,与主管部门脱钩后,属于大型企业和企业集团的,以及经国务院批准的涉及国计民生的主要行业的重点企业,其领导干部职务由中央管理:金融类企业,一律交由中共中央金融工作委员会(以下简称中央金融工委)管理;非金融类企业,一律交由中央大型企业工作委员会(以下简称中央企业工委)、人事部管理。其他企业的领导干部职务一律按属地原则,交由地方管理。党的关系根据企业的不同特点和情况分别划转:金融类企业一律划归中央金融工委管理;中央管理的企业,党的关系原在地方的不作变动,原在中央和国家机关的暂由中央、国家机关党工委管理;移交地方的企业,党的关系划归同级党组织管理。(三)原由各部门管理的企业,在财务上与原主管部门彻底脱钩后,属中央

管理的企业,其资产管理及有关的财务关系由财政部负责;属地方管理的企业,其资产管理及有关的财务关系由地方财政部门负责。所有企业都要按照属地原则参加社会保险统筹。(四)各部门移交中央和地方管理的企业,必须是能够正常经营运行的企业,移交企业的资产实行无偿划转,有关债权债务一并移交;如属资不抵债、亏损累累的企业,必须由原主管部门负责停产整顿,或者关闭安置,妥善处理。

二、脱钩工作分金融类企业和非金融类企业两条线进行。金融类企业的脱钩工作,由中央金融工委、中国人民银行、中国证券监督管理委员会、中国保险监督管理委员会成立工作小组负责;非金融类企业的脱钩工作,由中央企业工委、国家经贸委、人事部成立工作小组负责(以下简称两个工作小组)。两个工作小组的主要职责是:具体负责中央党政机关与所办经济实体和管理的直属企业脱钩的组织、指导、审查、监督工作,会同有关部门研究制订总体处理意见和具体实施方案,完成党中央、国务院交办的其他有关事项。各部门也要责成专人,负责本部门所办经济实体和管理的直属企业的脱钩工作。

三、各省、自治区、直辖市党委和人民政府对中央党政机关移交地方的企业,一定要按照政企分开的原则,切实做好有关工作,不能把接收的企业层层下放。

四、1998年底前,各部门要按照党中央、国务院的统一部署,在调查、清理、登记造册的基础上,提出分类处理意见;两个工作小组会同财政部、劳动保障部、国家工商局以及中共中央直属机关事务管理局、国务院机关事务管理局等有关部门,根据对各部门分类处理意见的审查情况,研究提出总体处理意见和具体实施方案,报党中央、国务院批准后,各部门与所办经济实体和管理的直属企业即行脱钩。然后在两个工作小组的指导、监督下,按照批准的总体处理意见和具体实施方案,由各部门对所办经济实体和管理的直属企业分别进行处理。

五、为防止国有资产流失和发生违法违纪行为,各部门及所办经济实体和管理的直属企业在脱钩工作中,必须严格财经纪律和各项规章制度,严守以下纪律:(一)不准隐匿、转移、转让、出卖企业资产或变更企业登记;不准逃废、悬空银行债务,不准逃废欠税;(二)不准以任何名义私分企业钱物和侵吞国家资产;(三)不准弄虚作假,涂改、转移或者销毁帐目;(四)不准抽逃企业资金;(五)不准突击花钱、分钱、分物;(六)不准从企业调拨资金和向企业摊派各种费用;(七)不准突击进人、突击提高工资和离退休待遇;暂停提干和办理离退休手续;(八)有违法违纪嫌疑的人员,一律不准出国(境)。违反上述纪律的,要追究主管部门主要领导人和直接责任人的责任，并视情节轻重，给予党纪、政纪处分；构成犯罪的，要依法追究刑事责任。

六、中央政法机关与所办企业脱钩的工作仍按《政法机关不再从事经商活动的实施方案》（中办发〔1998〕25 号）的规定办理。

中央党政机关与所办经济实体和管理的直属企业脱钩，不再直接管理企业，是新形势下加强党的建设、政权建设，巩固机构改革成果，建立和完善社会主义市场经济体制的一项重大举措。各地区、各部门一定要深刻认识中央党政机关与所办经济实体和管理的直属企业脱钩的必要性、重要性和紧迫性，把这项工作作为严肃的政治任务，从改革、发展、稳定的大局出发，坚定信心、雷厉风行，不折不扣、扎扎实实地贯彻落实，并确保人心稳定和生产经营活动正常进行。

# 中共中央办公厅、国务院办公厅关于严禁党政机关到风景名胜区开会的通知

(1998 年 11 月 10 日)

为了贯彻《中共中央、国务院关于党政机关厉行节约制止奢侈浪费行为的若干规定》(中发〔1997〕13 号),有效制止以开会为名游山玩水的不正之风,经党中央、国务院领导同志同意,特作如下通知:各级党政机关一律不准到庐山、黄山、峨嵋山、普陀山、九华山、五台山、武夷山、九寨沟、张家界、黄果树瀑布、西双版纳和三亚热带海滨 12 个风景名胜区召开会议,一律不准借在其他地方召开会议之机到上述 12 个风景名胜区旅游。除上述 12 个风景名胜区外,各级党政机关召开的会议也不准用公款组织与会人员到会议所在市、县的行政区域以外的其他风景名胜区旅游。地方各级党政机关的会议一律在本行政区域内召开,不得到其他地区召开。

对上述通知的执行情况,各级纪检监察机关负责监督检查。凡违反规定的,发现一起查处一起,对会议主办单位负直接责任的主管人员和其他直接责任人员给予党纪或政纪处分。工会、共青团、妇联等人民团体,挂靠在党政机关的各类学会、协会等群众团体以及事业单位,同样适用本通知。

# 中共中央办公厅关于严格执行编辑出版党和国家主要领导同志讲话选编和研究著作有关规定的通知

（1998 年 12 月 28 日）

最近，有关部门陆续向中央报来要求编辑出版党和国家主要领导同志的讲话选编，编辑出版研究党和国家主要领导同志思想、生平著作的请示。编辑出版这类选编和研究著作，是一项十分严肃的工作，《中共中央批转中央宣传部、中央文献研究室〈关于毛、周、刘、朱和现任中央常委著作的出版、发表及审核办法的请示报告〉的通知》（中发〔1982〕33 号）等有关文件对此曾作过明确规定。这些规定仍然有效，必须继续严格执行。为了确保编辑出版党和国家主要领导同志讲话选编、研究他们思想生平的著作的权威性、严肃性，经中央领导同志同意，现重申并提出如下要求：

一、凡已收入中央文件、中办文件和《中办通报》的现任中央政治局常委同志未公开发表过的讲话，需要公开发表的，须由中央办公厅报中央批准。未经批准，任何部门和单位都不得自行发表。

二、公开或内部出版现任中央政治局常委同志的讲话选编、论述摘编、专题文集以及各种摄影画册、音像制品和电子出版物等，统一由中央文献研究室或中央指定的其他单位负责编辑，经中央办公厅报中央批准，其他任何部门、单位和个人不得进行编辑。经批准出版的现任中央政治局常委同志的讲话选编、论述摘编和专题文集，一律由人民出版社和中央文献出版社按既定的分工范围出版，其他出版社不得出版。

三、研究现任中央政治局常委同志思想、生平的专著、文集，一般不出版；特殊情况需要出版的，由出版社按重大选题备案制度向新闻出版署申报；新闻出版署商有关部门提出意见后报中央批准，并指定有关出版社出版。

四、为了使党中央的精神能够及时、准确、系统地传达到各级党组织和全体党员，经中央批准，《中共中央办公厅通讯》将于 1999 年 1 月创刊，系统刊载可供内部阅读的中央文件、中办文件和中央政治局常委同志的讲话。

# 中共中央、国务院<br>关于严禁擅自修建已故领导同志<br>纪念设施的通知

(1999 年 5 月 27 日)

中央历来十分重视用已故老一辈革命家的光辉业绩和革命风范教育广大干部群众。多年来,经中央批准修建的已故老一辈革命家的纪念设施,在对广大干部群众特别是对青少年进行革命传统教育和爱国主义教育方面发挥了重要作用。同时,中央多次强调,修建已故领导同志纪念设施必须严格控制;确有必要修建的,必须经党中央、国务院批准;未经批准,各地一律不得擅自修建。但是,中央的这些规定在一些地方至今没有得到很好地执行,个别地方擅自修建已故领导同志纪念设施的情况越来越严重。近几年,又出现一些已故领导同志亲属相互攀比,找已故领导同志生前战友、部下和曾工作过的地方领导,要求当地批钱划地,在已故领导同志诞生地和工作过的地方修建纪念馆、陵园、陵墓和塑像的现象。有的已故领导同志的生前战友和部下不坚持原则,为修建纪念设施到处找熟人、写条子、疏通关系,甚至给当地施压;有的地方领导碍于故情,对已故领导同志生前战友、部下和亲属提出的不适当要求,一味迁就;有的地方受经济利益驱动,把修建已故领导同志陵园、墓地作为建设新的旅游人文景观的途径;个别地方甚至以为已故领导同志修建纪念设施为名向社会集资、摊派。为了坚决制止上述错误做法,党中央、国务院重申并提出以下要求:

一、各级党委、政府和广大党员领导干部要从讲政治的高度,充分认识中央严禁擅自修建已故领导同志纪念设施决定的重要意义。我们党是全心全意为人民服务的党,党的性质和宗旨决定了党必须把为人民谋利益作为自己全部活动的出发点和归宿。已故领导同志生前参加革命的目的是为人民谋利益,而不是要在身后留下昭示自己功劳的纪念场所。擅自为已故领导同志修建纪念设施,违背了已故领导同志生前参加革命的初衷,愧对于为中国革命和建设事业牺牲了的无数革命先烈。我国土地资源有限,人均耕地本来就少,擅自划出耕地、林地,甚至在风景名胜区为已故领导同志修陵建墓,不仅是对土地等资源的严重浪费,也是对子孙后代不负责任的做法。特别是在目前我国经济发展水平

还不高,还有几千万贫困人口、几百万下岗职工的情况下,耗费大量人力、财力、物力修建纪念设施,不仅严重脱离了群众,而且损害了共产党人的形象。我国改革开放的总设计师邓小平同志为中国人民的解放和社会主义建设事业奉献了一生,辞世前嘱托后事从简,捐献角膜,骨灰撒入大海。邓小平同志以他为党和国家建立的不朽功勋和后事从简的表率作用,在人民群众心目中树起了永久的历史丰碑,为全党全国树立了光辉榜样。邓小平同志逝世两年多来,一些地方提出为邓小平同志修建纪念设施,但邓小平同志亲属多次向中央表示,不要为邓小平同志修建纪念设施。中央尊重邓小平同志及其亲属的意愿,至今没有为邓小平同志修建一处纪念设施。全党同志特别是党的高级干部及其亲属要带头学习邓小平同志的革命风范,坚决遵守中央的规定和要求,绝不做有违党的宗旨和脱离人民群众的事。

二、今后,确需修建的已故领导同志纪念设施,统一由党中央、国务院统筹规划和安排,各地区、各部门不得再就此问题向中央提出申请和报告。经党中央、国务院规划和安排并责成有关地区或部门负责修建的纪念设施,承建地区和部门必须严格按照党中央、国务院批准的方案组织施工,不得擅自扩大建设规模和突破投资概算。

三、未经党中央、国务院规划和安排,任何地方和单位都不得擅自为已故领导同志修建、扩建纪念馆、纪念亭、纪念碑、陵园、陵墓,树立塑像,建立个人故居和其他纪念设施。凡未经党中央、国务院规划和安排擅自修建、扩建纪念设施的,计划部门不得立项,土地行政主管部门不得办理土地审批,财政部门不得拨款,城乡建设规划部门不得安排建设规划。

四、已故领导同志的故居和生前工作过的场所应正常使用,不得擅自辟为纪念地。已故领导同志的骨灰要按有关规定妥善安置。已安放在北京八宝山革命公墓和其他城市革命公墓中的已故领导同志骨灰,一般不要迁往他处安葬或安放。已故领导同志亲属要求并经批准移往他处安葬或安放的,应一次全部迁出。重新安葬或安放时,不得占用耕地、林地,不得迁入风景名胜区,不得在烈士陵园内新建纪念设施;占地面积按照《殡葬管理条例》和《国务院办公厅转发民政部关于进一步加强公墓管理意见的通知》(国办发〔1998〕25 号)的有关规定执行;不立塑像,不搞评价性碑文,不作宣传报道。

五、各级党委、政府和各有关部门要坚持原则,坚决按规定办事,绝不能迫于人情而乱批、乱建纪念设施。已故领导同志亲属或生前身边工作人员可以向组织反映自己的要求,但绝不能利用已故领导同志生前的影响和声望到他们生活和工作过的地方要地要钱。对已故领导同志亲属或生前身边工作人员提出的不适当要求,有关地方、部门和单位要理直气壮地做好劝导工作,说服他们严格遵守党和国家有关规定,自觉维护已故领导同志的形象。对不听劝阻、对地方施加压力,执意要求修建纪念设施的已故领导同志亲属和生前身边工作人员,其所在单位要进行严肃处理。任何单位和个人都不准以修建、扩建纪念设施为名搞集资、搞摊派、搞募捐、拉赞助。

六、对未经党中央、国务院批准,目前正在建设的纪念设施,必须立即停建,并作出妥善处理。对位于风景名胜区、历史文化保护区内的不符合规划要求、影响景观风貌的纪念设施,应立即拆除。对即将建成但尚可改造的,应改建为其他社会经济文化福利设施。对违反规定动用财政资金或靠集资、摊派修建、扩建纪念设施的单位主要负责人和直接责任人,要依照党纪、政纪的有关规定进行严肃处理。对以修建、扩建纪念设施为名挪用扶贫资金和其他专项资金或从事其他违法活动的,要依法追究单位领导人和直接责任人的法律责任。

七、各省、自治区、直辖市党委和人民政府接到本通知后,要立即对本地区为已故领导同志修建、扩建纪念设施的情况进行一次全面检查清理,逐一详细登记,并对违反规定修建的纪念设施提出处理意见,向党中央、国务院作出负责任的专题报告。中央将适时派出检查组,对贯彻落实本通知精神的情况进行督促检查。

八、本通知所称已故领导同志,是指生前担任省、部级以上领导职务的同志。对为已故其他领导同志修建纪念设施的,参照本通知精神执行。

# 中共中央关于共产党员不准修炼“法轮大法”的通知

（1999年7月19日）

近年来，“法轮功”组织在一些地方发展和蔓延。李洪志编造的“法轮大法”，宣扬一套歪理邪说，严重侵蚀人们的思想。“法轮功”组织策划、煽动、蒙骗一些“法轮功”练习者到党政机关和新闻单位非法聚集，严重扰乱社会公共秩序，破坏改革发展稳定的局面。特别是一些党员也参与其中，损害了党的形象，造成了恶劣的社会影响。为保持党的先进性和纯洁性，增强党组织的凝聚力和战斗力，现就共产党员不准修炼“法轮大法（法轮功）”有关问题通知如下：

**一、充分认识“法轮功”组织的政治本质和严重危害，明确要求共产党员不准修炼“法轮大法”**

马克思主义的辩证唯物主义和历史唯物主义，是无产阶级的世界观和方法论，是无产阶级及其政党认识世界、改造世界的强大思想武器。建立在这一世界观基础上的马克思主义科学理论，是推进建设有中国特色社会主义的根本指针，是我们共产党人的精神支柱。李洪志所编造的“法轮大法”，宣扬唯心主义、有神论，否定一切科学真理，是同现代科学和现代文明根本对立的，是同马克思主义的基本理论和基本原则根本对立的，是同党领导人民群众进行的建设有中国特色社会主义的伟大事业根本对立的。作为共产党员，必须自觉遵守《中国共产党章程》，坚定地信仰马克思主义，而不能信奉“法轮大法”。共产党员修炼“法轮大法”，完全背离了党的性质和宗旨，是党的纪律所不允许的。对这一涉及共产党人的根本信仰、涉及全国人民团结奋斗的思想基础、涉及党和国家前途命运的重大问题，每一个共产党员都要立场坚定，旗帜鲜明，深刻认识“法轮功”的政治本质和严重危害，把思想统一到中央精神上来。

**二、针对“法轮功”问题在党内集中开展一次学习教育活动**

中央决定，从现在起，要针对“法轮功”问题，在全体党员中集中开展一次学习教育活动。这次学习教育活动，要以江泽民同志的重要讲话和中央关于“法轮功”问题的指示精神为指导，使广大党员普遍受到一次马克思主义唯物论和无神论的教育，增强政治敏锐性和政治鉴别力，牢固树立正确的世界观、人生观、价值观，坚定共产主义理想信念；使修炼“法轮大法”的党员脱离“法轮功”组织,从思想上与其划清界限,自觉回到党的正确立场上来;使基层党组织经受锻炼和考验,提高在新形势下处理矛盾、解决问题的能力,加强和改进党员的教育管理,增强党组织的凝聚力和战斗力。

这次学习教育活动分为学习提高、教育转化和组织处理三个阶段,全党要统一进行。在学习提高阶段,首先要学好《中国共产党章程》、江泽民同志重要讲话和中央有关精神,以及《共产党员为什么不准修炼“法轮大法”》等材料。学习要采取多种形式,联系实际,注重实效。学习时间要相对集中。教育转化阶段要开展谈心活动,开好专题组织生活会,做深入细致的思想政治工作。要根据不同对象,采取不同方法,把学习教育落实到所有基层党组织和全体党员,不留死角。要把这次学习教育活动与正在开展的“三讲”教育结合进行。

**三、严格掌握政策界限,做好修炼“法轮大法”党员的转化工作**

这次学习教育活动,要立足于教育,立足于转化,惩前毖后,治病救人。要相信修炼“法轮大法”的党员绝大多数是听党的话的,是能够知错就改的。要通过深入细致的思想政治工作,使绝大多数参与修炼“法轮大法”的党员提高觉悟,转变态度,同“法轮功”组织在思想上划清界限,在组织上脱离关系,回到党的正确立场上来。要自觉做到:不修炼“法轮大法”,不参加“法轮功”组织的活动;不担任“法轮功”组织的任何职务;不传播“法轮功”组织的材料;不为“法轮功”组织的活动提供场所、经费资助和其他方便;主动揭露、批判李洪志及其“法轮大法”;积极配合党组织和有关部门认真做好周围群众的工作。

学习教育活动中,要严格掌握政策界限。一般参与修炼“法轮大法”的党员,能主动脱离“法轮功”组织,并从思想上与其划清界限的,不作为问题提出。参与“法轮功”的组织、宣传活动的一般骨干,能主动脱离“法轮功”组织,从思想上与其划清界限,并揭露“法轮功”问题的,不予追究。错误严重的重要骨干,视情节给予党纪处分;有悔过或立功表现的,视情况可不予追究或从轻处理。经反复教育仍坚持不改的,应劝其退党,劝而不退的,予以除名。对极少数有政治意图、存心作乱的幕后人物和策划者、组织者,要坚决清除出党。

对那些一时思想不通,但已不参加“法轮功”组织的一切活动的党员,允许有一个认识转变过程,党组织要耐心做好思想教育工作。

组织处理工作一般放在学习教育活动的后期进行。

**四、各级党组织要加强领导,切实承担起政治责任**

揭批李洪志及其“法轮大法”,是一场严肃的政治斗争。各级党组织要充分认识这场斗争的复杂性和艰巨性,严格按照中央的统一部署和要求,紧密结合本地区、本部门的情况,抓紧进行。党委主要负责同志要承担起政治责任,投入足够的精力，抓好这项工作。对重点地区和部门，尤其要加强领导，充实力量。

党的各级纪律检查委员会和组织、宣传、统战等部门以及工会、共青团、妇联等群众团体，要在党委的统一领导下，密切配合，积极工作。既要旗帜鲜明，态度坚决，又要注意方法，防止草率从事，激化矛盾。对揭批李洪志及其“法轮大法”后可能出现的情况和问题要有足够的估计，认真做好处置预案。要密切掌握动态，做到重要情况早发现、早报告、早控制、早解决，确保社会政治稳定。

各地区、各部门党委（党组）接到本通知后，要抓紧制定工作方案，迅速传达部署。7 月 22 日以前要将本通知精神传达到县、团级以上党员干部，并尽快传达到全体党员。贯彻本通知的情况，请及时报告中央。

军队的学习教育活动，由军委总政治部按照此通知精神，结合部队情况，另行安排。

# 中共中央纪律检查委员会、中共中央组织部关于对共产党员修炼“法轮大法”等问题的若干处理意见

(中共中央办公厅1999年8月6日转发)

根据《中共中央关于共产党员不准修炼“法轮大法”的通知》(中发〔1999〕13号)精神,现对共产党员修炼“法轮大法”等问题提出如下处理意见:

一、要严格掌握政策,通过教育帮助和组织处理,使其中的绝大多数人回到党的正确立场上来。对共产党员修炼“法轮大法”等问题的处理,要坚持从严治党和“惩前毖后,治病救人”的原则,把一般“法轮功”练习者同参与“法轮功”活动的骨干区别开来;把一般骨干同极少数有政治意图、存心作乱的幕后人物、策划者、组织者区别开来;把在“法轮功”问题上犯有错误,但确有悔过表现的同执迷不悟、拒不改正的区别开来;把党中央作出共产党员不准修炼“法轮大法”决定之前犯错误的,同决定下达之后再犯错误的区别开来。通过教育帮助,使绝大多数修炼过“法轮大法”的党员得到解脱。对那些一时思想不通,但已不参加“法轮功”活动的党员,允许他们有一个思想转变的过程。

二、属下列情况之一者,可不作为问题提出,或不予以追究。

1. 对于只是为了健身强体而练习“法轮功”的党员,只要对“法轮功”问题有了正确认识,并不再参加“法轮功”活动的,经所在党支部支委会研究后,由支部负责人宣布不作为问题提出。

2. 对于修炼过“法轮大法”,参加过“法轮功”非法聚集活动或其他群体性事件的党员,以及在“法轮功”组织中起一般骨干作用的党员,只要是从思想上同“法轮功”划清界限,组织上与“法轮功”脱离关系,已向党组织说清楚,并揭露“法轮功”的问题,不再参加“法轮功”活动的,予以解脱。解脱的方式是,由党员本人在专题组织生活会上说明情况,表明态度。在批评与自我批评的基础上,经支委会研究,由支部负责人宣布不再予以追究。

上述两种情况均不记入本人档案。

三、属下列情况之一者,应依据《党章》及有关规定作出严肃处理。

1. 对于参加过“法轮功”非法聚集活动或其他群体性事件的党员,以及在

“法轮功”组织中起一般骨干作用的党员，在党中央作出共产党员不准修炼“法轮大法”决定之后，经反复教育，仍坚持不改的，应劝其退党，劝而不退的，予以除名。

2. 对于造成恶劣社会影响的“法轮功”非法聚集活动或其他群体性事件的重要骨干，视情节轻重，分别给予警告、严重警告、撤销党内职务、留党察看、开除党籍的处分。认错态度好，有立功表现的，可从轻或减轻处分，也可免予处分。

3. 对于有政治意图，策划、组织“法轮功”非法聚集活动，严重扰乱社会秩序、影响社会稳定的，给予开除党籍处分。

四、组织处理要慎重稳妥，宽严适度。对修炼“法轮大法”的共产党员进行组织处理时，不能单纯看其在“法轮功”组织中担任过何种职务，而主要应当看其在“法轮功”组织中起到的实际作用及认错改过的态度。除极少数有政治意图、存心作乱的幕后人物、策划者、组织者必须从严处理外，其他可作劝退、除名处理的，一般不给予开除党籍的处分。

组织处理要严格按照《党章》及有关规定进行。

# 中共中央纪律检查委员会、监察部关于严肃纪律保证机构改革顺利进行的通知

(1999年5月14日)

目前,国务院机构改革进展顺利,地方的机构改革工作将逐步展开。这次机构改革是改革开放以来机构变化较大、人员调整较多的一次,牵涉到广大干部的切身利益,涉及多方面工作格局、利益关系的调整,涉及改革开放和社会发展中一系列深层次矛盾的解决。为严明纪律,确保机构改革的顺利进行,中央纪委、监察部特重申和提出如下要求:

**一、严格遵守政治纪律。**各地区、各部门必须在政治上同党中央保持一致,不折不扣地贯彻执行中央关于机构改革的方针、政策,按照"思想不散、秩序不乱、工作不断、国有资产不流失"的要求,坚定不移地推进机构改革工作。各级领导干部要牢固树立政治意识、大局意识、责任意识,自觉维护中央的权威,正确处理国家、集体、个人三者间的关系,讲党性,顾大局。坚决反对分散主义、地方和部门保护主义,重大问题必须及时向上级报告。

**二、严格遵守组织纪律。**要认真贯彻执行民主集中制原则,凡涉及改革中人员分流、资产处置、干部任免等重大问题,必须坚持集体讨论决定;严禁突击进人、突击提拔干部或擅自在机关内部评定专业技术职称;严禁拒不执行组织作出的机构调整、职位变动和干部交流的决定。

**三、严肃财经纪律,切实防止国有资产流失。**要严格执行国家的各项财经纪律和国有资产管理的规定,认真落实资产管理责任制,切实防止国有资产流失。机构变动的部门和单位要认真做好资产清查登记、财务清算和资产处置工作,不得弄虚作假、瞒报漏报,随意变更、毁坏财会帐目凭证;不得隐瞒、截留、挪用公款,虚报冒领、侵占、贪污公共财物;不得将专用经费、物资、房地产等国有资产擅自转让、转借、转移、调换、变更用途。不得违反规定购买、分配住房。

**四、厉行节约,坚决反对奢侈浪费。**要认真贯彻执行《中共中央、国务院关于党政机关厉行节约制止奢侈浪费行为的若干规定》和中央纪委《通知》(中纪发〔1998〕4号)精神,坚决反对任何形式的奢侈浪费行为。不得借机发放奖金、

补贴、礼品、纪念品或用公款宴请、组织高消费娱乐活动；不得借机组织到境内、外公款旅游；不得借机违反规定购买、配备、调换小轿车。

**五、强化监督检查，严肃执行纪律。**各级党委、政府、纪检监察机关和有关职能管理部门要强化对机构改革中各项政策、规定、法律法规及党纪政纪执行情况的监督检查，坚决杜绝和纠正有令不行、有禁不止的行为，确保政令畅通。要注意做好思想政治工作，克服工作方法上的简单生硬，对涉及分流人员利益的问题要有专人负责落实解决，不得以任何借口相互推诿、扯皮，激化矛盾。要充分发挥群众监督、舆论监督的作用，认真做好信访举报工作。对违反纪律的行为，要坚决纠正，并按照有关规定追究有关人员的责任；情节严重的，要从重处理，并按照《关于实行党风廉政建设责任制的规定》，追究有关领导的责任；触犯刑律的，要移交司法机关依法处理。

# 中共中央纪律检查委员会办公厅关于对湖南省纪委《关于奥迪 V6 小轿车问题的请示》的答复

(1999 年 10 月 29 日)

根据 1995 年 6 月 5 日中央纪委、监察部《关于转发中共中央国家机关工委、国务院机关事务管理局〈关于中央国家机关部级干部超标车处理中几个政策性问题规定的通知〉的通知》(中纪发〔1995〕9 号)的规定,奥迪 V6 小轿车属于高级豪华车,一律不准作为公务用车使用。同时,根据 1999 年 3 月 3 日中共中央办公厅、国务院办公厅《关于调整党政机关汽车配备使用标准的通知》(厅字〔1999〕5 号)的规定,除正、副部长和正、副省长级干部配备的轿车外,党政机关的其他公务用车一般配备排气量 2.0 升(含 2.0 升)以下、价格 25 万元以内的轿车。因特殊公务,确需配备排气量 2.0 升以上、价格 25 万元以上轿车的,地方党政机关由省、自治区、直辖市的主管部门审批。

因此,你省个别地厅级单位购买的单价为 40.6 万元的奥迪 V6 轿车,不论其排气量为 2.4 升还是 2.6 升,对于这些单位(除因特殊公务,经湖南省主管部门审批外)而言均属超标车,应予清理。

# 中共中央纪律检查委员会办公厅关于对《军队转业干部党纪处分批准权限问题的请示》的答复

（1999 年 11 月 3 日）

“军队转业干部到地方工作，被安排在比原职务低的职位上工作，但仍保留原职级待遇的，对这部分干部的党纪处分批准权限是按其享受的待遇还是按现职务履行批准手续”的问题，中央纪委曾作过答复，指出“军队转业的党员干部，职务没有得到相应的安排，仍享受原职级的政治、生活待遇，因犯错误须要给予党纪处分的，按其原职级和处分违纪党员批准权限报批”。

考虑到目前各地区、各部门的组织人事部门对这部分党员干部一般是按其现任职务进行管理的，如对这部分干部的党纪处分批准权限仍按原职级报批，就会在同一级党委中造成对这部分干部有权任免无权处分的现象，不利于对这部分干部的监督管理和违纪问题的查处。经研究，并征得中央组织部同意，对这一问题重新作出如下答复：

对没有按原职级安排，但仍享受原职级待遇的军队转业干部，因违纪须给予党纪处分的，按现任职务和处分违纪党员的批准权限报批。

# 中共中央纪律检查委员会办公厅、监察部办公厅关于查办案件中需查询或者冻结被调查对象存款时应以监察机关名义使用监察文书的通知

(1999 年 12 月 27 日)

《中华人民共和国商业银行法》发布后,一些地区和单位的纪检机关来电来函询问:纪检机关办案中确需到银行或者其他金融机构查询或者冻结被调查对象的存款时,应如何办理? 现就此问题通知如下:

《中华人民共和国行政监察法》第二十一条规定:“监察机关在调查贪污、贿赂、挪用公款等违反行政纪律的行为时,经县级以上监察机关领导人员批准,可以查询案件涉嫌单位和涉嫌人员在银行或者其他金融机构的存款;必要时,可以提请人民法院采取保全措施,依法冻结涉嫌人员在银行或者其他金融机构的存款。”根据这一规定,最高人民法院、监察部 1998 年 10 月 13 日印发了《关于执行〈中华人民共和国行政监察法〉第二十一条若干问题的规定》,明确了依法冻结涉嫌人员存款的操作程序并附有文书格式;监察部 1999 年 6 月 7 日印发了《监察机关监察文书格式标准文本式样》,其中式样 10 即为“查询存款通知书”。根据纪检、监察机关合署办公、行使两种职能的实际,各级纪检监察机关今后在办案中确实需要到银行或者其他金融机构查询存款或者冻结存款时,无论是以纪检机关名义立案的,还是以监察机关名义立案的,均应以监察机关名义使用上述监察文书,并应按规定严格履行审批程序。未设监察机关的部门、单位或者系统,纪检机关需要到银行或者其他金融机构查询和冻结存款的,可到所在行政区监察机关或者上级主管部门监察机关开具监察文书。

# 中共中央纪律检查委员会办公厅、监察部办公厅关于对浙江省纪委《关于党员、行政监察对象接受私营企业老板出资的旅游活动应当如何定性处理的请示》的答复

(2000 年 6 月 8 日)

党和国家工作人员或者其他从事公务的人员中的共产党员,利用职务上的便利,为他人谋利益,接受其邀请,本人或携带亲友外出旅游,费用由邀请方支付的行为,以受贿错误论,依照《中国共产党纪律处分条例(试行)》第六十一条给予党纪处分。

党和国家工作人员或者其他从事公务的人员中的共产党员,接受可能影响公正执行公务的他人邀请,本人或携带亲友外出旅游,费用由邀请方支付的行为,以受礼错误论,依照《中国共产党纪律处分条例(试行)》第六十三条给予党纪处分。

行政监察对象利用职务或工作上的便利,接受他人邀请,本人或携带亲友外出旅游,费用由邀请方支付的行为,需要给予行政处分的,可参照本答复处理。

对于你们请示中提出的“党员、行政监察对象接受私营企业老板出资的旅游活动”问题,应当区别不同情况,根据上述规定定性处理。

# 中共中央纪律检查委员会关于中央国家机关各部门制定的司(局)级以上领导干部配偶、子女个人经商办企业的具体规定适用于地方厅(局)级以上领导干部的通知

(2000年8月22日)

为了贯彻落实中央纪委第四次全会提出的“省(部)、地(厅)级领导干部的配偶、子女,不准在该领导干部管辖的业务范围内个人从事可能与公共利益发生冲突的经商办企业活动”的规定,按照中央纪委的统一部署,中央国家机关各部门依据《关于“不准在领导干部管辖的业务范围内个人从事可能与公共利益发生冲突的经商办企业活动”的解释》(中纪发〔2000〕4号),结合本部门、本系统的职责范围和业务特点,正在制定具体规定并将陆续印发本系统,抄送各省、自治区、直辖市党委、政府和纪委。这些具体规定不仅适用于中央国家机关各部门司(局)级以上领导干部,也适用于地方对口部门的厅(局)级领导干部以及省、地(市)党委、政府分管该部门的领导干部。地方厅(局)级以上领导干部的配偶、子女不得在该领导干部任职单位管辖的地区个人从事中央有关部门具体界定的可能与公共利益发生冲突的经商办企业活动。各省、自治区、直辖市党委要按照干部管理权限抓好中央国家机关各部门制定的具体规定的落实,纪检监察机关负责对规定执行情况进行监督检查。

各地、各部门要在全面登记、清理的基础上,对违反规定的坚决纠正,或者领导干部的配偶、子女退出所从事的经商办企业活动,或者领导干部本人辞去现任职务或给予其组织处理。对今年集中清理后领导干部的配偶、子女个人从事可能与公共利益发生冲突的经商办企业活动的,对领导干部本人一律以违纪论处。

整个清理纠正工作要于2000年10月底之前完成,11月15日之前向中央纪委报送清理纠正工作情况(材料径送中央纪委党风廉政建设室)。

# 中共中央纪律检查委员会办公厅对浙江省纪委《关于高校创办社会化后勤服务企业有关领导干部入股问题的请示》的答复

（2000 年 11 月 20 日）

高校领导干部投资入股创办社会化后勤服务企业，是一种个人经商办企业的行为。当前在推动高校后勤社会化改革的过程中，由于高校与后勤服务企业之间的产权关系尚未界定清楚，且后勤服务企业的服务对象又以高校学生和教职员工为主，因此，我们认为，高校领导干部向后勤服务企业投资入股不利于高校后勤社会化改革，容易产生利益冲突，是不适宜的。

# 中共中央纪律检查委员会、监察部关于中央纪委第四次全会重申和提出的国有企业领导人员廉洁自律有关规定的解释

(2000 年 11 月 30 日)

为落实中央纪委第四次全会重申和提出的关于国有企业领导人员廉洁自律五项规定，现将有关问题解释如下：

一、中央纪委第四次全会重申和提出的国有企业领导人员廉洁自律五项规定中所称国有企业领导人员包括：

国有独资企业以及国有独资企业所属具有独立经营权的单位和授权经营单位（或分支机构）的领导人员；国有独资企业委派到其他企业的领导人员；国有资产占控股地位或者主导地位的公司中由上级党组织、行政机关或者国有资产授权经营单位委派、任命、招聘的领导人员以及其他经上述单位批准执行职务的领导人员。

国有大型、特大型企业的中层经营管理人员适用中央纪委第四次全会重申和提出的国有企业领导人员廉洁自律五项规定。

未依照公务员制度管理的事业单位的领导人员以及未承担行政职能的事业单位的领导人员参照执行。

二、“不准个人擅自决定企业的大额度资金运作、生产经营和企业改革的重大决策、重要的人事任免等事项。”

个人擅自决定，是指违反企业制度所规定的决策程序、个人或者少数人作出决定。

大额度资金，是指超过由企业或者企业主管部门所规定的企业领导人员有权调动、使用的资金限额以上的资金。

重大决策，是指依照《中华人民共和国公司法》、《中华人民共和国全民所有制工业企业法》以及其他有关法律、法规规定应当由股东大会（股东会）、董事会、职工代表大会决定的事项；企业的资产重组，工程发包，对外担保；企业对外部投资，在国（境）外投资；企业上市、配股、分红，股权收购、转让；企业重大

技术改造，引进重要技术和设备，新产品开发，委托生产，转产；企业的工资制度和福利制度等涉及企业生产经营、改革、重要管理制度、职工利益等重大事项的决策。

重要人事任免，是指企业对本企业中层以上经营管理人员和下属企业、单位负责人的任命、免职或者聘用、解除聘用。

三、“不准将国有资产转移到个人名下或其他企业谋取非法利益。”

将国有资产转移到个人名下，是指国有企业领导人员以划转、调拨、公款私存、将用公款购买的房产或汽车等公物落户给私人、无偿或低价将国有企业的有形资产或无形资产让私人使用或者转让给私人以及其他任何方式将国有资产转移到私人名下。

其他企业，是指国有企业领导人员所在企业以外的任何企业和其他经营性单位。

四、“未经投资者批准，不准以个人名义在国（境）外注册公司或投资参股。”

不准以个人名义在国（境）外注册公司或投资参股，是指国有企业领导人员不得用企业资金以个人名义或者其他人的名义在国（境）外注册公司，投资参股或购买上市公司股票，购置不动产，或者进行其他经营活动。

因驻在国家或地区的法律规定，必须以个人名义进行上述活动的，应当经过投资企业批准；投资企业有上级主管部门或者上级企业的，还应当报经上级主管部门或者上级企业批准。进行上述行为，应当按照规定办理以个人名义进行产权注册委托协议书的公证手续。

五、“不准利用职权为配偶、子女及其他亲属经商办企业提供便利和优惠条件。”

提供便利和优惠条件，是指提供人力、资金、关系贷款、物资、技术、设备、担保、经营场所、经营项目、商标、品牌、专利、非公开信息、客户市场等方面的便利，或者以降低卖出价格、提高买入价格或者降低场地、设备租金，以及其他方式提供优惠条件。

国有企业领导人员的配偶、子女及其他亲属经商办企业既包括私人的经商办企业或者其他经营性活动，也包括以承包、租赁、委托、合作、联营等方式在国有、集体单位的经商办企业或者其他经营性活动。

六、“不准配偶、子女个人从事可能侵害该企业利益的生产经营活动。”

配偶、子女个人从事的生产经营活动，是指国有企业领导人员的配偶、子女个人经办或者与他人合办私营经济组织；个人受聘担任外商独资企业、中外合资企业、私营经济组织高级职位;个人在国(境)外注册公司后回国经营;个人进行中介活动等方式从事生产经营活动。

可能侵害该企业利益的生产经营活动,是指国有企业领导人员的配偶、子女个人所从事的生产经营活动与国有企业领导人员所在企业直接发生商品、劳务、经济担保等经济关系,或者依托国有企业领导人员所在企业进行生产经营活动。

国有企业领导人员的配偶、子女个人所从事的生产经营活动,因专利、特许经营等原因具有经营项目的独占性,企业必须与其发生经济往来的,其经营的项目及项目所涉及的重要指标应当列为厂务公开的一项内容。

七、"不准擅自兼任下属企业或其他企业的领导职务,经批准兼职的不得领取兼职工资或其他报酬。"

擅自兼任下属企业或其他企业的领导职务,是指按照干部管理权限,未经主管部门、上级企业或者本企业批准,兼任下属企业或者其他企业的领导职务,或者担任这些企业的顾问或名誉职务。

主管部门、上级企业或者本企业批准国有企业领导人员兼职,应当确定其本职和兼职。国有企业领导人员组织人事关系和工资关系所在单位的职务为本职,其他职务为兼职。组织人事关系和工资关系不在一处的,应当并为一处。

下属企业或其他企业包括:本企业的下级企业、本企业下属的具有独立经营权的单位、授权经营的单位,与本企业合营或者本企业参股经营的企业以及经营性事业单位,本企业以外的国有、集体、私营经济组织。

国有企业领导人员经批准兼职的,兼职单位给予的工资或者其他报酬,应当上交本企业。

企业领导人员个人出资在经批准兼职的企业合法持有的股份,其红利不视为个人兼职取酬。但兼职企业给予企业领导人员的股份及其红利应视为兼职取酬。

# 中共中央办公厅
# 关于加强对涉及党和国家主要领导同志的书籍、文章和影视等作品管理的通知

（2000 年 12 月 12 日）

编辑出版和制作涉及党和国家主要领导同志的书籍、画册、画像、文章、音像制品、理论文献电视专题片、电视剧和电影等作品，是一项十分严肃的工作，政治性、政策性很强。中央历来强调，对中央领导同志，不要突出个人，不要宣传个人。否则，不仅对领导同志个人没有好处，对党的事业也没有好处，在群众中也会带来不好的影响。全党同志要共同遵守这个原则。为加强对此项工作的管理，中央及有关部门多次作出明确规定。但仍有少数地方和单位无视规定，擅自出版和制作涉及党和国家主要领导同志的作品，造成不好的影响。为进一步加强管理，经中央批准，现通知如下：

一、编辑出版和制作涉及党和国家主要领导同志的书籍、画册、画像、文章、音像制品、理论文献电视专题片、电视剧和电影等作品，必须严格执行《中共中央办公厅关于严格执行编辑出版党和国家主要领导同志讲话选编和研究著作有关规定的通知》（中办发〔1998〕32 号）、《国务院办公厅关于进一步加强对有关出版物管理的通知》（国办电〔1998〕252 号）、《中共中央办公厅、国务院办公厅关于印发〈中共中央宣传部、国家广播电影电视总局关于制作播出理论、文献电视专题片的暂行规定〉的通知》（厅字〔1998〕13 号）、《中央宣传部、新闻出版署关于发表和出版有关党和国家主要领导人工作和生活情况作品的补充规定》（中宣发文〔1993〕5 号）、中宣部等部门《关于重大革命历史题材影视作品拍摄和审查问题的规定》（中宣通〔1990〕16 号）、《新闻出版署关于出版反映党和国家主要领导人工作和生活情况的摄影画册的规定》（新出图〔1995〕215 号）、《新闻出版署关于期刊发表有关党和国家主要领导人工作和生活文章、图片的规定》（新出期〔1994〕721 号）、《新闻出版署关于加强和改进重大选题备案工作的通知》（新出图〔1999〕198 号）等各项规定，严格履行报批程序，认真审核内容，不得违反规定擅自出版和制作。

二、编辑出版、制作反映现任中央政治局常委及其亲属工作生活情况的书籍、画册、画像、文章、音像制品、理论文献电视专题片、电视剧和电影等作品,必须征得领导同志本人同意。未经本人同意,一律不得出版和制作。

三、涉及党和国家主要领导同志的书籍,由新闻出版署指定的出版单位出版;涉及党和国家主要领导同志的影视作品,由国家广播电影电视总局指定的单位制作。其他单位一律不得自行出版和制作。

四、严禁任何单位和个人借出版制作有关涉及中央领导同志的书籍、文章和影视等作品的名义,拉赞助和广告。严禁用党和国家主要领导同志的名字、题词和照片作广告或变相广告。

五、各出版和制作单位要严格遵守上述规定,认真把关。各主管主办单位要切实负起责任,加强对所属出版和制作单位的管理。各级宣传思想文化部门、广播影视和新闻出版部门、党史和文献部门要根据各自职责,按照上述规定,加强对涉及党和国家主要领导同志的书籍、画册、画像、文章、音像制品、理论文献电视专题片、电视剧和电影等作品的审看。对违反规定、问题严重的单位,要严肃查处。同时,要追究主管主办单位领导的责任。

# 党的纪律检查机关

## 中共中央纪律检查委员会关于建立巡视制度的试行办法

（中共中央纪律检查委员会办公厅
1996年3月13日印发）

为了进一步加强和健全党内监督机制，充分发挥中央纪律检查委员会对省（部）级领导班子及其成员的监督职能作用，经中央批准，中央纪委第六次全会已作出“中央纪律检查委员会根据工作需要，选派部级干部到地方和部门巡视”的规定。为更好地贯彻执行这一制度，特制定本试行办法。

**一、巡视干部的选派**

1. 参加巡视的干部从已经离开领导岗位的正部级干部及个别副部级干部中选派。要挑选党性强，作风好，敢于坚持原则，年龄在70岁以下，健康状况较好和有较高社会声望的老同志参加巡视工作。

2. 参加巡视的具体人选，由中央纪委办公厅会同干部室提出名单，征求中央组织部意见，由中央纪委常委会研究确定。

3. 每次巡视时间根据任务需要确定。

**二、巡视干部的任务**

1. 了解省、自治区、直辖市和中央、国家机关部委领导班子及其成员执行政治纪律的情况。

2. 了解省、自治区、直辖市和中央、国家机关部委领导班子及其成员的廉政情况。

3. 将巡视情况直接报告中央纪委，重要情况由中央纪委报告党中央。

**三、巡视干部的职权**

1. 列席省、自治区、直辖市党委常委或部（委）党组的会议及其他有关会议。

2. 直接找省、自治区、直辖市和中央、国家机关部委领导班子成员谈话。

3. 根据工作需要，召开有关人员参加的座谈会或找有关人员谈话。

4. 查阅会议记录和有关材料。

**四、巡视干部的纪律**

1. 巡视干部执行中央纪委规定范围内的任务,不干预被巡视地方或部门的工作。

2. 巡视干部不承办案件,不处理具体问题,对所到地方或部门的工作及发现的问题不作个人表态。

3. 严格要求自己,带头执行中央提出的关于领导干部廉洁自律的有关规定。

4. 轻车简从,深入实际,联系群众,多方面听取意见,遇有重要情况及时请示、汇报。

**五、巡视干部的管理**

1. 巡视干部直接对中央纪委常委会负责。

2. 中央纪委办公厅负责巡视干部的组织、联络、协调和情况综合工作。

3. 巡视工作期间,由中央纪委有关纪检监察室派出一名工作人员协助工作。

# 中共中央纪律检查委员会办公厅、监察部办公厅关于纪检监察机关与外国纪检监察机关交往实行事先报告制度的通知

（1996年4月18日）

根据中央纪委第135次常委会议决定，各级纪检、监察机关与外国纪检、监察机关进行各种形式的交往，实行事先报告制度，在征得中央纪委、监察部外事局的同意后，方可办理有关手续。

特此通知。

# 中共中央纪律检查委员会、监察部关于纪检监察机关接待处理集体上访的暂行办法

(1996年4月24日印发)

**第一条** 为进一步做好对集体上访的接待和处理工作,维护党政机关、企业事业单位和农村的正常工作、生产、生活秩序,维护社会稳定,依据有关法规,制定本办法。

**第二条** 纪检监察机关按照党章和宪法的规定,支持、保护群众通过正常渠道、采取正当方式反映情况、揭发问题。对集体上访,要高度重视,认真接待,妥善处理。但不提倡群众采取集体上访的方式反映问题。

**第三条** 接待和处理集体上访的原则是:坚持实事求是,疏导教育群众,认真查清事实,妥善处理问题,把群众稳定在基层,把问题解决在基层。

**第四条** 接待和处理集体上访的基本要求是:领导重视,各方配合,主动热情接待,认真听取意见,深入调查研究,尊重客观事实,依据法律和政策处理问题。

**第五条** 对集体上访反映的问题,凡属于纪检监察机关职责范围的要主动受理;对不属于纪检监察机关职责范围的,应移送有关部门处理。

**第六条** 人数较多的集体上访,应要求上访人员推选代表反映问题,并动员其他人员尽快返回原地。经动员后仍不愿返回的,应请有关单位、部门来人做好工作,接回上访人员。对人数众多、所反映问题确属严重的集体上访,有关单位、部门领导要亲自出面做工作,认真接待处理。

**第七条** 对需要几个部门共同处理的集体上访,要主动与有关部门协商,在党委、政府的统一领导和协调下,按照归口办理的原则,有关部门各司其职,协同处理。

**第八条** 接待部门及工作人员要本着高度负责的精神,认真听取上访人员的陈述,分别情况作出处理:对合理的要求,要尽快解决,暂时解决不了的,要向群众作出解释;对不合理的要求,应作出说明,对经说明后仍坚持无理要求的,应给予批评教育。

**第九条** 要严格区分利用集体上访为首闹事的分子与受蒙蔽群众的界限，对群众要认真做好说服劝导工作；对煽动群众，为首闹事的分子，要依照有关法律交公安部门严肃处理，是党员干部的，由有关单位给予党纪、政纪处分。

**第十条** 处理集体上访，要贯彻分级负责原则，就地解决问题。地（市）以上纪检监察机关受理的集体上访揭发的问题，一般交下一级或有关纪检监察机关查处，并要求报告处理结果。问题严重的可派人协助有关单位调查处理。

**第十一条** 县（市）纪检监察机关受理的集体上访揭发的问题，要直接派人与有关单位、部门共同查处，一般不得下转。如因敷衍塞责、推拖不办而激化矛盾，导致越级上访或重复上访的，应追究有关领导和人员的责任。

**第十二条** 对上级纪检监察机关交办的集体上访案件，承办单位调查处理后要将处理结果报告交办机关。交办机关对报来的结果要严格把关，认真审理，对事实没有查清、处理不恰当、问题未落实的不能了结。

**第十三条** 对集体上访反映的问题作出处理后，承办单位要及时在适当范围公布查处结果，征求群众意见。对群众提出的不同意见，要认真研究，确属合理的应予采纳。

**第十四条** 上级纪检监察机关对交给下级纪检监察机关办理的集体上访揭发的问题，要加强跟踪督办。对重要疑难案件的调查处理，要派人进行具体指导。

**第十五条** 各级纪检监察机关可根据本地区的实际情况，依据本暂行办法制定实施细则或补充规定。

**第十六条** 本暂行办法自下发之日起施行。

# 纪检监察机关办案工作保密规定

(中共中央纪律检查委员会、监察部
1996年8月19日印发)

**第一条** 为了确保纪检监察机关在办案中严格保守国家秘密,加强办案中的保密工作,保证纪检监察工作的顺利进行,根据《中华人民共和国保守国家秘密法》、《纪检监察工作中国家秘密及其密级具体范围的规定》和国家有关规定,制定本规定。

**第二条** 本规定适用于纪检监察机构办案人员和纪检监察机构内部因工作需要接触案情的人员。

**第三条** 受理检举、控告、申诉的保密要求按照《保护检举、控告人的规定》的有关规定办理。

**第四条** 对案件或问题初核时,不准向被调查人暴露意图。

**第五条** 《立案呈批报告》、《初步核实报告》等有关案件材料,应指定专人登记、管理。

**第六条** 制定案件调查计划要同时制定保密措施,调查大案要案要有具体保密方案。

**第七条** 拟采取的调查手段、措施要严格控制知悉范围,不准向被调查人泄露;严禁泄露当事人提供的物证、书证、证人证言等证据。

**第八条** 外出调查一般不准携带案卷,如确需携带时必须经领导批准,并做到:两人专管,卷不离人,严防丢失;上下车、船、飞机时,要及时检查,相互提示。

**第九条** 不准在公共场所谈论案件内容,不准携带案卷和调查材料探亲访友、游览、购物等。

**第十条** 汇报案情及有关情况时,应使用加密传真,不得使用平信、明码电报和电话。传递办案材料,应通过机要部门。

**第十一条** 出境调查携带案件材料,应当按国家保密局、海关总署《关于禁止邮寄或非法携运国家秘密文件、资料和其他物品出境的规定》执行。

**第十二条** 移送审理的案件材料,要严格登记和履行交接手续。

**第十三条** 在审理案件过程中,案卷材料由承办人负责保管,审理结束后,按规定移送。

**第十四条** 阅卷笔录、审理讨论笔录等,未经批准,不得向无关人员提供。

**第十五条** 案件材料及办案请示、报告和其他有关文字材料,均应按《纪检监察工作中国家秘密及其密级具体范围的规定》划定密级和期限,并妥善加以保管。

**第十六条** 正在办理的案件,一般不对外宣传报道;需要宣传报道时,必须经主管领导同意并报同级纪检监察机关领导批准。

**第十七条** 办案中如发生泄密情况,要及时向主管领导和本单位保密委员会报告,同时采取有效措施尽力补救;事后要认真追查,严肃处理,并向上一级纪检监察机关保密委员会报告。

**第十八条** 违反本规定的,应依照党纪、政纪的有关规定给予党纪处分、行政处分或其他处理;构成犯罪的,移送司法机关依法追究刑事责任。

**第十九条** 本规定自发布之日起施行。

# 中共中央纪委办公厅、监察部办公厅、中共中央纪委监察部保密委员会、中共中央纪委监察部信息中心关于加强计算机信息网络系统保密工作的通知

(1996年10月4日)

近年来,全国纪检监察机关在计算机应用工作中十分重视计算机信息网络的保密问题,一些地区和部门采取措施,突出抓了信息网络的保密设备建设,这对提高工作效率和质量,保证信息系统的安全,起到了重要的保障作用。但是,在计算机信息网络的建设中忽视信息网络加密工作的现象还不同程度地存在,如有的单位利用地方邮电局的通用电子邮政信箱组成纪检监察信息网络,有的在计算机信息网络中使用软件加密,有的至今还没有考虑计算机网络加密问题,这些都严重影响了整个纪检监察计算机信息系统的安全,给纪检监察信息保密工作埋下隐患。为了加强计算机信息网络的保密工作,防止因计算机、传真机等现代办公设备应用中疏于保密而发生失密泄密问题,现重申以下规定:

一、各单位要有一名领导同志主管机关办公自动化工作以及计算机信息网络建设的保密工作。请于1996年12月10日前,将该领导同志的姓名、职务报中央纪委监察部信息中心。

二、全国纪检监察系统的办公自动化工作以及计算机保密通信网络建设工作,由中央纪委监察部信息中心统一管理。各单位要在信息中心指导下制定规划、进行相关设备的选型,并组织实施。

三、计算机网络所需保密设备的研制、购买、安装、维修、更新等工作均由中央纪委监察部信息中心统一负责。在网络中必须使用经中央保密委员会批准、由中央纪委监察部信息中心配备的加密机(加密卡),不得建立明码通信或自行采取其他保密措施的计算机信息网络。

四、计算机网络加密机的密钥系绝密级文件,统一由中央纪委监察部信息中心制发,各单位要有专人管理、使用,不得泄露。

五、加密机(加密卡)系高技术、高密级专用设备,各单位要严格管理使用,不准向任何无关人员介绍加密机(加密卡)的使用技术或提供有关资料。

六、加密机管理使用人员调动时,要按机要人员要求办理设备、密码、技术

手册等交接手续。

七、各单位要按照此通知要求对本单位的计算机信息网络保密工作进行一次认真检查,发现问题及时纠正。有疑难问题,请及时与中央纪委监察部信息中心联系。

我们将在 1997 年上半年对全国纪检监察系统计算机信息网络保密工作情况进行一次检查,对做得好的单位给以表扬和奖励,对不按上述要求进行检查纠正,也不及时反映问题的单位,要追究有关领导和当事人的责任。

# 中共中央纪律检查委员会
# 关于重申和建立党内监督五项制度的实施办法

(经中共中央批准,中共中央办公厅
1997年2月4日转发)

为了进一步健全和加强党内监督机制,充分发挥党的纪律检查委员会对党政领导干部,特别是对省(部)级领导干部的监督作用,按照对干部严格要求、严格管理、严格监督的精神,在坚持党的纪律检查委员会现行领导体制的前提下,重申和建立党内监督五项制度,并据此制定以下实施办法。

一、按照党的十三届六中全会通过的《中共中央关于加强党同人民群众联系的决定》的有关精神,中央纪律检查委员会根据工作需要,选派省(部)级干部到地方和部门巡视,其任务是了解省、自治区、直辖市和中央、国家机关部委领导班子及其成员贯彻执行党的路线、方针、政策以及廉政情况,有关情况直接报告中央纪委,中央纪委及时报告党中央。

(一)巡视组由巡视员和工作人员组成。巡视员从已经退离党政领导岗位的正、副省(部)级干部中选派,人选由中央纪委提出名单,征求中央组织部意见,由中央纪委常委会研究确定。工作人员由中央纪委干部室提名,经中央纪委常委批准。

巡视组直接对中央纪委常委会负责。中央纪委负责巡视组的组织、联络、协调和情况综合工作。

(二)巡视组的任务是,了解省、自治区、直辖市和中央机关、国家机关部委领导班子及其成员贯彻执行党的路线、方针、政策以及遵守政治纪律的情况和廉政情况;将巡视情况直接报告中央纪委。重要情况由中央纪委报告中央。

(三)巡视组可列席省、自治区、直辖市党委常委或部委党组(党委)的民主生活会及研究党风廉政建设等有关会议;根据工作需要,直接向省、自治区、直辖市和中央机关、国家机关部委领导班子成员了解情况;召开有关人员参加的座谈会或向有关人员了解情况;查阅会议记录和有关材料。

(四)巡视组执行规定范围内的任务,不干预被巡视地方或部门的工作;不承办案件,不处理具体问题,对所到地方和部门的工作及发现的问题不作个人表态;严格要求自己,带头执行关于领导干部廉洁自律的有关规定;轻车简从,深入实际,联系群众,多方面听取意见,遇有重要情况及时请示、汇报。

二、党的地方和部门的纪委(纪检组)发现同级党委(党组)或它的成员有违反党的纪律的情况,有权进行初步核实,并直接向上级纪律检查委员会报告,任何组织和个人不得干预和阻挠。需要立案检查的,按党章和有关规定报批。纪委(纪检组)遇到此类问题不报告就是失职,严重的要受到追究。

(一)本条规定所称"党委(党组)或它的成员",是指地方和部门各级党委、党工委,国家机关、人民团体、经济组织、文化组织和其他非党组织中的党组,以及上述党组织中的书记、副书记、常委、委员、党组成员。

(二)纪委(纪检组)发现同级党委(党组)或它的成员有违反党纪的情况,应及时进行研究,作出是否进行初核的决定,并在作出决定后将同级党委(党组)或其成员的违纪情况、是否初核和如何初核的意见以书面形式报告上级纪委,同时报党委(党组)主要领导同志(涉及本人的除外)。

(三)对同级党委(党组)违反党纪的情况,以及对同级党委(党组)成员同时又是上级党委成员违反党纪的情况进行初核,应先向上级纪委报告;对同级党委(党组)的其他成员违反党纪的情况进行初核,在报告上级纪委的同时即可进行。上级纪委接到下级纪委(纪检组)的报告后,应及时研究,并对初核工作给予指示。必要时,上级纪委可以与下级纪委共同进行初核工作。

(四)纪委(纪检组)应按照《中国共产党纪律检查机关案件检查工作条例》(以下称《案件检查工作条例》)规定的程序完成初核工作,并将初核结果和意见书面报告上级纪委。上级纪委应根据初核结果和《案件检查工作条例》等有关规定作出处理。需要立案检查的,按照党章和《案件检查工作条例》规定的程序和权限报批。

三、党的地方和部门的纪委(纪检组)接到对下一级党委(党组)成员的检举和控告,必须报告上一级纪律检查委员会,任何人无权扣压。凡违反的必须追究责任,严肃处理。

(一)本条规定所称"下一级党委(党组)成员",是指纪委(纪检组)的同级党委领导的下一级党委、党工委的书记、副书记、常委、委员;下一级国家机关、人民团体、经济组织、文化组织和其他非党组织中的党组书记、副书记、党组成员。

下一级纪委(纪检组)、同级党委所属工作部门中不是同级党委(党组)成员的正副职领导干部,适用本条规定。

(二)地方和部门的纪委(纪检组)从各种途径接到的对下一级党委(党组)成员的检举和控告,均需报告上一级纪委,任何组织和个人无权扣压。但是,下列检举和控告可以不报:上一级纪检机关下转交办的;已经上报并且内容重复的;没有任何具体事实和查核线索的;明显不属于违纪行为的。

(三)地方和部门的纪委(纪检组)接到需上报的检举和控告后,应填写《检举控告报表》(格式附后),按月上报上一级纪委。问题比较重大或紧急的,随时上报。对上报的问题,需要进行初步核实和立案检查的,按照《案件检查工作条例》规定的程序进行。

(四)上一级纪委收到《检举控告报表》后,对需要提出办理意见的,应及时提出并告知呈报的纪委(纪检组)。呈报的纪委(纪检组)必须执行,如有不同意见,应向上一级纪委书面申明理由,上一级纪委应及时给予答复。办理结果应报告上一级纪委。

四、凡属地方和部门主要领导干部的提拔任用,党的组织部门在提请党委(党组)讨论决定前,应征求同级纪委(纪检组)的意见。

(一)本条规定所称"地方和部门主要领导干部的提拔任用",是指提拔任用干部担任党的机关、人大机关、行政机关、政协机关、审判机关、检察机关及群众团体中由同级党委(党组)管理的主要领导职务。

(二)党委拟提拔任用的地方和部门主要领导干部人选,组织部门在考察、酝酿过程中,应征求该干部所在地区或部门纪委(纪检组)的意见,在提请党委(党组)讨论决定前,应征求同级纪委(纪检组)的意见。

(三)纪委(纪检组)应及时向征求意见的组织部门反映已掌握的拟任职人选遵守党纪政纪的情况、廉洁自律情况和抓党风廉政建设的情况。

(四)纪委(纪检组)与组织部门建立联系制度。纪委(纪检组)对日常所了解的干部的前项所列情况,以及群众反映干部的违纪违法问题和查处情况,需向组织部门通报的,要及时通报。

五、各级纪检监察机关领导干部的提名、任免、兼职、调动,各级组织、人事部门必须事先征得上级纪检监察机关的同意。

(一)本条规定所称"各级纪检监察机关领导干部",是指各级纪委书记、副书记、常委(不设常委的为委员),纪检组正、副组长,监察机关及其派出机构的正、副职负责人。

(二)各级纪检监察机关领导干部的提名、任免和调动,组织、人事部门必须在征得上级纪检监察机关同意后,按照干部管理权限和规定的程序进行。任免或调动通知应报上级纪检监察机关备案。

(三)拟安排纪检监察机关领导干部兼任与纪检监察机关的职责无直接关系的职务(包括常设职务和临时职务)的,组织、人事部门必须事先征得上级纪检监察机关的同意，然后按照干部管理权限和有关规定办理任职手续。任职通知应报上级纪检监察机关备案。

各级党委（党组）、纪委（纪检组）要认真贯彻执行本办法，各级组织、人事部门要积极配合，共同落实好有关加强党内监督的各项制度。凡拒不执行或违反本办法的，干预、阻挠执行本办法的，打击报复执行本办法的有关人员的，均属违纪行为，有关组织和人员应向上级党委、纪委报告，上级党委、纪委应迅速查明情况，责令予以纠正，并按照有关党纪条规追究责任，严肃处理。

本办法由中共中央纪律检查委员会负责解释。

本办法自发布之日起施行。以往发布的有关规定与本办法相抵触的，以本办法为准。

**中共　　　　　　　　纪委（纪检组）**

**检举控告报表**

| | | | | | |
|---|---|---|---|---|---|
| 编号 | | 收件日期 | | 上报日期 | |
| 被反映人 | | 单位、职务 | | | |
| 反映的主要问题 | | | | | |
| 线索来源及其他机关领导批示 | | | | | |
| 呈报纪检机关意见 | 领导签字： | | | | |
| 上级纪检机关检查室意见 | 室领导签字： | | | | |
| 上级纪检机关领导批示 | 年　月　日 | | | | |
| 备注 | | | | | |

# 中共中央纪律检查委员会、监察部关于纪检监察机关依法采用“两指”“两规”措施若干问题的通知

(1998年6月5日)

《中华人民共和国行政监察法》第二十条第(三)项规定的“责令有违反行政纪律嫌疑的人员在指定的时间、地点就调查事项涉及的问题作出解释和说明,但是不得对其实行拘禁或者变相拘禁”(即“两指”),以及《中国共产党纪律检查机关案件检查工作条例》第二十八条第(三)项规定的“要求有关人员在规定的时间、地点就案件所涉及的问题作出说明”(即“两规”),是国家法律和党内法规规定的纪检监察机关查处党纪、政纪案件的必要措施。实践证明,正确采用这项措施对于突破案件具有十分重要的作用,应当继续依法采用。当前,各级纪检监察机关采用“两指”“两规”措施情况总的是好的,同时也存在一些不容忽视的问题。为保证纪检监察机关正确采用这项措施,进一步加强查办案件工作,防止发生违纪违法行为,特作以下规定:

一、不准使用司法手段,不准使用司法机关的办公、羁押场所和行政部门的收容遣送场所。

二、不准修建用于采用“两指”“两规”措施的专门场所。

三、严禁搞逼供、诱供,严禁体罚或者变相体罚,严禁打骂、侮辱人格和使用械具。

各级纪检监察机关要严格遵守上述规定。对执行中的情况和问题,要及时向中央纪委、监察部报告。

# 中共中央纪律检查委员会、监察部关于纪检监察机关加强对没收追缴违纪违法款物管理的通知

（1998年8月25日）

加强行政性收费和罚没收入管理工作，有利于依法行政和公正执法；有利于从源头上预防和治理腐败；有利于建设高素质的执纪执法队伍。各级纪检监察机关要认真贯彻落实中共中央办公厅、国务院办公厅"中办发〔1998〕14号"文件精神，切实加强对纪检监察机关暂予扣留、封存、没收、追缴违纪违法款物的管理，全面落实行政性收费和罚没收入"收支两条线"的各项规定。

一、严格执行《中国共产党纪律处分条例（试行）》第一百六十八条、《中国共产党纪律检查机关案件检查工作条例》第二十八条第（六）项，以及《中华人民共和国行政监察法》第二十四条第（二）项、《监察机关没收追缴和责令退赔财物办法》的规定，对纪检监察机关直接查办的或牵头组织其他部门联合查办的违纪违法案件中涉及的违纪违法款物，依法应当予以没收、追缴的，要及时没收、追缴；确需采取暂予扣留、封存措施的，要按规定程序办理。做到既严肃查处违纪违法行为，又尽量挽回经济损失。

二、没收、追缴违纪违法款物，必须使用财政部门统一印制或监制的票据。办案处室经手的没收、追缴款物，一律交由机关财务部门统一管理，机关财务部门应有专人管理，设立专门帐户。暂予扣留和封存的款物亦应有专人妥善管理。

三、要按规定及时将违纪违法款物上缴国库，或及时退还给原财物所有人或者使用人，不准截留、挪用、侵占、私分，不准将违纪违法款设立"小金库"。

四、建立健全对违纪违法款物收缴和管理的制度，进一步加强规范化管理，堵塞漏洞，防微杜渐。

五、要加强监督检查，对违反规定，截留、挪用、侵占、私分收缴的违纪违法款物的，依照有关党纪政纪条规进行严肃处理，决不能姑息迁就；对触犯刑律的，移交司法机关依法惩处。

六、各单位接到本通知后，要对违纪违法款物的收缴和管理进行一次认真清理，发现问题，限期纠正。各单位要于年底前将有关清理情况报中央纪委办公厅。

# 中共中央纪律检查委员会办公厅<br>关于做好金融系统违纪违法<br>案件衔接工作的通知

(1998年12月25日)

按照《中共中央关于完善金融系统党的领导体制,加强和改进金融系统党的工作有关问题的通知》(中发〔1998〕9号)精神,金融系统(指中国人民银行、中国证券监督管理委员会、中国保险监督管理委员会、政策性银行、国有商业银行、国有商业保险公司、交通银行)已实行党组织垂直领导和干部垂直管理。现对各级地方纪委与所在地金融机构做好金融系统违纪违法案件衔接工作提出如下意见:

一、各级金融机构纪委成立以前已经由当地纪委立案,并且正在查处中的金融系统案件,仍由地方纪委负责查处,有关金融机构纪委要继续配合当地纪委,抓紧完成查处工作。

二、各级金融机构纪委成立后发现的金融系统违纪违法案件,由所在地有关金融机构纪委立案查处。各级地方纪委目前掌握及今后发现的金融系统违纪违法案件线索,可按干部管理权限,移交有关金融机构纪委查处。

三、地方性金融机构的违纪违法案件,由当地纪委查处。地方性金融机构的跨地区分支机构的违纪违法案件,一般由发案的分支机构党组织关系所在地的纪委查处。

四、各级地方纪委要按照《中共中央关于完善金融系统党的领导体制,加强和改进金融系统党的工作有关问题的通知》精神,加强对所在地金融机构纪委工作的指导,帮助、支持和协助有关方面查处金融系统违纪违法案件。各级金融机构纪委要尊重所在地纪委的指导,主动取得当地纪委及司法部门的支持和帮助。

# 关于加强中共中央纪委、监察部派驻纪检、监察机构管理的意见

（中共中央纪律检查委员会、中共中央组织部、
中共中央机构编制委员会办公室、监察部2000年9月4日印发）

为适应党风廉政建设和反腐败斗争的需要，进一步发挥中央纪委、监察部派驻纪检、监察机构的职能作用，加强对派驻纪检、监察机构的管理，根据中央有关规定和中央纪委第四次全会精神，现提出以下意见：

一、中央纪委、监察部派驻纪检、监察机构是中央纪委、监察部的组成部分，受中央纪委、监察部和驻在部门党组（党委）、行政的双重领导，以中央纪委、监察部领导为主。

二、派驻纪检、监察机构编制单列，由中央纪委、监察部提出具体分配方案，经中央编办审核，上报批准。中央纪委、监察部根据工作需要可统一抽调派驻纪检、监察机构的人员参加有关工作。

三、派驻纪检组组长、监察局局长一般不从驻在部门产生。派驻纪检组组长人选由中央纪委商中央组织部提出，征求驻在部门党组（党委）的意见，按规定程序任免；派驻监察局局长人选由中央纪委、监察部提出，征求驻在部门党组（党委）的意见，按规定程序任免。

四、派驻纪检组组长、监察局局长要专司其职，不得兼任驻在部门行政领导职务。任现职务满5年的，一般应进行交流。

五、派驻纪检、监察机构要经常向中央纪委、监察部请示、报告工作，其主要负责人要定期向中央纪委、监察部述职。中央纪委、监察部对派驻纪检、监察机构的工作要加强指导和检查，定期或不定期对派驻纪检、监察机构领导班子及其成员进行考察、考核。

六、派驻纪检、监察机构要充分发挥监督等项职能，对驻在部门党组（党委）及其成员、行政领导实行党内法规和行政监察法律法规规定范围内的监督，发现驻在部门党组（党委）及其成员、行政领导有违反党的纪律和行政纪律的情况，必须及时向中央纪委、监察部报告，并有权进行初步核实。

七、实行派驻纪检、监察机构工作责任制，建立责任追究制度。派驻纪检、监察机构不认真履行职责，对驻在部门及所属系统发生的严重违纪违法问题隐

瞒不报、压案不查;对驻在部门及所属系统发生的明令禁止的不正之风失察或发现后不制止、不查处;以及由于主观原因,对中央纪委、监察部部署的工作,没有贯彻落实、造成损失的,要追究主要负责人的责任。

# 其他

## 中共中央办公厅、国务院办公厅关于转发《农业部、监察部、财政部、国家计委、国务院法制局关于当前减轻农民负担的情况和今后工作的意见》的通知

(1996 年 3 月 9 日)

《农业部、监察部、财政部、国家计委、国务院法制局关于当前减轻农民负担的情况和今后工作的意见》已经党中央、国务院领导同志同意,现转发给你们,请认真贯彻执行。

党中央一再告诫全党,农业、农村和农民问题始终是我国革命和建设的根本问题,是正确处理改革、发展、稳定三者关系的关键。在当前发展社会主义市场经济的过程中,更要注意引导好、保护好、发挥好农民的积极性。近年来,党中央、国务院下达了一系列减轻农民负担、保护农民合法权益的政策和措施,对扭转加重农民负担的局面起到了重要作用,深受广大农民的拥护。经过各方面的共同努力,减轻农民负担工作取得了一定的成效。但是,最近一段时间,一些地区的农民负担又出现"反弹",有的地方的问题相当严重,甚至由此引发了逼死人命等恶性案件。对此,各级党委和政府应当引起高度重视,采取断然措施,坚决遏制这种"反弹"的势头。

党中央、国务院重申,各地区、各部门必须不折不扣地贯彻执行减轻农民负担工作的"约法三章":第一,坚决把不合理的负担项目压下来,停止一切不符合规定和不切合实际的集资、摊派项目;第二,暂停审批一切新的收费项目,禁止一切需要农民出钱、出物、出工的达标升级活动;第三,《中共中央办公厅、国务院办公厅关于涉及农民负担项目审核处理意见的通知》(中办发〔1993〕10号)已明令取消的项目,任何地方和部门都无权恢复,国务院规定的提留统筹费不超过上年农民人均纯收入 5% 的比例限额不得突破。

各级党委和政府要清醒地看到减轻农民负担工作的极端重要性和艰巨性。

江泽民同志多次强调领导干部要讲政治,要有政治观点,要有群众观点。减轻农民负担决不只是单纯的经济问题,而是关系农村改革、发展,关系农村大局稳定,关系正确对待农民、密切党和政府同农民联系的重大政治问题。各级领导干部对减轻农民负担的问题,一定要讲政治、讲大局、讲党性,各地区、各部门都要把认识统一到中央关于减轻农民负担的一系列重大决策上来,真正把减轻农民负担当作大事、要事、急事来抓,坚决做到令行禁止、违者必究。我们想问题、办事情,一定要从我国的实际出发,一定要从各地的实际出发,一定要考虑到人民群众的承受能力,要量力而行,留有余地,切不可要求过高、过快、过急。一定要讲究工作方法,非常谨慎地处理好涉及农民负担的各种问题,绝不允许动用专政工具,动用公安、武警、保安人员,动用枪支、警棍等,绝不允许非法抓人、铐人、关押人和收取农民家中的财物,如有违犯,严惩不贷。

党中央、国务院决定,在春节后,各地要对农民负担问题进行一次全面检查和清理,重点检查"约法三章"的执行情况。对所有向农民收费的项目进行一次彻底清理,凡是不符合中央规定、违背"约法三章"的,不管来自哪一级,不管来自哪个部门,一律停止执行。检查清理要以县为单位、逐乡逐村解决问题,不留死角,不走过场,不搞特例。省、地(市)两级负责督查,要一级检查一级,各级都要切实负起责任。对农民反映强烈的突出问题要专项治理,对农村"三乱"(乱收费、乱罚款和各种乱摊派)要限期解决。中央和国家机关各部委要自行检查清理,作出规定,明确要求。要抓紧查处一批加重农民负担的违法违纪案件。对恶性案件,要依法依纪从严查处,决不姑息。情节严重的,不仅要追究当事人和直接领导者的责任,还要追究上一级领导机关的责任。在阶段性工作结束后,各省、自治区、直辖市要向党中央、国务院作出报告。

# 农业部、监察部、财政部、国家计委、国务院法制局关于当前减轻农民负担的情况和今后工作的意见

根据中央经济工作会议和中央农村工作会议精神,现就当前减轻农民负担的情况和今后工作的意见报告如下:

**一、减轻农民负担工作取得了一定成效**

近年来,针对一些地方农民负担过重的问题,党中央、国务院采取了一系列重大措施,各地区、各部门为减轻农民负担做了大量工作。实践证明,党中央、

国务院关于减轻农民负担的一系列重大决策是正确的。经过各方面的艰苦努力,减轻农民负担工作取得了一定的成效,摸索了一些有益的做法和经验。

(一)进一步落实了减轻农民负担工作责任制。目前,全国大部分地区建立并较好地落实了减轻农民负担工作责任制,已有27个省、自治区、直辖市成立了由省级领导任组长的农民负担监督管理工作领导小组。有的省要求各级党政一把手亲自抓减轻农民负担工作;有的省规定,对擅自出台加重农民负担项目的,按谁出主意谁负责、谁签发文件谁负责、谁讲话谁负责的原则,追究领导人的责任。

(二)加快了法规、制度建设。全国有27个省、自治区、直辖市人大或政府制定了地方性农民负担管理法规或行政规章。一些地方逐步建立了农民负担预决算、专项审计、监督卡等监督管理制度。

(三)国务院有关部门和省、自治区、直辖市两级基本把住了农民负担项目审批的源头。近两年,农业部等五部门严格审核涉及农民负担的项目,先后对农村治安、卫生、体育、计划生育、教育、土地管理等部门涉及农民负担方面的文件进行了认真审核,做到了不擅自开加重农民负担的口子。绝大部分省、自治区、直辖市没有出台新的涉及农民负担的收费项目。

(四)加大了对涉及农民负担案件的查处力度。1994年发生的9起恶性案件已得到查处;去年发生的几起案件,大部分也已查清,对有关责任者给予了党纪、政纪处分,对情节严重者依法追究了法律责任。各地普遍开展了对农民负担工作的执法监察。

(五)狠抓了农村"三乱"的治理。针对目前一些地区农村"三乱"比较严重的状况,许多地方进行了专项治理。有的省制定了教育集资管理办法,明确了监督管理程序;有的省加强了对农村低压电价的管理;有的省对农村"一度电、一方木、一辆拖拉机、一艘渔船、一个中小学生、一张证明"的收费情况进行了重点清理。

从全国的情况来看,去年大多数地方减轻农民负担工作做得是好的,特别是去年8月全国农民负担监督管理工作会议和国务院宣布"约法三章"之后,各地立即行动,进一步加大了工作力度,农民负担上升的势头有所遏制。

**二、减轻农民负担工作形势依然严峻**

最近一段时间,一些地方的农民负担又出现"反弹",有的相当严重。有些地方农民实际负担超出了国务院规定的范围和限额,超过了当地经济发展水平和农民的承受能力。农民负担过重的问题还没有从根本上解决。主要问题有:

(一)"三乱"在一些地方屡禁不止。有的地方在收购农副产品和安排农作物种植时向农户罚款;有的地方在结婚登记、计划生育、中小学教育等工作中向农民收取不合理费用;有的以摊派方式强行要求农民交养老保险金;有的在粮棉收购中强行代扣代缴各种款项。不少地方在修路和中小学建设中搞一些不切合实际的集资,涉及面广、数额大,农民不堪承受。

(二)一些地方仍在执行明令取消的收费项目。有的以押金的方式继续向农户变相收取宅基地有偿使用费;有的以提高电费的方式继续收取乡镇级管电组织维护管理费。

(三)擅自出台加重农民负担的项目。有的县、乡不按《农民承担费用和劳务管理条例》(国务院令第92号)规定的程序报批收费项目,以县、乡人大决议、领导讲话和推广典型经验的方式,出台加重农民负担的项目。

(四)不按规定管理、使用提留统筹费。一些县、乡在预算外加项加码和对五项统筹擅自规定比例,平调、挪用集体资金,高估或虚报农民收入、抬高提留统筹费数额等。

(五)一些地方又发生了因加重农民负担而引发的伤亡事件和干群冲突。去年以来,山东、江西、安徽、湖北、湖南、四川、河南等省都发生了因加重农民负担而导致人员伤亡的案件,有的农民被逼自杀或被打死。江西、安徽、贵州等省还因农民负担问题引发了干群冲突。

对上述问题,农民群众意见很大,反映强烈。1995年,仅农业部农民负担监督管理办公室接待的涉及农民负担来信来访就比1994年增加了40%以上。一些地方农民负担减而复增,已缓解的干群关系又趋紧张。

党中央、国务院制定的一系列减轻农民负担的政策、法规之所以在一些地方未能很好地贯彻落实,农民负担一再“反弹”,主要原因,一是思想认识问题还未解决,一些地方的领导同志把减轻农民负担当作一般性工作,往往停留在一般号召上,没有采取得力的措施。二是不从实际出发,过高地估计农民的富裕程度,搞建设不量力而行,资金不足就向农民伸手。三是一些基层干部工作作风简单、粗暴,有的甚至目无法纪,不尊重农民的民主权益。四是乡镇机构庞大,“吃皇粮”的人太多。五是有关农民负担的法规不健全。

**三、坚持不懈地做好减轻农民负担工作**

针对上述问题,当前和今后一个时期减轻农民负担工作,要按照“深化改革、发展经济、规范管理、群众监督”的要求,坚定不移地贯彻执行国务院宣布的“约法三章”,重点解决好提留统筹费超过规定比例和农村“三乱”问题。从今年开始要力争达到:在县一级的范围内,村提留、乡统筹费和劳务控制在《农民承担费用和劳务管理条例》规定的限额以内,不得突破;涉及农民负担的行政事业性收费、集资和基金项目，逐步纳入依法有序管理的轨道，使农村“三乱”得到制止；建立健全减轻农民负担的法规、制度，形成有效的监督管理体系。为此，需采取以下措施：

（一）建立减轻农民负担工作行政主要领导负责制。要把减轻农民负担作为考核各级各部门领导干部的一项重要标准，行政主要领导要亲自抓好减轻农民负担政策、法规的贯彻落实，按照“约法三章”的要求，确保本地区提留统筹费不超过上年农民人均纯收入的5%，不得擅自出台任何加重农民负担的项目。要严格检查“约法三章”的执行情况，做到令行禁止，有违必究。

（二）坚决堵住加重农民负担的源头。要严格执行《中华人民共和国农业法》和《农民承担费用和劳务管理条例》的规定。凡是涉及农民负担的收费、集资、基金等项目，必须经过省级以上农民负担监督管理、财政、计划、物价部门审批。对擅自乱开口子向农民要钱、要物的单位和个人，要依照党纪国法追究当事人和直接领导者的责任。要继续按照《财政部、国家计委、监察部、农业部关于1995年深入开展反腐败继续治理乱收费工作的通知》（财综字〔1995〕52号）的要求，抓紧对农村各种基金进行清理登记，制定农村集资管理办法，规范各种收费行为。

（三）实行提留统筹资金统一管理制度。乡镇经营管理站（办公室）要加强对农村集体资金的统一提取、管理和使用，实行“一个漏斗向下”的管理办法。对资金的使用，改“拨付制”为“报账制”。当前要重点推行农民负担日常监督管理的三项制度：一是预决算制度。各地要严格按照审批的预决算方案执行，不准层层加码，不准乱塞项目，不准乱分比例。二是全面推行农民负担监督卡制度。已建立监督卡制度的地方，要做好完善工作；尚未建立监督卡制度的地方，要尽快建立起来。今年农民上缴费用要全部做到凭卡收取。三是建立健全农民负担专项审计制度。各级农民负担监督管理部门要把这项工作全面开展起来，并逐级上报审计结果，定期公布。同时，普遍实行“两公开、一监督”制度，乡、村两级凡与农民有关的政务和一切财务收支，包括各种集资、收费都要向群众公布，接受群众监督。对财务管理混乱的乡村，要组织力量及时清理整顿，切实解决平调、挪用、挤占集体资金的问题。各地要尽快制定劳动积累工、农村义务工（以下简称“两工”）的管理使用办法，健全劳动积累制度，管理和使用好“两工”。

（四）健全分工协作的监督管理机制。各有关职能部门要在同级党委、政府的统一领导下，按照全国农民负担监督管理工作会议确定的职责分工，加强监督检查，共同做好减轻农民负担工作。农民负担监督管理部门要管好提留统筹费和“两工”,做到不突破限额,按照职责分工,分别与财政、计划、物价部门审核涉及农民负担的集资、罚款、收费等项目和文件,共同纠正和查处农村“三乱”问题;纪检、监察部门要督促各有关部门落实减轻农民负担的政策、法规,加强执法监察;财政部门要加强对涉及农民负担的基金的管理,严肃处理各种乱征乱收行为;物价部门要强化农村的价格管理,认真查处各种乱涨价行为;物价、财政部门要认真审核各项涉及农民负担的行政事业性收费标准,坚决把过高的标准降下来。

(五)建立健全农民负担执法检查、群众举报和案件查处制度。执法检查要把检查和处理结合起来,对加重农民负担的违法违纪行为和恶性案件,要坚决查处。要向社会公布举报电话,倾听群众的呼声,对反映突出的问题要及时组织专项治理。各级纪检、监察机关和农民负担主管部门要全面开展对减轻农民负担工作的执法监察,发现问题,及时纠正。对违反规定出台的项目要立即取消。对乱收的款物要及时督促清退。

(六)务必做好灾区、贫困地区减轻农民负担工作。对于灾区、贫困地区减轻农民负担工作要给予特别的重视,把减轻农民负担工作同关心灾区、贫困地区群众生活结合起来。要安排好灾区、重点贫困地区群众和特困户的生活。按照有关法律、法规的规定,做好灾区、贫困地区税费减免工作。禁止在灾区、贫困地区向农民搞任何名义、任何形式的集资、募捐活动。灾区、贫困地区农民群众承担的提留统筹费的绝对额不得超过上年。

(七)加强宣传工作,把法规、政策交给干部、群众。各地要利用《农民承担费用和劳务管理条例》颁布五周年的时机,大力宣传党中央、国务院关于减轻农民负担的政策、法规,提高干部、群众的法制观念和政策水平,教育干部严格依法办事,依法行政,使减轻农民负担工作成为广大干部的自觉行动。要教育广大农民群众认真履行应尽义务,依法抵制不合理负担。要坚持正面宣传为主的方针,大力宣传和总结推广减轻农民负担工作的好经验、好做法。对于经查实的违法违纪典型案件,经过批准,可以公开报道,以起警示作用。

(八)切实转变工作作风,严禁采取非法手段向农民收取款物。各级干部要实事求是、一切从实际出发,切实转变工作作风。农村各项事业的发展必须建立在经济发展和农民生活改善的基础上,办事既要量力而行,也要群众自愿。条件不具备的,群众不愿意的,就不要硬办,不要强迫命令。要反腐倡廉、艰苦奋斗、勤俭节约,多为农民办实事,密切党群关系。不得动用公安、武警、保安人员和使用警械、警具参与向农民强制性摊派、集资以及收取各种预付款的活动;不得派公安干警参加任何部门向农民摊派的收费、罚款活动;不得以“小分队”、“突击队”、“工作队”等形式向农民强制收取款物。

（九）尽快完善有关农民负担的法律、法规。法制部门要进一步完善有关农民负担的立法，要加大对违反政策法规、加重农民负担行为的处罚力度。抓紧制定有关保护农民合法权益的法律、法规。

（十）积极探索减轻农民负担的有效途径。各地要结合机构改革，下决心精简县、乡超编人员，压缩村社享受补贴的人员，杜绝不合理开支。要结合农村基层组织建设，大力扶持发展集体经济，增强集体经济实力。要充分发挥农民负担监督管理试点县的示范作用，积极探索减轻农民负担工作的成功经验和有效途径，力争从根本上解决农民负担过重的问题。

# 中共中央、国务院
# 关于切实做好减轻农民负担工作的决定

(1996年12月30日)

当前,我国农村形势很好,农村经济全面发展,农民收入显著增加,农村社会稳定。形势越好,越要注意保护农民的积极性,继续做好减轻农民负担工作。近几年来,针对农民负担存在的突出问题,党中央、国务院及时采取了一系列政策措施,减轻农民负担工作取得了一定的成效。但是,农民负担重的问题还没有从根本上解决,仍然是当前农民反映最强烈的问题之一,有些地方问题还相当严重。有的地方和部门置中央的三令五申于不顾,巧立名目,向农民乱收费、乱集资、乱涨价、乱罚款和摊派;有些地方虚报农民收入,超限额提取村提留乡统筹费,强迫农民以资代劳;极少数基层干部作风粗暴,目无法纪,挥霍、侵吞集体和农民的资财,甚至动用专政工具和手段强行向农民收钱收物,个别地方酿成了干群冲突的严重事件和死人伤人的恶性案件。这些都严重地侵犯了农民的合法权益,挫伤了农民的生产积极性,伤害了农民对党和政府的感情,引起了农民群众强烈不满。

加重农民负担的行为屡禁不止,农民负担一再反弹,原因很多,主要是:有些地方盲目追求发展速度,超越了财政的承受能力,以各种名目向农民"伸手";有些部门在农村办事情要求过高过急,不切实际地推行达标升级活动,搞形式主义,加重了农民负担;有些乡村干部不善于做群众工作,方法简单粗暴,甚至违法乱纪;许多地方乡镇机构臃肿,干部队伍庞大,加之集体经济薄弱,干什么都要向农民收粮要钱;现行的农民负担管理办法不够完善,缺乏群众民主监督,农村集体财务制度不健全,等等。总之,归结起来,一是一些地方和部门背离了党的实事求是的思想路线,订计划、办事情不从实际出发,发展农村各项事业的要求超越了农村经济和农民收入的实际水平。二是有些干部忘记了党的全心全意为人民服务的根本宗旨,群众观念淡薄,对农民总是给予的少,索取的多,以至侵害农民的利益。

中央认为,农民负担重,已成为影响农村改革、发展和稳定的一个十分突出的问题。如不坚决加以解决,势必妨碍国民经济和社会发展"九五"计划和2010年远景目标的实现,影响基层政权的巩固,危及国家的长治久安。全党务必从政治、全局的高度看待这个问题，采取有力措施，切实做好减轻农民负担工作。

当前和今后一个时期，减轻农民负担工作的指导思想和主要任务是：以邓小平建设有中国特色社会主义理论和党的基本路线为指导，坚持党的十一届三中全会以来关于农村工作的一系列方针政策，正确处理新时期的农民问题，坚定不移地维护农民的合法权益，坚持不懈地减轻农民负担，禁止非法负担，管理好合理负担，推动农民负担监督管理工作走上法制化、规范化轨道。经过努力，坚决把农民承担的村提留乡统筹费和劳务全面控制在国家规定的限额之内，严禁面向农村的乱收费、乱集资、乱涨价、乱罚款和各种摊派，取消一切加重农民负担的达标升级活动，杜绝因农民负担过重引发的严重事件和死人伤人的恶性案件，切实把不合理的农民负担减下来，并长期稳定在政策规定的范围之内。为此，党中央、国务院特作以下决定。

一、国家的农业税收政策稳定不变。"九五"期间，对农业生产不开征新的税种，国家规定的农业税税率不再提高。任何地方无权设立税种、提高税率，非法设立的税种和擅自提高的税率一律取消。农业特产税、屠宰税必须据实征收，不得向农民下指标，不得按人头、田亩平摊。农业税和农业特产税不得重复征收。有关部门要抓紧完善农业税收稽征办法。

二、村提留乡统筹费不超过上年农民人均纯收入5%的政策稳定不变。随着经济的发展和农民收入水平的提高，农民实际负担村提留乡统筹费的比例还应该逐步降下来。按照公平合理负担的原则，改革完善村提留乡统筹费计提办法，收入高的多负担，收入低的少负担。将以乡农民人均纯收入为依据改为以村农民人均纯收入为依据计提村提留乡统筹费。有条件的地方，可以实行农户上交的村提留乡统筹费额一定几年不变、按年度收取的办法。对从事个体工商业和私营企业的农户，由县级人民政府根据国家有关规定，合理确定村提留乡统筹费的提取比例。对受灾地区农民上交的村提留乡统筹费要适当调减。受灾严重的农户，免交全部公益金和公积金。做好农民人均纯收入的统计核实工作，防止虚报多收。

加强对村提留乡统筹费的管理和监督。村提留占提留统筹费的比例应在一半以上。除法律法规已有规定外，乡统筹费开支项目一律不得定比例。坚决纠正平调、挪用、挤占村提留乡统筹费的错误做法。要健全村提留乡统筹费的财务管理制度，村提留乡统筹费的收支要严格执行预算方案，村提留的使用情况要定期张榜公布，并允许村民查帐，乡统筹费的使用要接受专项审计。乡镇人大、集体经济组织和有关职能部门要加强监督。

三、农民承担义务工和劳动积累工制度稳定不变。义务工和劳动积累工以出劳为主,原则上不得以资代劳,各级各部门都不得向乡村下达以资代劳指标。农民自愿以资代劳的,必须由本人提出申请,经村集体经济组织批准后,可以由农民出资自己雇请劳力,也可以由村集体经济组织管理以资代劳资金,统一雇请劳力,完成本村的出工任务。不得要求把以资代劳资金上交县、乡有关部门管理。除抢险救灾、农田水利工程和法律法规已有规定外,义务工和劳动积累工不得跨乡使用。

四、严禁一切要农民出钱出物出工的达标升级活动。各级政府和部门在农村开展工作,不得违反规定要求集体经济组织和农民出钱出物出工,不得脱离农村实际定统一的标准、下统一的量化指标,也不得以检查验收和评比等形式搞变相的达标升级活动。

五、严禁在农村搞法律规定外的任何形式的集资活动。今后,各地区、各部门均不得出台任何面向农村的集资项目。教育集资必须依照《教育法》的有关规定,坚决按照自愿、量力的原则,控制数量,严格审批。不得超规定范围使用教育集资款,不得将教育集资变成经常性的集资活动,也不得以教育集资的名义乱集资。坚决禁止不切实际地搞高标准的学校建设。有关部门要抓紧共同制定教育集资的管理办法。政府及部门组织兴办的道路、电力、通讯、广播电视等建设项目,不得向农民集资。

农民在村范围内兴办生产和公益事业所需资金,应从公积金和公益金中列支。资金不足的,可以提交村民大会讨论,经多数村民同意后,由群众自愿筹集。

六、严禁对农民的一切乱收费、乱涨价、乱罚款。"九五"期间,停止审批一切面向农民的新的收费项目。各级各部门要按照中央的统一部署,抓紧清理面向农民的各种收费。中央和地方已明令取消的项目,不得恢复,仍在执行的要坚决停止;擅自设立的收费项目,要坚决取消;偏高的收费标准,要坚决降下来。清理后的收费项目和标准,要向农民公布。要纠正只收费不服务、多收费少服务或强制性服务等错误做法。禁止在结婚登记、中小学生就学、建房和计划生育指标等审批、办理过程中向农民的一切搭车收费。禁止非法经营农业生产资料,严肃查处违反国家价格政策的乱涨价行为。禁止非法向农民罚款,取消无法律法规依据的罚款项目,坚决纠正因农民未完成种植养殖任务而处以罚款等的错误做法。

七、严禁各种摊派行为。有关部门在农村开展保险业务和合作医疗,都必须坚持自愿量力,不得强求。不得以任何形式下达保险指标,强行要求农民投保。乡村干部不得代农民投保,中小学校也不得代办保险。向农村集体经济组织和农民征订报刊、书籍,必须坚持自愿原则,不得强征代订,不得以回扣等不正当方式扩大发行,增加农民负担。

八、严禁动用专政工具和手段向农民收取钱物。农民要按照国家规定,积极缴纳税金,完成农产品定购任务,承担村提留乡统筹费和劳务。凡农民应缴纳的钱物都要通过农民负担监督卡或承包合同等书面形式确定下来,明确项目和数量,由农民自觉缴纳,不得在收购农副产品时代扣代缴村提留乡统筹费。收取村提留乡统筹费要使用省级有关部门统一印制的专用票据。对未缴纳村提留乡统筹费的农户,要区别情况,做好工作。对缴纳村提留乡统筹费确有困难的,要依照有关规定,分别予以减、缓、免。对有能力缴纳而又不缴纳的,可以依照村规民约进行教育,或者按照诉讼程序依法解决。不能用解决对抗性矛盾的方式和手段来处理这类问题。不允许动用专政工具和手段向农民收取钱物;不允许到农民家里抓猪牵羊、强行收缴财物;不允许非法采取收回承包地等错误做法胁迫农民交钱交物。对非法向农民收取钱物的,农民有权拒交,有权向上级有关部门反映,有权向人民法院起诉。对农民的反映和起诉,要认真受理、不得压制。

九、减免贫困户的税费负担。要认真贯彻中央制定的对贫困地区的各项税收优惠政策。对国定贫困县的特困村,经县级人民政府批准,免除农民承担的乡统筹费;对尚未解决温饱的贫困户,免除全部村提留乡统筹费。各省、自治区、直辖市要做好本辖区贫困县农民村提留乡统筹费的减免工作,落实好其他地区低收入困难户村提留乡统筹费的减免政策。县级人民政府要根据当地的实际情况,对享受减免政策的农户确定适当的比例,并切实执行。对因执行减、缓、免政策而减少的税费收入,不得分摊到其他农户。

十、减轻乡镇企业的负担。加重乡镇企业负担,也就是加重农民的负担。要严格执行《乡镇企业法》的有关规定,坚决制止各种加重乡镇企业负担的行为。任何单位和部门不得向乡镇企业乱收费、乱集资、乱罚款和摊派,不得以任何形式和名义拉赞助、搞评比,增加企业的负担。乡、村干部不得在乡村集体企业乱开支。乡镇企业行政主管部门要会同有关部门对乡镇企业的负担进行清理,并制定监督管理的具体办法。

十一、减少乡镇机构和人员的开支。"九五"期间,各地不再增加乡镇机构和人员编制,坚决裁减超编人员。有关部门要抓紧研究适应社会主义市场经济体制的乡镇机构改革问题。村级各类组织的干部可以交叉兼职,减少补贴干部的职数。严格控制乡村代课教师数量,聘任代课教师须由县(市、区)教育行政部门审批,乡、村不得自行聘任。

十二、加强领导,实行减轻农民负担党政一把手负责制。各级党政领导一把手要亲自抓,负总责,一级管一级。要把减轻农民负担工作作为考核和任用各级领导干部特别是县、乡两级领导干部的一项重要指标。县、乡两级领导干部要确保在本辖区内,不出现村提留乡统筹费突破上年农民人均纯收入5%的村;不违反中央规定出台加重农民负担的项目;不发生因农民负担引发的严重事件和恶性案件。各级有关部门尤其是中央有关部门,要带头执行中央减轻农民负担的有关政策规定,坚决维护政令统一,做到令行禁止。有关部门的领导要切实负起责任,把好关口。今后哪个地方和部门加重农民负担,就要追究那里主要领导的责任。凡因加重农民负担受到处分的干部,在规定的期限内不得提拔和重用。

十三、加强监督检查,严肃查处加重农民负担的违法违纪行为。要加强农民负担监督管理机构的建设,充实力量,强化职能。各级党委和政府每年都要组织两次农民负担执法检查,并将检查情况逐级上报,上级党委和政府要将有关情况及时予以通报。各级有关部门要针对农民反映的突出问题开展专项治理。要发挥人大、政协的监督作用,加强群众的民主监督和舆论监督。要严肃处理各种加重农民负担的行为。对违反规定的,各级纪检监察机关要依照党纪政纪追究责任;对非法向农民收取钱物的,农业、财政、计划、物价等部门要依照有关规定责成其如数退还,有关部门可视情况依法给予经济处罚;对造成严重后果、触犯刑律的,司法部门要依法追究刑事责任。凡因加重农民负担,引发严重事件和死人伤人恶性案件的,要追究乡、村主要负责人和直接责任人的责任,凡涉及地、县领导责任的,要依照有关规定追究地、县党政主要领导的责任,以吸取教训;连续发生严重事件和死人伤人恶性案件的省、自治区、直辖市,党政主要领导同志要向党中央、国务院作出书面检查;对瞒案、压案、报而不查或打击报复举报人的,一经发现,要从严处理。要加快农民负担监督管理的立法工作。

以上十三条,各级党委和政府要认真贯彻执行,逐项逐条落到实处,决不允许出现任何梗阻现象,决不允许在执行中走样。以前的文件规定凡与本决定不符合的,均以本决定为准。各省、自治区、直辖市党委和政府,对上述决定的传达贯彻要作出专门部署,首先向县以上党政机关干部传达,然后由各县(市、区)党委、政府组织乡、村干部学习,逐级搞好培训,以统一思想,提高认识。在此基础上,于春节后用一个月时间将决定内容同广大农民群众见面,并反复宣传,做到家喻户晓。

减轻农民负担是一项十分紧迫的政治任务，做好这项工作，关键在干部。各级干部特别是广大基层干部为农村经济和各项事业的发展做了大量的艰苦的工作，主流是好的。中央希望，各级干部尤其是领导干部，都必须始终牢记全心全意为人民服务的宗旨，时刻把农民的利益放在心上；必须坚持实事求是的思想路线，一切从实际出发，因地制宜办好农村的事情；必须切实转变工作作风，改进工作方法，善于做好新时期的农民工作。在实际工作中，必须认真做到：要努力给农民更多的经济实惠，不要与民争利；要保障农民的个人财产和合法收入不受侵犯，不要乱向农民伸手；要充分尊重农民的意愿，不要剥夺农民的民主权利；要量力而行地办好农村各项事业，不要急于求成；要区别情况分类指导农村工作，不要不切实际地向下压指标、搞"一刀切"；要把主要精力放在帮助农民发展经济上，不要只想着向农民要这要那；要把对上级负责和对农民负责统一起来，不要把两者对立起来；要教育和引导农民自觉履行应尽的义务，不要放弃领导应有的责任；要严格执行政策，耐心细致地做好群众工作，不要用强迫命令和简单粗暴的方式对待农民；要说真话、办实事，不要搞形式主义，弄虚作假。

减轻农民负担是一项长期性的工作。从根本上解决好农民负担问题，必须坚持深化改革。对有的地方进行的负担分流和一些粮食主产区进行的税费改革探索，可以继续试验。要大力发展农村经济，努力增加农民收入，要不断壮大集体经济，增强集体经济组织服务和兴办公益事业的实力，解决好"有钱办事"的问题。坚持依靠农民群众进行民主监督，规范政府行为，依法管理农民负担。要规范农村财务制度，加强财务管理。

减轻农民负担，事关重大，任务艰巨。中央号召，全党同志务必以对党和人民高度负责的精神，讲政治，讲纪律，统一思想，步调一致，切实做好减轻农民负担工作，为实现新时期的宏伟目标，确保国家的长治久安而努力奋斗！

# 中共中央、国务院关于进一步加强土地管理切实保护耕地的通知

(1997年4月15日)

土地是十分宝贵的资源和资产。我国耕地人均数量少,总体质量水平低,后备资源也不富裕。保护耕地就是保护我们的生命线。但近年来,一些地方乱占耕地、违法批地、浪费土地的问题没有从根本上解决,耕地面积锐减,土地资产流失,不仅严重影响了粮食生产和农业发展,也影响了整个国民经济的发展和社会的稳定。对于土地管理特别是耕地保护这个事关全国大局和中华民族子孙后代的大问题,党中央、国务院高度重视,经过多次研究认为,从我国国情出发,我国的土地管理特别是耕地保护措施必须是十分严格的,必须认真贯彻"十分珍惜和合理利用每寸土地,切实保护耕地"的基本国策,必须采取治本之策,扭转在人口继续增加情况下耕地大量减少的失衡趋势。为此,特通知如下:

**一、加强土地的宏观管理**

各省、自治区、直辖市必须严格按照耕地总量动态平衡的要求,做到本地耕地总量只能增加,不能减少,并努力提高耕地质量。各级人民政府要按照提高土地利用率,占用耕地与开发、复垦挂钩的原则,以保护耕地为重点,严格控制占用耕地,统筹安排各业用地的要求,认真做好土地利用总体规划的编制、修订和实施工作。不符合上述原则和要求的土地利用总体规划,都要重新修订。土地利用总体规划的编制和修订要经过科学论证,严密测算,切实可行;土地利用总体规划一经批准,就具有法定效力,并纳入国民经济和社会发展五年计划和年度计划,严格执行。在修订的土地利用总体规划批准前,原则上不得批准新占耕地。

实行占用耕地与开发、复垦挂钩政策。要严格控制各类建设占地,特别要控制占用耕地、林地,少占好地,充分利用现有建设用地和废弃地等。农业内部结构调整也要充分开发利用非耕地。除改善生态环境需要外,不得占用耕地发展林果业和挖塘养鱼。非农业建设确需占用耕地的,必须开发、复垦不少于所占面积且符合质量标准的耕地。开发耕地所需资金作为建设用地成本列入建设项目总投资,耕地复垦所需资金列入生产成本或建设项目总投资。占用耕地进行非农业建设,逐步实行由建设单位按照当地政府的要求,将所占耕地地表

的耕作层用于重新造地。在国家统一规划指导下，按照谁开发耕地谁受益的原则，以保护和改善生态环境为前提，鼓励耕地后备资源不足的地区与耕地后备资源较丰富的地区进行开垦荒地、农业综合开发等方面的合作。各地要大力总结和推广节约用地以及挖掘土地潜力的经验。

加强土地利用计划的管理。各级人民政府要根据国民经济与社会发展规划、国家产业政策和土地利用总体规划的要求，按照国民经济和社会发展计划的编报程序，制定包括耕地保护、各类建设用地征用、土地使用权出让、耕地开发复垦等项指标在内的年度土地利用计划，加强土地利用的总量控制。各项建设用地必须符合土地利用总体规划和城市总体规划，并纳入年度土地利用计划。年度土地利用计划实行指令性计划管理，一经下达，必须严格执行，不得突破。

严格贯彻执行《基本农田保护条例》。各地人民政府要以土地利用现状调查的实有耕地面积为基数，按照《基本农田保护条例》规定划定基本农田保护区，建立严格的基本农田保护制度，并落实到地块，明确责任，严格管理。要建立基本农田保护区耕地地力保养和环境保护制度，有效地保护好基本农田。

积极推进土地整理，搞好土地建设。各地要大力总结和推广土地整理的经验，按照土地利用总体规划的要求，通过对田、水、路、林、村进行综合整治，搞好土地建设，提高耕地质量，增加有效耕地面积，改善农业生产条件和环境。

**二、进一步严格建设用地的审批管理**

对农地和非农地实行严格的用途管制。自本通知下发之日起，冻结非农业建设项目占用耕地一年，确实需要占用耕地的，报国务院审批。解决城镇中低收入家庭住房困难户住房和安居工程以及经国家批准的重点建设项目用地，仍按原规定报批。

各项建设用地都必须严格按照法定权限和程序报批。在建设项目可行性研究报告评审阶段，土地管理部门就要对项目用地进行预审。凡不符合土地利用总体规划的、城市内的建设项目不符合城市总体规划的、未纳入年度土地利用计划的、以及不符合土地管理法规和建设用地有关规定的建设项目，都不得批准用地，项目不得开工建设。

**三、严格控制城市建设用地规模**

城市规划、建设和管理必须严格执行《中华人民共和国城市规划法》和《国务院关于加强城市规划工作的通知》（国发〔1996〕18 号）等有关法律、法规，严格控制大城市的用地规模，特别要严格控制中等城市和小城市用地。对城市建设规划规模过大的，要坚决压缩到标准控制规模以内。自本通知下发之日起，冻结县改市的审批。

城市建设用地应充分挖掘现有潜力,尽可能利用非耕地和提高土地利用率。城市的建设和发展要严格按照经批准的城市总体规划,从实际出发,量力而行,分步实施。城市建设总体规划要与土地利用总体规划相衔接,用地规模不得突破土地利用总体规划。

对城市总体规划进行局部调整或作重大变动,必须在得到审批机关认可后进行,并按照《国务院关于加强城市规划工作的通知》要求备案或报批。对各类城市的建设用地,要在城市规划中实行规定标准管理,从我国国情出发,统筹安排,确定人均占地标准,具体落实到每个城镇,不得突破。大城市的城市建设用地和人口规模,到2000年应控制在经批准的总体规划的近期规划范围内,不得再扩大。要加强对用地的集中统一管理,不得下放规划管理权和用地审批权。

**四、加强农村集体土地的管理**

要结合划定基本农田保护区,制定好村镇建设规划。村镇建设要集中紧凑、合理布局,尽可能利用荒坡地、废弃地,不占好地。在有条件的地方,要通过村镇改造将适宜耕种的土地调整出来复垦、还耕。

农村居民的住宅建设要符合村镇建设规划。有条件的地方,提倡相对集中建设公寓式楼房。农村居民建住宅要严格按照所在的省、自治区、直辖市规定的标准,依法取得宅基地。农村居民每户只能有一处不超过标准的宅基地,多出的宅基地,要依法收归集体所有。

严禁耕地撂荒。对于不再从事农业生产、不履行土地承包合同而弃耕的土地,要按规定收回承包权。鼓励采取多种形式进行集约化经营。

积极推行殡葬改革,移风易俗,提倡火葬。土葬不得占用耕地。山区农村可集中划定公共墓地。平原地区的农村,提倡建骨灰堂,集中存放骨灰。要在做好深入细致的思想工作、取得当事人支持与配合的前提下,对占用耕地、林地形成的坟地,采取迁移、深葬等办法妥善处理,以不影响耕种或复垦还耕、还林。

发展乡镇企业要尽量不占或少占耕地、节约使用土地。乡镇企业用地,要按照经批准的村镇建设规划的要求,合理布局,适当集中,依法办理用地审批手续。大力推广新型墙体材料,限制粘土砖生产,严禁占用耕地建砖瓦窑。已经占用耕地建砖瓦窑的,要限期调整、复耕。

除国家征用外,集体土地使用权不得出让,不得用于经营性房地产开发,也不得转让、出租用于非农业建设。用于非农业建设的集体土地,因与本集体外的单位和个人以土地入股等形式兴办企业,或向本集体以外的单位和个人转让、出租、抵押附着物，而发生土地使用权交易的，应依法严格审批，要注意保护农民利益。

集体所有的各种荒地，不得以拍卖、租赁使用权等方式进行非农业建设。

**五、加强对国有土地资产的管理**

严格控制征用耕地出让土地使用权。禁止征用耕地、林地和宜农荒地出让土地使用权用于高尔夫球场、仿古城、游乐宫、高级别墅区等高档房地产开发建设以及兴建各种祠堂、寺庙、教堂。

国有土地使用权有偿出让，主要采取公开招标拍卖的方式，鼓励公平竞争。建立土地基准地价和标定地价评估的公布制度。国有土地使用权拍卖底价须在科学估价的基础上，依照国家产业政策确定。成交价格应向社会公布。

涉及国防安全、军事禁区、国家重点保护区域等的国有土地使用权出让和外商投资进行成片土地开发的项目，一律报国务院审批。禁止对外出让整个岛屿的土地使用权。

国家对原以划拨方式取得国有土地使用权用于非农业经营的，除法律规定可以继续实行划拨外，逐步实行有偿有限期使用办法。国有企业改制为有限责任公司或股份有限公司涉及的原划拨土地使用权，必须经过地价评估，依法实行有偿使用。国有企业改组涉及的原划拨土地使用权，按国家有关规定办理。旧城区改造涉及的原划拨土地使用权，可由政府依法收回，除按法律规定的范围实行划拨外，其余一律依法实行有偿有限期使用。

规范土地使用权转让市场，严禁炒买炒卖“地皮”等非法交易。以出让方式取得的国有土地使用权，未按法律规定的期限和条件开发、利用的，其土地使用权不得转让。非法转让的，应依法处罚，没收其非法所得，直至终止其土地使用权。国有土地使用权转让，必须依法进行土地权属变更登记，未经登记的，属于非法转让，要依法查处。

今后，原有建设用地的土地收益全部留给地方，专款用于城市基础设施建设和土地开发、中低产田改造；农地转为非农建设用地的土地收益，全部上缴中央，原则用于耕地开发，具体办法国务院另行规定。国有土地使用权出让等有关土地收益全部纳入财政预算管理，各级人民政府及其财政、审计部门要加强对土地收益的监督管理，防止资产流失。

**六、加强土地管理的执法监督检查**

要在总结一些地方进行土地执法监察试点经验的基础上，建立和完善土地执法监察制度，强化土地管理的执法监督工作。

各省、自治区、直辖市人民政府要组织力量，对辖区内 1991 年以来各类建设(包括各类开发区建设)以及农村宅基地用地情况进行全面的清查,对发现的问题,要依法处理。清查工作要在1997年10月底之前完成,并向党中央、国务院报告清查及查处情况。

清查的主要内容包括:(1)凡未经国务院或省级人民政府批准的各类开发区一律撤除,并立即停止一切非农业建设活动,限期复垦还耕;对已经国务院或省级人民政府批准的各类开发区未按计划进行开发的土地,要依法处理。(2)全面清理整顿经营性房地产开发项目(包括高尔夫球场等)用地。对未按审批权限依法办理审批手续的用地,要逐个依法清理检查。对未按照合同规定期限进行开发的土地,也要依法清理检查,属于农田的,必须限期恢复农业用途。(3)依法全面清查土地使用权转让、出租、抵押等交易行为。对于非法炒买炒卖"地皮"牟取暴利的行为,要依法从严惩处。(4)全面清理整顿乡镇企业、村镇建设、农村宅基地等占用的土地,特别是要全面清理整顿占用的耕地。

国务院责成国家土地管理局、建设部、监察部会同有关部门,组织联合执法检查组,对各地的土地清查工作情况进行执法监察,并提出相应的监察建议。土地执法监察要形成制度,对发现的问题要从严查处。违反土地利用总体规划、破坏耕地的,国家工作人员滥用职权违法批地、严重渎职的,要依法追究刑事责任。

土地管理部门要抓紧建立全国土地管理动态信息系统,采用现代技术手段,加强对全国土地利用状况的动态监测。

**七、加强对土地管理工作的组织领导**

土地问题涉及全民族的根本利益,必须服从国家的统一管理。国家管理土地的职能只能加强,不能削弱。要进一步改革和完善土地管理体制,加强土地管理的法制建设。

各级党委、人民政府都要高度重视土地管理特别是耕地保护工作,支持土地管理部门依法行政。各级土地管理部门要切实履行职责,严格执法,依法管好土地。要将加强土地管理、切实保护耕地、合理利用土地资源工作情况,作为考核地方各级党委和人民政府及其负责人工作的重要内容,实施监督、监察,并接受社会的监督。

要加强全民的土地国情国策的宣传教育。重点是教育广大干部特别是领导干部增强土地忧患意识,提高保护耕地的自觉性。在干部教育中要增加土地国情国策的内容。发展经济要以保护耕地为前提,办一切事业都要十分珍惜和合理利用每寸土地。

各省、自治区、直辖市党委、人民政府，要认真学习和传达本通知精神，并研究贯彻落实的具体措施，在今年6月底前向党中央、国务院作出报告。国务院责成国家土地管理局会同监察部等有关部门监督检查本通知的贯彻执行情况。

# 中共中央、国务院<br>关于治理向企业乱收费、乱罚款和<br>各种摊派等问题的决定

(1997年7月7日)

近年来,党中央、国务院针对一些地区和部门出现的向企业乱收费、乱罚款和各种摊派等问题,多次发布文件加以制止,各地区、各部门按要求做了一些工作,但问题一直没有得到很好解决。向企业乱收费、乱罚款和各种摊派,严重干扰了企业正常的生产经营,加重了企业负担,助长了不正之风,损害了党和政府同人民群众的关系,已经到了非解决不可的时候。各地区、各部门一定要从政治和全局的高度,充分认识抓好这项工作对于推进企业改革和发展、加强廉政建设、保持社会稳定的重要意义,下决心进行专项治理。为此,党中央、国务院决定:

一、坚决取消不符合规定的向企业的行政事业性收费、罚款、集资、基金项目和各种摊派。凡属国家法律法规、国务院及财政部、国家计委和省、自治区、直辖市人民政府明文规定之外向企业的行政事业性收费项目,国家法律法规规定之外向企业实施的罚款项目,国家法律法规和国务院明文规定(指农村集资办学,集资办电、修路、建住房等)之外向企业集资的项目,国务院及财政部规定之外向企业收取基金的项目,均一律取消。各种摊派和乱集资一律取消。向企业收取费用和罚款必须严格按规定标准执行,坚决制止超标准收费和罚款的行为。

过去已经省、自治区、直辖市人民政府财政、物价部门审批的收费项目,少数确需保留的,应经省、自治区、直辖市人民政府重新审批,并征得财政部、国家计委同意。

二、全面清理按规定未被取消的向企业的行政事业性收费、罚款、集资、基金项目。对不合理的项目要坚决取消并向社会公布;合理的保留,但标准过高的要把标准降下来;重复收取的要予以合并。凡需保留的包括降低标准和合并的项目,要按照管理权限从严重新审批。其中,行政事业性收费项目按照隶属关系分别报国务院或省、自治区、直辖市人民政府审批,集资、基金项目报国务

院审批。凡需国务院审批的项目,由国务院减轻企业负担部际联席会议审核后报国务院。

清理期间,除国家法律法规规定之外,暂停审批新的向企业的行政事业性收费、集资、基金项目。凡利用行政权力和垄断地位强行进行的经营服务性收费,属于乱收费行为,要一律严肃查处。事业单位及其所属机构向企业的经营服务性收费项目,由物价部门负责清理。清理向乡镇企业的乱收费、乱集资、乱罚款和各种摊派,按照《中共中央、国务院关于切实做好减轻农民负担工作的决定》(中发〔1996〕13 号)的有关规定执行。

三、建立健全向企业的行政事业性收费、罚款、集资、基金项目的审批管理制度。今后,所有新增加向企业的行政事业性收费项目和标准,必须按隶属关系分别报财政部、国家计委或省、自治区、直辖市人民政府审批,重要的报国务院审批。各省、自治区、直辖市人民政府审批的收费项目和收费标准,要分别征得财政部和国家计委同意。向企业实施罚款,必须严格按照国家法律法规的规定执行。向企业集资,必须依据国家法律法规和国务院的规定进行。向企业收取基金,必须按照规定报财政部会同有关部门审批,重要的要报国务院审批。

四、加强对行政事业性收费、罚款、集资、基金的收缴和使用管理的监督,防止截留、挤占和挪作他用。行政事业性收费,要按照《国务院关于加强预算外资金管理的决定》(国发〔1996〕29 号)进行管理。罚款要全部上缴同级国库,取消和禁止各种形式的罚款收入提留分成办法。执法部门所需办案和业务经费,一律列入同级财政预算。集资、基金实行收支两条线管理。

向企业收取行政事业性费用,必须凭物价部门颁发的《收费许可证》和财政部或省、自治区、直辖市人民政府财政部门统一制发的行政事业性收费票据,依法征税的必须使用税务部门统一印制的发票。否则,企业应拒绝交费。可进行"企业交费登记卡"制度试点,有条件的地方可以实行统一征管的办法,规范收费行为。企业要建立健全内部监督约束机制,严格执行各项财务制度,定期向职工代表大会报告企业交费情况。

五、严格执行国家规定,坚决做到令行禁止。严禁擅自设立行政事业性收费、罚款、集资、基金项目;严禁擅自提高收取标准,扩大收取范围;严禁向企业摊派、索要赞助和无偿占用企业的人财物;严禁向企业强买强卖,强制企业接受指定服务,从中牟利;严禁在公务活动中通过中介组织对企业进行收费;严禁将应由企业自愿接受的咨询、信息、检测、商业保险等服务变为强制性服务,强行收费;严禁强制企业参加不必要的会议、培训、学术研讨、技术考核、检查评比和学会、协会、研究会等;严禁强行向企业拉广告,强制企业订购书报刊物、音像制品等;严禁机关、事业单位及其工作人员到企业报销各种费用。

六、加强监督检查,加大执法力度。要组织力量对重点地区、部门和单位进行重点检查和审计。各级经贸、计划(物价)、财政、监察、纠风、审计等有关部门要建立举报制度,并设立联系点。任何单位和个人都有权举报向企业乱收费、乱罚款和各种摊派等行为。有关部门受理举报后,要认真进行调查处理。对于造成恶劣影响和严重后果的重大案件,要追究主要负责人和当事人的责任,根据情节轻重给予相应的党纪政纪处分,触犯刑律的要移交司法机关依法处理。对于顶风作案和打击报复举报人或刁难企业的,要依法从重处理,决不姑息。

七、充分发挥新闻舆论的监督作用。中央和地方新闻单位要紧密配合这项工作,突出宣传党和政府减轻企业负担的方针政策,宣传各地的好经验好做法。对于违反本决定精神、情节恶劣的典型案件,要予以曝光。

八、加强领导,建立责任制。治理向企业乱收费、乱罚款和各种摊派等问题的工作,涉及面广,政策性强,情况复杂,难度很大,要实行统一领导、分级负责,采取自查自纠与监督检查相结合的方式进行。各地区、各有关部门要按照党中央、国务院的部署和要求,切实加强领导,并指定一位领导同志负责,明确责任制,及时研究解决存在的问题。为更好地开展这项工作,中央确定,由国家经贸委牵头,国家计委、财政部、监察部、国务院纠风办和审计署参加,建立国务院减轻企业负担部际联席会议制度,并设立办公室,负责工作指导、监督检查和组织协调。各地区、各有关部门贯彻落实本决定情况,要报告党中央、国务院。

本决定自发布之日起实行。以前的规定凡与本决定不一致的,以本决定为准。

# 中共中央办公厅、国务院办公厅关于进一步稳定和完善农村土地承包关系的通知

（1997年8月27日）

当前，农村的土地承包关系总体上是稳定的。各地区贯彻落实中央关于延长土地承包期的政策，做了大量工作，保持了党的农村基本政策的连续性和稳定性，有效地保护和调动了农民的积极性。但是，在土地承包政策的具体执行过程中，也出现了一些值得注意的问题。有的地方在第一轮承包到期后没有及时开展延长土地承包期的工作；有的地方随意改变土地承包关系，以各种名义强行收回农民的一部分承包地，重新高价发包，加重农民负担；有的地方在实行土地适度规模经营过程中，违背农民意愿，搞强迫命令，引起群众不满。尽管这些问题发生在少数地方，属于局部性、苗头性的，但必须高度重视，认真加以解决。根据党中央、国务院的指示，现作如下通知：

**一、切实提高对稳定农村土地承包关系重要性的认识。**我国农村人多地少，大部分地区经济还比较落后，在相当长的时期，土地不仅是农民的基本生产资料，而且是农民最主要的生活来源。以家庭联产承包为主的责任制和统分结合的双层经营体制，是我国农村经济的一项基本制度。稳定土地承包关系，是党的农村政策的核心内容。做好延长土地承包期的工作，直接关系到亿万农民的生产积极性，关系到农村经济的发展和农村社会的稳定。各级党委和政府要充分认识稳定土地承包关系的重大意义，全面、准确地理解中央制定的土地承包政策，坚决贯彻执行，切实保护和发挥好农民的积极性，进一步发展农业和农村的好形势。

**二、认真做好延长土地承包期的工作。**在第一轮土地承包即将到期之前，中央就明确宣布，土地承包期再延长30年不变，营造林地和"四荒"地治理等开发性生产的承包期可以更长，并对土地使用权的流转制度作出了具体的规定。各地区一定要按照中央的政策规定执行。在具体工作中，必须明确以下几点：

（一）在第一轮土地承包到期后，土地承包期再延长30年，指的是家庭土地承包经营的期限。集体土地实行家庭联产承包制度，是一项长期不变的政策。

(二)土地承包期再延长30年,是在第一轮土地承包的基础上进行的。开展延长土地承包期工作,要使绝大多数农户原有的承包土地继续保持稳定。不能将原来的承包地打乱重新发包,更不能随意打破原生产队土地所有权的界限,在全村范围内平均承包。已经做了延长土地承包期工作的地方,承包期限不足30年的,要延长到30年。

(三)承包土地"大稳定、小调整"的前提是稳定。"大稳定、小调整"是指在坚持上述第二条原则的前提下,根据实际需要,在个别农户之间小范围适当调整。做好"小调整"工作还应坚持以下几条原则:一是"小调整"只限于人地矛盾突出的个别农户,不能对所有农户进行普遍调整;二是不得利用"小调整"提高承包费,增加农民负担;三是"小调整"的方案要经村民大会或村民代表大会三分之二以上成员同意,并报乡(镇)人民政府和县(市、区)人民政府主管部门审批;四是绝不能用行政命令的办法硬性规定在全村范围内几年重新调整一次承包地。

(四)延长土地承包期后,乡(镇)人民政府农业承包合同主管部门要及时向农户颁发由县或县级以上人民政府统一印制的土地承包经营权证书。

**三、认真整顿"两田制"**。八十年代中期以来,一些地方搞"两田制",把土地分为"口粮田"和"责任田",主要是为了解决负担不均和完成农产品定购任务难等问题。但在具体执行过程中,也出现了一些问题。有些地方搞的"两田制"实际上成了收回农民承包地、变相增加农民负担和强制推行规模经营的一种手段。中央不提倡实行"两田制"。没有实行"两田制"的地方不要再搞,已经实行的必须按中央的土地承包政策认真进行整顿。

(一)对原来为了平衡农户负担而实行的"动帐不动地"形式的"两田制",无论是"口粮田"还是"责任田",承包权都必须到户,并明确30年不变,不能把"责任田"的承包期定得很短,随意进行调整。

(二)对随意提高土地承包费,收回部分承包地高价发包,或脱离实际用行政命令的办法搞规模经营而强行从农户手中收回"责任田"等做法,要坚决予以纠正。农民要求退回的,应退还给农民承包经营。纠正的具体办法要稳妥,由乡(镇)人民政府经过深入细致的调查研究,充分听取各方意见后提出,一般问题报县(市、区)人民政府审批,重大问题报省、自治区、直辖市人民政府审批。方案审批后,由县(市、区)人民政府主管部门和乡(镇)人民政府共同组织实施。

(三)少数经济发达地区,农民自愿将部分"责任田"的使用权有偿转让或交给集体实行适度规模经营,这属于土地使用权正常流转的范围,应当允许。

但必须明确农户对集体土地的承包权利不变,使用权的流转要建立在农民自愿、有偿的基础之上,不得搞强迫命令和平调。

**四、严格控制和管理"机动地"。**在延长土地承包期的过程中,一些地方为了增加乡、村集体收入,随意扩大"机动地"的比例,损害了农民群众的利益。因此,对预留"机动地"必须严格控制。目前尚未留有"机动地"的地方,原则上都不应留"机动地"。今后解决人地关系的矛盾,可按"大稳定、小调整"的原则在农户之间进行个别调整。目前已留有"机动地"的地方,必须将"机动地"严格控制在耕地总面积5%的限额之内,并严格用于解决人地矛盾,超过的部分应按公平合理的原则分包到户。

**五、严格加强对土地承包费的管理。**延长土地承包期和进行必要的"小调整",不得随意提高承包费,变相加重农民负担。除工副业、果园、鱼塘、"四荒"等实行专业承包和招标承包的项目外,其它土地,无论是"口粮田"、"责任田"、"经济田",还是"机动地",其承包费都必须纳入农民上交的村提留乡统筹费的范围,按中央关于减轻农民负担的有关规定严格管理。

**六、加强对农村土地承包工作的领导。**鉴于绝大多数地方第一轮土地承包将在今明两年到期,各地区要将延长土地承包期工作作为近期农业和农村工作的一个重点,认真抓好。各级党委和政府要按照中央的政策规定,在充分考虑农时季节和保证农业生产正常进行的前提下,结合当地的实际情况,认真做好新一轮土地承包工作。各地区制定的关于土地承包问题的政策性文件,都要报上级党委和政府主管部门备案。已经开展延长土地承包期工作的地方,要进行一次普遍检查,对不符合本通知规定的做法,要坚决予以纠正。尚未开展延长土地承包期工作的地方,要做好政策宣传和干部培训工作,加强具体指导。各地区要充实加强农村土地承包管理部门的力量,充分发挥他们的作用。要重视农村土地承包关系问题的调查研究,及时发现新问题,研究新情况,总结新经验,逐步形成更加完善、规范的土地承包管理制度和管理办法。

为了稳定党在农村的基本政策,长期坚持并不断完善以家庭联产承包为主的责任制和统分结合的双层经营体制,各地区在实际工作中要注意处理好以下几个重要关系:第一,要处理好稳定土地承包与发展壮大集体经济的关系。任何时候都要坚持发展壮大集体经济实力。但发展壮大集体经济实力,不能在农民的承包地上打主意,更不能把农民的承包地收回来归大堆。要积极寻求新的经济发展门路,培育新的经济增长点,通过清理并管好用好集体的资产、财务,开发新的农业资源,根据市场需要和资金可能发展农产品加工、储存、运输和销售,开展对农户的生产、技术服务等途径逐步增加集体经济积累,壮大乡、村集体经济实力。第二,要处理好农户承包经营与发展适度规模经营的关系。人多地少是我们的基本国情,农业劳动力只有大规模转移到二、三产业后,才有可能逐步发展土地的规模经营,而这种条件在现阶段的绝大多数农村还并不具备,因此,决不能不顾客观条件和农民意愿,用行政命令的办法强制推行土地规模经营。从我国的国情出发,实现适度规模经营,适应性广泛而又可行的途径是,在不改变农户承包经营的基础上,通过发展农工贸一体化的产业化经营,来实现农业生产的专业化、社会化,以取得规模效益。发展农工贸一体化的产业化经营,既巩固充实发展了家庭承包经营,又使农户分散的经营纳入了社会化大生产的轨道,是我国农业逐步实现现代化的一条重要途径。第三,要处理好大规模土地整治和农民家庭承包经营的关系。一些地方为了改善生产条件、发展农业生产,开展了大规模的土地整治,包括兴修农田水利设施、建设基本农田、改土、围垦、治沙、建设大面积丰产田、搞小流域综合治理等,使耕地面积扩大了、连片了,便于大规模机械化作业。但生产的基础仍然应当是分户承包、家庭经营,集体主要是在土地整治中发挥统一组织、在生产中发挥统一服务的作用。家庭经营与集体经济组织的统一服务相结合,可以在农业生产的开发建设中更好地发挥作用。

以上通知,各地区要认真贯彻。贯彻执行情况,由各省、自治区、直辖市党委和人民政府向党中央、国务院写出书面报告。

# 中共中央办公厅、国务院办公厅关于转发《中央宣传部、国家教委、民政部、文化部、国家文物局、共青团中央关于加强革命文物工作的意见》的通知

(1998年1月20日)

我国是一个具有光辉革命历史和优良革命传统的国家,近现代一个半世纪的革命历程,保存和遗留下了极其丰富的革命文物。这些革命文物是全国各族人民宝贵的历史遗产和精神财富。当前,我国正处在改革开放和社会主义现代化建设事业承前启后、继往开来的重要历史时期,大力加强革命文物工作,充分发挥革命文物的教育作用,对于振奋民族精神,凝聚民族力量,继承和发扬光荣革命传统,推动社会主义现代化建设和民族振兴有着重大意义。

党中央、国务院一贯重视革命文物工作。建国以来,特别是党的十一届三中全会以来,革命文物工作取得了显著成绩。但也应当看到,在建立和完善社会主义市场经济体制的过程中,革命文物工作面临一些新的情况和亟待解决的问题。江泽民同志在党的十五大报告中指出,要"重视科学、历史、文化的遗产和革命文物的保护"。新形势下的革命文物工作,必须以马列主义、毛泽东思想和邓小平理论为指导,按照《中共中央关于加强社会主义精神文明建设若干重要问题的决议》、《中共中央关于印发〈爱国主义教育实施纲要〉的通知》和《国务院关于加强和改善文物工作的通知》的要求,坚持"保护为主,抢救第一"的方针和"有效保护,合理利用,加强管理"的原则,坚持对人民群众进行革命传统、爱国主义、集体主义和社会主义教育,努力培养适应社会主义现代化要求的一代又一代"四有"公民。

经党中央、国务院领导同志同意,现将《中央宣传部、国家教委、民政部、文化部、国家文物局、共青团中央关于加强革命文物工作的意见》转发给你们。请各级党委、政府认真贯彻执行,切实加强对这项工作的领导。

# 中央宣传部、国家教委、民政部、文化部、国家文物局、共青团中央关于加强革命文物工作的意见

当前,我国正处在改革开放和社会主义现代化建设事业承前启后、继往开来的重要时期。认真贯彻党的十五大精神,落实《中共中央关于加强社会主义精神文明建设若干重要问题的决议》(中发〔1996〕11号)、《中共中央关于印发〈爱国主义教育实施纲要〉的通知》(中发〔1994〕7号)和《国务院关于加强和改善文物工作的通知》(国发〔1997〕13号)的有关要求,进一步加强革命文物工作,充分发挥革命文物的作用,对于在全社会广泛开展革命传统、爱国主义、集体主义和社会主义教育,振奋民族精神,凝聚民族力量,加强社会主义精神文明建设,推动社会主义现代化建设有着重大意义。

**一、革命文物是中华民族的精神财富**

我国是一个具有光辉革命历史和优良革命传统的国家。1840年鸦片战争以来,中华民族为抵御帝国主义列强侵略和推翻封建专制统治,进行了不屈不挠、前仆后继的斗争。本世纪20年代初以来,中国共产党领导全国各族人民,为反抗帝国主义、封建主义、官僚资本主义的反动统治,捍卫民族独立,争取民族解放,进行了艰苦卓绝、英勇顽强的斗争。新中国建立后,我国社会主义革命和建设事业取得了举世瞩目的伟大成就。一个半世纪的革命历程保存和遗留下了极其丰富的革命文物,这些革命文物是全国各族人民宝贵的历史遗产和精神财富。

革命文物作为我国各族人民长期革命斗争和中国共产党领导的新民主主义革命与社会主义革命和建设的实物见证,凝聚着中华民族和中国共产党人抵御外侮、威武不屈,热爱祖国、维护统一,追求真理、舍身取义,自尊自信、自强不息,励精图治、无私奉献,艰苦奋斗、勤劳勇敢,百折不挠、奋发向上的伟大精神。革命文物以其深刻的内涵和直观、形象、具体的特点,记录了中华民族和中国共产党生存、奋斗和发展的光辉历程,充分体现了中国共产党和人民群众血肉相连、情感相系的巨大力量,有力地证明了"没有共产党就没有新中国"、"只有社会主义才能救中国"、"只有社会主义才能发展中国"的伟大真理,在社会主义物质文明和精神文明建设中有着无可替代的特殊地位和作用。

**二、革命文物工作的形势**

党中央、国务院历来重视革命文物工作。建国以来,特别是党的十一届三中全会以来,革命文物工作取得了显著成绩,发挥了重要的社会教育作用。近现代以来,中华民族抵抗外来侵略的民族气节和反抗精神,以“井冈山精神”、“长征精神”、“延安精神”等为代表的中国共产党人的伟大革命精神和革命风范,鼓舞和激励了几代人以巨大的热情为民族的独立和解放,为社会主义革命和建设的宏伟事业努力奋斗。改革开放和社会主义现代化建设事业的发展,赋予了革命文物工作以新的时代主题,为革命文物工作的新发展提供了前所未有的历史机遇。

同时也应看到,有些地方和部门对新形势下做好革命文物工作的重大意义认识不足,革命文物保护工作还不能适应社会主义市场经济体制建立过程中不断发生变化的形势,革命文物保护经费投入不足,一些濒临毁坏的革命旧址和革命纪念建筑亟待抢救维修,革命文物的保护和利用工作还存在不少薄弱环节。这些都是当前迫切需要解决的问题。

**三、革命文物工作的指导思想和方针原则**

革命文物工作必须坚持以马列主义、毛泽东思想和邓小平理论为指导,坚持党的基本路线,坚持服从和服务于社会主义物质文明和精神文明建设的大局。革命文物工作具有鲜明的政治性、思想性、教育性、群众性、时代性,革命文物工作者要以坚定的政治立场、高度的政治责任感和政治敏锐性,以对党对人民的无限忠诚和热爱,紧跟时代发展的步伐,努力做好革命文物工作,为社会主义现代化建设提供精神动力。

坚持为人民服务,为社会主义服务的方向。坚持以史育人,展示爱国志士和革命烈士的英雄业绩,反映中国共产党领导中国人民英勇奋斗的历史,宣传改革开放和社会主义现代化建设的伟大成就,继承和发扬优良革命传统,弘扬爱国主义的主旋律,坚持不懈地进行社会主义教育,引导人民群众树立崇高的理想、坚定的信念、高尚的情操和正确的世界观、人生观、价值观,成为有理想、有道德、有文化、有纪律的社会主义公民。

贯彻“保护为主,抢救第一”的方针和“有效保护,合理利用,加强管理”的原则。妥善处理革命文物保护与经济建设、改善人民群众生产生活条件的关系;妥善处理革命文物工作社会效益与经济效益的关系。在服从经济建设为中心的前提下,坚持既有利于经济建设和改善人民群众生产生活条件,又有利于革命文物抢救和保护的方针。在开展革命文物工作中,坚持把社会效益放在首位,努力实现社会效益与经济效益的最佳结合。

努力建立适应社会主义市场经济体制要求、遵循革命文物工作自身规律、国家保护为主并动员全社会参与的革命文物保护体制。把革命文物保护纳入当地经济和社会发展规划,纳入各级领导责任制。制定相应的政策,以鼓励、引导、吸收社会各个方面参与革命文物的保护和多渠道投入。

**四、充分发挥革命文物的社会教育作用**

要组织好各种革命文物的陈列和展览,广泛、深入、持久地向人民群众特别是广大青少年进行革命传统、爱国主义、集体主义和社会主义教育。要逐步创造条件,运用现代高科技手段和新颖的陈列表现手法,充分揭示革命文物的深刻内涵,以主题鲜明、富有思想性和现实针对性的陈列展览感染和教育观众。全国各级革命博物馆、纪念馆、陈列馆、展览馆、革命烈士陵园等单位,要在坚持办好基本陈列和原状陈列的同时,进一步办好各种内容丰富、形式多样的专题展览和流动展览。

树立精品意识,实施精品战略。各级革命博物馆、纪念馆、陈列馆、展览馆、革命烈士陵园等单位要围绕党和国家的中心工作,进一步挖掘自身潜力,努力突出自身特色,不断推出革命文物的精品展览。要充分利用和发挥自身的藏品优势、人才优势、馆舍优势,同时要利用和发挥群体优势,加强省际、馆际间的合作与交流,适时组织具有一定规模的革命文物精品展览,在全国大中城市巡回展出,并加强舆论宣传,力求取得良好的社会效益。对大型革命文物精品展览,各级党委、政府和举办单位的主管部门要统筹规划,给予必要的支持和帮助。

加强群众工作,优化服务质量,努力发挥第二课堂的作用。突出抓好面向观众特别是面向广大青少年的讲解宣传和接待服务。要根据当代青少年不同的年龄层次、心理发展规律和认知特点,进行深入浅出、循序渐进的讲解。根据实际需要,可以聘请参加过革命战争的老同志,在职或离退休的干部、教师、史学工作者和理论工作者等作为兼职或社会志愿人员参与群众教育工作;也可以广泛吸收大中专学校学生,经过短期培训,作为社会志愿人员参与组织观众和讲解宣传工作。要努力与当地教育部门、共青团组织和社会团体建立长期的工作联系,有计划地组织大中小学生瞻仰和参观学习。实行收费的单位,对中小学师生有组织的参观活动要实行免费;对普通高校师生有组织的参观活动,可根据实际情况实行免费或半价优惠;对机关、部队、社会团体、企事业单位有组织的参观活动也要实行优惠。

要广泛利用报纸、刊物、广播、电影、电视等现代传播媒介,大力宣传革命文物,不断扩大社会教育面。积极支持以革命传统、爱国主义、集体主义和社会主义教育为主题的各类图书和影视片的创作,不断推出更多贴近社会、贴近群众、贴近青少年的精品佳作。要注意抓住有利于进行革命传统、爱国主义、集体主义和社会主义教育的重要革命历史纪念日和有利于振奋民族精神的重大活动，适时形成宣传的高潮。各级各类革命博物馆、纪念馆、陈列馆和图书馆、档案馆要进一步扩大开放，对收藏的各种可以公开的近现代历史文献、党史和军史史料、革命文物资料等，在保证安全的前提下，要充分提供给社会研究利用。

**五、重视革命文物的基础性建设**

运用革命文物开展革命传统、爱国主义、集体主义和社会主义教育是精神文明建设的一项基础性工程。要大力加强爱国主义教育基地的建设，促进基地建设向规范化、制度化和网络化方向发展。要遴选一批成绩突出的爱国主义教育基地作为样板，发挥其示范作用。

抓好全国革命文物的普查和规划。在摸清全国革命旧址和革命纪念建筑分布情况和保存现状的基础上，对革命博物馆、纪念馆、陈列馆、展览馆、革命烈士陵园的建设进行统筹规划，科学、合理地调整区域布局。抓好重点革命博物馆、纪念馆、陈列馆、展览馆、革命烈士陵园的改建扩建项目，积极支持具有重大政治历史意义的革命史迹纪念馆和革命烈士纪念建筑的保护维修及基础设施建设。对于近现代历史上曾经发生过重大事件的地方，经过审批后可以建立纪念标志，昭示今人和后人，永久纪念。对于新建纪念设施，要坚决执行《中共中央办公厅、国务院办公厅关于严格执行建立纪念设施有关规定的通知》（中办发〔1996〕5 号），严格按照规定程序履行报批手续。对于近现代名人故居，除经党中央、国务院批准的以外，一律坚持正常使用，不得专门腾出作为纪念馆。

进一步加强革命博物馆、纪念馆、陈列馆、展览馆、革命烈士陵园等单位的自身建设。改善藏品保管、陈列展览等基础设施和防火、防盗等安全防范设施。逐步更新陈列展览设备，提高宣传教育效果。对政府兴办的革命博物馆、纪念馆、陈列馆、展览馆、革命烈士陵园等公益性事业单位的建设，应给予经费保证。

各级革命博物馆、纪念馆、陈列馆、展览馆、革命烈士陵园等单位要积极开展社会主义精神文明单位创建活动，优化美化环境，营造有利于开展革命传统、爱国主义、集体主义和社会主义教育的良好氛围，烘托神圣、庄严、肃穆的气氛。对与革命旧址、革命纪念建筑和革命博物馆、纪念馆、陈列馆、展览馆、革命烈士陵园环境气氛不相协调的经营活动和娱乐设施，要坚决进行清理整顿。

**六、加强革命文物的保护工作**

要以对党对人民高度负责的政治责任感，重视和加强革命文物的保护。各省、自治区、直辖市民政部门和文物行政管理部门要在 1998 年年底前对本地区革命文物的分布和保护情况进行一次全面普查，并将结果分别报民政部和国家文物局备案。各省、自治区、直辖市文物行政管理部门要依据《中国革命文物和革命纪念馆事业“九五”计划纲要》提出的目标和任务,结合所辖地区革命文物保护的实际情况,制定本地区革命文物事业的发展计划和长远规划,确定抢救维修和亟待保护的重点项目,并通过重点项目的实施,全面带动所辖地区革命文物的保护工作。

对革命文物的维修保护要坚持“不改变原状”的原则,维护革命旧址、革命纪念建筑特有的历史环境风貌,给人以“身临其境”、庄严肃穆的感受,切忌“修旧如新”、富丽堂皇。对由于历史原因已经不复存在的革命旧址和革命纪念建筑,原则上不再复建。确需复建的,要经过充分论证,严格履行报批手续。要加强已确定为各级革命文物保护单位的革命旧址、革命纪念建筑和革命烈士纪念建筑的“四有”(有保护标志,有保护范围,有科学记录档案,有保护机构)建设。对重要的革命旧址、革命纪念建筑和革命烈士纪念建筑,有关省、自治区、直辖市人大或政府要制定相应的地方性法规或规章予以保护。

各级党委和政府对革命文物的抢救维修和保护要统筹规划、合理布局、集中资金、保证重点、讲求效益。特别是对旧民主主义革命时期和新民主主义革命时期具有较大政治影响和历史价值的,或由于年久失修已濒临毁坏的重要革命旧址、革命纪念建筑和革命烈士纪念建筑,要作为重点加以抢救保护。对财政比较困难的老少边穷地区的重点革命旧址、革命纪念建筑和革命烈士纪念建筑的抢救维修,要在经费安排上给予倾斜。要加强革命文物保护、维修经费的管理,做好重点项目的审计监督,确保专款专用。要明确地方政府和革命文物使用单位对革命旧址、革命纪念建筑和革命烈士纪念建筑负有保护和维修的责任,各级党委和政府要以切实可行的方式加强指导和监督,使其真正得到有效保护和合理使用。

妥善解决革命文物保护与当地经济建设以及人民群众生产生活的矛盾,保护和调动人民群众保护革命文物的积极性。加强对口支持,积极鼓励和引导社会各个方面以捐资赞助等形式参与革命文物保护工作,逐步建立国家保护与社会保护相结合的革命文物保护体制。

做好馆藏革命文物的清理、鉴定和建档工作,努力改善馆藏革命文物和革命文献资料的保护条件。加强对社会上散存的革命文物和革命文献资料的调查征集工作,注意征集和保护能够反映我国近现代社会进步的各种实物和文献,包括我国社会主义革命和建设时期的典型文物,以填补近现代历史重大事件和重要人物的文物空白。对于反映特定历史环境下我国社会主义革命和建设成就、具有重大纪念意义的建筑物,要按照《中华人民共和国文物保护法》的有关规定,及时确定为相应级别的文物保护单位,在城市规划和建设中加以妥善保护。

**七、努力提高革命文物工作队伍的素质**

建设一支高素质的革命文物工作队伍,是我国革命文物事业发展的重要保证。要高度重视革命文物队伍的思想建设,教育和要求广大革命文物工作者坚持正确的政治方向,认真学习马列主义、毛泽东思想和邓小平理论,树立全心全意为人民服务的思想,模范执行《中国文物、博物馆工作者职业道德准则》,严格规范自己的行为,立足本职,奉献社会。

努力提高革命文物工作队伍的业务素质。运用马克思主义的立场、观点、方法,研究近现代历史特别是中共党史,多出具有较高水平和较大学术影响的研究成果,造就一批造诣高、成绩突出的优秀人才。要重视群众教育队伍的建设,特别是讲解员队伍的建设,吸收大学本科和专科毕业生充实讲解员队伍。对现有的讲解员要加强在职培训,丰富他们的专业知识,支持和鼓励他们开展业务研究,积极探索群众教育工作的新形式。

**八、加强对革命文物工作的领导**

各级党委和政府要加强对革命文物工作的领导和支持,把革命文物工作作为社会主义精神文明建设的重要内容,列入本地区、本部门的工作全局,作为社会主义精神文明建设的考核目标和评选文化工作先进单位的考核指标,定期进行研究,严格检查和监督。

加强革命文物工作是一项社会性的工程,要统筹安排,协调和组织好各方面的力量。各级宣传、教育、民政、文化、旅游、文物等部门和工会、共青团、妇联等团体要结合各自工作的特点,从不同方面加大对革命文物保护管理和宣传教育工作的力度。同时,要在各级党委、政府的统一领导下,密切沟通、加强配合、相互支持、形成合力,推动革命文物工作的发展。

革命文物工作要求真务实,力戒形式主义。要注意总结加强革命文物工作,运用革命文物进行革命传统、爱国主义、集体主义和社会主义教育的典型经验和好的做法,及时加以推广。对工作成绩突出的单位,要给予表彰和奖励。

在新的历史时期,保护和利用革命文物,展现我国近现代波澜壮阔的革命斗争的历史画卷,紧跟时代步伐,高扬时代精神,鼓舞和激励人民投身建设富强、民主、文明的社会主义现代化国家的洪流,是革命文物工作者的历史责任。全国革命文物工作者要高举邓小平理论伟大旗帜,紧密团结在以江泽民同志为核心的党中央周围,在党的十五大精神的指引下,同心同德,开拓进取,努力开创革命文物工作的新局面。

# 中共中央办公厅、国务院办公厅关于继续冻结非农业建设项目占用耕地的通知

(1998年3月29日)

《中共中央、国务院关于进一步加强土地管理切实保护耕地的通知》(中发〔1997〕11号)下发以来,各地认真贯彻执行关于冻结非农业建设项目占用耕地一年的决定,采取了一系列措施,遏制了近年来乱占滥用耕地的势头。但从1997年全国各类建设用地清查结果看,土地粗放利用、闲置的问题仍相当严重,控制非农业建设项目占用耕地的任务还十分艰巨。为此,党中央、国务院决定,继续在全国范围内冻结非农业建设项目占用耕地。现将有关事项通知如下:

一、自1998年4月15日起至《中华人民共和国土地管理法》修改后颁布施行之前,继续冻结非农业建设项目占用耕地。确实需要占用耕地的,报国务院审批。解决城镇中低收入家庭住房困难户住房和安居工程以及经国家批准的重点建设项目用地,仍按原规定报批。冻结期间,建设项目用地审批管理仍按1997年原国家土地管理局、国家计划委员会联合颁布的《冻结非农业建设项目占用耕地规定》执行。

二、在继续冻结非农业建设项目占用耕地期间,各类建设项目用地要坚持依法、科学、集约、规范用地的原则,走内涵挖潜、盘活存量土地为主的路子,尽可能利用占而未用的闲置土地、非耕地和利用率低的土地。

三、各级党委、人民政府要对1997年冻结非农业建设项目占用耕地工作进行认真总结,进一步严格非农业建设项目用地管理,切实做好耕地保护工作。各级人民政府要按照规定的申报程序和审批权限对非农业建设项目用地严格把关,严格管理。对未批先用或弄虚作假等违法行为要从严查处,构成犯罪的,要依法追究刑事责任。

# 中共中央、国务院关于切实做好国有企业下岗职工基本生活保障和再就业工作的通知

（1998年6月9日）

近几年来，国有企业职工下岗问题日益突出，引起全社会的普遍关注。党中央、国务院一直非常重视和关心下岗职工的生活和再就业问题，明确要求各级党委和政府采取积极措施，切实保障下岗职工的基本生活，大力实施再就业工程。通过各级党委、政府和社会各方面的共同努力，下岗职工基本生活保障和再就业工作取得了一定成效。但是，也必须清醒地看到，我们面临的形势依然严峻，做好国有企业下岗职工基本生活保障和再就业工作的任务还十分艰巨。当前和今后一个时期，我们要确保党的十五大提出的国有企业改革目标的实现，完成国有经济布局的战略性调整，必须进一步采取强有力的措施，切实做好国有企业下岗职工基本生活保障和再就业工作。为此，特通知如下：

**一、统一思想认识，增强紧迫感和责任感**

各级党委和政府要充分认识到，近年来出现职工大量下岗的现象，是计划经济条件下实行的就业体制和就业政策在经济转轨过程中的必然反映，也是长期以来重复建设、盲目建设以及企业经营机制深层次矛盾多年积累的结果。我们要建立起社会主义市场经济体制和现代企业制度，不可避免地要经历这样一个历史过程。从长远看，随着改革深入、科技进步和经济结构的调整，劳动力的相应调整与流动也会经常发生。要用3年左右的时间使大多数国有大中型亏损企业摆脱困境，促进国民经济发展实现良性循环，一个重要条件就是要切实解决企业人员臃肿、人浮于事的问题。虽然这会给一部分职工带来暂时的困难，但从根本上说，有利于经济发展和社会全面进步，符合工人阶级的长远利益。同时，还必须充分认识到，妥善解决国有企业下岗职工基本生活保障和再就业问题，不仅是一个重大的经济问题，也是重大的政治问题；不仅是现实的紧迫问题，也是关系长远的战略问题。做好这项工作，既是社会主义制度的本质要求，也是党和政府应尽的责任。它关系着国有企业改革的成败，关系着社会稳定和社会主义政权的巩固。因此，必须从改革、发展、稳定的全局着眼，增强

紧迫感和责任感,采取一切必要的措施,切实把这件事情办好,为实现党的十五大提出的跨世纪宏伟蓝图创造良好的社会环境。

**二、明确目标任务,加强宏观调控**

根据国有企业改革的总体部署并考虑到社会各方面的承受能力,中央要求,当前和今后一个时期,主要解决国有企业下岗职工基本生活保障和再就业问题,把保障他们的基本生活作为首要任务,并力争每年实现再就业的人数大于当年新增下岗职工人数,1998 年使已下岗职工和当年新增下岗职工的 50%以上实现再就业。争取用 5 年左右的时间,初步建立起适应社会主义市场经济体制要求的社会保障体系和就业机制。

各地区、各有关部门(行业)要坚持认真负责、尽力而为、突出重点、加强调控的指导思想,围绕落实上述目标任务,制定切实可行的工作计划,明确具体目标和要求,使这项工作有组织、有计划地进行。同时,要坚持减员增效与促进再就业相结合、职工下岗与社会承受能力相适应的原则,把握好企业兼并破产、减员增效、下岗分流的节奏,加强宏观调控。要规范职工下岗程序,建立职工下岗申报备案制度。企业要充分考虑国家利益和社会责任,对本企业的职工负责到底。企业拟定职工下岗方案,应同时提出下岗职工基本生活保障和再就业的措施,在充分听取职代会意见后组织实施。为保障职工家庭的基本生活,夫妻在同一企业的,不要安排双方同时下岗;不在同一企业的,如果一方已下岗,另一方所在企业不要安排其下岗。要尽量避免全国及省(部)级劳动模范、烈军属、残疾人下岗。要普遍实行劳动预备制度,对城镇未能继续升学的初、高中毕业生,进行 1—3 年的职业技术培训。要继续鼓励和引导农村剩余劳动力就地就近转移,合理调控进城务工的规模。

**三、普遍建立再就业服务中心,保障国有企业下岗职工基本生活**

建立再就业服务中心是保障国有企业下岗职工基本生活和促进再就业的有效措施,是当前一项具有中国特色的社会保障制度。各地要自下而上地建立再就业服务中心组织体系。凡是有下岗职工的国有企业,都要建立再就业服务中心或类似机构,下岗职工不多的企业也可由有关科室代管。再就业服务中心(包括类似机构或代管科室)负责为本企业下岗职工发放基本生活费和代下岗职工缴纳养老、医疗、失业等社会保险费用,组织下岗职工参加职业指导和再就业培训,引导和帮助他们实现再就业。为加强再就业服务中心的组织、管理力量,可从行政机关抽调得力人员到中心工作。

进入再就业服务中心的对象,主要是实行劳动合同制以前参加工作的国有企业的正式职工(不含从农村招收的临时合同工),因企业生产经营等原因而下岗,但尚未与企业解除劳动关系、没有在社会上找到其他工作的人员。对于实行劳动合同制以后参加工作且合同期满的人员,可按照《中华人民共和国劳动法》和国务院有关规定终止劳动关系;合同期未满而下岗的,也要安排进入再就业服务中心。下岗职工在再就业服务中心的期限一般不超过3年;3年期满仍未再就业的,应与企业解除劳动关系,按规定享受失业救济或社会救济。下岗职工在再就业服务中心期间的基本生活费,原则上可按略高于失业救济的标准安排并按适当比例逐年递减,但最低不得低于失业救济水平,具体标准由各地根据实际情况确定。

再就业服务中心用于保障下岗职工基本生活和缴纳社会保险费用的资金来源,原则上采取"三三制"的办法解决,即财政预算安排三分之一、企业负担三分之一、社会筹集(包括从失业保险基金中调剂)三分之一,具体比例各地可根据情况确定。财政承担的部分,中央企业由中央财政解决,地方企业由地方财政解决。对于困难较多的中西部地区和老工业基地,中央财政给予一定的支持。国有独资盈利企业和国有参股、控股企业保障下岗职工基本生活的资金,原则上都由本企业负担。财政承担和社会筹集的资金,由财政部门按专项资金管理。资金的安排,由再就业工作主管部门商财政部门研究提出意见,然后由财政部门统一拨付。保障下岗职工基本生活的资金,一定要加强管理和监督,保证专款专用,不得挪用于其他任何方面开支。再就业服务中心的管理费用和工作人员的工资、福利等,不得在保障下岗职工基本生活的资金中列支。

国务院确定的111个企业"优化资本结构"试点城市,以及兵器工业总公司、航天工业总公司列入《全国企业兼并破产和职工再就业工作计划》的企业和纺织行业下岗职工分流安置和再就业工作,仍按国务院的有关规定执行。

**四、加大政策扶持力度,拓宽分流安置和再就业渠道**

我国人口众多,做好就业工作是一项长期任务。解决这一问题的根本途径,是保持国民经济持续快速健康发展,不断开拓新的就业领域。各地区和有关部门要抓住调整和优化经济结构的机遇,积极培育经济增长点,继续加强基础产业和基础设施建设,因地制宜地发展劳动密集型产业,以利于扩大就业。要把发展第三产业,特别是商业、饮食业、旅游业、家庭和社区居民服务业等,作为下岗职工再就业的主要方向。对下岗职工从事社区居民服务业的,要简化工商登记手续,3年内可免征营业税、个人所得税以及行政性收费。要把发展中小型企业、劳动就业服务企业作为促进再就业的重要途径。各国有商业银行应设立小型企业信贷部,为其发展提供必要的贷款支持。要大力发展集体和个体、私营经济,鼓励下岗职工自谋职业或组织起来就业。对下岗职工申请从事个体工商经营、家庭手工业或开办私营企业的,工商、城建等部门要及时办理有关手续,开业一年内减免工商管理等行政性收费;对符合产业政策、产品适销对路的,金融机构应给予贷款。要鼓励企业主动吸收安置下岗职工,对企业利用现有场地、设施和技术发展多种经营,多渠道分流本企业富余人员和安置下岗职工的,要给予必要的政策扶持。具体政策措施,由各省、自治区、直辖市人民政府研究制定。

有条件的地区,还应安排专项资金,组织下岗职工参加市政与道路建设、环境保护、植树种草等公共工程,为下岗职工提供更多的就业机会。一些边远地区和矿区,可采取相应政策,鼓励下岗职工开发荒山、荒地、荒滩,从事农、林、牧、渔业生产。

**五、加快社会保障制度改革,完善社会保障体系**

要与建立社会主义市场经济体制和现代企业制度的要求相适应,在所有企业(包括个体、私营等非国有企业)以及外商投资企业的中方职工中推行和深化养老、医疗、失业等社会保险制度及住房制度的改革,建立健全社会保障体系,为劳动力资源的合理配置和正常流动创造条件。

对于下岗职工无论以何种方式实现再就业或不再就业,过去的连续工龄和养老保险缴费年限与以后的缴费年限合并计算,达到法定退休年龄时,按规定享受相应的养老保险待遇。下岗职工分流安置和再就业后,在原企业的住房,已按房改政策购买的,应根据有关规定明确个人和原企业的产权关系;未购买的,可以继续租用,租金标准按当地政府规定执行。对生活特别困难的下岗职工子女就学,应减免学杂费。要加快建立城市居民最低生活保障制度,使下岗职工家庭的基本生活得到保证。同时,要使社会保险制度、下岗职工基本生活保障制度和城市居民最低生活保障制度相互衔接、相互补充,不断完善社会保障体系。

为了完善失业保险机制,提高失业保险基金的支付能力,从1998年开始将失业保险基金的缴费比例由企业工资总额的1%提高到3%,由企业单方负担改为企业和职工个人共同负担,其中个人缴纳1%,企业缴纳2%。

在做好国有企业下岗职工基本生活保障工作的同时,要继续深化企业职工养老保险制度改革,加快立法步伐。要确保离退休人员的基本生活,保证按时足额发放养老金,不得发生新的拖欠,对过去拖欠的应逐步予以补发。要扩大养老保险覆盖面,加强养老保险基金的收缴工作,努力提高收缴率。1998年,要在全国实现基本养老保险省级统筹,建立养老保险基金调剂机制,省、自治区、直辖市社会保险经办机构实行系统管理;中央有关部门(单位)实行养老保险行业统筹的企业改为参加地方统筹，具体实施办法请有关部门抓紧研究制定。要尽快完善养老保险基金收支两条线的管理办法，形成财政、银行、社会保险机构相互监督的机制。要将养老保险基金差额缴拨改为全额缴拨，推进社会化管理进程。要严格控制企业职工提前退休。除国务院规定的111个企业“优化资本结构”试点城市的破产工业企业和3年内有压锭任务的国有纺织企业的细纱和织布工种中符合条件的职工，可提前退休外，各地区、各部门不得自行扩大提前退休的范围。

**六、加强劳动力市场建设，强化再就业培训**

要建立和完善市场就业机制，实行在国家政策指导下，劳动者自主择业、市场调节就业和政府促进就业的方针。要按照科学化、规范化、现代化的要求，大力加强劳动力市场建设。各地区特别是各大中城市要充分利用电视、广播等现代化信息网络，提供求职、招聘、职业指导等方面的信息和咨询服务。公共职业介绍机构要开设专门服务窗口，加强对下岗职工的职业指导，并实行免费服务。要进一步加强街道就业服务工作，对再就业难度较大的下岗职工要逐一列出名单，由专人负责帮助他们实现再就业。对用人单位要实行空岗报告、招聘广告审查等制度，鼓励用人单位优先招用下岗职工，特别是下岗女工。要认真贯彻执行《中华人民共和国劳动法》及其他有关规定，不得歧视下岗职工，切实保护他们的合法权益。要加强劳动力市场的管理、监督和检查，防止乱收费等不正之风，坚决取缔非法劳务中介，严厉打击欺诈行为，维护劳动力市场秩序。

要动员社会各方面的力量，大力开展再就业培训。实行在政府指导和扶持下，个人自学、企业组织和社会帮助相结合的办法，根据下岗职工特点和社会需要，突出培训的实用性和有效性，提高下岗职工的再就业能力。对为下岗职工提供再就业培训的，可给予一定的补贴。劳动力市场建设和促进再就业的经费，由财政部门核拨。

**七、切实加强思想政治工作，搞好宣传教育**

要充分发挥我们党的思想政治工作优势，发扬党同人民群众同呼吸、共命运、心连心的优良传统，切实加强下岗职工的思想政治工作。各级领导机关和领导干部要不断改进工作作风和工作方法，坚决制止和克服官僚主义倾向。要深入企业、深入下岗职工家庭，及时了解和掌握下岗职工的生活状况，体察他们的疾苦，听取他们的呼声，主动为他们排忧解难，决不允许采取不闻不问、麻木不仁的态度。企业经营者在抓好企业生产经营、千方百计使企业摆脱困境的同时，要积极组织下岗职工开展生产自救，努力帮助他们解决生活中的困难和问题，做好经常性的思想工作，坚持与职工群众同甘共苦、不搞特殊化。要动员全社会都来关心、支持下岗职工基本生活保障和再就业工作,多为他们办好事、献爱心、送温暖,形成良好的社会氛围。要大力宣传党和政府的有关方针政策,教育下岗职工及广大人民群众理解和体谅国家困难,积极支持企业改革,自觉维护社会稳定。要注重树立并大力宣扬下岗职工自强不息、积极创业的先进典型,引导下岗职工摒弃“等、靠、要”的思想,帮助他们树立正确的择业观,使他们认识到在国家政策、法律允许的范围之内,做任何工作都没有高低贵贱之分,不论从事什么职业都是光荣的,从而去主动适应社会主义市场经济的要求。

**八、切实加强领导,确保国有企业下岗职工基本生活保障和再就业工作顺利进行**

各级党委、政府和有关部门必须把国有企业下岗职工基本生活保障和再就业工作列入重要议事日程,实行党政“一把手”负责制,并纳入政绩考核的重要内容。要结合本地区、本部门(行业)实际,抓紧研究制定贯彻本通知的具体办法,确保本通知精神落到实处。要充分发挥各民主党派、工商联和工会、共青团、妇联等群众团体的作用,群策群力,共同做好这方面的工作。要认真总结和推广好的经验与做法,及时研究解决工作中遇到的新情况、新问题,不断把这项工作引向深入。为有利于这项工作的开展,中央确定,由国务院国有企业改革工作联席会议负责指导和组织协调,具体工作由劳动和社会保障部、国家经济贸易委员会组织实施。各地区也可采取相应的组织形式,以确保国有企业下岗职工基本生活保障和再就业工作的顺利进行。

城镇集体企业下岗职工基本生活保障和再就业工作,由各省、自治区、直辖市党委和人民政府根据本地区的实际情况研究制定具体办法。

# 中共中央办公厅、国务院办公厅关于转发《财政部、国家发展计划委员会、监察部、公安部、最高人民检察院、最高人民法院、国家工商行政管理局关于加强公安、检察院、法院和工商行政管理部门行政性收费和罚没收入收支两条线管理工作的规定》的通知

(1998年6月19日)

为了进一步做好公安、检察院、法院和工商行政管理部门的行政性收费和罚没收入收支两条线管理工作,经党中央、国务院同意,现将《财政部、国家发展计划委员会、监察部、公安部、最高人民检察院、最高人民法院、国家工商行政管理局关于加强公安、检察院、法院和工商行政管理部门行政性收费和罚没收入收支两条线管理工作的规定》(以下简称《规定》)转发给你们,请遵照执行。

公安、检察院、法院和工商行政管理部门依据国家法律、法规和具有法律效力的规章而收取的行政性收费和罚没收入都是国家财政性资金。加强行政性收费和罚没收入管理工作,有利于依法行政和公正执法;有利于从源头上预防和治理腐败,加强勤政廉政建设;有利于建设高素质的执纪执法队伍;有利于整顿财政分配秩序,振兴国家财政,提高财政资金使用效益。各级党委和政府要进一步统一思想认识,从国家大局和人民利益出发,把加强行政性收费和罚没收入管理工作列入重要的议事日程,切实加强领导,抓好部门之间的协调配合工作。各级财政、计划(物价)、纪检监察、公安、检察院、法院和工商行政管理部门要在党委、政府的领导下,认真贯彻落实《规定》。各级政府及所属部门一律不准向司法机关和行政执法部门下达收费和罚款指标,违者要给予纪律处分。公安部、最高人民检察院、最高人民法院、国家工商行政管理局要根据《规定》精神制定实施细则。各级财政、计划(物价)、纪检监察部门要对《规定》的执行情况进行监督检查。对违反《规定》的,党的纪律检查机关和行政监察机

关要视情节轻重追究直接责任人和有关领导的责任,直至给予党纪政纪处分;情节严重构成犯罪的,依法追究刑事责任。

# 财政部、国家发展计划委员会、监察部、公安部、最高人民检察院、最高人民法院、国家工商行政管理局关于加强公安、检察院、法院和工商行政管理部门行政性收费和罚没收入收支两条线管理工作的规定

为了进一步做好公安、检察院、法院、工商行政管理部门(以下简称公、检、法、工商部门)行政性收费、诉讼费(以下统称行政性收费)和罚没收入收支两条线管理工作,按照中共中央和国务院的指示精神,根据《中华人民共和国预算法》、《国务院关于加强预算外资金管理的决定》、《罚款决定与罚款收缴分离实施办法》、《行政单位财务规则》和《关于对行政性收费、罚没收入实行预算管理的规定》等法律、法规,现就有关问题规定如下:

一、严格行政性收费的立项审批工作。公、检、法、工商部门的行政性收费项目和标准,必须严格按照党中央、国务院的有关规定执行,任何部门和单位不得擅自设立收费项目和提高收费标准。国家批准的行政性收费项目随文下发(见附件)。面向企业和农民实施的行政性收费,分别按照《中共中央、国务院关于治理向企业乱收费、乱罚款和各种摊派等问题的决定》、《中共中央、国务院关于切实做好减轻农民负担工作的决定》和《农民承担费用和劳务管理条例》的规定执行。法院诉讼费的收缴办法由最高人民法院商财政部、国家发展计划委员会后按法定程序修订;诉讼费的管理办法由最高人民法院商财政部修订。

公、检、法、工商部门设立或变更行政性收费项目、标准的申请及具体管理办法的制订,统一由本单位财务部门归口负责。

二、加强票据管理,严格执行罚款决定与罚款收缴相分离的规定。各级公、检、法、工商部门的各项收费、罚款,一律使用中央或省级财政部门统一印制或监制的票据,否则视同非法收费和罚款。收费、罚款票据由执收、执罚单位的财务部门统一向财政部门领取。各项行政罚款,要坚决贯彻执行《中华人民共和国行政处罚法》和国务院《罚款决定与罚款收缴分离实施办法》的规定,凡国家

规定罚款决定与罚款收缴相分离的，要由当事人持行政处罚决定书到财政部门委托的代收机构缴纳罚款；按法律规定可以当场收缴罚款的，也必须向当事人出具省、自治区、直辖市财政部门统一制发的罚款收据，不得使用其他收据。法院、检察院对当事人所处的罚款，比照上述办法执行。要积极推行行政性收费收缴相分离的办法，逐步做到执收、执罚单位填写票据，被收单位或个人到财政部门指定的银行缴款。

公、检、法、工商部门的其他罚没财物管理，要严格按照国家有关规定执行。

三、加强行政性收费和罚没收入上缴国库和财政预算外资金专户的工作。各执收、执罚单位要严格按照批准的收费项目、罚没款项和上缴渠道，将收取的行政性收费和罚没收入按规定及时、足额分别缴入国库或财政预算外资金专户，做到应缴尽缴。按规定上缴上级主管部门的，上级主管部门要及时将集中的款项缴入同级国库或财政预算外资金专户。各级财政部门负责对本级公、检、法、工商部门解缴行政性收费收入和罚没收入的监缴工作。地方各级公、检、法、工商部门应缴国库或财政预算外资金专户的行政性收费收入和罚没收入，凡属于执收、执罚单位就地解缴入库的，由财政部驻各地财政监察专员办事机构就地监缴；凡采取逐级汇缴，由主管部门集中解缴中央国库的，由财政部监缴，财政部驻各地财政监察专员办事机构对汇缴情况进行监督。各级财政部门要进一步建立和完善有关收入的缴库（含财政预算外资金专户）制度、缴库单分送制度，认真履行监督、检查职责，根据公、检、法、工商部门行政性收费和罚没收入的执收、执罚和解缴情况，加强催缴和监缴，并建立稽查机制，堵塞漏洞，做到应收尽收。行政性收费和罚没收入的具体监缴办法由财政部商有关部门另行制定。

四、建立行政性收费和罚没收入统计报表制度。各级公、检、法、工商部门要按月填报行政性收费收入统计表和罚没收入统计表（有关统计表由财政部门另发），并于每月终了后 7 日内将统计表一式五份报送同级财政部门（地方公、检、法、工商部门执收、执罚收入，涉及解缴中央国库或中央财政预算外资金专户的，加报财政部驻当地财政监察专员办事机构一份）。省级财政部门于每季终了后 20 日内将汇总表上报财政部。财政部可根据需要将汇总数字分别通报给有关部门。

五、完善预算核定办法。各级公、检、法、工商部门的业务支出，由财政部门根据各单位业务支出范围、办案经费开支范围和有关装备项目及标准，按照预算内外资金结合使用的原则，统一核定。各级财政部门要进一步增强服务观念，提高工作效率，对公、检、法、工商部门的经费申请，在预算核定款额和上缴国库、财政专户总额内,及时审核拨付,不得拖延。在核定预算时,按照“零基预算”的要求,对编制内人员经费要优先予以保证;对公、检、法部门的公用经费,应按照高于当地一般行政机关一倍以上的标准安排;对工商行政管理部门正常运转所需的公用经费,应按照高于当地一般行政机关的标准妥善安排解决;对办案、装备和基础设施经费,要根据工作任务专项予以安排;对自筹基本建设支出,要从严控制,在优先保证人员和公用经费的前提下予以安排。各地要切实加强对财政专项经费的管理,专款专用,严禁挪作他用。

六、加强支出管理。公、检、法、工商部门的全部财务收支活动都必须由单位财务部门统一归口管理,在银行设立统一帐户。各部门的具体执收、执罚单位不得设立帐户,否则视同“小金库”处理。各单位财务部门对财政部门核拨的经费(包括从财政预算外资金专户核拨的经费)要切实加强支出管理,建立健全管理制度,严格执行国家规定的开支范围和开支标准,对违反财经纪律和财务制度规定的开支一律不得支付。不得将财政预算外资金专户核拨的经费转作单位“小金库”或用于国家规定以外的开支。对支出管理的薄弱环节,如人员、车辆、会议、电话等项目要切实采取有效措施,实施重点管理和控制,坚决杜绝铺张浪费行为。要深化支出管理改革,提高基础设施、信息、设备的综合利用率,提高资金使用效益。

七、加强监督检查工作。各级财政、计划(物价)、纪检监察部门要会同公、检、法、工商部门对现有收费项目和收费标准进行专项清理整顿。对越权设立收费项目,擅自提高收费标准的,要按照国家有关规定予以纠正。对清理整顿后的收费项目,要向社会公布,接受群众监督。要定期对行政性收费和罚没收入收支两条线管理的执行情况进行专项检查。对不按规定上缴国库或财政预算外资金专户的,同级财政部门相应核减其预算经费。对检查中发现的违法违纪问题,必须严格依法、依纪处理。凡法律、法规或行政规章规定应当给予行政处罚的,必须处罚;对违法违纪问题负有责任的领导人员和直接责任人员,按照有关党纪政纪规定予以严肃处理;情节严重构成犯罪的,移送司法机关依法追究刑事责任。

八、本规定由财政部负责解释。

九、本规定自发布之日起执行。过去有关规定与本规定不一致的,一律依照本规定执行。

**附件：**

# 国家批准的公检法工商行政管理部门行政性收费项目

| 序　号 | 行政性收费项目 | 批　准　文　号 | 预算上缴形式 |
|---|---|---|---|
| 1 | 公安 | | |
| 1－001 | 治安管理证件工本费 | 价费字〔1992〕240 号 | 同级国库 |
| 1－002 | 户籍管理证件工本费 | 价费字〔1992〕240 号 | 同级国库 |
| 1－003 | 居民身份证证件费 | 价费字〔1992〕240 号 | 同级国库 |
| 1－004 | 出入境管理收费 | 价费字〔1992〕240 号 | 中央或同级国库 |
| 1－005 | 机动车辆管理收费 | 价费字〔1992〕240 号 | 同级国库 |
| 1－006 | 驾驶员管理收费 | 价费字〔1992〕240 号 | 同级国库 |
| 1－007 | 重大、特大交通事故处理费 | 价费字〔1992〕240 号 | 同级财政专户 |
| 1－008 | 被装管理费 | 价费字〔1992〕240 号 | 中央和同级财政专户 |
| 1－009 | 边防检查证件工本费 | 价费字〔1992〕240 号 | 中央或同级国库 |
| 1－010 | 口岸以外边防检查、监护费 | 价费字〔1992〕240 号 | 中央或同级国库 |
| 1－011 | 往来港澳船舶查验簿收费 | 价费字〔1992〕240 号 | 中央或同级国库 |
| 1－012 | 出海船舶、船民证件费 | 价费字〔1992〕240 号 | 中央或同级国库 |
| 1－013 | 灭火器产品生产许可证费 | 财综字〔1997〕108 号 | 中央财政专户 |
| 1－014 | 防盗报警器具生产许可证费 | 财综字〔1997〕108 号 | 中央财政专户 |
| 1－015 | 主动红外入侵探测器生产许可证费 | 财综字〔1997〕108 号 | 中央财政专户 |
| 1－016 | 特种行业许可证费 | 计价格〔1994〕916 号 | 同级国库 |
| 1－017 | | | |
| 1－018 | | | |
| 1－019 | | | |
| | | | |

续表

| 序　号 | 行政性收费项目 | 批　准　文　号 | 预算上缴形式 |
|---|---|---|---|
| 2 | 检察院 | | |
| 2－001 | | | |
| | | | |
| 3 | 法院 | | |
| 3－001 | 诉讼费 | 法(司)〔1989〕14号和财文字〔1996〕4号 | 中央或同级财政专户 |
| | | | |
| 4 | 工商 | | |
| 4－001 | 企业注册登记费 | 价费字〔1992〕414号和财文字〔1995〕24号 | 中央或同级国库 |
| 4－002 | 个体工商户注册登记费 | 价费字〔1992〕414号和财文字〔1995〕24号 | 中央或同级国库 |
| 4－003 | 广告经营单位注册登记费 | 价费字〔1992〕414号 | 同级国库 |
| 4－004 | 商标注册费 | 财综字〔1995〕88号和计价格〔1995〕2404号 | 同级国库 |
| 4－005 | 集贸市场管理费 | 价费字〔1992〕414号 | 同级财政专户 |
| 4－006 | 个体工商户管理费 | 价费字〔1992〕414号 | 同级财政专户 |
| 4－007 | 鉴证费 | 财文字〔1995〕24号 | 中央或同级国库 |
| 4－008 | 经济合同示范文本工本费 | 价费字〔1990〕228号 | 同级财政专户 |
| | | | |

# 中共中央办公厅、国务院办公厅关于切实做好当前减轻农民负担工作的通知

（1998年7月21日）

1998年改革发展任务繁重。要保证各项任务的实现，必须确保农业增产、农民增收、农村稳定。上半年，由于种种原因，农民收入增长缓慢，而一些地方农民负担不仅没有减少，反而继续增加。有的违反规定，变相多收提留统筹费，平摊农业特产税、屠宰税；有的继续乱收费、乱集资、乱罚款；有的盲目举债，向农民转嫁债务负担。这些问题如不纠正，将严重影响农民的生产积极性，对夺取1998年的农业丰收、保障各项改革措施的顺利实施、维护社会稳定的大局极为不利。各地区、各部门必须充分认识当前增加农民收入和减轻农民负担的特殊重要意义，在采取措施加强秋季作物田间管理、抓好养殖业生产、发展乡镇企业和农村其它二三产业、增加农民收入的同时，必须下大力气认真做好减轻农民负担工作，切实把农民的不合理负担减下来。为此，经党中央、国务院同意，特作如下通知：

一、严格控制提留统筹费。鉴于目前农民收入增长缓慢的实际情况，1998年农民承担的提留统筹费的绝对额，不仅要严格控制在上年农民人均纯收入的5%以内，而且不得超出1997年的预算额。1998年的预算额小于1997年预算额的地方，按1998年的预算方案执行；1998年预算额大于1997年预算额的地方，要坚决调减下来，并重新明确到户。已按1998年预算额收缴的，超过1997年的部分，能退的要退，不能退的应在下年预算执行中扣减。提留统筹费核减后，要坚决防止以共同生产费、统一服务费、以资代劳金等名义，在提留统筹费之外乱开口子，变相加重农民负担。也要防止违反规定多收承包费。除工副业、果园、鱼塘、“四荒”等实行专业承包和招标承包的项目外，其它承包费都要一并纳入农民上缴的提留统筹费以内实行限额管理。各级农民负担监督管理部门要切实加强监督管理。

二、坚决把向农民的乱收费、乱集资、乱罚款和各种摊派全部停下来。1998年除防汛、抗旱、抢险、救灾和专项安排的农田基本建设外，各部门在农村安排的各项事业能缓办的要缓办，可办可不办的坚决不办，要求农民出钱出物出工的各种达标升级和集资活动必须立即停止。凡在结婚登记、中小学生就学、建

房和计划生育指标等审批、办理过程中向农民乱收费,因未完成种植养殖任务而向农民乱罚款,强行向集体和农民摊派报刊和各种保险费用的,必须坚决查处。要实行农村"三乱"专项治理部门责任制,谁主管谁负责。今后,"三乱"出自哪个部门,就追究那个部门领导的责任。

三、严格加强对农民义务工的管理。1998 年国家安排的公路、铁路、水利设施、粮食储备库、农村电网、天然林资源保护工程等基本建设,是增加农民收入和减轻农民负担的重大措施,各级党委、政府和有关部门必须抓紧落实。在项目实施中,要严格执行国家有关农民投工投劳的政策,不得挪用国家下达的工程款,也不得强行以资代劳向农民摊派工程款。凡超过国家规定的义务工限额的,要按规定给农民支付劳务报酬。

四、严格执行国家的农业税收政策。农业税要坚持以实计征。对少数折征代金的地方,1998 年粮食定购价格调低了的,农业税征收金额应随之减下来。农业特产税、屠宰税必须据实征收,不得按预计产量、预计出售价格计征,不得层层下达指标或者提前预收,不得按人头、田亩和牲畜存栏头数平摊。同一地块的农业特产税、农业税不得重复征收。各级财税部门要把禁止在农村乱征乱收税费,作为纠正行业不正之风的重要内容,切实抓好。

五、严禁在粮食收购时代扣代缴各种款项。国有粮食收储企业要严格执行《粮食收购条例》的有关规定,按保护价敞开收购农民的余粮,不得拒收、限收,不得压级压价或者抬级抬价。在粮食收购中,除农业税外,国有粮食收储企业不得接受任何组织或者个人委托代扣代缴任何税费。乡(镇)、村干部不得在粮食收购现场坐收提留统筹费和其他任何税费。凡违反规定的,依照《粮食收购条例》坚决查处。将提留统筹费折成粮食计征的试点办法,可以结合税费改革继续研究,但必须执行《粮食收购条例》,不得将提留统筹费随粮食收购一并征收。

六、严禁强迫农民借款、贷款缴纳各种税费。要教育农民自觉履行应尽义务,按规定缴纳税费。严禁乡(镇)、村干部擅自以集体名义向任何单位和个人借款、贷款或者强迫农民借款、贷款用以缴纳各种税费和集资。凡未经群众集体讨论同意,以乡(镇)、村名义向单位、个人借款或贷款所发生的债务,不得向农户分摊。对于没有完成上缴任务的农户,要区别不同情况正确处理。对确实无力缴纳的农户,要认真落实好减免政策;对确有缴纳能力拒不缴纳规定税费的,要按有关法规及时追缴。当前,要特别注意做好贫困地区和受灾地区的减轻农民负担工作。这些地区 1998 年的农民负担只能减轻,不能增加。中央规定的各项税费减免政策必须落实到村到户,任何部门和单位不得截留税费减免指标。因执行减免政策而减少的税费收入,一律不得分摊到其他农户。

七、切实减少乡(镇)、村非生产性支出。要严格执行《中共中央、国务院关于切实做好减轻农民负担工作的决定》(中发〔1996〕13号)中关于"'九五'期间,各地不再增加乡镇机构和人员编制"的规定,继续冻结编制。对乡镇一级的机构,可设可不设的不设,可合设的一定不要分设。超编的非生产人员要坚决予以清退。要最大限度地减少村组干部人数,严格控制村管理费和招待费开支,严禁大吃大喝,全面实行村级财务公开,搞好民主监督。

八、严肃查处加重农民负担的违法违纪行为。各地要抓紧组织一次农民负担情况的检查,要把执行中发〔1996〕13号文件和本《通知》有关规定情况,作为今年执法检查的重点,切实搞好自查自纠。农业部、监察部、财政部、国家发展计划委员会、国务院法制办公室下半年要联合组织抽查。各级纪检监察机关要加大查处力度,对顶风违纪加重农民负担的,要从重、从快处理。一些典型案件的查处结果,经批准可以公开曝光。

九、进一步加强对减轻农民负担工作的领导。各级党委和政府要充分认识做好当前减轻农民负担工作的特殊重要意义。要继续坚持党政一把手亲自抓、负总责的制度,在换届和机构改革中,做到领导力量不减、工作队伍不散。要不断完善减轻农民负担领导干部考核制度,明确把中发〔1996〕13号文件对各级领导干部特别是县、乡两级领导干部提出的"确保在本辖区内,不出现村提留乡统筹费突破上年农民人均纯收入5%的村;不违反中央规定出台加重农民负担的项目;不发生因农民负担引发的严重事件和恶性案件"等三项要求作为考核标准。要逐步建立农民负担问题领导干部谈话制度,对负担问题突出的地方,上一级党政领导要及时向下一级党政领导打招呼,督促其解决问题。各地要高度重视和认真做好涉及农民负担的来信来访工作,注意倾听群众呼声,把矛盾解决在基层,解决在萌芽状态。国务院减轻农民负担联席会议各成员单位要认真履行职责,搞好监督检查。

减轻农民负担,事关农村改革、发展、稳定的大局,必须坚持不懈地抓紧抓好。中发〔1996〕13号文件的各项规定是我们党向农民的庄严承诺,必须毫不动摇地继续贯彻落实。各地区、各部门要组织干部重新学习中发〔1996〕13号文件,认真进行一次再教育,不断增强贯彻党的农村基本政策的自觉性,进一步把减轻农民负担工作做实做好。

# 中共中央关于在县级以上党政领导班子、领导干部中深入开展以“讲学习、讲政治、讲正气”为主要内容的党性党风教育的意见

(1998年11月21日)

按照党的十五大和《中共中央关于在全党深入学习邓小平理论的通知》(中发〔1998〕11号)的部署,今明两年要集中一段时间,在全国县级以上党政领导班子和领导干部中,深入进行以“讲学习、讲政治、讲正气”为主要内容的党性党风教育。

## 一、深入开展“三讲”教育的必要性和重要性

在县级以上党政领导班子和领导干部中,用整风精神开展以“三讲”为主要内容的党性党风教育,是贯彻党的十五大精神和中央的部署,深入学习邓小平理论,加强领导班子建设、提高领导干部素质的一项重要举措。党内外干部和群众对此十分关注,热切希望把这件大事办好。近几年来,在各级领导干部中进行过“三讲”教育,收到一些效果,但是同目前形势和任务的要求相比还有很大差距,一些需要解决的突出问题还没有得到解决。

当前,全党和全国各族人民高举邓小平理论伟大旗帜,认真贯彻落实党的十五大精神,满怀信心地为实现我国跨世纪发展的宏伟目标努力奋斗。我国的改革已进入攻坚阶段,经济发展正处于关键时期,国际局势出现种种新变动。尽管受到亚洲金融危机的强烈冲击,又遭受了历史罕见的特大洪水灾害,我国仍然保持了国民经济持续平稳发展和社会政治稳定,总的形势是好的。但是,必须清醒地看到,摆在我们面前亟待解决的矛盾和问题还很多,任务繁重而又艰巨。在迈向新世纪的征途上,我们既面临难得的机遇,又面临严峻的挑战,还可能遇到这样那样的风险和困难。新的形势和任务,对县级以上党政领导班子、领导干部的素质特别是思想政治素质和驾驭复杂局面、解决现实问题的能力,都提出了新的更高的要求。通过深入开展学习教育,把“讲学习、讲政治、讲正气”的要求真正落到实处,全面提高各级领导班子的素质,对于确保党的基本理论、基本路线、基本纲领、基本方针的全面贯彻,确保改革开放和现代化建设的顺利进行,确保跨世纪发展目标的实现和国家的长治久安,都具有十分重要

的意义。

我们党的领导干部队伍总体上是好的，是不断进步的。但也必须看到，有相当一部分领导干部的思想政治素质还不适应或者不完全适应形势任务的要求。主要表现在：有的忽视马克思主义理论的学习，不能完整准确地掌握邓小平理论及其精神实质，甚至断章取义，搞实用主义；有的对社会主义、共产主义的理想信念动摇，缺乏政治敏锐性和政治鉴别能力，在重大原则问题上分不清是非，甚至跟着错误的东西跑；有的急功近利，搞形式主义，弄虚作假，沽名钓誉，甚至不择手段，争权夺利；有的违反民主集中制，无视组织纪律，放弃党性原则，奉行好人主义和庸俗的关系学，甚至庇护犯罪；有的当官做老爷，对群众的疾苦漠不关心，贪图享受，挥霍浪费，以权谋私，纵容亲属胡作非为，甚至徇私枉法，贪污受贿，腐化堕落等等。领导干部中存在的这些问题，情况和程度虽有不同，但都是不讲学习、不讲政治、不讲正气，放弃世界观改造和党性修养的结果，都严重妨碍党的路线方针政策和当前工作重大决策的贯彻执行，损害党和政府同人民群众的关系，削弱党组织的凝聚力和战斗力。如果听任这些错误思想作风蔓延下去，将会毁坏建设有中国特色社会主义事业，造成极其严重的后果。

总之，在县级以上党政领导班子和领导干部中深入进行以“三讲”为主要内容的党性党风教育，用整风的精神，认真解决党性党风方面存在的问题，是十分必要也是非常迫切的。各级党委（党组）务必统一认识，以高度的政治责任心，足够的领导精力，良好的精神状态，把这次“三讲”教育切实抓紧抓好。

**二、开展“三讲”教育的基本要求**

这次“三讲”教育总的要求是，推动县级以上党政领导班子和领导干部深入学习邓小平理论和党的十五大精神，提高政治素质，加强党性修养，端正思想作风，增强在改造客观世界的同时改造主观世界的自觉性，努力从以下四个方面收到实际效果。

（一）坚定建设有中国特色社会主义的信念，提高政治敏锐性和政治鉴别能力，坚持党的基本路线不动摇，始终同党中央保持思想上、政治上的高度一致，增强大局观念，从实际出发创造性地贯彻中央关于当前深化改革、扩大开放、促进发展、保持稳定的一系列决策和部署。防止和克服在方针政策、重大原则问题上搞片面性、绝对化，以及阳奉阴违、自行其是等错误思想和做法。

（二）全面贯彻执行民主与集中相结合的组织制度、领导制度和工作制度，正确认识和处理上级与下级、个人与组织、“班长”与领导班子成员之间的关系,加强党的团结。纠正和防止违反民主集中制,把个人凌驾于党组织之上,独断专行、各自为政、拒绝党的教育与监督等错误思想和行为。

(三)认真实践全心全意为人民服务的宗旨,坚持从群众中来到群众中去的群众路线,正确行使人民赋予的权力,保持清正廉洁,密切同人民群众的联系。克服官僚主义,反对以权谋私以及损害国家、集体和人民群众利益的各种腐败现象。

(四)大力弘扬求真务实、言行一致的优良作风,说老实话,办老实事,当老实人。纠正和防止追逐个人名利,弄虚作假,欺上瞒下以及只图形式、不重实效等不良习气。

"讲学习、讲政治、讲正气",是建设团结、坚强的领导班子和高素质干部队伍的长期任务。虽然不可能通过一次集中教育将目前党性党风方面存在的问题全部解决,但通过这次学习教育,一定要下决心解决领导班子和领导干部中存在的突出问题,尤其是群众意见大、影响当前改革和建设工作的问题,努力做到思想上有明显提高,政治上有明显进步,作风上有明显转变,纪律上有明显增强,更好地担负起把建设有中国特色社会主义伟大事业全面推向新世纪的历史重任。

**三、开展"三讲"教育必须遵循的原则**

这次"三讲"教育,要以邓小平理论和党的十五大精神为指导,紧密联系改革、发展、稳定的实践,紧密联系干部的思想实际和工作实际,以整风的精神来进行。要立足于思想教育,把党性分析、自查自纠与民主评议结合起来。在开展学习教育的过程中,要注意把握好以下原则:

(一)必须始终立足于学习提高。"三讲"教育,是结合新的实际对领导班子和领导干部进行的一次马克思主义理论的自我教育。要大力弘扬理论联系实际的学风,深入学习邓小平理论、党的十五大报告和中央的有关文件,认真回顾近几年改造客观世界和改造主观世界的实践,总结各自的经验教训,坚持正确的,纠正错误的,努力从世界观、人生观、价值观上解决问题。要把学习理论、武装头脑同整顿思想、改进作风结合起来并贯穿于教育活动全过程。

(二)必须紧紧围绕全面贯彻党的基本路线,把开展"三讲"教育同推动当前工作结合起来。各级领导班子要根据各自的职责任务,按照贯彻落实党的十五大精神、搞好当前各项工作对领导班子和领导干部的要求,促进"三讲"教育的深入;通过"三讲"教育的深入开展,促进影响改革、发展、稳定的现实问题的解决,巩固和发展好的形势。绝不能脱离我们正在进行的改革开放和现代化建设工作实际,孤立地搞"三讲"教育。

（三）必须充分发扬党内民主，坚持群众路线。领导班子、领导干部的思想和工作状况，有什么优点和长处、缺点和问题，广大干部和群众是清楚的。要坚定地相信和依靠他们推动领导班子和领导干部“讲学习、讲政治、讲正气”，搞好对领导班子和领导干部的民主评议，还要把领导班子和领导干部思想作风整顿的情况告诉他们。切忌关起门来搞教育，更不允许压制民主、打击报复。

（四）必须认真开展批评和自我批评，进行积极的、健康的思想斗争。领导干部的情况不同，存在的问题不同，解决问题的具体形式也可以有所不同，但都必须拿起批评和自我批评这个武器，发扬“坚持真理，修正错误”的优良传统。无论是批评还是自我批评，都要讲政治，不纠缠细枝末节；都要实事求是，不文过饰非；都要真正解决问题，不走过场。要坚持按照“团结——批评——团结”的公式解决问题，严禁泄私愤、借机整人，决不允许重复过去搞政治运动那种“左”的错误做法。

**四、开展“三讲”教育的步骤和方法**

这次“三讲”教育，采取自上而下的办法，分级分批进行。中央直属机关、中央国家机关和各省、自治区、直辖市及其直属机关在试点基础上展开，明年上半年结束，地、市、县明年底基本完成。一个领导班子开展学习教育的时间，一般为两个月左右。安排活动时，可以有分有合。大体步骤和基本方法是：

（一）思想发动，学习提高。动员领导干部一定要以积极认真的态度搞好学习。这是开展好“三讲”教育的前提和基础。要深入学习党的十五大报告和《中国共产党章程》，学习毛泽东、邓小平、江泽民同志有关“讲学习、讲政治、讲正气”的论述，学习《党政领导干部选拔任用工作暂行条例》（中发〔1995〕4号）、《中国共产党党员领导干部廉洁从政若干准则（试行）》（中发〔1997〕9号）等有关文件，掌握思想武器，树立正确的态度，真正按照“讲学习、讲政治、讲正气”的要求来参加“三讲”教育。

（二）自我剖析，听取意见。在学习提高的基础上认真进行反思，找出领导班子特别是本人在党性党风和工作上存在的主要问题，从世界观的深处进行剖析。个人总结材料形成后，印发同级领导班子和下级主要领导成员征求意见。同时，发动和组织本单位干部、群众，对领导班子及每个成员进行畅所欲言的民主评议，并将评议意见和提出的问题如实反馈给本人。有违法违纪问题的干部，要自觉向组织交待清楚。主动讲清问题的，可以从轻处理。

（三）交流思想，开展批评。在领导班子内部开展谈心活动，有话讲在当面，不搞自由主义。经过充分准备，党委（党组）集中几天时间召开会议，开展认真负责、实事求是的批评和自我批评,坚持与人为善,互相帮助,增强团结,共同进步。对确有问题不认真进行自我批评,或者讳疾忌医、拒绝帮助的,主要领导同志和上级要及时指出,促其改正。

(四)认真整改,巩固成果。针对反映出的主要问题,集中分析研究,落实整改措施,系统总结经验,完善相关制度,巩固学习成果,促进"三讲"教育经常化、制度化。要在适当范围向干部、群众通报结果。

**五、加强对"三讲"教育的领导**

各级党委(党组)要把这次深入开展"三讲"教育作为事关大局的一项重要任务来抓。一级抓一级,一级带一级。党委主要负责同志要承担起第一责任人的责任,既要以身作则,带头学习,带头剖析自己,又要切实加强具体指导。党委(党组)全体成员都要尽职尽责,严以律已,同心同德,搞好"三讲"教育。地、市以上党委要成立领导小组,由有关部门抽调力量组成精干高效的办事机构,及时了解情况,掌握政策,督促检查,推动工作。对工作进行中出现的新情况、新问题,要及时研究解决。

中央、国家机关各部委,地方各级党委(党组)要制订工作方案,精心组织实施。要重点抓好县以上党委、政府、人大和政协领导班子的学习教育。在开展教育前,要深入调查研究,摸清情况,抓住主要问题,有针对性地加以解决。要把这次"三讲"教育活动同对干部的深入考察、考核结合起来。对法院、检察院和执法部门的领导班子,要根据其不同职能和特点提出要求。国有大中型企业和事业单位领导班子、领导干部的教育,由主管部门根据实际情况进行安排,不要求与党政领导班子的教育活动同步进行。在离退休的县级以上领导干部中,也要根据他们的具体情况安排学习。

要运用典型教育干部,广泛开展向抗洪抢险英模和其他先进人物学习的活动,弘扬正气;解剖反面教材,汲取经验教训,克服歪风邪气。对于在"三讲"教育中暴露出来的违法违纪问题,由纪检监察机关按照规定程序处理。

"三讲"教育工作每走一步,都要脚踏实地,讲求实效,坚决杜绝形式主义。上级党委对下级党委开展教育的情况要加强督促检查。可以派巡视组下去了解情况,必要时上级领导干部要下去具体指导。发现教育工作不得力的,要明确指出,责令纠正;有不足之处的,要及时帮助弥补;走了过场的,要严肃批评,重新进行。各地区、各部门"三讲"教育结束后,要向上级党委写出专题书面报告。军队的"三讲"教育,由解放军总政治部作出部署。

# “三讲”教育必读篇目

**毛泽东：**

《反对本本主义》(1930 年 5 月)

《实践论》(1937 年 7 月)

《矛盾论》(1937 年 8 月)

《反对自由主义》(1937 年 9 月 7 日)

《中国共产党在民族战争中的地位》(干部政策、党的纪律、党的民主、学习)(1938 年 10 月 14 日)

《纪念白求恩》(1939 年 12 月 21 日)

《改造我们的学习》(1941 年 5 月 19 日)

《整顿党的作风》(1942 年 2 月 1 日)

《关于领导方法的若干问题》(1943 年 6 月 1 日)

《为人民服务》(1944 年 9 月 8 日)

《论联合政府》(五)(1945 年 4 月 24 日)

《在中国共产党第七届中央委员会第二次全体会议上的报告》(十)(1949 年 3 月 5 日)

**邓小平：**

《解放思想，实事求是，团结一致向前看》(1978 年 12 月 13 日)

《坚持四项基本原则》(1979 年 3 月 30 日)

《高级干部要带头发扬党的优良传统》(1979 年 11 月 2 日)

《目前的形势和任务》(第二部分)(1980 年 1 月 16 日)

《党在组织战线和思想战线上的迫切任务》(1983 年 10 月 12 日)

《建设有中国特色的社会主义》(1984 年 6 月 30 日)

《一靠理想二靠纪律才能团结起来》(1985 年 3 月 7 日)

《在中国共产党全国代表会议上的讲话》(1985 年 9 月 23 日)

《视察天津时的谈话》(1986 年 8 月 19 日—21 日)

《保持艰苦奋斗的传统》(1989 年 3 月 23 日)

《在武昌、深圳、珠海、上海等地的谈话要点》(1992 年 1 月 18 日—2 月 21 日)

**江泽民:**

《领导干部一定要讲政治》(1995 年 9 月 27 日)

《正确处理社会主义现代化建设中的若干重大关系》(1995 年 9 月 28 日)

《关于讲政治》(1996 年 3 月 3 日)

《努力建设高素质的干部队伍》(1996 年 6 月 21 日)

《在中纪委第八次全体会议上的讲话》(1997 年 1 月 29 日)

《高举邓小平理论伟大旗帜,把建设有中国特色社会主义事业全面推向二十一世纪》(1997 年 9 月 12 日)

《在第二期中央委员和候补委员学习邓小平理论和十五大精神研讨班结业式上的讲话》(1998 年 6 月 2 日)

《在学习邓小平理论工作会议上的讲话》(1998 年 7 月 17 日)

《关于打击走私和反腐败问题》(1998 年 7 月)

**中央文件:**

《中共中央关于加强党的建设几个重大问题的决定》(1994 年 9 月 28 日)

《中共中央关于加强社会主义精神文明建设若干重要问题的决议》(中发〔1996〕11 号)

《中共中央关于在全党深入学习邓小平理论的通知》(中发〔1998〕11 号)

# 中共中央办公厅关于进一步加强督促检查工作的意见

（1999年2月6日）

自1995年《中共中央办公厅关于进一步加强督促检查工作的意见（试行）》下发以来，在党中央和各级党委的领导下，办公厅（室）的督促检查工作不断发展，对贯彻党的路线方针政策，推动中央和各级党委重大决策、重要工作部署的落实，发挥了越来越大的作用。决策作出后，关键要抓落实，并且要通过督促检查推动决策落实。督促检查工作既是各级党委的重要职责，也是办公厅（室）的重要工作。办公厅（室）要通过扎实有效、锲而不舍的督促检查，推动中央和各级党委决策的落实。根据几年来的试行情况，现就进一步加强督促检查工作提出如下意见：

**一、对中央和各级党委决策的贯彻落实进行督促检查是办公厅（室）的重要职责**

决策的制定和实施方案的部署，事情还只是进行了一半，还有更重要的一半就是要确保决策和部署的贯彻落实。为此，督促检查工作十分必要。开展督促检查是一个重要的领导环节和领导方法。督促检查，从根本上说，是对各级党委和领导工作作风的监督和检查，是决策落实的重要推动力，是落实工作不可缺少的辅助力量。各级党委作为抓决策落实的主体，责无旁贷地要抓决策贯彻落实的督促检查；作为党委办事机构的办公厅（室），担负着为党委制定和实施决策服务的任务，同样应该在督促检查工作中发挥重要的作用。

为党委决策的制定和实施服务，是办公厅（室）的重要任务。党委决策制定前，需要办公厅（室）提供信息、提供预案；党委决策制定后，同样需要办公厅（室）协助党委抓决策落实。督促检查就是做推动决策落实的文章，就是保证党委决策目标的实现。办公厅（室）的督促检查是党委督促检查的组成部分，其主要职责和作用是协助党委开展督促检查，并按照党委要求自行组织有实效的督促检查，以推动中央和党委决策的落实。督促检查工作做得怎样，是检验办公厅（室）整体工作的重要标志，是衡量办公厅（室）工作层次和水平高低的重要方面。各级党委办公厅（室）一定要强化督促检查意识，健全督促检查制度，优化督促检查机制，加大督促检查力度，提高督促检查实效，使督促检查在推动决策落实上发挥更多更大的作用。

**二、把抓落实作为督促检查工作的出发点和落脚点**

江泽民同志多次强调,不仅要制定正确的决策,更重要的是要落实决策,要"落实,落实,再落实"。"各项工作都要有布置、有检查,决不能只满足于开会、发文件、作指示,而要看究竟落实了多少,效果如何。这样才能使决策、任务和要求落到实处。"办公厅(室)的督促检查,出发点和落脚点都是为了中央和各级党委决策的落实。这是督促检查工作的本质属性和根本目的,也是衡量督促检查工作效果的唯一标准。办公厅(室)的督促检查从上到下,从制订计划到组织实施,从工作内容到工作方式,都要紧紧围绕落实作文章,在落实上下功夫,在落实上见成效。

决策落实的过程,是由浅入深、不断趋向决策目标的不间断的实践活动。因此,办公厅(室)的督促检查工作必须扎扎实实,真抓实干,做大量实际的而不是表面的、深入的而不是肤浅的、具体的而不是抽象的工作;必须环环相扣,贯穿到决策实施的每个阶段、每个环节、每个方面,直至决策真正转化为干部群众的实际行动,达到预期的效果。在方式上,督促检查工作不能只局限于了解对上级决策是否作了贯彻部署和制定了措施,不能只停留在掌握开了多少会、发了多少文件、下去了多少人这些落实工作的外在表现上,而应该把力量用在决策部署以后的具体实施上,把功夫下在决策精神见之于基层和干部群众的实际行动上。要经常了解决策落实的进度,追踪决策落实的轨迹,并且循着决策落实的进程,及时组织各项富有推动力的督促检查活动,持续不断地推动决策落实,直到决策目标的实现。

督促检查抓落实,要有求真务实、讲求实效的工作作风。抓落实,就要坚决防止主观主义、官僚主义和形式主义,制止弄虚作假和做表面文章。在督促检查工作上,要力戒不从实际出发,不深入基层,坐在家里想点子,跑到下面找例子,靠打电话、报材料、听汇报进行督促检查的飘浮作风,必须深入实际,深入群众,扎实工作,舍得花气力、下功夫,做艰苦细致的工作;要力戒大呼隆、走过场、图形式、搞花架子,应付上级的虚假作风,必须讲真话、使真劲、报实情,扑下身子抓,沉到下面干,追求落实的效果,不要做给领导和上级看的毫无意义的数字和形式;要力戒绕开矛盾,掩盖问题,浅尝辄止,半途而废,搞"半拉子"工程的肤浅作风,必须锲而不舍,一抓到底,善始善终,务求落实。督促检查工作搞形式主义,不仅不能推动决策落实,反而会给决策落实制造障碍,增加阻力。因此,督促检查工作一定要从实际出发,从效果出发,形式服从内容,方式服从效果,切实抓出成效。

## 三、紧密围绕党的中心工作进行督促检查

办公厅(室)开展督促检查,要紧紧围绕党的中心工作进行。要切实抓好党的路线方针政策贯彻落实的督促检查,抓好中央和各级党委重大决策、重要工作部署贯彻落实的督促检查。同时,要抓好中央和各级党委、领导同志以及上级领导机关批示、交办事项的查办落实。办公厅(室)要根据中央和各级党委一个时期的中心任务,确定督促检查的重点。对重大决策贯彻落实的督促检查,要紧抓不放,务求落实。

中央和各级党委作出重大决策和重要工作部署后,办公厅(室)要根据党委的意图,拟定督促检查方案,进行分解立项,报领导同志审批后,将督促检查的工作任务落实到地区、部门,明确责任,提出要求。对重大决策贯彻落实所提出的责任目标,可根据需要予以公布,接受群众和舆论的监督。在决策实施过程中,要及时掌握动态,跟踪决策落实的进展情况,把督促检查贯穿于决策落实的全过程。

反馈决策落实情况,是督促检查工作的重要任务,也是为党委进行督促检查服务的重要方式。要及时、全面、准确地反馈决策落实情况,以保证党委有针对性地对决策落实进行指导。按照规定,各地区、各部门要经常向中央报告工作,办公厅要及时提醒党委向中央报告工作并积极协助党委如实地写好报告。同时,办公厅(室)还要通过《督查专报》等形式,不断地反馈中央和上级党委决策在本地区的落实情况。《督查专报》的内容,既要反馈中央和党委决策下达后,本级党委的部署和安排,还要反馈党委抓落实的具体行动和决策落实的进度;既要反馈决策实施初期的情况,还要反馈决策实施过程中各个阶段的情况;既要反馈决策落实的进展动态、措施办法和成绩经验,还要反馈决策落实中遇到的困难、出现的矛盾和存在的问题。各省、自治区、直辖市党委办公厅向中央办公厅报送《督查专报》,每年不得少于30期,其中应有一半是反映决策落实中出现的问题以及解决这些问题的意见、建议和做法的。

在督促检查工作中,要重点抓问题的解决。决策的实施正是通过对一个一个矛盾和问题的解决,最终实现决策目标的。从一定意义上讲,督促检查工作的力度主要体现在敢不敢于、善不善于抓矛盾和问题上。办公厅(室)一定要本着对党和人民高度负责的态度,紧紧抓住那些带普遍性、倾向性、苗头性的问题进行督促检查。要敢于向中央和各级党委反映真实情况和问题,特别是那些影响决策深入落实的问题。反映问题要说明来龙去脉、形成过程、产生原因以及发展趋势。反映问题是为了推动问题的解决,要透过现象看本质,主动发现矛盾,积极协助党委抓好问题的解决,把决策落实不断推向深入。

**四、根据中央和各级党委决策的要求经常组织有实效的督促检查活动**

办公厅(室)的督促检查要纳入党委督促检查的整个活动中通盘考虑,统一安排。同时,办公厅(室)还要根据中央和各级党委决策的要求,按照党委指示,主动地经常地组织有实效的督促检查活动。开展督促检查首先要吃透决策精神,领会领导意图,不能脱离决策精神"想当然",甚至另搞一套。督促检查重在推动,重在协助,要以主人翁的态度多做宣传和引导工作,使督促检查的过程成为引导下面理解决策精神、帮助下面出谋献策、协助下面一起抓落实的过程。要继续坚持经实践证明是行之有效的督促检查方式,同时要根据决策落实的需要,不断探索新的方式方法。

督查调研是开展督促检查活动的重要方式。它是在决策作出后,针对决策落实情况,通过调查研究进行的督促检查活动。中央和各级党委决策实施一段时间后,办公厅(室)要根据党委的指示,及时会同有关部门组织力量深入下去进行督查调研。督查调研首先要选准题目,要紧紧围绕中央和各级党委的重大决策以及领导关注的重大问题进行。督查调研组下去后,要倾听群众的反映,掌握第一手材料,了解真实情况,总结经验,发现问题,提出解决问题的办法,研究深入抓落实的措施。要深入实际,通过开座谈会,到基层与干部群众交谈,甚至"微服私访",切实把情况搞清楚。在一地调研结束后,要及时同当地领导交换意见,将调查了解到的情况特别是存在的问题,如实相告,促其把决策落到实处。要把调查的情况加以分析综合,反馈给党委,为党委推动决策落实和再决策提供依据。对中央重大决策和各级党委重要工作部署落实的督查调研,也可建议有关领导同志亲自参加。对一些涉及面较广的重大决策的督查调研,可根据党委授权,组织有关部门联合进行。

催报检查是一种经常性的督促检查活动。凡文件和会议明确规定了报告决策落实情况时限的,办公厅(室)一定要按照要求的内容和时限催报;没有明确报告时限的,要根据内容提出报送要求并搞好催报。对于催报上来的情况,要进行分析,做好综合汇总,向党委提出意见和建议。不符合要求的,在报请党委批准后,可请报送单位补充情况或重新报告。

**五、为党委和领导同志进行的督促检查提供优质高效的服务和组织协调**

办公厅(室)要协助党委科学地安排工作,尽量减少领导同志的事务性活动,创造一切必要的条件,保证领导同志有更多的时间和精力深入基层,深入群众,调查研究,督促检查。要根据中央的决策精神和各级党委的工作部署,及时向党委提出开展督促检查的建议,提供一个时期需要督促检查的内容、重点和方式,供领导同志参考。要积极为领导同志提供督促检查的全程服务,协助领导同志提高督促检查的效果。领导同志督促检查前，办公厅（室）要提供有关情况，拟制督促检查预案，协调督促检查力量，做好各项准备和组织工作；领导同志督促检查中，要协助领导同志加强同被督促检查单位之间的沟通和联系，安排和组织好各项活动，及时发现和解决问题；领导同志督促检查告一段落后，要协助领导同志及时总结经验，对中央和各级党委决策落实的进展情况、取得的成效、存在的问题、解决的办法等进行汇总反馈，推广先进，带动后进，解决带倾向性、普遍性的问题，研究进一步落实的措施。

办公厅（室）要根据党委授权，搞好督促检查工作中的组织协调。要加强同党委其他部门及政府有关职能部门的联系。对重大决策落实的督促检查，党委办公厅（室）可与同级政府办公厅（室）以及有关职能部门联合进行。必要时，可组织联合督促检查组到决策落实第一线开展工作。对某项决策落实职责不清的，要请党委加以明确。对决策落实涉及几个职能部门的，要进行协调，确定牵头或主办单位。在办公厅（室）协调出现困难时，可请示党委或请领导同志出面协调。

**六、把中央宏观决策与地方党委具体决策贯彻落实的督促检查有机地结合起来**

中央决策是党中央从党和国家的工作全局作出的战略性、宏观性决策，需要各级党委的具体决策与之相配套。各级党委根据中央决策从本地实际出发作出的各项具体决策，是中央决策在本地的具体化，它同中央决策一起构成党的工作的全部部署和安排。抓本级党委决策贯彻落实的督促检查，离不开中央决策贯彻落实的督促检查；同样，抓中央决策贯彻落实的督促检查，也不能脱离本级党委决策贯彻落实的督促检查。只有在实践中把二者有机地结合起来，融为一体，中央和本级党委的决策才能够落到实处。

推动中央决策的贯彻落实，是各级党委办公厅（室）的共同职责。中央决策代表了党和人民的最高利益，必须从全党全国工作大局的高度，从确保中央政令畅通、维护中央权威的高度，牢固树立和明确围绕中央决策落实开展督促检查工作的指导思想和工作目标。不管是哪一级的党委办公厅（室），都要把中央决策的贯彻落实作为督促检查的重点，放在督促检查工作的首位。办公厅系统从上到下要形成合力，共同抓好中央决策贯彻落实的督促检查。对此，一定要坚定不移，任何时候都不能懈怠。

要用中央决策精神指导本级党委决策的贯彻落实，通过抓本级党委决策的贯彻落实，推动中央决策在本地区的贯彻落实。要把推动本级党委决策贯彻落实的督促检查放到推动中央决策落实的总体工作中来谋划、来开展，使本级党委决策贯彻落实的督促检查沿着正确的方向开展,取得更大的效果。要在中央决策指导下,切实抓好本级党委决策落实的督促检查。要既抓中央决策落实的督促检查,又抓本级党委决策落实的督促检查,并在实践中把二者紧密地结合起来。

开展中央决策和本级党委决策贯彻落实的督促检查,要求办公厅系统的督促检查工作上下结合,紧密配合。中央办公厅将及时向各地区、各部门办公厅通报中央对督促检查工作的要求、一个时期督促检查工作的重点,为办公厅(室)系统的督促检查按照中央的要求高效运转服务。各级党委办公厅(室)之间要加强联系,互通情况,搞好协调,形成合力,共同开展督促检查工作。必要时,上下级办公厅(室)可联合组成督促检查组,到基层进行督查调研。

**七、认真做好党委领导同志批办事项的专项查办工作**

对中央和各级党委领导同志批示、交办事项进行专项查办,是督促检查工作的重要组成部分。要认真做好领导同志批示、交办事项的查办落实工作,做到批则必查,查则必清,清则必办,办则必果。对本地区出现的那些严重影响党的路线方针政策和党委重大决策贯彻落实、群众反映强烈的问题,在报经领导批准后也要主动进行查办。

各地区、各部门收到上级机关转来的查办事项后,要按程序交党委办公厅(室)督促检查部门登记立项,由督促检查部门报告党委,并按照党委的指示,或责成有关部门查办,或牵头组织力量查办。查办工作必须求真务实,秉公办事,不仅要查清情况,还要提出处理意见。对复杂、重大的问题,要一查到底,务求水落石出。要增加催促力度,加快办理速度,提高办结质量。中央领导同志批办事项和中央办公厅主动查办事项一般要在两个月内办结,同时要急事急办,按要求的时限完成,并向发出查办通知的上级机关报告查办结果;特殊情况需要延长查办时间的,要及时报告原因和进展情况,延长期不能超过两个月;对久拖不决的问题,必要时要派人下去直接进行催办。

查办工作必须注重办结质量,承办单位要对查办报告认真审核把关。对重要事项的查办结果,交办单位要亲自核查;对不符合要求的,应退回承办单位重新查报;对逾期不报或在办结报告中弄虚作假的,在经过调查核实的基础上,要向承办单位的党委主要领导同志报告,并请党委追查责任,给予必要的处理。中央办公厅将视情况对查办件的办结情况进行通报。重要查办事项办结后,要举一反三,采取措施,推动与之相联系的党的方针政策的落实。

**八、切实加强对督促检查工作的领导**

各级党委和领导同志在研究制定决策的同时,要切实改进工作作风,把主要精力放在调查研究、督促检查和狠抓落实上。同时,要重视和加强办公厅(室)的督促检查工作,使用好办公厅(室)的督促检查力量。要让督促检查工作人员充分了解党委的决策意图、工作思路和部署,授予必要的组织协调、情况通报、处理问题等督促检查工作方面的权力。要给督促检查工作人员交任务、压担子,听取他们的汇报,给予经常性地具体指导。要为督促检查人员提供阅读文件和资料、跟随领导下基层调研、检查工作等必要的工作条件。要调动和保护他们的积极性,帮助他们解决实际问题。要进一步健全督促检查机构,加强督促检查力量,稳定督促检查队伍,配强督促检查人员。为增强督促检查工作的权威性和对外工作方便,督促检查部门的名称可由党委灵活确定,如省委办公厅的督促检查部门可称省委督查室。可根据工作需要,选聘一些资历深、工作经验丰富、公道正派、敢于反映和处理问题的同志担任专职督查员或兼职督查员。

办公厅(室)要协助党委加强对督促检查工作的领导。要按照政治强、业务精、作风硬、纪律严的要求,加强督查队伍的自身建设。要教育督促检查工作人员坚持正确的政治方向,认真学习马克思列宁主义、毛泽东思想特别是邓小平理论,认真学习党的路线方针政策和社会主义市场经济理论、法律知识和现代科学技术知识,不断提高自身的政治素质和业务素质。要建立便捷、畅通、有效的督促检查网络,运用现代办公手段,密切网络联系。上级党委督促检查部门要加强对下级党委督促检查部门的业务指导,组织业务培训,开展督促检查理论与实践的研究。要继续建立和完善督促检查的制度,逐步实现督促检查工作的制度化、规范化和科学化。

# 中共中央办公厅关于进一步加强信息工作的意见

(1999年2月9日)

1995年《中共中央办公厅关于进一步加强信息工作的意见(试行)》下发以来,在中央和各级党委的领导下,党委办公厅(室)的信息工作迅速发展,为中央和各级党委了解情况、进行决策和推动工作落实发挥了重要作用。在把建设有中国特色社会主义事业全面推向二十一世纪的伟大历史进程中,中央和各级党委更加需要及时全面地了解国内外各种情况和动态,更加需要掌握大量对决策有重要参考价值的高质量信息,更加需要党委办公厅(室)提供高效、优质、全面的信息服务。党委办公厅(室)信息工作必须在现有的基础上进一步加强,不能有丝毫的放松和削弱。根据近几年来的试行情况,现就进一步加强信息工作提出以下意见:

## 一、向中央和各级党委报送信息是党委办公厅(室)的重要职责

信息是决策的基础和依据。在改革开放和现代化建设的伟大实践中,党中央和各级党委要根据全党工作的总体部署,针对经济和社会发展过程中出现的新情况、新问题,不断对各项工作作出具体决策,提出新的措施。所有这些,都离不开信息工作的基础作用。研究新情况,需要灵敏地捕捉信息,对社会各个领域、各个方面的情况进行分析研究,从而对客观情况作出准确的判断;解决新问题,需要充分地利用信息,在对信息进行分析研究的基础上找出问题的原因和症结,确定解决矛盾的最佳方案。尤其是在世界科技进步日新月异,知识经济初见端倪的情况下,我们要在综合国力的竞争中取得主动,就必须建立灵敏快捷的信息网络,把握世界经济和科技发展的最新动态,获取最有价值的信息资源;就必须通过信息把握时局,预测走势,并据此确定和调整我们的计划、策略和措施,进而抓住机遇,求得发展。可以说,在新的形势下,党中央和各级党委更加需要大量的、真实的、具有前瞻性的信息,以作为了解情况、制定决策、指导工作的参考和依据。信息工作做得好不好,提供的信息及时不及时、准确不准确、全面不全面,将直接影响中央和各级党委的决策以及对全局工作的领导。党委办公厅(室)要从全党全国工作大局的高度,充分认识新形势下进一步加强信息工作的重要性和紧迫性,努力使信息工作更加符合新时期中央和各级党

委领导工作的需要,跟上经济和社会发展的步伐。

信息工作是党委办公厅(室)工作的重要组成部分。党委办公厅(室)的基本职能之一是发挥参谋助手作用,而这一作用的重要体现就是提供情况和信息。在党委获取信息的众多渠道中,党委办公厅(室)是主渠道。信息工作做得怎样,在某种程度上反映着办公厅(室)为党委服务的层次和质量,反映着办公厅(室)的整体工作水平。为党委提供高效、优质、全面的信息服务,是党委办公厅(室)的本职工作。各级党委办公厅(室)要切实增强使命感和责任感,主动到位,恪尽职守,按照中央和党委的要求,围绕中央和党委工作的需要,确定信息工作的思路、重点和措施,不间断地为中央和各级党委提供高质量的信息。

党委办公厅(室)在向本级党委报送信息的同时,要积极向上级党委报送信息。二者在职责和任务上是完全一致的。地方党委制定贯彻中央总体部署的具体决策,指导本地区改革开放和两个文明建设的各项工作,需要及时准确地掌握本地区各方面的实际情况。因此,为本级党委提供信息服务,是党委办公厅(室)的重要任务,必须切实做好。同时,中央决策所需要的信息来自于各地区、各部门,各级党委办公厅(室)还要积极负责地向上级党委报送信息;各省、自治区、直辖市党委办公厅,中央和国家机关各部门以及中央办公厅信息直报点都必须向中央报送信息。这是维护党的集中统一领导,保证中央统揽全局、进行正确决策和指导工作的需要,是信息工作为中央服务的根本要求。各级党委要支持党委办公厅(室)积极向中央和上级党委报送信息。党委办公厅(室)要增强上报信息的政治责任感和自觉性,保证上报信息数量,注重提高信息质量。

**二、必须坚持及时、准确、全面报送信息的原则**

及时、准确、全面报送信息是信息工作的基本原则,也是中央和各级党委对信息工作的基本要求。

报送信息一定要及时,确保信息的时效性。凡是需要中央和各级党委及时掌握、立即处置的重要情况和紧急信息,都要迅速收集上报。重大突发性事件,重要社会动态,紧急灾情、疫情以及其他重要紧急情况,要随时发生随时报送,向中央报送最迟不得晚于事件发生后6小时,并要续报事态进展、处置措施和原因、后果以及吸取教训、开展工作的情况。要克服掩饰紧急信息的侥幸心理,增强信息触角的灵敏度。建立迟漏报紧急信息通报制度,对迟报、漏报、瞒报紧急信息的部门和单位要通报批评,对造成严重后果的要追究有关人员的责任。

报送信息一定要准确,确保信息的真实性。信息的生命力在于真实,信息的价值在于真实,信息对党委工作的参考作用还在于真实。只有以反映客观事物本来面目的真实信息为依据,才能作出正确的决策。党委办公厅(室)向中央和党委报送的信息,必须来自于客观实际,是客观事物本来面目的反映;必须实事求是,没有任何虚假成份,经得起实践和群众的检验。反映工作进展和成绩的信息要恰如其分,反映问题的信息要真实可靠,反映困难的信息要实在准确。要尊重客观事实,不雕琢粉饰,不任意拔高,不刻意编造。要以对党的事业高度负责的精神,加强对信息的分析核实,向报送单位核实,向相关单位核实,到信息采集地核实,务求所报信息准确无误。对一些正在发生的重要情况,还要进行追踪了解和研究,以确认它的真实和准确。

报送信息一定要全面,确保信息的完整性。要坚持全方位、多领域、多角度地提供信息,防止以偏概全,顾此失彼,以一种倾向掩盖另一种倾向。要辩证地反映事物的全貌,既反映现象,又反映本质,使材料和观点相统一;既反映初始,又反映终结,体现事物发展变化的全过程;既反映相关侧面,又反映它们之间的内在联系,揭示事物的整体情况。不能断章取义,妄加取舍;更不能层层截留,级级过滤,报到上面面目全非。只要中央和党委需要,无论是哪一方面的信息都要报送。

要喜忧兼报,既报喜又报忧。反映问题的信息既要报给本级党委,也要报给上级党委和中央。党委办公厅(室)要敢于报忧,各级党委要支持信息工作人员报忧。对敢于如实报忧的部门和人员,要支持鼓励,绝不允许有任何歧视和打击报复,绝不能报喜得喜、报忧得忧。上级党委办公厅(室)要定期抽查报忧情况,对瞒忧不报的,先进行提示;如仍无改变,要向党委直接报告;如这样仍见效不大,要在一定范围内通报批评。对阻挠报忧的,要进行批评教育,造成后果的要追究有关领导的责任。

**三、紧密围绕党的中心工作和需求报送信息**

向党委报送信息是为党委工作服务的。这种服务是否有力,取决于所报信息对党委工作的贴近程度。向党委报送信息只有围绕党的中心工作,才具有较高的参考价值;只有适应党委需求,才能对路适用。因此,要把围绕党的中心工作和需求报送信息作为出发点和着力点,下功夫提高信息的实用效能。

要紧密围绕经济建设这个中心,及时反映社会主义市场经济体制建立过程中的成绩、经验和问题,反映党的建设、精神文明建设、民主法制建设和社会政治稳定等方面的重大情况,反映各地区、各部门开展工作的思路、进展和成效,反映重大的社会动态和重要的社情民意。中央和各级党委作出决策后,党委办公厅(室)首先要报送本地区、本部门贯彻落实的安排和措施,广大干部群众的反映和意见;然后要报送实施决策中取得的成效、出现的情况、存在的问题及完善决策的建议;决策实施告一段落后,要报送总体情况。对中央领导同志视察各地时的重要讲话精神和对某个问题的具体指示精神,有关地区和部门要及时报送学习和贯彻落实情况。各省、自治区、直辖市党委办公厅要及时报送本地区重要经济指标完成情况,中央和国家机关有关部门办公厅(室)要及时报送全国性重要经济指标完成情况。重大的经济运行态势要随时报送。中央和国家机关有关部门、军队情报部门及有关地区还要向中央报送国际政治、经济、军事、外交等方面的重要信息以及港澳台重要动态。

围绕党的中心工作和需求报送信息,前提是领会中央和党委的意图,了解中央和党委的需求。要经常研究中央和党委各个时期信息需求的重点,善于从中央和党委文件以及会议精神中了解党委对信息的需求,善于从客观情况的发展变化中分析党委对信息的需求,报送党委需要了解和需要党委了解的信息,并循着中央和党委中心工作的进展持续不断地提供动态信息。群众关注的热点、难点问题,往往也是党委比较关注和重视的问题。对这类问题,特别是带有苗头性、倾向性的新情况和新问题,要及时发现及时报送。各省、自治区、直辖市党委办公厅每个季度末要向中央办公厅报送一次反映社情民意的综合信息。对来自各方面的信息,要用党的中心工作和需求判定其价值,进行筛选、分析、综合,既要防止不加选择地报送,又要避免使中央和各级党委需要了解的信息漏报。

**四、搞好信息的整体开发和综合利用**

信息存在于社会生活的各个方面。原始、分散的信息只有经过整理加工,才能成为系统的、有条理的信息。各级党委办公厅(室)要进一步重视信息的整体开发和综合利用,发挥好信息“加工厂”的作用,不仅对信息进行初加工,而且要进行深加工,在加工中使信息增值。

要在广泛收集中央和各级党委需要的各种信息的基础上,加强信息的整体开发。要善于对大量零散、孤立的信息进行归纳整理,从整体上开发其深层价值,使之成为对中央和党委决策有重要参考作用的高层次信息。要沙里淘金,从大量初级信息中筛选有用信息,从每一条信息中挖掘有用部分;要集零为整,将分散在各条信息中有价值的内容聚合起来,综合成为完整有用的信息;要变缺为全,对内容不具体、不完整的信息通过调查研究进行补充拓展,使之完整具体;要化浅为深,从大量信息中找出带有规律性、普遍性、倾向性的问题,抓住事物的本质。上报中央和党委的信息,要先确定信息的用途,看看它对中央和党委工作有没有参考价值,属不属于上报的范围;要把那些不准确的、有水分的、人为掺杂进去的内容去掉,留下为中央和党委所需的真实情况;要搞好分析判断、归纳综合,把大量零碎、分散的信息加以归纳整理,作出量的分析和质的判断,并从整体上揭示某一方面工作的总体态势。信息编写要开门见山,用语准确,朴实自然,达到信息内容与形式的和谐统一,准确反映事物原貌。

要加强信息的综合利用,充分发掘每一条信息的价值,使每一条有价值的信息都得到充分利用。对价值大的信息,要把它的价值用尽用足;对价值不大的信息,要尽量开发它有价值的部分。信息可以一条一用、一条多用,也可以多条一用。一些重要信息除向党委提供外,还可供有关地区和部门使用,有些信息可以上下左右共享。各级党委办公厅(室)要把为本级和上下级的信息服务结合起来,在向本级和上级党委报送信息的同时,把一些有参考价值的信息转送或通报给下级有关地区和部门。

要拓宽信息收集领域,丰富信息报送载体。图书、报刊、音像制品和电子出版物中蕴藏着丰富的信息资源,要注意从这些载体中发掘适应党委工作需要的信息。要紧跟科技发展的步伐,积极开发和利用音像等新的信息载体,充实信息报送内容,提高信息服务水平。

**五、有计划有组织地搞好信息调研**

信息调研是从信息中发现问题、捕捉题目所进行的调查研究方式,是证实信息、扩充信息、挖掘和开发高层次信息的有效途径。初级信息主要是为中央和各级党委提供情况,但要制定决策,还必须对信息集中反映的某些重要问题作系统、周密的调查研究。通过大量的动态信息可以筛选调研题目;通过调查研究可以进一步发现深层次信息,提高信息质量;通过调查研究还可以了解、占有更多的第一手材料。各级党委办公厅(室)要善于从大量的信息中选择中央和各级党委最为关注和需要解决的问题进行信息调研,向党委提供有情况、有分析、有建议的调研报告。信息调研要形成制度,坚持不懈。各省、自治区、直辖市党委办公厅每年要向中央办公厅报送5篇以上经过深入调查研究形成的高质量的调研报告。

要根据中央和各级党委工作需求,从办公厅(室)的特点出发确定调研题目。调研题目要紧扣中央和各级党委十分关注、急需了解和解决的情况和问题,反映群众关心的热点、难点和敏感点,关注具有典型性、倾向性和苗头性的问题。信息工作人员要切实转变作风,经常深入基层,深入群众,下苦功夫,花大气力,做扎实细致的工作,真正把情况搞清楚,把问题分析透。对一些重要的或党委急需的调研题目,要由党委办公厅(室)信息系统统一组织力量进行信息调研,发挥群体优势。

党委办公厅(室)除自身进行信息调研外,还要根据党委要求,有计划、有组织地协调党委和政府有关职能部门搞好信息调研。协调调研的方式可以灵活多样,有些可以出题目请其他职能部门或其他单位提供材料,有些可以通过座谈等方式直接征询意见。要加强同研究机构、专业部门的联系,善于吸收利用他们的研究成果。

**六、进一步加强信息网络建设**

网络是收集、传递和加工信息不可缺少的渠道,是信息源与信息需求者之间的媒介。信息网络建设是信息工作十分重要的基础建设。当前信息网络建设的重点是,进一步完善、健全网络体系,建立快速灵敏的传递机制,加强对网络的维护、管理和指导,提高网络的整体功能和效率。

党委办公厅(室)信息网络纵向从中央办公厅延伸到各省、自治区、直辖市党委办公厅,有的省、自治区、直辖市可以延伸到地、州、市党委办公室,县(区)、市委办公室,甚至到基层信息报送单位。在纵向网络上,各级党委办公厅(室)的直接服务对象不同,但向党委提供信息的任务是一致的。下级党委办公厅(室)除通过网络为本级党委反馈信息外,还要向上级党委提供信息,向下级单位转送信息。各级党委办公厅(室)都要建立专门的信息工作机构,明确专人从事信息工作,确保网络的系统性和完整性。

党委办公厅(室)信息网络横向要覆盖社会生活的各个方面,包括政治、经济、文化、科技、教育、国防和外交等所有领域。党委办公厅(室)要加强同党委、政府各职能部门的联系。各职能部门特别是综合经济部门要积极向党委提供信息。

信息直报点是党委办公厅(室)系统信息网络的重要组成部分,是中央和各级党委了解基层真实情况的窗口,是反映群众呼声和愿望的重要渠道。信息直报点要发挥贴近基层、贴近群众的优势,及时、准确、全面地向上级党委和中央反映当地贯彻落实中央决策的情况、地方经济建设和社会发展情况以及当地的社情民意。信息直报点的信息工作人员每年要用大量时间到基层进行调查研究。凡是被批准为中央办公厅信息直报点的单位,都要明确专人从事上报信息工作,并为其创造必要的工作条件。

各级党委办公厅(室)要进一步重视信息网络建设,通过网络加强对信息工作的指导,建立经常性的联系,及时传达党委的信息需求,反馈信息采用情况,总结推广典型经验,提高报送信息质量。要加强规范化建设,建立一整套科学的工作制度和程序,保证网络反应灵敏、采集广泛、传递准确迅速、运行安全正常。

**七、提高计算机信息处理的现代化水平**

计算机信息处理技术为信息的快速传递、大量存储、自动编辑、综合分析以及相互共享提供了技术保障。加快党委办公厅(室)系统计算机信息技术的发展步伐,把党委办公厅(室)信息工作自动化提高到一个新水平,是信息工作发展的需要。各级党委办公厅(室)要高度重视,切实抓紧抓好。

党委办公厅(室)系统计算机信息网络,统一由办公厅(室)的信息部门(或信息技术部门)建设、管理和使用,由机要部门负责加密。计算机网络终端一般设在信息工作部门,各省、自治区、直辖市党委办公厅信息工作部门都要建立中央办公厅信息中心的计算机联网终端。同时,要抓紧建立本地的信息局域网。

党委办公厅(室)系统计算机信息网络及其自动化建设,是一项技术性很强的系统工程,由中央办公厅信息中心根据各地需要和实际情况,协助设计、建设、管理和协调。中央办公厅信息中心要会同各省、自治区、直辖市党委办公厅的信息部门(或信息技术部门),抓紧制定计算机信息网络的总体发展规划和统一的技术规范。要进一步研究、应用新的信息技术,不断实现信息技术的更新换代。

信息工作人员要学习信息技术,熟练运用计算机信息网络调阅、传输、存储和加工信息,逐步实现信息处理的无笔操作,并利用统计学方法和计算机技术对信息进行定量、定性分析。

**八、加强对信息工作的领导**

各级党委要充分认识信息工作的重要性,高度重视和利用好党委办公厅(室)报送的信息,充分发挥信息在了解情况、制定决策和指导工作中的作用,切实加强对信息工作的领导。要指导和支持党委办公厅(室)开展信息工作,发挥好党委办公厅(室)信息工作队伍的作用。要经常向党委办公厅(室)通报党委对信息工作的需求,使党委办公厅(室)及其信息部门及时了解党委的决策意图、工作思路和工作部署。要给党委办公厅(室)信息工作部门提要求、交任务、出题目,发挥好党委办公厅(室)报送信息的主渠道作用。要保护信息工作人员的积极性,支持他们积极收集、如实反映真实情况和问题。要进一步健全信息工作机构,加强信息工作力量。要在参加会议、阅读文件、了解党委工作意图以及开展工作等方面为信息工作人员提供各种便利条件,帮助他们解决工作和生活中的实际困难和问题。

党委办公厅(室)要按照政治强、业务精、作风硬、纪律严的要求,大力加强信息工作队伍建设。要组织信息工作人员认真学习马克思列宁主义、毛泽东思想特别是邓小平理论,学习党的路线、方针、政策,提高政治和业务素质,改进思想和工作作风,不断提高工作效率和质量。要加强对信息工作的业务指导,组织业务培训,进一步推动信息工作理论与实践向前发展。

# 中共中央办公厅、国务院办公厅关于调整中央国家机关和省、自治区、直辖市厅局报刊结构的通知

(1999年8月29日)

《中共中央办公厅、国务院办公厅关于加强新闻出版广播电视业管理的通知》(厅字〔1996〕37号)下发后,各地区、各部门根据《通知》中关于压缩行业报刊、逐步取消省市行业报刊的精神,进行两年的集中治理整顿,使中央国家机关和各省、自治区、直辖市厅、局、部、委、办所办报刊(简称厅局报刊)有了一定程度的减少,但问题至今仍未彻底解决。目前,中央国家机关仍有行业报150种,行业刊200种,各省、自治区、直辖市有厅局报纸535张,厅局刊物868种,公款订报刊和行政摊派现象仍很严重。厅局办报刊与市场脱节,结构重复,消费公款,引起摊派而加重群众负担,损害政府形象。为适应建立社会主义市场经济体制和政府职能转变的要求,进一步做好中央国家机关和省、自治区、直辖市厅局报刊的结构调整工作,经党中央、国务院同意,现就有关问题通知如下:

一、中央国家机关各部门原则上不办机关报。对现有的报纸,要本着精简、划转的原则,将一些内容重复或发行量少的,予以合并或撤销;在双方自愿的基础上,将一些报纸划归人民日报、光明日报、经济日报等党报报社或报业集团;各司、局所办报纸一律撤销或划转。

二、中央国家机关各部门可保留一种指导工作的期刊,各司局不办刊。其余期刊可由出版部门接办。根据《出版管理条例》(国务院令第210号)有关规定,中央国家机关各部门在地方辖区内所办的期刊,一律实行属地管理,谁主办谁主管,清理整顿,重新登记。

三、各省、自治区、直辖市厅局及地(市)以下的局、部、委、办不办报。原有的报纸可划归当地党报主管、主办。党报吸纳不了的要撤销。

四、各省、自治区、直辖市厅局保留一份指导工作的期刊,其余的划归当地出版社或党报来办。党报、出版社吸纳不了的要撤销。

五、各省、自治区、直辖市党委部门保留一份指导工作的期刊,其余的划归当地出版社或党报来办。党报、出版社吸纳不了的要撤销。

六、各省工会、共青团、妇联可保留现有报刊,未办报纸的不再批办。省以下工、青、妇机构所办报刊,一律停办,或由当地党报接办。

七、在机构改革中撤销的单位,其所主管的报刊也随之撤销或划转。

八、所有停办或改变主办单位的报刊,需经各省、自治区、直辖市新闻出版局审核同意后报新闻出版署批准。原主办单位要做好停办报刊的善后工作。

九、各地区、各部门要按规定继续做好内部报刊的转化工作,加强内部报刊转为内部资料后的管理。内部资料不得收费征订,不得刊登广告。

# 中共中央关于加强和改进思想政治工作的若干意见

(1999年9月29日)

高度重视思想政治工作,是我们党的优良传统和政治优势。我们党领导革命和建设的全部历史证明,掌握思想教育,是团结全党进行伟大政治斗争的中心环节;思想政治工作,是经济工作和其他一切工作的生命线。在改革开放和发展社会主义市场经济的进程中,紧密结合新的历史条件,充分发挥党的这一政治优势,具有重要的现实意义和长远意义。

**一、充分认识加强和改进思想政治工作的重要性**

(1)在以江泽民同志为核心的党中央果断决策和正确领导下,我们对"法轮功"组织的斗争取得了决定性的胜利,但是,必须看到这场斗争的复杂性、尖锐性和长期性。这是一场争夺群众、争夺思想阵地的严肃的政治斗争,关系到共产党人的根本信仰,关系到全国人民团结奋斗的根本思想基础,关系到党和国家的前途命运。"法轮功"问题的出现,有着深刻的社会历史原因和复杂的国际背景,对它的政治本质和严重危害,在一段时间里没有引起我们足够的警觉,以至酿成1989年那场政治风波以来最严重的政治事件。全党同志必须以此为戒,举一反三,认真总结经验教训,努力加强党的思想政治工作、组织工作、宣传工作和群众工作,为实现跨世纪的宏伟目标提供有力保证。

这次同"法轮功"组织的斗争,充分说明在新的历史时期,思想领域的矛盾和斗争错综复杂,有时还表现得相当激烈。思想领域的阵地马克思主义不去占领,非马克思主义和反马克思主义的东西就必然会去占领。坚持"两手抓、两手都要硬",切实加强和改进思想政治工作,是摆在全党面前的一项重大而紧迫的任务。

(2)党的十三届四中全会特别是十四大以来,我们党采取一系列重要措施,加强和改进思想政治工作。坚持用邓小平理论武装全党、教育干部和人民;坚持正确舆论导向,深入进行爱国主义、集体主义、社会主义和艰苦创业精神的教育;广泛开展群众性精神文明创建活动,集中宣传一大批体现时代精神的先进典型,努力丰富人们的精神文化生活;密切党同群众的联系,调动各族人民在社会主义现代化建设中的积极性。思想政治工作取得了明显成效,在促进改革、发展、稳定方面发挥了重要作用。

我国正处在改革的攻坚阶段和发展的关键时期，社会情况发生了复杂而深刻的变化，经济成分和经济利益多样化、社会生活方式多样化、社会组织形式多样化、就业岗位和就业方式多样化日趋明显，给思想政治工作带来大量新情况、新问题。同时，西方敌对势力亡我之心不死，通过各种途径加紧进行思想和文化渗透，思想政治工作面临严峻挑战。但是，"一手硬、一手软"的问题在相当一些地方和部门还没有根本解决，一些领导干部埋头业务工作，不注意研究社会思想政治动向；一些基层党组织处于软弱涣散状态，在思想教育方面没有发挥应有的作用；思想政治工作也存在着不适应社会生活新变化，覆盖不到位，针对性不强以及方法手段滞后的问题。如果不切实扭转这种状况，对各种错误思潮掉以轻心，任其泛滥，我们就会犯历史性的错误。对此，全党同志必须增强忧患意识，保持清醒头脑，提高政治警觉，从巩固党的执政地位、完成党的历史任务的高度，抓紧研究解决加强和改进思想政治工作的问题。

**二、思想政治工作要坚持正确的方针原则**

(3)必须坚持以马克思列宁主义、毛泽东思想和邓小平理论为指导，坚持党的基本路线和基本方针。要以科学的理论武装人，以正确的舆论引导人，以高尚的精神塑造人，以优秀的作品鼓舞人，培育有理想、有道德、有文化、有纪律的公民。要把理想信念教育作为核心内容，引导广大党员、干部和群众树立建设有中国特色社会主义的共同理想，树立正确的世界观、人生观、价值观，为建设富强、民主、文明的社会主义现代化国家而团结奋斗。

(4)必须坚持以经济建设为中心，为全党全国工作大局服务。经济建设是我们党和国家的中心任务，改革、发展、稳定是我们党和国家的工作大局。解决中国所有问题的关键，要靠在保持社会政治稳定的前提下，深化改革，加快发展。思想政治工作必须紧紧围绕经济建设这个中心，紧密结合各项业务工作进行，为改革开放和社会主义现代化建设提供强有力的精神动力和思想保证。

(5)必须坚持从实际出发，增强针对性和实效性。思想政治工作要立足于团结一切可以团结的力量，调动一切积极因素，化消极因素为积极因素，把干部群众的积极性引导好、保护好、发挥好。要坚持从社会主义初级阶段的实际出发，从广大干部群众的思想实际出发，把先进性要求同广泛性要求结合起来，区分层次，有的放矢，注重实际效果。要相信和依靠群众，启发群众自我教育、自我提高。要坚持贯彻民主的原则和疏导的方针，对干部群众的思想认识问题，多做解惑释疑、提高认识、统一思想、凝聚人心的工作。要坚持讲政治，对重大原则问题，必须立场坚定，旗帜鲜明。要坚决同各种错误思潮进行斗争，绝不能任其自由泛滥。

(6)必须坚持教育与管理相结合。高尚思想道德的培养,良好社会风尚的形成,既要靠耐心细致的思想教育,又要靠科学规范的严格管理。要抓紧建立健全有关的法律法规和制度,依法加强对社会生活各个方面的管理,把我们倡导的思想道德原则融于科学有效的社会管理之中,使自律与他律、内在约束与外在约束有机地结合起来,形成扶正祛邪、扬善惩恶的良好社会环境。

(7)必须坚持解决思想问题同解决实际问题相结合。没有正确的思想和高尚的精神,就不可能推进我们的事业。如果不注意解决群众的实际问题,思想教育就会脱离群众,难以收到实效。加强思想政治工作,必须既讲道理,又办实事,倾听群众呼声,了解群众情绪,关心群众疾苦。要认真贯彻落实党的各项政策,多做得人心、暖人心、稳人心的工作,把好事办实、实事办好,真正把党和政府的温暖送到群众心坎上。

(8)必须坚持在党的领导下,依靠全社会共同来做。思想政治工作涉及到经济和社会生活的各个方面。不仅党的组织、宣传部门要做,党的其他部门、政府部门以及工会、共青团、妇联等人民团体和其他社会组织都要做。要充分发挥社会科学、新闻出版、文化艺术工作者和教育科技工作者的重要作用。要在党委统一领导下,充分调动社会各方面的积极性,形成职责明确、齐抓共管、覆盖全社会的工作机制。

**三、深入扎实地进行思想政治教育**

(9)把用邓小平理论武装全党、教育干部和人民作为思想政治工作的首要任务,广泛进行党的基本路线和基本纲领教育,进行爱国主义、集体主义、社会主义和艰苦创业精神的教育。要密切联系改革、建设中的理论和实践问题,增强工作的针对性和实际效果,使广大干部群众更加自觉地贯彻执行党的基本理论和基本路线。要坚持进行中国近现代史、中共党史和基本国情教育,进行中华民族优良传统和革命传统教育,进行维护祖国统一教育,大力弘扬爱国主义精神。要继续宣传伟大的抗洪精神,激励干部群众艰苦奋斗,开拓进取。当前,要抓住庆祝新中国成立50周年、迎接澳门回归祖国、迎接新世纪到来的有利时机,集中宣传新中国50年特别是改革开放20年的奋斗历程和辉煌成就,展望祖国美好前景,鼓舞士气,振奋精神,把全党的思想和行动统一到党的十五大精神上来,把全国各族人民的智慧和力量凝聚到实现党的十五大确定的各项任务上来。

(10)加强马克思主义唯物论和无神论教育,大力提倡科学精神。马克思主义的辩证唯物主义和历史唯物主义,是科学的世界观、方法论。要广泛宣传它的基本原理和基本观点，帮助和引导人们划清唯物论与唯心论、无神论与有神论、科学与迷信、文明与愚昧的界限，增强识别和抵制唯心主义、封建迷信及各种伪科学的能力。要全面、准确地宣传党的宗教政策，积极引导宗教与社会主义社会相适应。要坚持不懈地普及科技知识，普及那些与群众日常生活密切相关的自然科学、医疗卫生、科学健身和生老病死等方面的知识，帮助人们掌握科学思想和科学方法，努力在全社会形成爱科学、学科学、用科学的风尚。

(11)加强形势政策、民主法制和维护社会稳定的教育。要经常进行国际、国内形势的教育，引导干部群众了解前进中的有利条件和不利因素，在形势好的时候看到问题，不盲目乐观；在遇到困难和挫折的时候看到光明，不悲观失望。要使干部群众充分认识到，进行现代化建设必须有一个团结稳定的社会环境，稳定压倒一切，没有稳定什么事情都干不成。要加强民主和法制教育，普及宪法和法律知识，引导人们增强法制观念，坚持依法办事、遵纪守法，不参加非法组织，不参与危害社会公共秩序的活动，坚决同利用封建迷信破坏社会稳定的行为以及一切违法现象作斗争，自觉维护安定团结的大好局面。

(12)加强以为人民服务为核心、以集体主义为原则的社会主义道德建设。积极进行社会公德、职业道德、家庭美德教育，引导广大群众遵守道德规范，提高道德素质，在社会做个好公民，在单位做个好职工，在家庭做个好成员。积极提倡以国家利益为重、以人民利益为重，广泛宣传为人民为社会多做好事的精神。坚决反对和抵制拜金主义、享乐主义和个人主义。要抓紧制订《公民道德建设实施纲要》。

**四、积极探索新形势下思想政治工作的规律和方法**

(13)我们党在长期的革命和建设实践中，积累了丰富的思想政治工作经验，这是我们的宝贵精神财富，要紧密结合新形势加以继承和发扬。同时必须看到，在改革开放和发展社会主义市场经济条件下，思想政治工作的环境、任务、内容、渠道和对象都发生了很大变化。如果不能适应这种变化，只是简单地重复过去的老方式、老办法，就难以收到好的效果，甚至适得其反。要坚持解放思想、实事求是，深入基层，深入群众，调查了解新情况、新问题，认真研究新形势下思想政治工作的特点和规律，积极开辟新途径，探索新办法，创造新经验。要坚决反对和防止形式主义，始终保持思想政治工作的生机和活力。

(14)充分发挥新闻媒体在思想政治工作中的重要作用。报刊、广播、电视等新闻媒体是进行思想政治教育的重要渠道，在社会生活中的影响越来越大，必须掌握在党的手里。所有新闻媒体的宣传，都要坚持党性原则，坚持实事求是，坚持团结、稳定、鼓劲和正面宣传为主，牢牢把握正确舆论导向。要贴近群众,贴近实际,贴近生活,认真做好典型宣传、热点引导、舆论监督,增强宣传教育的吸引力、感染力和说服力。要大力弘扬社会正气,对各种错误思潮和社会丑恶现象及时给予有力的揭露和批判,决不能给它们提供舆论阵地。要加强对社会生活类报刊和娱乐性广播电视节目的管理。加强互联网上的信息分析,有针对性地加大网上宣传力度,提高宣传质量。

(15)把群众性精神文明创建活动作为思想政治工作的重要载体。以"讲文明、树新风"为主要内容的精神文明创建活动,是对群众进行思想教育、提高全社会文明程度的有效途径,是加强党的群众工作的新方式。创建文明城市、文明村镇、文明行业等各种创建活动,都要把着眼点放在提高群众的思想道德和科学文化素质上,使群众在参与中受到教育、得到提高。坚持从具体事情抓起,每年办几件作用大、影响大、群众欢迎的实事,密切党和政府同人民群众的关系,增强人民群众对党和政府的信任和拥护。

(16)重视发挥文化的社会教育功能。精神产品和社会文化生活对人们思想观念、道德情操有着潜移默化的影响。一切文化工作都要坚持为人民服务、为社会主义服务的方向,坚持百花齐放、百家争鸣的方针,弘扬主旋律,提倡多样化,继承发扬民族优秀文化和革命文化传统,积极吸收世界文化优秀成果。要坚持把社会效益放在首位,力求社会效益与经济效益相统一,坚决反对唯利是图、见利忘义的行为。要大力发展社区文化、村镇文化、企业文化、校园文化,广泛开展丰富多彩、健康有益的群众性文化体育活动。文化馆、图书馆、博物馆、科技馆、体育馆和各类群众活动中心,要面向社会,服务群众,充分发挥在思想政治教育中的作用。要坚持一手抓繁荣,一手抓管理,抵御封建文化糟粕和外来腐朽文化的影响,深入持久地开展"扫黄打非"斗争,营造健康的社会文化环境。当前,有关部门要集中对宣扬封建迷信、伪科学和有严重政治问题的出版物进行彻底清理。

(17)注重运用先进典型影响和带动群众。改革开放和现代化建设中涌现出来的先进集体和先进人物,体现了时代精神,是实践社会主义精神文明的楷模。要采取多种形式,大力宣传他们的感人事迹和高尚品质。要改进宣传方法,让群众感到他们可亲可敬可信可学。各行各业都要注意发现和总结自己的先进典型,做到学有榜样、赶有目标,在全社会形成崇尚先进、学习先进、争当先进的良好风气。

**五、把思想政治工作任务落实到基层**

(18)当前,基层思想政治工作薄弱是一个突出问题,必须采取有效措施,尽快加以扭转。企业、农村、学校、科研院所、街道和其他基层单位,都要根据自己的实际,解决好把思想政治工作任务落到实处的问题。

企业思想政治工作要结合深化改革、建立现代企业制度、提高经济效益来进行。国有企业和国家控股企业的党组织要切实发挥政治核心作用,加强对思想政治工作的领导,充分依靠工会、共青团以及职工代表大会进行思想政治教育。要加强企业文化建设,培育社会主义企业精神,引导广大职工更好地发挥主人翁作用。要高度重视困难企业的思想政治工作,这些单位的党组织要认真做好团结群众、稳定人心、克服困难的工作。对集体企业、乡镇企业、私营和外商投资企业以及个体工商户的思想政治工作,各地和各有关部门要采取措施,予以加强。

农村思想政治工作要结合奔小康、建设社会主义新农村来进行。要从农村实际出发,着重开展党的基本路线和农村政策教育、社会主义的集体主义精神教育、移风易俗教育、民主法制教育、科学文化教育。要把思想教育同创建文明家庭、文明村镇更加紧密地结合起来,提倡科学,破除封建迷信;提倡文明,克服愚昧落后;提倡节俭,反对铺张浪费。要加强农村文化设施建设,扩大广播、电视覆盖面,组织好文化、科技、卫生“三下乡”活动。

学校的思想政治工作要围绕培养社会主义事业建设者和接班人的根本任务来进行。各级各类学校都要认真贯彻党的教育方针,坚持社会主义办学方向。要坚持以马克思主义指导教学工作,绝不能为错误思潮提供讲台和阵地。要充实和改进思想品德课和政治理论课的教学内容,把学校教育与社会实践结合起来,全面推进素质教育。要切实加强教师队伍的思想道德建设,使他们更好地担负起培养合格人才的重任。青少年是祖国的未来,民族的希望。加强对他们的思想道德教育,关系到国家的命运和民族的前途。全党全社会都要关心青少年思想道德建设,学校、家庭、社会密切配合,为他们的健康成长创造良好环境。

(19)要重视和加强社区的思想政治工作。随着社会主义市场经济的发展,社区在加强城市管理、服务市民生活、促进社会进步方面的作用越来越大。要围绕提高市民素质和城市文明程度,认真研究、积极探索社区思想政治工作的途径和办法。要把思想政治工作与社区建设、社区管理结合起来,贯穿到创建文明家庭、文明楼院、文明小区的各个环节,形成团结互助、平等友爱的新型人际关系。要寓管理于服务之中,充分利用社区各种生活和文化设施,提倡资源共享,为居民提供多方面的社会服务。要选拔素质较高、年富力强的人员充实到街道和居委会领导班子中去。

随着经济发展和人民生活水平的显著提高,我国老龄人口逐年增加,要认真做好老年人特别是退(离)休人员的思想教育工作。退(离)休老同志为革命和建设作出了积极贡献,要认真落实有关政策,关心他们的生活,使他们老有所养、老有所乐,同时关心他们的思想,使他们老有所教、老有所学。这要成为社区工作的一个重点,认真组织落实。

(20)要十分注意做好下岗职工和进城务工人员的思想政治工作。要满腔热情地关心下岗职工的思想和生活,为他们排忧解难。积极推进再就业工程,引导下岗职工树立正确的择业观和自强自立精神,帮助和鼓励他们在新的岗位上重新创业。对进城务工人员,城市有关部门和用工单位要及时了解他们的思想状况,切实承担起对他们的管理和教育责任。

(21)要抓好对社团的引导和管理。近些年来,我国社团组织发展很快,在社会、经济、文化生活以及对外交往方面起到了积极作用。同时存在数量过多、缺乏引导、疏于管理的问题。有关部门要在对现有社团进行认真清理整顿的基础上,完善管理制度,规范社团行为。要根据实际情况,在具备条件建立党组织的社团尽快建立健全党的组织。所有社团都必须遵守国家的法律法规,坚持正确的政治方向,努力做好所联系群众的思想政治工作。

**六、切实加强党对思想政治工作的领导**

(22)坚持"两手抓、两手都要硬",是中央多次强调的重要方针。越是深化改革、扩大开放、发展社会主义市场经济,越要重视思想政治工作。各级党委(党组)必须提高认识,坚决纠正和防止忽视思想政治工作的错误倾向,把这项工作摆上重要议事日程,经常研究,加强检查。要建立健全思想政治工作责任制,党委(党组)一把手要负起第一责任人的职责,其他领导成员也要明确任务,负起责任。各省、自治区、直辖市党委可根据需要,建立由有关方面负责人参加的思想政治工作联系会议制度。各级党政领导干部务必增强政治意识、大局意识、责任意识,带头做好思想政治工作。要把工作的成效,作为考核领导班子、领导干部的一个重要依据。思想政治工作绝不能停留在会议上、文件上,必须抓好落实。要加强调查研究,及时掌握社会思想动态,有针对性地采取措施,一抓到底,抓出成效。要反对官僚主义,注意经常分析影响社会稳定的因素,把问题解决在萌芽状态。对重要情况一定要如实报告,决不能报喜不报忧。对贻误时机、造成严重后果的,要追究有关领导责任。

按照提高素质、优化结构、相对稳定的要求,建设一支政治强、业务精、作风正的思想政治工作队伍。要选拔一批德才兼备的中青年干部,充实到这支队伍中来。对思想政治工作者要注意关心和培养,帮助他们提高思想政治素质和业务能力,对做出突出成绩的要给予表彰和奖励。

(23)认真贯彻从严治党的方针,增强党的凝聚力和战斗力。改革开放以来,广大党员在各方面发挥了先锋模范作用,党的队伍的主流是好的。但是,也有少数党员甚至领导干部理想淡漠、信念动摇、意志衰退、精神空虚,有的被错误思潮所俘虏,有的热衷于封建迷信活动,有的腐败堕落、跌入违法犯罪的泥坑,严重损害了党的形象和威信,也削弱了对广大群众进行思想教育的效果。在这次“三讲”教育中,各级党组织要针对在党员教育和管理方面存在的突出问题,认真总结经验教训,建立健全对党员严格要求、严格管理、严格监督的制度。党员特别是领导干部要讲学习、讲政治、讲正气,坚定社会主义、共产主义理想信念,坚持全心全意为人民服务,严格遵守党的纪律,自觉接受党和群众的监督,要求群众做到的自己首先做到,要求群众不做的自己坚决不做,以实际行动为群众做出表率。要继续加强党风廉政建设,深入持久地开展反腐败斗争,对危害党和人民利益的腐败分子,必须依照党纪国法坚决予以惩处。

(24)要把加强党的基层组织建设作为一项紧迫任务来抓。党的基层组织是党的全部工作和战斗力的基础,担负着思想政治工作的重要职责。各级党委要紧密结合新的形势和任务,认真研究和解决基层组织建设薄弱的问题。要注意针对各类经济组织和社会组织日益增多、大批劳动力在产业间转移和地区间流动的新情况,建立健全党的基层组织,加强对党员的教育和管理。党的基层组织要加强自身建设,充分发挥战斗堡垒作用,做好深入细致的思想政治工作,团结和带领群众坚决同各种歪风邪气作斗争,保证党的路线方针政策的贯彻落实。

各地区、各部门党委(党组)要根据上述意见,结合自己的实际,认真研究制定具体措施,抓好贯彻落实,并将贯彻情况于今年年底前报告中央。

# 中共中央、国务院
# 关于加强人口与计划生育工作
# 稳定低生育水平的决定

(2000 年 3 月 2 日)

人口问题是社会主义初级阶段长期面临的重大问题,是制约我国经济和社会发展的关键因素。控制人口数量,提高人口素质,是实现我国社会主义现代化建设宏伟目标和可持续发展的重大战略决策。新中国成立 50 年来,特别是改革开放以来,经过全党全国人民的艰苦努力,我国人口与计划生育工作取得举世瞩目的成就。在经济还不发达的情况下,有效地控制了人口过快增长,使生育水平下降到更替水平以下,实现了人口再生产类型从高出生、低死亡、高增长到低出生、低死亡、低增长的历史性转变,成功地探索了一条具有中国特色的综合治理人口问题的道路,有力地促进了综合国力的提高、社会的进步和人民生活的改善,对稳定世界人口做出了积极贡献。

计划生育是我们必须长期坚持的基本国策。在实现了人口再生产类型的转变之后,人口与计划生育工作的主要任务将转向稳定低生育水平,提高出生人口素质。全党全社会必须从我国社会主义现代化建设的大局和中华民族生存与发展的长远利益出发,进一步抓紧抓好人口与计划生育工作。为此,现作出如下决定。

**一、稳定低生育水平是今后一个时期重大而艰巨的任务**

1. 随着 21 世纪的到来,我国人口与计划生育事业将进入一个新的重要发展时期。未来几十年,在实现稳定低生育水平的前提下,我国人口将由低增长逐步过渡到零增长,人口总量达到峰值后(接近 16 亿)开始缓慢下降,人口素质不断提高,为基本实现现代化和可持续发展创造良好的人口环境。

2. 人口过多仍是我国首要的问题。未来十几年,我国人口数量还将持续增长,预计年均净增 1000 万人以上,人口素质不高的状况短期内难以根本改变,劳动就业压力进一步加大,人口老龄化问题更加突出,人口与经济、社会、资源、环境之间的矛盾依然尖锐。

稳定低生育水平的工作要求更高,任务更艰巨。目前,我国生产力水平较低，地区发展不平衡，社会保障制度尚不健全，传统生育观念的影响还将长期存在，实行计划生育仍有相当难度。任何政策的偏差、工作的失误以及外部环境的不利影响，都可能导致生育率的回升。在社会主义市场经济体制逐步建立的过程中，人口与计划生育工作面临许多新情况、新问题，管理体制、工作方法、服务质量以及干部素质不能完全适应形势的发展，迫切需要转变政府职能，加快改革和创新的步伐。

3. 未来十年是稳定低生育水平的关键时期。应当指出，目前还有相当一部分同志对人口多是我国社会主义初级阶段最基本、最重要的国情认识不足，对可持续发展战略中人口问题是关键认识不足，对社会主义市场经济条件下人口与计划生育工作的长期性、艰巨性、复杂性认识不足。切实转变观念，解决这些认识问题，克服盲目乐观、麻痹松懈情绪，是当务之急。

4. 人口问题的本质是发展问题。能否解决好人口问题，直接关系到人民生活改善、全民素质提高和中华民族的兴衰。各级领导干部必须从全局和战略的高度认识和解决人口问题，以对党和国家、对群众利益、对子孙后代高度负责的精神，保持清醒头脑，坚持科学的态度，一年接一年，坚持不懈地把人口与计划生育工作抓紧抓好，确保未来人口与计划生育目标的实现。

**二、今后十年人口与计划生育工作的目标和方针**

5. 今后十年人口与计划生育工作的目标是：到 2010 年末，全国人口总数（不含香港、澳门特别行政区和台湾省）控制在 14 亿以内，年均人口出生率不超过 15‰；出生人口素质明显提高；出生婴儿性别比趋向正常；育龄群众享有基本的生殖保健服务，普遍开展避孕节育措施的"知情选择"；初步形成新的婚育观念和生育文化；逐步建立调控有力、管理有效、政策法规完备的计划生育保障体系和工作机制。

6. 为实现上述目标，必须坚持以下方针：

——人口与发展综合决策。加快经济和社会发展，高度重视科技和教育，努力提高人民生活水平和国民素质，把人口与计划生育工作纳入经济和社会发展的总体规划，制定完善各项配套政策，促进人口与经济、社会、资源、环境协调发展。

——稳定现行的生育政策。国家鼓励晚婚晚育，提倡一对夫妻生育一个子女，依照法律法规合理安排生育第二个子女。少数民族也要实行计划生育。具体政策规定由各省、自治区、直辖市制定。

——综合治理人口问题。动员全社会力量，建立政府领导、部门指导、各方配合、群众参与的工作机制，做到优势互补、资源共享、各负其责。采取法律、教育、经济、行政等措施综合治理人口问题。

——国家指导与群众自愿相结合。国家制定政策并提供必要的保障措施,兼顾国家利益和个人利益、长远利益和近期利益、整体利益和局部利益,实行行政管理与群众工作相结合,以促进群众生育观念的根本转变为立足点,组织和引导群众积极参与人口与计划生育工作,提高群众实行计划生育的自觉性,进一步密切党群、干群关系。

——整体推进与分类指导相结合。在抓好全国计划生育工作的同时,继续把工作重点放在农村特别是中西部地区的农村。发挥城市和东部地区的示范作用。进一步落实宣传教育为主、避孕为主、经常性工作为主的"三为主"方针,推动不同地区人口与计划生育工作均衡发展。

——以人的全面发展为中心。尊重人民群众作为计划生育主人的地位,维护其合法权益。把计划生育工作与发展经济、帮助群众勤劳致富、建设文明幸福家庭有机结合起来。依靠科技进步,提供优质服务。

**三、完善人口与计划生育工作的调控体系和相关社会经济政策**

7. 建立完备的调控体系和良好的政策环境,是做好人口与计划生育工作的重要保障。各级政府和有关部门制定土地、企业、医疗、社会保障、户籍、劳动、教育、财税等制度和改革措施,要统筹考虑,相互协调,有利于人口与计划生育工作。

改进和完善计划生育管理,充分发挥人口计划的调控作用。计划部门要做好人口与经济社会协调发展的规划。公安部门要切实加强出生登记,认真做好公民身份号码编制工作。计划生育部门要制定科学规范的工作制度。乡、村两级按现行政策进行管理,简化手续,公开办事程序和政策,自觉接受群众监督。

8. 加强人口与计划生育工作的法制建设,加快人口与计划生育国家立法进程,逐步建立健全人口与计划生育法制体系。加强计划生育法制宣传,增强干部群众的法律意识。提高依法行政水平,严格执法,文明执法,充分发挥群众监督和舆论监督的作用,切实维护群众的合法权益,使人口与计划生育工作全面走上依法管理的轨道。

9. 建立和完善计划生育利益导向机制。各级政府及涉农等部门要采取小额贷款、项目优先、科技扶持、政策优惠等措施,帮助计划生育农户增加经济收入,解决实际困难,提高社会经济地位。各级政府及扶贫开发部门应有计划、有重点地对实行计划生育的贫困户予以优先扶持,提高他们的生产自救和发展能力。农村继续实行"增人不增地,减人不减地"的政策。在现阶段,对违反计划生育政策的家庭征收社会抚养费,给予必要的经济制约,收费标准由各省、自治区、直辖市统一制定。征收的社会抚养费上缴国家财政。

各级政府及基层组织要建立激励机制,落实对实行计划生育家庭的奖励和优惠政策。对独生子女户发给一定数量的奖励费,城市独生子女父母退休时,各地可根据实际情况给予必要的补助。对实行计划生育的家庭特别是只有女孩的家庭,在分配集体经济收入、享受集体福利、划分宅基地、承包土地、培训、就业、就医、住房及子女入托、入学等方面给予适当照顾。

积极发展社会保障事业,解除群众实行计划生育的后顾之忧。劳动保障及其他有关部门要从实际出发,通过多种途径,采取优惠措施,建立有利于计划生育的社会保障制度。在城市,积极建立并发展养老保险、基本医疗保险、生育保险和社会福利等社会保障制度;在农村,坚持政府支持和农民自愿的原则,根据实际情况逐步建立实行计划生育的独生子女户和两女户的养老保障制度。保证生育妇女的劳动权利和经济利益。民政等部门要制定有利于计划生育家庭的社会救助政策,对实行计划生育的贫困户给予生活保障补助。

10. 将人口问题纳入西部大开发战略的总体规划。实施西部大开发战略,必须坚持发展经济和控制人口两手抓,做到经济要上去,人口数量要下来,人的素质要提高。针对西部地区生育率较高、贫困人口比例较大、城市化水平较低的状况,制定相关政策和措施,加强计划生育基层基础工作,严格控制人口增长。国家采取财政转移支付制度和实施扶贫攻坚战略,大力发展教育、科技、文化、医疗卫生和计划生育事业。实施东部支持西部,城市支援农村,先进帮助后进的对口援助措施。加强干部培训,注重工作指导,改善服务设施,提高服务水平。

**四、建立适应社会主义市场经济体制的人口与计划生育工作管理机制**

11. 人口与计划生育工作是一项政策性强、涉及广大群众切身利益的社会系统工程,各级党委和政府要协调有关部门,动员全社会力量实行综合治理 。纪检监察、组织、宣传和计划、教育、科技、民族、公安、民政、司法、财税、人事、劳动保障、建设、国土资源、农业、文化、卫生、广播电视、统计、工商等部门要进一步明确在人口与计划生育工作中的职责和任务,制定具体措施。计划生育部门要充分发挥职能作用,协助党委和政府组织、协调、督促、推动各部门落实人口与计划生育政策。各级工会、共青团、妇联和计划生育协会等群众团体作为协助党委、政府动员广大群众参与计划生育工作的重要力量,要更好地组织群众实行自我教育、自我管理、自我服务,积极发挥作用。

12. 积极创造条件,把人口与计划生育工作纳入社区基层管理和服务体系。在农村,把计划生育工作作为农村基层组织建设和“小康村”、“文明村”、

“五好文明家庭”建设的重要内容,开展创建计划生育合格村活动,积极推进村民自治,实行计划生育村务公开、民主管理、民主监督。在城市,继续推行属地化管理,强化街道办事处、居委会计划生育的管理职责,积极推进社区建设,开展社区服务。

加强对流动人口的综合管理。按照《流动人口计划生育工作管理办法》的规定,在流入地和流出地共同负责的基础上,坚持以流入地管理为主,公安、工商、税务、劳动保障、卫生、房产管理等有关部门要切实履行职责,围绕办证、租房、用工等环节,在现居住地形成有效的管理和服务网络,努力为流动人口提供多方面的服务。

进一步落实法定代表人计划生育工作责任制。各类所有制形式的企业和事业单位、各种社会组织等都要依据有关法律法规,承担管理计划生育的责任,落实计划生育工作的人员、经费和措施以及计划生育的奖励优惠政策。

13. 宣传、教育、科技、文化等部门要密切配合,利用各种传媒,采用多种方式,大力开展人口与计划生育基础知识的公益性宣传,在全社会形成有利于计划生育的良好氛围。深入开展“婚育新风进万家”和文化、科技、卫生“三下乡”活动,大力宣传和普及避孕节育、优生优育、生殖保健的科学知识,引导广大群众树立晚婚晚育、少生优生、生男生女都一样等科学、文明、进步的婚育观,努力建设社会主义新型生育文化。各级党校、行政干部学校、团校等要重视人口与计划生育教育工作,中等以上学校普遍开设人口及青春期、性保健讲座或课程。

14. 开展以技术服务为重点的优质服务。计划生育部门是人口与计划生育技术服务综合管理部门,计划生育和卫生部门要根据各自职责,密切配合,围绕生育、节育、不育共同做好计划生育技术服务和生殖保健服务。基层计划生育技术服务人员要深入千家万户,指导育龄群众选择以长效避孕措施为主的安全、有效、适宜的避孕方法。各级政府要加强对县(市)、乡(镇)、村计划生育技术服务机构和医疗、保健机构服务网络的管理,充分利用现有卫生资源,改善服务条件,规范服务标准,增强服务能力。

15. 依靠科技进步,发展计划生育事业。加快人口与计划生育领域的科学研究和技术创新工作。开发、推广避孕节育、优生优育、生殖保健的新技术和新产品,发展生殖健康产业。加强计划生育药具及保健用品市场管理,规范市场行为。

16. 加强人口与计划生育领域的国际合作与交流。不断拓宽合作领域,积极参与国际人口与计划生育领域的多边及双边活动,学习和借鉴国际社会的有益经验和科学方法,加强对外宣传,树立我国人口与计划生育工作的良好形象,争取国际社会广泛的理解和支持。

**五、切实加强党和政府对人口与计划生育工作的领导**

17. 党和政府的坚强领导是做好人口与计划生育工作的根本保证。各级党委和政府要把做好人口与计划生育工作摆到可持续发展战略的首要位置,坚持党政一把手亲自抓、负总责。认真研究新情况,协调制定符合本地区实际的工作计划,组织各方面力量抓好落实,切实做到责任到位,措施到位,投入到位。要充分发挥国家计划生育委员会兼职委员及其单位和各省、自治区、直辖市人口与计划生育领导小组的作用。中央每年召开一次人口工作座谈会,把人口与计划生育工作纳入中央重大事项的督查范围,不定期地对各省、自治区、直辖市进行专题调查和重点检查。各省、自治区、直辖市党委和政府每年要将本地区人口与计划生育工作情况向中央作专题报告。

党政干部和计划生育干部要提高自身素质,增强法律意识和法制观念,切实转变工作作风,密切联系群众,关心群众生活,帮助群众解决实际困难,认真做好深入细致的思想工作;要带头执行国家计划生育政策,不得利用职权超生。干部超生的,一律给予政纪处分,不能担任领导职务;党员超生的,给予党纪处分。

18. 坚持和完善人口与计划生育目标管理责任制,对党政领导和计划生育部门分别进行责任考核,落实“一票否决”制度。组织、纪检监察等部门要把领导干部落实计划生育责任制的情况作为衡量政绩和选拔奖惩的重要内容,任期内逐年考核,离任时进行审核,对工作失职的要追究责任。对人口与计划生育工作的考核要突出重点,注重实效,简便易行,把基层的注意力和工作重点引导到为群众提供优质服务、提高工作水平上来。

19. 各级党委和政府及组织、人事部门要按照思想好、作风正、懂业务、会管理、善于做群众工作的要求,加强计划生育干部队伍特别是乡(街道)、村(居委会)基层计划生育干部队伍建设,落实人员、任务、报酬,从政治上、生活上关心爱护计划生育干部,为他们开展工作创造条件,确保计划生育工作机构的稳定。要加强对计划生育工作人员的教育、培训,提高他们的政治、业务素质和职业道德水准,增强法制观念、群众观念和服务观念。改革干部人事制度,选拔优秀人才充实计划生育工作队伍。

20. 人口与计划生育工作是一项具有显著社会效益的公益性事业,对人口与计划生育工作的投入属于国家经济社会发展的基础性投入。要把计划生育经费纳入各级政府的财政预算,切实予以保证。逐步提高人口与计划生育经费投入的总体水平,计划生育事业费增长幅度高于财政收入的增长幅度,到2005

年末,各级财政投入计划生育事业费年人均超过10元。对中西部、少数民族及灾区等财政困难地区的计划生育事业费实行投入倾斜。农村税费改革过程中,应切实保障基层计划生育事业费的必要投入。社会抚养费、乡统筹费纳入财政预算后,财政相应增加计划生育经费的投入。建立多渠道的筹资体制,鼓励民间捐资、社会募捐和国际捐赠。国家支持建立人口与计划生育公益基金。审计部门要加强监督检查,严肃查处社会抚养费征收、管理和使用中出现的问题。

中国人民解放军和中国人民武装警察部队的计划生育工作,参照本决定精神,由中国人民解放军和中国人民武装警察部队另行制定。

各级党委和政府要结合本地区实际,创造性地做好人口与计划生育工作,在以江泽民同志为核心的党中央领导下,高举邓小平理论伟大旗帜,抓住机遇,迎接挑战,振奋精神,真抓实干,把我国的人口与计划生育事业全面推向新阶段,为实现社会主义现代化建设的宏伟目标做出更大的贡献。

# 中央“三讲”教育联系会议办公室、教育部党组关于普通高等学校领导班子、领导干部深入开展“三讲”教育的实施意见

（中共中央办公厅2000年4月10日转发）

根据《中共中央关于在县级以上党政领导班子、领导干部中深入开展以“讲学习、讲政治、讲正气”为主要内容的党性党风教育的意见》（中发〔1998〕17号）的要求，在全国普通高等学校深入开展“三讲”教育，是新形势下加强高等学校党的建设和领导班子建设，提高高等学校领导干部素质的一项重大举措，是全面落实科教兴国战略，实现跨世纪教育改革与发展目标的迫切需要。按照中央的统一部署，参照试点经验，结合高等学校的实际，现就普通高等学校领导班子、领导干部深入开展“三讲”教育问题提出如下实施意见。

**一、高等学校开展“三讲”教育的必要性、重要性和指导思想**

党的十五大提出了社会主义现代化建设跨世纪的宏伟目标和任务，中共中央、国务院召开的第三次全国教育工作会议发出了深化教育改革、全面实施素质教育的号召，国务院批准的《面向21世纪教育振兴行动计划》提出了跨世纪教育改革和发展的蓝图。把握21世纪发展的主动权，归根到底取决于高素质的人才。高等学校担负着为现代化建设培养高素质专门人才的重任，在迎接新世纪的挑战和实施科教兴国战略中发挥着日益重要的作用。

最近，江泽民同志在广东考察工作时指出：“要把中国的事情办好，关键取决于我们党，取决于党的思想、作风、组织、纪律状况和战斗力、领导水平。”“我们党所以赢得人民的拥护，是因为我们党在革命、建设、改革的各个历史时期，总是代表着中国先进生产力的发展要求，代表着中国先进文化的前进方向，代表着中国最广大人民的根本利益，并通过制定正确的路线方针政策，为实现国家和人民的根本利益而不懈奋斗。”在新的历史条件下，高等学校党的组织如何落实江泽民同志的指示精神，进一步发挥高等学校党员的模范带头作用；如何把高等学校建设成为社会主义精神文明的重要阵地，培养符合国家经济建设和社会发展需要的人才，使之更好地为社会主义现代化建设服务；如何抓住机遇，

迎接挑战,开拓进取,推动高等教育的改革与发展和素质教育的全面实施,都是高等学校为改革开放服务、为社会主义现代化建设服务所必须认真加以研究和解决的重要问题。要做好高等学校的工作,领导班子是关键。从目前情况看,高等学校领导班子和领导干部队伍总体上是好的,但也存在着不少问题,有的还比较突出,如:有的领导班子不适应形势发展的要求,缺乏改革、创新意识;有的领导班子不团结、不协调,没有形成核心,缺乏凝聚力;有的领导干部政治坚定性、政治敏锐性不强,驾驭全局和处理复杂问题的能力亟待提高;有的领导干部不能自觉坚持民主集中制的原则,不能正确处理个人与组织、个人与集体的关系;有的领导干部群众观念淡薄,不能很好地坚持全心全意为人民服务的根本宗旨;有的领导干部对自己要求不严,缺乏党性修养等。这些问题的存在,反映出一些高校的领导班子和领导干部的现状与党和人民的要求还有相当的距离。因此,深入开展"三讲"教育,对于加强高校领导班子建设,提高领导干部素质;对于全面贯彻党的路线、方针、政策和十五大精神,坚持社会主义办学方向,为国家培养高素质的创新人才;对于加强高校党的建设和思想政治工作,维护高校的稳定;对于实施科教兴国战略、推动高等教育的改革与发展和全面实施素质教育,都是十分重要和非常必要的。

高等学校的"三讲"教育要认真贯彻中发〔1998〕17号文件的精神,以江泽民同志《向中央政治局通报中央政治局常委"三讲"情况的讲话》(中发〔2000〕4号)、《关于教育问题的谈话》和在广东考察工作及在高州市领导干部"三讲"教育会议上的一系列讲话为强大思想武器,紧密联系高等学校面临的新形势和新任务,紧密联系高等学校改革、发展和稳定的实际,紧密联系高等学校领导班子和领导干部的思想和工作实际。要把深入开展"三讲"教育同加强高校党的建设和思想政治工作结合起来,坚持并进一步完善党委领导下的校长负责制领导体制,坚持马克思主义的辩证唯物主义和历史唯物主义,用马克思主义的唯物论和无神论占领教育阵地。要把深入开展"三讲"教育的全过程作为马列主义、毛泽东思想和邓小平理论学习的过程,作为进行党的基本理论、基本路线、基本纲领的教育过程,作为发扬党的优良传统和作风的过程,作为领导班子和领导干部提高解决自身问题能力的过程,认真深入、扎实有效、高质量地搞好"三讲"教育。

**二、目的与要求**

高等学校开展"三讲"教育总的要求是:必须坚持整风的精神,广泛发动群众,严格自我剖析,认真开展批评与自我批评,切实解决领导班子和领导干部在党性党风方面存在的突出问题。通过开展"三讲"教育,推动领导班子和领导干部深入学习马列主义、毛泽东思想和邓小平理论，全面贯彻党的十五大精神。要进一步提高领导班子和领导干部的素质，加强党性修养，端正思想作风，使领导班子成为政治坚定、团结实干、开拓创新、清正廉洁的坚强领导集体，使领导干部在思想上有明显提高，政治上有明显进步，作风上有明显转变，纪律上有明显增强，为全面贯彻落实党的基本路线和教育方针，贯彻第三次全国教育工作会议的精神，全面推进素质教育，进一步端正办学指导思想，提高办学水平和办学效益，促进高等教育事业的改革和发展，实现高等学校跨世纪发展目标，提供坚实的思想和组织保证。高等学校深入开展"三讲"教育要着重围绕以下几个方面进行，确保取得成效。

（一）认真加强马列主义、毛泽东思想特别是邓小平理论的学习，树立正确的世界观、人生观和价值观，坚定社会主义、共产主义的理想与信念。提高政治敏锐性和政治鉴别力，努力增强政治意识、大局意识、责任意识，在重大政治原则问题和理论是非问题上立场坚定，旗帜鲜明，自觉同以江泽民同志为核心的党中央保持高度一致。全面、正确地理解和掌握邓小平理论科学体系和精神实质，全面、正确地理解和贯彻党的十五大精神。坚决贯彻上级党组织的指示精神，联系实际，切实做好工作。

（二）全面贯彻执行党的基本路线和教育方针，加强思想政治工作，坚持社会主义办学方向。认真落实江泽民同志《关于教育问题的谈话》精神，以培养德、智、体、美等方面全面发展的社会主义建设者和接班人为目标，坚持改革开放，围绕学校的思想政治工作和教学、科研工作，认真研究新情况、新问题。解放思想，实事求是，为全面落实科教兴国战略和贯彻《中共中央、国务院关于深化教育改革全面推进素质教育的决定》（中发〔1999〕9 号）作出积极的贡献。始终坚持正确处理高等学校改革、发展、稳定的关系，坚决保证和维护高等学校的稳定。

（三）坚持和完善党委领导下的校长负责制，不断加强党对高校工作的领导。要贯彻民主集中制原则，维护和加强领导班子集体的团结，坚持民主基础上的集中和集中指导下的民主，正确认识和处理党政之间、上下级之间、"班子"与领导成员之间以及领导班子各成员之间的关系，加强团结，增强领导班子的凝聚力和战斗力。建立和不断完善、落实有关规章制度，规范各项工作程序，发挥好学校党委的领导核心和院（系、所）党组织的政治核心作用，同时要发挥好校长在依法行政中的指挥作用，形成合理科学的决策和管理机制，全面提高学校管理水平。

（四）牢固树立全心全意为人民服务的根本宗旨，进一步增强领导班子成员的革命事业心和责任感。领导班子成员要坚持群众观点,贯彻群众路线,改进工作作风,广泛发扬民主,充分发挥好广大教职工在学校改革和发展中的作用。自觉克服官僚主义,保持清正廉洁,杜绝以权谋私。要有良好的精神状态,艰苦奋斗,不怕吃苦,把主要精力放在学校管理工作上,深入基层,深入群众,深入教学、科研第一线解决问题。认真进行调查研究,广泛听取教职工的意见,充分调动各方面的积极性,建立切实可行的制度和有效的监督机制。

**三、工作原则**

(一)要认真抓好思想发动和理论武装工作。把学习提高作为搞好"三讲"教育的前提和基础,并且贯穿于全过程。理论学习要以分散与集中相结合、专题讨论与自学相结合的方式进行。集中学习要保证一定的时间。必须大力弘扬理论联系实际的学风,把学习理论、武装头脑同整顿思想、改进作风结合起来,对领导干部进行一次系统的马克思主义的自我教育,从世界观、人生观、价值观方面严格剖析自己,真正在思想上受到教育,得到提高。

(二)要充分发扬民主,坚持走群众路线,广泛发动教职工对领导班子和领导干部进行民主评议,坚持"开门"搞"三讲"。"三讲"教育动员大会要有一定规模,动员报告要求实、求深,给群众以鼓舞。同时,也要注意方式和方法,要把积极引导群众参加同加强党的领导有机结合起来。要按照党的政治生活准则办事,防止出现过去政治运动中的那种"大民主",保持高校稳定,维护社会政治稳定。领导班子和领导干部要正确对待群众的意见,认真进行反思,要诚心诚意倾听群众的意见、批评和建议,自觉接受群众的监督和帮助。校、院级党员领导干部的剖析材料要广泛征求群众意见,并在下一级干部、同级离退休老同志和学科带头人中进行民主评议和测评。

(三)要发扬党的理论联系实际、批评与自我批评、密切联系群众的优良作风,从世界观、人生观、价值观上深入查摆和分析问题,不文过饰非;要广泛开展谈心活动和认真的批评与自我批评,进行积极健康的思想斗争。无论是批评还是自我批评,都要讲政治、顾大局,以诚相待,不纠缠细枝末节;要坚持正面教育,从团结的愿望出发,按照"团结——批评——团结"的方式解决问题。在以上工作的基础上,坚持高标准、严要求、高质量地开好领导班子民主生活会。

(四)突出重点,加强领导,确保工作质量。高校党委主要负责同志要切实履行第一责任人的责任,坚持高标准、严要求,不能走过场。高校"三讲"教育要以校级党政领导班子和党员领导干部为重点,其他党员干部着重进行正面教育。校与下属院的"三讲"教育要按照自上而下的原则进行,在时间上适当错开。

(五)要以“三讲”教育为契机,推动高校党建工作、思想政治工作以及各级领导班子和干部队伍建设工作。要保证高校的教学、科研等工作正常有序进行。要坚持边讲边改,做到“三讲”教育同推动当前学校各项工作,促进学校的改革发展和稳定紧密结合起来。

(六)校、院领导班子、领导干部开展“三讲”教育的方法和步骤要严格按照中发〔1998〕17 号文件规定的四个阶段进行。其他党员干部可选学有关文件,进行专题教育,在学习提高的基础上,按照“三讲”教育的要求开好民主生活会,开展批评与自我批评。有些省、直辖市和部属高等学校数量较多,“三讲”教育工作可分期分批进行,但也要在今年年底基本完成。

**四、组织领导**

高校“三讲”教育的组织领导工作,原则上按干部管理权限进行,即谁为主管理干部就由谁组织领导。省、自治区、直辖市隶属高校的“三讲”教育,由省、自治区、直辖市党委组织领导;中央部、委、办所属高校,其党的关系在地方的,“三讲”教育以中央部、委、办党组(党委)为主负责组织领导,地方党委协助;教育部直属高校的“三讲”教育工作,以所在省、自治区、直辖市党委为主负责组织领导,教育部协助。

高校管理体制改革后,教育部所属高校数量较多,分布各地。为此,教育部成立直属高校“三讲”教育工作领导小组,下设办事机构,了解所属高校“三讲”教育工作的情况,协助省、自治区、直辖市党委加强指导。

各主管单位派出的“三讲”教育巡视组,指导高校党委搞好“三讲”教育工作。中央部、委、办所属高校进行“三讲”教育时,地方党委应派人参加巡视组;教育部所属高校进行“三讲”教育时,教育部应派人参加巡视组。

高校“三讲”教育工作在中央部、委、办党组(党委)和地方党委的领导下,由巡视组帮助、指导高校党委统一领导和组织实施。高校党委书记作为第一责任人,对开展“三讲”教育负总责。高校党委要相应成立“三讲”教育领导小组,下设办公室,具体承担本校“三讲”教育的日常工作。

高等学校党委要以高度的政治责任心,充足的领导力量,良好的精神状态,把这次“三讲”教育切实抓紧抓好。党委书记和党员校长既要率先垂范,做好表率,又要切实加强对高校“三讲”教育工作的具体领导,做好过细的思想政治工作。高校领导班子全体成员都要尽职尽责,严以律己,同心同德,深入搞好“三讲”教育,确保“三讲”教育达到预期目的,取得实际成效。

# 中共中央办公厅<br>关于在农村开展“三个代表”<br>重要思想学习教育活动的意见

(2000年11月30日)

为了深入贯彻落实江泽民同志“三个代表”的重要思想,加强和改进党对农村工作的领导,切实解决当前农村存在的突出问题,确保党的十五大和十五届三中、五中全会及中央经济工作会议提出的农业和农村各项工作任务的落实,中央决定,从今冬明春开始,用两年左右的时间,在全国县(市)部门、乡镇、村领导班子和基层干部中,有计划、有步骤地开展“三个代表”重要思想学习教育活动。

**一、开展学习教育活动的重要性和必要性**

江泽民同志关于中国共产党始终代表中国先进社会生产力的发展要求、代表中国先进文化的前进方向、代表中国最广大人民的根本利益的重要思想,是新形势下加强党的建设的伟大纲领和推进各项工作的行动指南。通过学习教育活动,把“三个代表”的要求贯彻落实到农村基层,对于推动农村经济发展和社会全面进步,具有重大而深远的意义。

从新世纪开始,我国将进入全面建设小康社会,加快推进现代化的新的发展阶段。进一步加强农业,积极推进农业和农村经济结构的战略性调整,提高农业、农村经济的素质和效益,努力增加农民收入,是新阶段农业和农村工作的中心任务。当前农业和农村经济的结构性矛盾突出,一些地方农村经济发展缓慢,农民增收困难。解决这些问题,必须把发展作为主题,把结构调整作为主线,把改革开放和科技进步作为动力,把提高人民生活水平作为根本出发点。开展学习教育活动,把广大干部的思想进一步统一到“三个代表”的要求上来,通过深化农村改革、调整经济结构,加快农村经济发展,这是解决农村所有问题的关键。

加强农村社会主义精神文明建设,全面提高农民的思想道德素质和科学文化素质,为农村经济和社会发展提供强大的思想保证、精神动力和智力支持,是全面建设小康社会、加快推进现代化的重要保证。在改革日益深入,开放不断扩大,各种思想、文化相互激荡的背景下,农村精神文明建设面临大量新情况、新问题。一些地方封建迷信活动抬头,腐朽思想蔓延,宗族势力干扰村务,少数地方非法宗教活动猖獗、邪恶势力横行、黄赌毒等社会丑恶现象沉渣泛起。加强农村精神文明建设的任务非常艰巨。开展学习教育活动,增强广大干部"两手抓、两手都要硬"的责任感和自觉性,对于切实加强农村精神文明建设,促进农村经济和社会协调发展,建设有中国特色社会主义新农村,具有十分重要的作用。

代表最广大人民的根本利益,不仅要靠正确的理论和路线方针政策,而且要靠广大党员干部以良好的思想作风和工作作风,真心实意地为群众谋利益。农村基层干部队伍总体上是好的,他们长期工作在第一线,为农村改革和发展作出了巨大贡献。但一些基层干部素质不适应新形势新任务的要求,存在着一些不符合甚至损害农民群众利益的问题。有的宗旨观念淡薄,方法简单粗暴;有的弄虚作假,加重农民负担;有的以权谋私,违法乱纪等等。在少数地方,这些问题导致干群关系紧张,甚至诱发群体性事件。开展学习教育活动,使广大基层干部更加自觉地坚持全心全意为人民服务的宗旨和党的群众路线,必将进一步密切党群干群关系,巩固党的执政基础。

总之,在农村开展"三个代表"重要思想学习教育活动,是实现党的十五届五中全会确定的发展目标,加快农村发展的需要;是巩固和扩大县(市)"三讲"教育成果,解决当前农村存在的突出问题的需要;是在农村基层组织连续六年集中整顿和建设的基础上,进一步提高农村基层干部素质和基层组织建设水平的需要;同时,也是推动全党深入贯彻党要管党、从严治党的方针,推进党的建设新的伟大工程的需要。各级党委一定要提高认识,统一思想,把这次学习教育活动作为事关改革、发展、稳定全局的一件大事抓紧抓好。

**二、学习教育活动的指导思想和应把握的原则**

开展学习教育活动的指导思想是:以马列主义、毛泽东思想、邓小平理论为指导,按照"三个代表"的要求,深入贯彻落实党的十五大和十五届三中、五中全会及中央经济工作会议精神,紧紧围绕农村改革、发展和稳定的大局,着力解决当前农村存在的突出问题,努力创建"五个好"村党支部、"六个好"乡镇党委和农村基层组织建设先进县,进一步提高农村基层干部素质,增强农村基层党组织的凝聚力和战斗力,为做好农业和农村工作提供坚强有力的思想和组织保证。

这次学习教育活动要把握以下原则:

(一)坚持学习教育与推动农村工作相结合。学习教育活动要紧密联系思想和工作实际,围绕农村经济建设的中心任务,切实解决农村存在的突出问题,把学习理论与总结经验、推动工作结合起来,把解决思想问题与解决实际问题统一起来。不能脱离农村的各项工作就学习教育抓学习教育,也不能简单地用解决具体问题来代替学习教育。

(二)坚持正面教育、自我教育为主。学习教育活动重在提高农村干部的思想和政策水平。要通过学习教育,加强领导班子建设,增强贯彻落实"三个代表"重要思想的自觉性,总结经验教训,明确努力方向,进行自我改进、自我提高。同时,要认真开展批评与自我批评,并以多种方式听取群众的意见,接受群众的监督。

(三)坚持从实际出发,分类指导。各地要根据本地农村经济和社会发展的实际情况以及县(市)部门、乡镇、村不同层次干部的状况,在学习教育的时间、内容、方法等方面,提出不同要求,有什么问题就解决什么问题,什么问题突出就重点解决什么问题,不搞一刀切。

(四)坚持上下结合,综合治理,标本兼治。对农村存在的突出问题要进行深入分析,找出原因,研究根治这些问题的措施。属于县(市)的问题,县(市)委要承担责任并认真加以解决;属于县(市)部门的问题,县(市)主管领导要协调解决;属于乡镇的问题,县(市)委和政府要督促、帮助他们解决。对所有问题,都不能推诿扯皮、敷衍了事。对情况复杂、涉及面大、一个乡镇或一个部门难以解决的问题,上级党委要组织力量,采取配套措施进行综合整治。

**三、学习教育活动要达到的基本要求**

(一)推动农村经济发展,增加农民收入要有新进展。贯彻落实"三个代表"的要求,要体现在发展农村生产力、积极推进农业和农村经济结构的战略性调整上。按照党的十五届五中全会的要求,结合本地实际,落实各项措施。以优化品种、提高质量、增加效益为中心,大力调整农产品结构。加快发展畜牧、水产业,提高农产品加工水平和效益。加快推进农业产业化经营,培育和支持龙头企业的发展,大力推广公司加农户、订单农业等经营形式。加快乡镇企业的结构调整和技术进步,积极稳妥地发展小城镇。大力发展农村集体经济,支持、鼓励和引导农村个体、私营等非公有制经济的发展,千方百计增加农民收入。

在学习教育活动中,县、乡、村领导班子要深入研究当地农业和农村经济结构的突出矛盾,摸清情况,找准问题,理清思路,因地制宜地制定和完善规划。要抓好一批示范乡镇、示范村、示范户,发挥它们在调整经济结构中的带头作用。抓好以科技服务和信息服务为重点的农业社会化服务体系建设。县(市)

部门要明确职责任务，运用资金投入、技术指导、市场拓展、教育培训、信息咨询等方式，积极为调整经济结构提供有效服务。

（二）减轻农民负担要切实见到成效。充分认识减轻农民负担的重要性和紧迫性，进一步提高执行减轻农民负担各项政策措施的自觉性。要按照中央的部署，加快推进农村税费改革，建立规范的农村税收制度，从根本上减轻农民负担，调动农民积极性，进一步解放农村生产力。已经实行农村税费改革的地方，除征收国家规定的税收外，要取消其他各种名目的税费。还没有实行农村税费改革的地方，要严格执行国家农业税收政策，严格控制提留统筹费，坚决制止向农民乱收费、乱集资、乱罚款和各种摊派，严格加强对农民义务工的管理，严格控制乡镇、村开支，严禁在粮食收购时代扣代缴各种款项，严禁强迫农民借款、贷款缴纳各种税费，严禁各种形式的达标升级活动。要严肃查处加重农民负担的违法违纪行为。

在学习教育活动中，县（市）、乡镇党委和政府要对减轻农民负担政策的执行情况进行认真检查，针对农村中小学乱收费、报刊征订中乱摊派、电网改造中搭车收费和乱收电费等问题，开展专项治理，对清理出来的问题坚决予以纠正。要在各级党委、政府的统一领导下，积极稳妥地进行乡镇机构改革，精简人员编制，清退不在编人员，压缩财政供养人员。提倡村干部及村、组干部交叉兼职，减少享受补贴的人数。

（三）基层干部思想作风和工作作风要有明显改进。广大农村干部要按照“三个代表”的要求，牢固树立全心全意为人民服务的思想，始终维护农民群众的根本利益。要转变作风，深入群众，帮助群众解决生产、生活中的实际困难和问题。要善于用说服教育、示范引导和提供服务的方法开展工作，尊重农民群众的意愿和生产经营自主权。正确处理新时期的人民内部矛盾，密切党群干群关系。

在学习教育活动中，县（市）委要对各级干部思想作风情况进行深入检查，并作为落实“三讲”教育整改措施的重要内容。要对乡镇和县（市）部门领导干部下基层的时间作出明确规定，认真落实。乡镇党委要重点解决有的干部作风不实、方法简单粗暴、不安心在基层工作等问题，坚决纠正虚报浮夸、强迫命令、用公款大吃大喝、铺张浪费等不良风气。县（市）部门要端正服务思想，重点解决“门难进、脸难看、事难办”和“吃、拿、卡、要”等问题，真心实意地为基层和农民办实事。

（四）精神文明建设和民主法制建设要进一步加强。要把“三个代表”重要思想的学习教育同党的基本理论和基本路线教育结合起来，同贯彻中央思想政治工作会议精神结合起来,弘扬爱国主义、集体主义和社会主义精神,培养有理想、有道德、有文化、有纪律的新型农民。加强和改进农村思想政治工作,提倡自力更生、艰苦奋斗的创业精神,破除封建迷信,移风易俗,提倡科学文明健康的生活方式,促进社会风气好转。加强计划生育工作,发展教育、卫生、体育事业。加强农村文化设施建设,丰富农民的精神文化生活。进一步扩大农村基层民主,切实尊重和维护农民群众的民主权利,在党的领导下有步骤、有秩序地全面推进以民主选举、民主决策、民主管理、民主监督为主要内容的村民自治。

在学习教育活动中,县(市)和乡镇党委要以创建文明户、文明村镇为主要形式,加强精神文明建设。开展科技知识培训,大力推广先进适用技术。普遍实行乡镇政务公开和村务公开,方便群众办事,接受群众监督。加强法制教育和宣传,增强农村干部的法制观念和依法办事的能力。依法打击利用宗教进行非法活动,坚决取缔各种邪教。落实社会治安综合治理措施,严厉打击危害社会治安的刑事犯罪和各种恶势力,维护农村社会稳定。

要认真总结六年来农村基层组织集中整顿和建设的经验,开拓创新,乘势而上。深入开展创建"五个好"村党支部、"六个好"乡镇党委和农村基层组织建设先进县活动,制定、完善"三级联创"的规划和实施意见,形成常抓不懈的工作机制。要适应农村经济和社会发展的需要,改进农村基层党组织的设置、活动方式和工作方法。大力推进村党支部领导班子成员选拔任用制度的改革,实行"两推一选"和"公示制"。加大教育培训工作力度,全面提高农村基层干部素质。加强以党支部为核心的村级组织配套建设,正确处理村党支部和村民委员会的关系。加强农村党员教育管理,充分发挥农村党员在两个文明建设中的先锋模范作用。

**四、学习教育活动的方法步骤**

这次学习教育活动的重点是乡镇和县(市)部门。今冬明春首先在这一级开展,逐步扩大到村一级班子和部门驻乡镇单位。已经进行"三讲"集中教育试点的乡镇,要进一步完善和落实整改措施,重点抓好村级学习教育活动。

县(市)委应集中力量抓好乡镇、村和县(市)部门的学习教育活动。同时,要结合"三讲"教育"回头看",对解决当前农村存在的突出问题的整改措施进行充实完善,认真抓好落实。

今冬明春开始的乡镇和县(市)部门学习教育活动,大体可分三个阶段:

(一)学习培训。集中学习与个人自学相结合。县(市)委要举办乡镇和县(市)部门主要领导干部培训班,进行思想动员、学习辅导、讨论交流,时间一般不少于7天。市(地)委、县(市)委的主要领导同志要到培训班讲课。乡镇、县

(市)部门领导班子要组织集体学习,时间10天左右。注意发挥理论教育讲师团和县、乡党校的作用。要把学习“三个代表”重要思想同学习党的十五届三中、五中全会精神紧密结合起来。中央组织部选编的《农村干部学习“三个代表”重要思想文件汇编》作为必读教材。《邓小平理论通俗读本》、《农村政策简明读本》和《农村基层干部读本》可作为学习辅助材料。

(二)对照检查。在学习提高的基础上,乡镇和县(市)部门干部要采取个别谈话、召开座谈会、进村入户调查等形式,认真听取群众意见,了解群众想什么、盼什么,要求干部做什么。对照“三个代表”的要求,检查党的十五届三中全会以来思想和工作方面存在的问题,总结反思,形成书面材料。领导班子成员之间要开展谈心,经过充分准备,召开民主生活会,开展批评与自我批评,并在适当范围通报民主生活会的情况。

(三)整改提高。乡镇和县(市)部门领导班子要从发展农村经济、增加农民收入、减轻农民负担、转变干部作风等方面,制定具体整改方案,明确责任,抓好落实,并以适当方式让群众都知道。对群众反映的问题和提出的要求,能够解决的要尽快解决。应该解决但一时解决不了的要向群众说明情况,并采取措施,逐步加以解决。县(市)委要对整改方案的落实情况进行督促检查。

村级和部门驻乡镇单位的学习教育活动可参照上述方法步骤进行。对村一级更应突出正面教育,注重效果,以利稳定。乡镇党委要切实抓好村级的学习教育活动。乡镇“站、所”的学习教育活动要在乡镇党委统一领导下进行,上级部门党组织要积极支持和协助。

**五、切实加强对学习教育活动的领导**

各级党委要把这次学习教育活动列入重要议事日程,精心部署,周密安排。党委书记要亲自抓,领导班子成员分工抓。在党委统一领导下,党委组织部门牵头,纪检、宣传、农业、民政、财政、教育、编办、共青团、妇联、科协等有关方面,要通力协作,齐抓共管。为了加强对学习教育活动的具体领导和指导,各级党委要有专门工作机构。

各省、自治区、直辖市党委要从实际出发,根据本意见对学习教育活动作出全面安排,并制定年度计划,召开专门会议进行部署。省级党委常委、政府的党员领导干部要确定一个县(市)作为联系点,作学习教育动员,并经常深入实际,调查研究,进行指导。

市(地)委要加强对学习教育活动的领导和指导。市(地)委常委(委员)、政府(行署)的党员领导干部要具体抓好一个乡镇或一个县(市)部门的学习教育活动。市(地)委要组织检查组,分阶段对学习教育活动进行督促检查。

县(市)委要制定学习教育活动的具体安排意见,有部署、有检查、有总结。县(市)委书记要认真履行"第一责任人"的职责。县(市)级党员领导干部要联系一个乡镇或一个县(市)部门,对学习教育活动进行指导。乡镇党委书记、县(市)部门党员主要负责同志要切实履行直接责任人的职责。对群众意见大、严重不团结、暂不具备条件开展学习教育活动的领导班子,要先进行组织调整,然后再开展活动。县(市)委要组织督查组,及时进行检查指导。要把这次学习教育活动同对干部的考察、考核结合起来,从中发现、培养和选拔优秀干部,对不称职的按有关规定作出组织调整。对于在学习教育活动中暴露出来的违法违纪问题,由有关方面按照规定程序处理。

开展学习教育活动务必注重实效,坚持标准,确保质量,克服形式主义,防止走过场。要加强对学习教育活动的宣传,总结推广典型经验,形成良好的舆论氛围。学习教育活动结束后,省、自治区、直辖市党委要向中央写出报告。

# 中共中央办公厅、国务院办公厅关于在全国乡镇政权机关全面推行政务公开制度的通知

（2000年12月6日）

各省、自治区、直辖市党委和人民政府，中央和国家机关各部委，军委总政治部，各人民团体：

为贯彻落实党的十五大关于扩大基层民主、保证人民群众直接行使民主权利的精神，推进依法治国的进程，加强对行政权力运行过程的监督，密切党和政府同人民群众的联系，党中央、国务院决定，在全国乡镇政权机关和派驻乡镇的站所全面推行政务公开制度。现就有关问题通知如下：

**一、指导思想、基本原则和基本要求**

乡镇政权机关是国家政权机关的基层组织，派驻站所是政府有关部门派驻乡镇的工作机构。在乡镇政权机关和派驻站所全面推行政务公开制度，有利于加强农村基层政权建设、党组织建设和干部队伍建设，提高乡镇政权机关依法行政的水平，增强权力运行的透明度，促进廉政勤政建设，推动党在农村各项政策的落实。各级党委、政府要按照江泽民同志关于“三个代表”的要求，充分认识在乡镇政权机关和派驻站所全面推行政务公开制度的重大意义，切实抓好这项工作。

推行政务公开制度的指导思想是：以邓小平理论、党的基本路线和十五大精神为指导，围绕加强基层民主政治建设和依法行政，以公正、便民和廉政、勤政为基本要求，切实加强对行政权力的监督，进一步密切党群、干群关系，促进农村的改革、发展和稳定。

推行政务公开制度的基本原则是：(1)依法公开。乡镇政权机关和派驻站所政务公开工作应当依照国家法律、法规和有关政策规定进行。(2)真实公正。公开的内容应当真实可信，办事的结果应当公平公正。(3)注重实效。从实际出发，突出重点，循序渐进，讲求实效，不搞形式主义。(4)有利监督。要方便群众办事，便于群众知情，有利于人民群众行使监督权。

推行政务公开制度的基本要求是：(1)提高工作效率，方便群众和企业、事

业单位办事。(2)提高依法行政水平,严格依法管理。(3)强化对行政权力运行的监督,有效遏制消极腐败现象。(4)进一步落实民主决策、民主管理、民主监督制度。

要通过扎实工作和不懈努力,使政务公开制度成为乡镇政权机关和派驻站所的一项基本工作制度。

**二、主要内容和工作方法**

乡镇政务公开要从人民群众普遍关心和涉及群众切身利益的实际问题入手,对群众反映强烈的问题、容易出现不公平、不公正甚至产生腐败的环节以及本乡镇经济和社会发展的重大问题,都应当公开。其中,重点是财务公开。政务公开包括对群众、企事业单位公开和对本机关干部职工公开。

对群众、企事业单位公开的主要内容是:

1. 乡镇政府行政管理、经济管理活动的事项。主要包括:乡镇政府及有关部门的年度工作目标及执行情况;乡镇年度财政预算及执行情况;上级政府或政府部门下拨的专项经费及使用情况;乡镇的债权债务情况;乡镇集体企业及其他经济实体承发包、租赁、拍卖等情况;乡镇工程项目招投标及社会公益事业建设情况等。

2. 与村务公开相对应的事项。主要包括:乡、村税费的收缴、使用情况;计划生育情况;征用土地及土地补偿费、安置补助费的发放、使用情况;各村宅基地审批情况;救灾救济款物发放、优待抚恤情况;水电费的收缴情况等。

3. 乡镇政府各部门和派驻站所公开的事项。主要包括:工作职责、办事依据、办事条件、办事程序、办事纪律、办事期限、监督办法和办事结果;执收执罚部门的收费、罚款标准和收缴情况;上级主管部门明确要求必须公开的其他事项。

对本机关干部职工公开的主要内容是:领导干部廉洁自律情况;机关内部财务收支情况;招待费、差旅费的开支使用情况;干部交流、考核、奖惩情况以及机关干部职工关心的其他重要事项。

公开要采取相应的形式。各乡镇和派驻站所必须设立固定的便于群众观看的政务公开栏,及时将应公开的内容张榜公布。各地还可以根据实际情况,通过会议、广播、电视、便民手册、电子触摸屏等有效形式,予以公开。

公开的时间要与公开的内容相适应。经常性工作定期公开,阶段性工作逐段公开,临时性工作随时公开。

对于涉及群众切身利益的重要事项,每次公开后,都要认真听取群众的意见。对群众提出的合理建议,要积极采纳;对群众反映的问题,要及时加以解决，暂时无法解决的，要做好说明解释工作。

三、监督保障制度

推行政务公开制度，核心是加强监督。要建立健全乡镇政权机关和派驻站所内部的监督制度，以保证公开内容的真实性。要把办事结果公开与事前、事中民主决策和民主监督结合起来，把内部监督与外部监督结合起来，建立起一套便利、管用、有约束力的监督制约机制。

乡镇人民政府要自觉接受乡镇人民代表大会的监督。政务公开的重要内容要向人大报告。乡镇当年的经济和社会发展计划、财政预算决算等，要经乡镇人民代表大会审议通过后公开。

要实行重大事项集体讨论决定制度。重大决策、重要干部任免、重要项目安排和大额度资金的使用，必须在广泛征求意见的基础上，经乡镇党委、政府集体讨论作出决定后公开。

要实行预公开制度。乡镇机关和派驻站所在决定或办理与群众利益密切相关的重要事项时，应当在正式决定或办理之前将方案公布。在充分听取群众意见并进行调整、修改后，再予以正式公布。

要实行定期审计制度。县(市)级政府审计机关要对乡镇财政预算的执行情况和决算以及政府部门管理和政府委托社会团体代管的各类基金、资金的收支情况，依法进行审计监督，并将审计结果公开。

乡镇要成立政务公开监督小组，由乡镇人大、纪委、村党支部、村民委员会、企业事业单位等方面的人员组成，乡镇人大主席或纪委书记任组长。监督小组要定期或不定期地开展民主评议活动，广泛听取群众意见和要求，及时提出工作建议。

要通过设立举报电话、政务监督信箱等渠道，认真收集群众意见，鼓励干部群众积极参与监督，对群众举报的问题，应及时调查处理。

要充分发挥舆论监督的作用。对乡镇政务公开工作的成功经验要广泛宣传报道，对消极抵制、弄虚作假的典型事例要予以曝光。

在坚持上述制度的同时，各地要从实际出发，积极探索，大胆实践，不断完善监督制约机制。

四、组织领导

乡镇政务公开政策性强、涉及部门多、公开的内容广，必须切实加强领导。乡镇政务公开工作由党委统一领导，政府主抓，人大监督实施。纪检、监察机关要协助政府加强督促检查，政府办公厅(室)要加强组织协调工作。

各级党委、政府要把在乡镇推行政务公开制度作为农村工作的一件大事，